Über dieses Buch

Dieser Band stellt die zentralen Arbeiten des Altertumswissenschaftlers Arnaldo Momigliano vor, der einer der bedeutendsten Historiker in unserem Jahrhundert war.

Momigliano verkörperte einen heute kaum noch anzutreffenden Gelehrtentypus: von großer Belesenheit, stets eigenständig in seinem Denken und fähig, althistorische Arbeiten im herkömmlichen Sinn mit Untersuchungen zur literarischen Überlieferung der Antike und ihrer Forschungs- und Rezeptionsgeschichte von der Renaissance bis zur Gegenwart zu verknüpfen. Mit jeder seiner Studien zeigt Momigliano, daß historische Reflexion in sich selbst einen Traditions- und Gedächtnisraum bildet, den jeder, der ihn betritt, verändert, indem er ihm seine jeweilige Wahrnehmung einprägt.

Geschichte ist Wissenschaft von der Veränderung, und diese Veränderung bemißt sich anhand von Zeitvorstellungen, deren Entwicklung Momigliano seit ihren Anfängen am Schluß des Buches beschreibt.

Der Marburger Althistoriker Karl Christ gibt in seiner ausführlichen Einleitung einen Überblick über das vielfältige Schaffen eines der größten Gelehrten dieses Jahrhunderts.

Der Autor

Arnaldo Dante Momigliano, geboren 1908 in Caraglio/Piemont, verlor seinen Turiner Lehrstuhl durch die Faschisten und emigrierte nach England; zuletzt lehrte er wieder in Italien, als Ordinarius für Römische Geschichte an der Scuola Normale Superiore in Pisa, und war Professor an der Universität von Chicago sowie Mitglied des Warburg-Instituts in London. Er starb 1987 in London.

In deutscher Übersetzung liegen vor: *Prophetie und Geschichtsschreibung* (1986); *Die Juden in der Alten Welt* (1988); *Die Antike im 19. Jahrhundert in Italien und Deutschland / L'Antichità nell'Ottocento in Italia e Germania* (Hg., zus. mit K. Christ, 1988).

Arnaldo Momigliano
Wege in die Alte Welt

Mit einer Einführung von
Karl Christ

Übersetzt von
Horst Günther

Fischer Taschenbuch Verlag

FISCHER WISSENSCHAFT

Wir danken Frau Anne-Marie Meyer
vom Warburg Institute, London,
für die sorgfältige Durchsicht des Bandes.

Revidierte Ausgabe
Veröffentlicht im Fischer Taschenbuch Verlag GmbH,
Frankfurt am Main, September 1995

Lizenzausgabe mit Genehmigung des
Verlags Klaus Wagenbach, Berlin

Gesamtherstellung: Clausen & Bosse, Leck
Printed in Germany
ISBN 3-596-12285-6

Gedruckt auf chlor- und säurefreiem Papier

Inhalt

Karl Christ
Der Apologet der Geschichte

Arnaldo Momigliano und die Geschichte der Historiographie
Eine Einführung

Nach dem Tode von Arnaldo Momigliano (1908–1987) erinnerten selbst die führenden Organe der internationalen Presse an die ungewöhnliche Leistung dieses großen Historikers. Gedenkakte in seiner Heimatstadt Cuneo-Caraglio und an seinen akademischen Wirkungsstätten, im University College der Universität London, in der Scuola Normale Superiore di Pisa und in der Universität Chicago dokumentierten das außerordentliche Ansehen, das dieser Gelehrte weit über sein Fach hinaus genoß.[1] Der Althistoriker, der schon zu seinen Lebzeiten zu einer geradezu legendären Gestalt geworden war, wurde »als einer der größten Gelehrten seiner Zeit, vielleicht aller Zeit«[2] gerühmt.

Momiglianos Beziehung zu Deutschland war eine Tragödie. Der jüdische Student der Altertums- und Geschichtswissenschaften wurde einst gerade von den Leistungen deutscher Forscher fasziniert und bemühte sich umgekehrt als junger Professor, die Resultate der italienischen Althistorie im deutschen Sprachraum zu vermitteln.[3] Allein 1938 verlor er aufgrund der sich damals verschärfenden Rassengesetzgebung des faschistischen Regimes seinen Lehrstuhl in Turin; einige Jahre später fanden seine Eltern sowie neun weitere Angehörige seiner Familie in deutschen Vernichtungslagern den Tod.

Dennoch hat Momigliano nach 1945 die Kontakte zur deutschen Wissenschaft wieder aufgenommen, nicht wenige deutsche Studierende gefördert, vor allem aber mehr als jeder andere für die Vermittlung deutscher Wissenschaftstradition im Bereich der Geschichts- und Altertumswissenschaft in Italien wie im angelsächsischen Kulturkreis getan. Um so bitterer ist die Feststellung, daß seine geistige Resonanz im deutschen Sprachraum bisher lediglich auf den kleinen Kreis der Spezialisten beschränkt blieb.[4] Nur sehr langsam wächst auch bei uns die Anerkennung von Momiglianos stets stimulierendem Werk.

Angesichts dieser Sachlage werden im folgenden knapp Vita (I.) und Œuvre (II.) skizziert, danach Momiglianos wichtigste Initiativen im Bereich der Geschichte der Historiographie näher besprochen (III.), schließlich der Inhalt dieses Bandes kurz vorgestellt (IV.) und im Ausblick (V.) dann eine kurze Gesamtwürdigung der wissenschaftlichen Leistung und Bedeutung versucht.

I

Der am 5. September 1908 in Cuneo-Caraglio (Piemont) geborene Arnaldo Dante Momigliano erhielt die ihn prägenden Bildungseindrücke in einer orthodoxen jüdischen Familie, und er ließ an deren Bedeutung keinen Zweifel aufkommen: »In einem gewissen Sinne habe ich in meinem Gelehrtenleben nichts anderes getan, als zu verstehen zu suchen, was ich beiden schulde, dem jüdischen Haus, in dem ich erzogen, und dem christlich-römisch-keltischen Dorf, in dem ich geboren wurde.«[5] Als er 1925 sein Studium an der Universität Turin aufnahm, geriet er dort schon bald in den Bannkreis des führenden italienischen Althistorikers Gaetano De Sanctis, früh jedoch auch in jenen von Benedetto Croce, in dessen Haus er später verkehren sollte.[6]

Nach der Promotion in Turin folgte Momigliano seinem Lehrer De Sanctis nach Rom, wurde von diesem schon früh zur Mitarbeit an der »Enciclopedia Italiana« herangezogen und als De Sanctis im Jahre 1931 den Eid auf Mussolini verweigerte, schon im Alter von 24 Jahren zum Professore Incaricato di Storia Greca an der Universität Rom ernannt. Bereits vier Jahre später zum Professore Titolare di Storia Romana der Universität Turin berufen, schien sich Momigliano eine der glänzendsten akademischen Laufbahnen Italiens zu eröffnen.[7]

All dies wäre freilich nicht möglich gewesen ohne die Legitimation durch eine geradezu stupende wissenschaftliche Produktion. Schon im Jahre 1938 wies Momiglianos Bibliographie über 200 Titel auf, darunter mehrere Monographien und auch größere Beiträge für die »Cambridge Ancient History«.[8] Nach diesem raschen Aufstieg und dem Beginn einer offensichtlich erfolgreichen Lehrtätigkeit traf Momigliano der Verlust des Lehrstuhls aus rassischen Gründen im Jahre 1938 tief. Aus späterer Sicht war es freilich sein Glück, daß er sogleich die äußersten Konsequenzen zog. Zusammen mit seiner Frau und seiner kleinen Tochter wagte er die Emigration nach Großbritannien, wo er dank der Hilfe von Hugh Last und Isabel Henderson in Oxford wissenschaftlich weiterarbeiten konnte.

Welche Anspannungen und Sorgen den Aufbau der neuen Existenz begleiteten, läßt sich heute kaum ermessen. Gewiß konnte Momigliano von den Anregungen anderer Exilanten in Oxford profitieren, daneben auch von den vielfältigen Möglichkeiten des Warburg Instituts in London, doch die entscheidenden Schritte nahm ihm niemand ab: die umfassende Aneignung der englischen Sprache und Tradition sowie die wissenschaftliche Behauptung im Alltag eines ihm zunächst fremden Landes und einer ihm völlig fremden akademischen Welt.[9] Dabei paßte sich Momigliano keineswegs an die damals dominierenden Methoden und Prioritäten der englischen Forschung an, er vertiefte und erweiterte im Gegenteil die eigenen Leitlinien der Geistes- und Ideengeschichte in den denkbar weitesten Dimensionen. Wie sich in seinen späteren Veröffentlichungen zeigte, gelang es ihm, eine persönliche Synthese zwischen den Impulsen von De Sanctis und Croce einerseits, Gibbon und Grote andererseits herzustellen.

Nach 1945 nahm Momigliano die nie völlig abgerissenen Kontakte zu Italien in weitestem Umfang wieder auf. Er wurde in seine alten Rechte in Turin wiedereingesetzt, wirkte später als Professore Ordinario di Storia Romana in soprannumero an der Scuola Normale Superiore di Pisa, lehnte jedoch 1946 die Übernahme der Leitung des von Benedetto Croce initiierten Historischen Instituts in Neapel ab. Denn die eigentliche Basis seines Wirkens blieb auch künftig Großbritannien, eine Entscheidung, die zugleich zur Voraussetzung von Momiglianos weltweiter Resonanz in den folgenden vier Jahrzehnten werden sollte.

Zunächst waren die Anfänge der akademischen Karriere in England freilich sehr bescheiden. Momigliano begann zwischen 1947 und 1949 als Lecturer, zwischen 1949 und 1951 als Reader an der Universität Bristol. 1951 folgte dann die entscheidende Etappe mit der Ernennung zum Professor of Ancient History am University College der Universität London.[10] Doch in seiner Lehr- und Vortragstätigkeit griff Momigliano nun immer weiter aus: In Chicago wie in Harvard, in Israel wie an der École Normale Supérieure in Paris sowie in vielen anderen Hochschulen und Instituten der Alten und der Neuen Welt war er zeitweilig als Gastprofessor, Leiter von Seminaren oder zumindest als Gastvortragender präsent. Seit 1975 bis zu seinem Tode wirkte er daneben als Professor an der Universität Chicago.

London, Pisa und Chicago waren so schließlich zu den Fixpunkten dieser ruhelosen geistigen Existenz geworden, die an jedem Ort, den sie streifte, die denkbar stärksten Eindrücke hinterließ. Momigliano setzte sie auch dann noch fort, als ihn eine schwere Herzerkrankung hemmte. Wenige Tage vor der Vollendung seines 79. Lebensjahres starb er am 1.9.1987 in einem Londoner Krankenhaus. Seinem Wunsche gemäß ist er auf dem kleinen jüdischen Friedhof in Cuneo beigesetzt worden.

II

Momiglianos wissenschaftliches Œuvre ist so komplex, daß es sich nicht mit wenigen Strichen skizzieren läßt. Die insgesamt über 700 Nummern der Bibliographie sprengen zudem nicht selten die herkömmlichen Grenzen der akademischen Disziplinen und sind außerdem immer wieder untereinander verflochten. Es kommt hinzu, daß im Gesamtwerk eindeutig die literarischen Kurzformen überwiegen.

Hatten sich Momiglianos wissenschaftliche Anfänge zunächst in einer ganzen Reihe von Monographien niedergeschlagen,[11] so dominierten seit seiner Übersiedlung nach Großbritannien publizierte Vorträge und Vorlesungssequenzen, nicht zuletzt die ihm besonders angemessenen Formen des anspruchsvollen und konzentrierten Essays wie der großen, grundsätzlichen Rezension. All dies ist zwar in der monumentalen Sammlung der »Contributi«[12] vereinigt und auch in thematisch bestimmten Auswahlbänden[13] erschlossen, insgesamt gesehen jedoch für Außenstehende wohl weniger beeindruckend als die historischen Darstellungen anderer Autoren.

Schon im Rahmen einer vorläufigen Orientierung ist jedenfalls zu konstatieren, daß Momiglianos Arbeitsbereich die antike Historiographie und die übrigen Quellen der Alten Geschichte ebenso umfaßte wie historische Interpretationen, in denen er sich bemühte, zentrale Epochen und Problemkreise in neuen Perspektiven zu erfassen. Das wichtigste Zentrum seiner Arbeit aber lag im Felde der Geschichte der Historiographie; darüber wird im folgenden Abschnitt Näheres auszuführen sein.

Schon in Momiglianos ersten *Beiträgen zur antiken Historiographie*, in den Untersuchungen zur Geschichtsschreibung des Thukydides[14], der Makkabäerbücher[15], des Philo und Flavius Josephus[16] wie der griechischen Historiker der klassischen und hellenistischen Epoche, ging es nicht nur um primär philologische Probleme und um Fragen der Quellenkritik, sondern vor allem um die Klärung der Wechselbeziehungen zwischen orientalischen, hebräischen, griechischen und römischen Denkformen im historischen Bereich. Es ist kein Zufall, daß Autoren wie Herodot und Polybios Momigliano deshalb besonders faszinierten.

So konkret und fundiert diese Spezialuntersuchungen stets waren, Momigliano wagte es daneben immer wieder, auch persönliche Gesamtüberblicke über die Geschichtsschreibung einzelner Epochen, die Entwicklung eines literarischen Genos wie der Griechischen Biographie[17] oder der Griechischen Geschichtsschreibung insgesamt[18] vorzulegen. Die Anfänge der antiken Historiographie interessierten ihn nicht weniger als deren Ausklänge in der Spätantike.

Auch in seinen *historischen Interpretationen*, in denen Momigliano zu einem neuen Verständnis der Grundstrukturen historischer Epochen vorstieß, standen für ihn jene Zeiträume im Vordergrund, in denen er die Interdependenzen der verschiedenartigsten historischen Faktoren und Kräfte beobachten konnte. Die Epochen des Hellenismus, der Frühgeschichte Roms, der römischen Kaiserzeit und der Spätantike waren daher die Schwerpunkte in diesem Bereich. Schon seine frühe Monographie über Philipp II. von Makedonien[19] war deshalb auch nicht rein personengeschichtlich orientiert; in ihrem Mittelpunkt standen vielmehr geistes- und ideengeschichtliche Untersuchungen über die politischen Konzeptionen jener Zeit. Momigliano überprüfte dort die Vorstellungswelt des Isokrates in gleicher Weise wie die Hellenismuskonzeption Droysens.

Weitere Studien zu dieser Thematik folgten; schließlich zog die kleine Monographie »Hochkulturen im Hellenismus« (München, 1979) die Bilanz. In durchaus origineller Weise wurden dort die wechselseitigen Beziehungen zwischen Griechen, Kelten, Juden, Römern und Persern beleuchtet, aber auch die prinzipielle Bedeutung jener Zusammenhänge bis in die Gegenwart unterstrichen: »Das Dreieck Griechenland-Rom-Judaea bildet noch heute den Mittelpunkt und wird ihn wahrscheinlich bilden, solange das Christentum die Religion des Westens bleibt.«

Auch zur Römischen Frühgeschichte und zu den Anfängen der Geschichte der Römischen Republik legte Momigliano seit den dreißiger Jahren immer wieder neue Spezialuntersuchungen vor.[20] Sein bleibendes Interesse an diesem Komplex fand dann in dem Beitrag »The Origins of Rome« für den VII. Band der zweiten Auflage der »Cambridge Ancient History« seinen Niederschlag.[21] In einer souveränen Auswertung aller einschlägigen Quellen wie der Resultate und Gesichtspunkte der verschiedensten wissenschaftlichen Disziplinen trug Momigliano seine eigene Auffassung vor. Er betonte zwar die Bedeutung der griechischen Einflüsse für das frühe Rom, unterstrich indessen gleichzeitig die Relevanz der eigenständigen Option Roms zwischen Griechen und Etruskern, jener Option, die nach ihm in Roms spezifischer Verbindung mit Troja zu fassen war.

Für den Bereich der römischen Kaiserzeit stehen eine Vielzahl von Artikeln für die »Enciclopedia Italiana«, Einzelstudien und die Claudius-Monographie des Jahres 1932[22] am Beginn. Von sehr viel größerer und grundsätzlicher Bedeutung sollte dann die Arbeit über »La formazione della Moderna Storiografia sull'Impero Romano« von 1938 werden. Da Momigliano im Laufe seiner frühen Studien die Tragweite und die Folgen der traditionellen Trennung zwischen der profanen Geschichte des Imperium Romanum einerseits und der Geschichte des Christentums andererseits bewußt geworden waren, postulierte er hier eine völlig neue Konzeption, welche beide

Bereiche bewußt miteinander verband. Dabei ist es für seine Herangehensweise charakteristisch, daß er diese Notwendigkeit aus der Entwicklung der Historiographie selbst ableitete. Die Untersuchung der modernen historiographischen Konzeptionen der Geschichte der römischen Kaiserzeit von Lenain de Tillemont bis zu Ranke bildete deshalb auch die Basis seiner eigenen Argumentation.

Aus diesen erweiterten Strukturen der römischen Kaiserzeit ergab sich konsequent auch eine neue Einstellung zur Spätantike, diese wiederum wurde durch intensive Bemühungen um die spätantike Geschichtsschreibung, speziell um die Historia Augusta[23], aber auch um die Formen und Werte altgläubiger wie christlicher Historiographie vertieft. Die Impulse, die Momigliano in diesem Felde gerade seinen englischen und amerikanischen Schülern und Kollegen gab, sind kaum zu überschätzen.

Alle bisher genannten Schwerpunkte des wissenschaftlichen Werks aber wurden zusammengebunden und gerade im Alter immer tiefer von Momiglianos genuinem Interesse an den Fragen der *Religion* im weitesten Sinne durchdrungen. Erwachsen waren diese Studien aus der Bemühung um die Geschichte des antiken Judentums, doch ebenso aus jener um die komplexe Erfassung der Historiographie. Die frühen Untersuchungen über die Tradition der Makkabäer, den alexandrinischen Antisemitismus, den Bereich der Prophetie und der heidnischen Märtyrerakten stehen dabei am Beginn der langen Kette von Beiträgen zur jüdischen Religion, die noch in der Marburger Vorlesung über Prophetie und Geschichtsschreibung einen Nachklang fanden.[24]

Eine zweite Forschungsperspektive galt der römischen Religion. Auch sie setzte schon in den dreißiger Jahren mit Spezialuntersuchungen ein, trat dann etwas in den Hintergrund und erhielt schließlich nach dem II. Weltkrieg einen besonderen Akzent auf der Spätantike, der erstmals in der Vortragsreihe des Warburg Instituts »The Conflict between Paganism and Christianity in the Fourth Century« (Oxford, 1963) eine denkbar weite Resonanz erzielte. Weitere Einzelstudien schlossen sich an.

In den achtziger Jahren rückten dann die vielfältigen Probleme der religiösen Entwicklung in der römischen Kaiserzeit in den Mittelpunkt von Momiglianos Interessen. In rascher Folge erschienen nun seine Artikel in der »Encyclopedia of Religion« sowie jene Spezialstudien, die schließlich in den beiden Sammelbänden »On Pagans, Jews, and Christians« (Middletown, Conn., 1987) und »Saggi di Storia della Religione Romana« (Brescia, 1988) vereinigt wurden. In thematischer Hinsicht konzentrierte sich Momigliano dabei auf die Fragen nach der Rolle von Hoffnung und Glauben in Athen, Rom und Jerusalem während des ersten Jahrhunderts v. Chr., auf die Stellung der römischen Oberschicht zur Religion in der Zeit Caesars, auf die Probleme des Herrscherkultes und einer »religiösen Opposition« innerhalb des Imperium Romanum, aber auch auf die Relevanz polytheistischer und monotheistischer Tendenzen in der Kaiserzeit – um nur die wichtigsten Gesichtspunkte zu nennen.

Für Momiglianos Methode war es dabei charakteristisch, daß er die religionsgeschichtlichen Probleme nie isoliert behandelte, sondern einerseits die Fäden seiner historiographischen und überlieferungsgeschichtlichen Studien wiederaufnahm, andererseits seine ungewöhnlichen Kenntnisse im Bereich der »History of Historiography« auch in diesen Sektor integrierte. Für den ersten Punkt sind die Studien über die Rolle der antiken Biographie für die Religionsgeschichte des Imperiums oder die Untersuchung der Vita der hl. Macrina, die deren Bruder, Gregor von Nyssa, verfaßt hatte, repräsentativ.[25] Der zweite Punkt wird durch Momiglianos Beitrag über die westlichen Positionen der Religionsgeschichtsschreibung nicht weniger klar dokumentiert als durch seine prägnante Übersicht über die Erforschung der römischen Religion, in der auch auf die Grenzen soziologischer Generalisierungen in diesem Zusammenhang hingewiesen wurde.[26]

III

Im Unterschied zu nicht wenigen Historikern der Gegenwart, die sich mit einem neuen Programm, einer neuen Methode oder einer neuen Theorie der Geschichtswissenschaft zu profilieren suchen und gleichzeitig ihre neuen modischen Ansätze absolut setzen, hat Arnaldo Momigliano die *History of Historiography* nie isoliert und nie dogmatisch betrieben. Seine Studien auf diesem Gebiet erwuchsen vielmehr aus einer Verbindung existentieller Zwänge mit persönlichen Forschungsinitiativen. Stets standen sie in denkbar engem Zusammenhang mit der Untersuchung konkreter historischer Probleme.

Momigliano hat deshalb auch nie eine separate Methodenlehre oder eine aparte Historik für die *History of Historiography* entwikkelt; selbst seine grundsätzlichen Äußerungen und Forderungen sind äußerst selten. Die Legitimation der Geschichte der Historiographie wie ihre Möglichkeiten und Resultate hat er durch Jahrzehnte hindurch lediglich in konkreten Einzelstudien vor Augen geführt. Die folgende Passage stellt die Ausnahme dieser Regel dar:

»Geschichte der Historiographie hat, wie jede andere historische Forschung, kein anderes Ziel als zwischen Wahrheit und Irrtum zu unterscheiden. Als ein Zweig der Geistesgeschichte, der es unternimmt, die Leistungen eines Historikers zu überprüfen, hat sie zu unterscheiden zwischen Lösungen historischer Probleme, die nicht überzeugen können, und Lösungen (= Hypothesen, Modelle, Idealtypen), die es wert sind, neu formuliert und entwickelt zu werden. Um eine kritische Geschichte der Historiographie zu schreiben, muß man beides kennen, die Autoren, die man erforscht, wie das historische Material, das jene erforscht haben.«[27]

Die Dimension der *History of Historiography* trat schon in Momiglianos frühen Arbeiten über Philipp II. von Makedonien, Droysen und den Hellenismus, im Forschungsbericht über die Griechische Geschichte und in seinem Entwurf zu einer neuen Struktur der Geschichte der römischen Kaiserzeit hervor. Doch wie der 1944 geschriebene Beitrag über »Friedrich Creuzer and Greek Historiography«[28] zeigt, setzte er seine Bemühungen auf diesem Felde auch im Exil fort. Die generelle Funktion, die Studien solcher Art, seiner Ansicht nach, über den rein spezialistischen Ertrag hinaus zukam, hat er damals so umrissen:

»Alte Geschichte ist jetzt ein provinzieller Zweig der Geschichte geworden. Sie kann ihr verlorenes Prestige nur wiedergewinnen, wenn sie sich wiederum fähig erweist, Ergebnisse anzubieten, welche das Ganze unseres Geschichtsbildes betreffen. Einer der Wege ist, ganz einfach, den Kontakt mit jenen Autoren der Vergangenheit wiederzugewinnen, welche klassische Gegenstände von vitaler Bedeutung für die Geschichte allgemein behandelt haben.«[29]

Diesem Kontakt galt denn auch Momiglianos berühmte Antrittsvorlesung anläßlich der Übernahme der Professur für Alte Geschichte am Londoner University College über »George Grote and the Study of Greek History«.[30] Über den speziellen Anlaß hinaus wird sie stets das Modell einer wissenschaftsgeschichtlichen Studie bleiben. Denn diese Rede bot nicht nur ein immanentes Bekenntnis zur großen liberalen Tradition des University College und zu George Grote selbst, sondern eben auch einen souveränen Überblick über die Entwicklung der modernen Historiographie zur Griechischen Geschichte, über deren Krise in der Gegenwart, nicht zuletzt über deren bleibende Bedeutung.

Momigliano konstatierte in seiner Bilanz: »Griechische Geschichte ist wesentlich für die Bildung des liberalen Geistes, aber der liberale Geist seinerseits ist religiös bei der Prüfung der Überlieferung.«[31] Er übersah die Grenzen und Lücken von Grotes großer Darstellung nicht, aber er hielt doch fest, daß Grote »den alles wiedergutmachenden Vorzug des liberalen Geistes besaß. Er war entschlossen, Zeugnisse zu verstehen und zu respektieren, von welcher Seite sie auch immer kamen; er erkannte Redefreiheit, Toleranz und Kompromiß als die Bedingungen der Zivilisation; er respektierte Gefühl, aber er bewunderte Vernunft«.[32]

Der exemplarischen Londoner Antrittsvorlesung schlossen sich in den folgenden Jahrzehnten Dutzende von wissenschaftsgeschichtlichen Einzelstudien in den verschiedensten Formen an; innerhalb Momiglianos Gesamtwerk dominierte nun die *History of Historiography* eindeutig.[33] All dies kann hier nicht im einzelnen besprochen, sondern nur summarisch skizziert werden: Ganz persönlich gestaltete Kurzbiographien bedeutender Altertumsforscher und Historiker stehen neben umfassenden Analysen klassischer Geschichtswerke, große Forschungsberichte neben enger begrenzten problemgeschichtlichen Abrissen, rezeptionsgeschichtliche Studien neben kritischen Stellungnahmen zu neuen wissenschaftlichen Methoden. Schon die Namen der von Momigliano näher behandelten Autoren zeigen die Weite seiner Interessen an: Petrarca, Scipione Maffei, Vico, Gibbon, Niebuhr, Bernays, Ranke, Fustel de Coulanges, Burckhardt, Beloch, Eduard Meyer, Max Weber, Croce, Rostovtzeff, De Sanctis, Fraccaro, Dumézil, Leo Strauss, Vidal-

Naquet, Marcel Mauss – um nur die wichtigsten zu nennen. Eine letzte Phase der Impulse Momiglianos auf diesem Felde setzte dann zu Beginn der siebziger Jahre ein, als er die Reihe seiner berühmten Seminare zur *History of Historiography* an der Scuola Normale Superiore di Pisa begann. Nacheinander wurden dort die wissenschaftlichen Leistungen wie die methodische Problematik eines Wilamowitz, Eduard Schwartz, Karl Reinhardt, E. A. Freeman, Eduard Meyer, Hermann Usener, Karl Otfried Müller, Johann Jacob Bachofen und anderer Vertreter der klassischen Tradition Europas erörtert, dabei nicht zuletzt die Probleme deutscher Wissenschaftsgeschichte vermittelt und besprochen. Schon hier wie auch in dem Italienisch-Deutschen Seminar in Trient[34] traten einerseits die immer deutlicher werdenden Prioritäten von Religion und Mythos in Momiglianos letzten Lebensjahren ebenso klar hervor wie andererseits die Kontinuität der geistigen Brennpunkte jener Ellipse, die sein historisches Denken wie seine wissenschaftliche Methode so lange Zeit beherrschte.

IV

Die in diesem Band vereinigten Studien Momiglianos schlagen bewußt eine Brücke von der antiken zur modernen Historiographie. Sie sind für die Weite seiner historischen und wissenschaftsgeschichtlichen Perspektiven ebenso repräsentativ wie für die Originalität seiner Fragestellungen und seines Denkens. Dies zeigt sich bereits an den beiden ersten, der antiken Geschichtsschreibung gewidmeten Arbeiten. In »Tradition und der klassische Historiker« trat Momigliano jener modernen Erwartungshaltung entgegen, die in den »klassischen« antiken Historikern (Herodot, Thukydides, Xenophon, Polybios, Sallust, Livius, Tacitus und Ammianus Marcellinus) in erster Linie Hüter der Tradition sehen wollte. Er unterstrich demgegenüber, daß im Mittelpunkt der Interessen dieser Geschichtsschreiber zumeist die großen Kriege und die politischen Revolutionen der jeweils jüngsten Vergangenheit standen, die klassische antike Historiographie somit »the mirror of change« war, wobei Veränderung nicht einfach schlechthin mit »Fortschritt« identifiziert wurde.

Der Essay über »Zeit in der antiken Geschichtsschreibung« ging dagegen von den grundsätzlichen modernen Kontroversen über die angeblich fundamentale Verschiedenheit des jüdischen und des griechischen Zeitbegriffs aus. Jene Kontroversen, die den Bereich der Theologie ebenso berührten wie den der Altertumswissenschaft, hatten schließlich, vereinfacht gesagt, zu der Annahme geführt, daß die Griechen eine zyklische Grundvorstellung der Zeit insgesamt besessen hätten, während diese bei Juden und Christen als fortschreitende Linie gesehen wurde. Momiglianos souveräne Überprüfung der Argumentation zeigte schlüssig, daß diese Konzeptionen von völlig falschen oder zumindest von strittigen Prämissen ausgingen. Zweifellos stellt die Studie einen der anregendsten und zugleich informativsten Beiträge zum Verständnis des antiken Zeitbegriffes überhaupt dar.[35]

In »Die Stellung der antiken Geschichtsschreibung in der modernen Geschichtsschreibung« untersuchte Momigliano die Rezeption wie die Bewertung der klassischen Modelle antiker Historiographie in der Neuzeit. Die Reaktion auf die mittelalterlichen historiographischen Formen in der Renaissance, die Gegensätze zwischen paganer und christlicher Geschichtsschreibung, die Bedeutung der Professionalisierung der Geschichtswissenschaft in Universitäten und Institutionen, schließlich die Unabhängigkeit von den antiken Modellen bei den seit etwa 1860 einsetzenden neuen Entwicklungen, die gleichzeitig auch zum Autoritätsverlust der klassischen Historiker führte – dies waren einige zentrale Punkte der weit ausholenden, doch stets konkret dokumentierten Überschau, die am Ende zu den grundsätzlichen Fragen der Möglichkeiten und Grenzen moderner Geschichtsforschung und Geschichtsschreibung über die Antike vorstieß.

Mit der Arbeit »Alte Geschichte und antiquarische Forschung« betrat Momigliano Neuland. Über die erste Präsentation zuvor weithin unbeachteter Materialien hinaus, ging es hier nicht um die Versenkung in sterile Traditionsbestände, sondern um eine Vitalisierung der alten Geschichte überhaupt. Die Entfaltung antiquarischer Interessen in der Neuzeit war nach Momigliano identisch mit einer Revolutionierung der historischen Methoden. Denn erst die Antiquare lehrten, nichtliterarische Überlieferung als Geschichtsquelle auszuwerten, so wie sich dies insbesondere in der Erschließung des vorrömischen Italien im 18. Jahrhundert erweisen sollte. Doch die Profilierung der Leistungen der Antiquare, die hier erstmals gegeben wurde, brachte nach Momigliano zugleich ein wesentliches Element im Verständnis der ›Ethik‹ der Historiker hervor.

Ganz andere Schwerpunkte wies die ähnlich weitausholende Untersuchungskette »Neue Wege der Altertumsforschung im 19. Jahrhundert« auf. Hier wurden zwei typische Hauptlinien der Gesamtentwicklung freigelegt, einmal diejenige im Bereich der Agrargeschichte, zum andern jene der Religionsgeschichte und speziell der Erforschung des Mythos. Sind im ersten Falle Niebuhr, Mommsen und Max Weber für den Wandel der Aspekte, Methoden und Wertungen entscheidend, so im zweiten Usener, Wellhausen, Wilamowitz, Schwartz, aber auch K. O. Müller.

Im Mittelpunkt der Arbeiten über Droysen und Fustel de Coulanges stehen umfassende Analysen klassischer moderner Geschichtswerke. Die Droysen-Studie kehrte noch einmal zu den komplexen Problemen des Hellenismus zurück und ging der Frage nach, warum Droysen in seinem Werk die historische Rolle des Judentums nicht adäquat erfassen konnte. Das Wagnis seiner eigenen Hypothese, die insbesondere an die geistigen und religiösen Überzeugungen der jüdischen Konvertiten in Droysens engster Umgebung anknüpfte, war Momigliano durchaus bewußt. Doch wie immer es darum letzten Endes bestellt ist, selten sind die Widersprüche in Droysens Konzeption so scharf beleuchtet worden wie hier; selten wurden auch die Strukturen und Prioritäten der folgenden Hellenismusforschungen so überlegen zusammengefaßt.

Mit ähnlicher Sicherheit zeigte Momigliano auch die konstitutiven Elemente von Fustels »La Cité antique« auf. Er wies auf die Bedeutung von Fustels Polybios-Interpretation hin, die Anwendung der komparativen Methode wie die originelle Funktionalisierung der antiken Religion. Was die Studie aber vor allem auszeichnete, war die Einordnung von Fustels Methoden und Positionen in den Geamtprozeß insbesondere der französischen Geschichtsschreibung und Soziologie, wobei nicht zuletzt die Beziehungen zwischen Fustel und E. Durkheim plastisch herausgearbeitet wurden. Innerhalb der deutschsprachigen Literatur würde man wohl den Zusammenhang zwischen Fustel und Burckhardt stärker betonen.[36]

Die kleine Auswahl, die hier vorgelegt wird, vereinigt so Arbeiten in sich, die als beispielhaft für Momiglianos wissenschaftliche Produktion gelten können. Essays und Spezialstudien dieser Art waren nun einmal seine eigentliche Domäne. Andere Formen seines Werks konnten hier dagegen nicht vertreten sein, weder die großen, umfassend informierenden und doch zugleich gedankenreichen und stimulierenden Forschungsberichte noch die Vielzahl der Rezensionen, in denen der gefürchtete Kritiker nicht selten sein immenses Wissen wie seinen Scharfsinn demonstrierte, dabei die Autoritäten der verschiedensten Disziplinen ebensowenig schonte wie die persönlichen Freunde. Es gab wohl nur sehr wenige Publikationen, die Momiglianos uneingeschränkte Zustimmung gefunden haben.

Ungeachtet dieser Begrenzungen dürfte die Auswahl als Ganzes wesentliche Züge von Momiglianos wissenschaftlichem Œuvre vermitteln. Sie dürfte zeigen, wie lohnend es ist, sich mit den Studien dieses großen Gelehrten auseinanderzusetzen, der über seiner weitgespannten praktischen Forschungsarbeit längst selbst zum Klassiker wurde, zum einzigartigen Interpreten der alten in der neuen Welt.

V

Momigliano war eine Persönlichkeit, die in sich die heterogensten Impulse, Traditionen und Elemente zu vereinigen wußte. Ihm gelang die individuelle Synthese von jüdischem Glauben, italienischem Gefühl und britischer Logik. Sein strenger Intellekt, der ihn beständig die höchsten Anforderungen an die eigene Person stellen ließ, war gleichwohl mit menschlicher Wärme und überlegenem, oft leicht ironischem Humor gepaart. Daß dieser so unerbittliche Kritiker seine weichen Seiten hatte, haben wohl nur wenige bemerkt. Im geistesgeschichtlichen wie im historischen Bereich ging es ihm stets um Synthesen und um die Erforschung von Interdependenzen, die weit über den Radius des alten collegium trilingue und über die »Tria Corda« hinausführten. Das kleine Hellenismusbuch[37] zeigt gleichsam im Brennspiegel die Dimensionen seines universalen Ausgriffs.

Momigliano war bis zuletzt aufgeschlossen für alle neuen Ansätze, Methoden und Resultate in den verschiedensten Bereichen des geistigen Lebens. Von modischer Begrifflichkeit und überspitzten Konstruktionen ließ er sich nie blenden. Er ging den Dingen auf den Grund, war unablässig bemüht, die Relationen, das Authentische und die Wahrheit zu sichern. Er hatte ein untrügliches Gespür für Gediegenheit oder Substanzlosigkeit selbst speziellster Forschungen. Sein Einsatz für die Sache der Geschichte war so passioniert wie einst derjenige der Propheten und Apologeten für ihre Mission. Momigliano ist so nicht nur einer der größten Vermittler der modernen Geschichts- und Altertumswissenschaft, insbesondere der humanistischen Tradition, geworden, sondern in einer Ära der Intellektualisierung wie der Ideologisierung vor allem auch der Apologet der Geschichte.

[Anmerkungen]

1 Vergleiche die Gedenkbände und -vorlesungen: L. Cracco Ruggini (Hrsg.), *Omaggio ad Arnaldo Momigliano*, Como 1989 (Bibliotheca di Athenaeum, 11); *Storia della Storiografia* 1989, 16; A. C. Dionisotti, »The Letter of Mardochaeus the Jew to Alexander the Great, A Lecture in Memory of Arnaldo Momigliano«, *Journal of the Warburg and Courtauld Institutes* 51, 1988, S. 1–13; J. Weinberg, *Where Three Civilizations Meet. A tribute to the life and work of Arnaldo Dante Momigliano*, London 1988 (Leo Baeck College Lectures); C. Dionisotti, »Ricordo di Arnaldo Momigliano«, *Annali della Scuola Normale Superiore di Pisa, Cl. di Lettre e Filosofia* III, XVII, 3, 1987, S. 549–564; E. Gabba, »Arnaldo Momigliano«, in *Istituto Lombardo, Rendiconti Generale e Atti Ufficiali* 121, 1987, S. 271–277. Dankenswert ist die Zusammenstellung der Würdigungen in C. Dionisotti, *Ricordo di Arnaldo Momigliano*, Bologna 1989, S. 131–138.

2 The University of Chicago (Hrsg.), *Arnaldo Dante Momigliano*, 1908–1987, S. 5.

3 A. Momigliano, »Studien über griechische Geschichte in Italien 1913–1933«, in *Italienische Kulturberichte*, Hrsg. vom Romanischen Seminar der Universität Leipzig 1, 1934, S. 163–195; 2, 1935, S. 1 f. = *Contributo alla storia degli studi classici*, Roma 1955 (NDr. 1979), S. 299–326.

4 Siehe hierzu K. Christ, »Arnaldo Momigliano e la storiografia tedesca dell' antichità«, *Rivista Storica Italiana* 100, 1988, S. 313–325.

5 »After-dinner speech on the occasion of the conferment of the degree of D. H. L. h. c. at Brandeis University«, 22. Mai 1977, in *Ottavo Contributo alla storia degli studi classici e del mondo antico*, Roma 1987, S. 432.

6 Ein ausführlicher Überblick über Momiglianos Leben und Werk findet sich in: K. Christ, *Neue Profile der Alten Geschichte*, Darmstadt 1990, S. 248–294, 354–357. – Zur Beziehung zu Croce siehe C. Dionisotti, »Arnaldo Momigliano e Croce«, *Belfagor* 43, 1988, S. 617–642.

7 Vergleiche zu den Vorgängen in Turin C. Dionisotti, »Gli anni torinesi di Arnaldo Momigliano«, in: L. Cracco Ruggini (Hrsg.), *Omaggio ad Arnaldo Momigliano*, (op. cit. Anm. 1), S. 239–245.

8 Das fortlaufende Schriftenverzeichnis: »Bibliografia di Arnaldo Momigliano, 1928–1968 (luglio)«, in: *Quarto Contributo alla storia degli studi classici e del mondo antico*, Roma 1969, S. 667–727; »Bibliografia di Arnaldo Momigliano, agosto 1968–luglio 1978«, in: *Sesto Contributo*..., Roma 1980, S. 843–860; »Bibliografia di Arnaldo Momigliano, agosto 1978–luglio 1986«, in *Ottavo Contributo*..., Roma 1987, S. 433–449.

9 Siehe hierzu O. Murray, »Momigliano e la cultura inglese«, *Rivista Storica Italiana* 100, 1988, S. 422–439.

10 Zu den Einzelheiten der Lehrtätigkeit M. H. Crawford, »L'insegnamento di Arnaldo Momigliano in Gran Bretagna«, in: L. Cracco Ruggini (Hrsg.), *Omaggio ad Arnaldo Momigliano*, (op. cit. Anm. 1), S. 27–41.

11 Siehe die in Anm. 15, 19, 22 aufgeführten Titel.

12 *Contributo alla storia degli studi classici*, Roma 1955 (NDr. 1979); *Secondo Contributo*... 1960 (NDr. 1984); *Terzo Contributo alla storia degli studi classici e del mondo antico*, 2 Bde., 1964; *Quarto Contributo*... 1969; *Quinto Contributo*..., 2 Bde., 1975; *Sesto Contributo*..., 2 Bde., 1980; *Settimo Contributo*... 1984; *Ottavo Contributo*... 1987. Weitere Bände befinden sich in Vorbereitung.

13 *Studies in Historiography*, London 1966; *Essays in Ancient and Modern Historiography*, Oxford 1977; *Problèmes d'historiographie ancienne et moderne*, Paris 1983; *Sui fondamenti della storia antica*, Torino 1984; *Tra storia e storicismo*, Pisa 1985; *Storia e storiografia antica*, Bologna 1987; *Pagine ebraiche*, Torino 1987; *On Pagans, Jews, and Christians*, Middletown, Conn. 1987; *Die Juden in der Alten Welt*, Berlin 1988; *Saggi di storia della religione romana*, Brescia 1988.

14 »La composizione della storia di Tucidide, Memorie della Reale Accademia delle Scienze di Torino«, ser. II, 67, 1930, S. 1–48.

15 *Prime linee di storia della tradizione Maccabaica*, Roma 1930. 2nd ed. Torino 1931.

16 Siehe die Auswahlen: S. Berti (Hrsg.), *Arnaldo Momigliano, Pagine Ebraiche*, Torino 1987; A. Momigliano, *Die Juden in der Alten Welt*, Berlin 1988.

17 *The Development of Greek Biography*, Cambridge/Mass. 1971.

18 »Die Geschichtsschreibung«, in: E. Vogt (Hrsg.), *Griechische Literatur*,

Wiesbaden 1981, S. 305–336. – Die wichtigsten Einzelstudien zur griechischen Historiographie finden sich in dem Sammelband *La Storiografia Greca*, Torino 1982.

19 *Filippo il Macedone. Saggio sulla storia grece del IV secolo A. C.*, Firenze 1934; Milano ^{2}1987.

20 Zu diesem Komplex siehe C. Ampolo, »Arnaldo Momigliano, Roma arcaica e le tendenze attuali della ricerca: vecchi problemi e nuovi sviluppi nello studio della storia romana più antica«, in: L. Cracco Ruggini (Hrsg.), *Omaggio ad Arnaldo Momigliano*, (op. cit. Anm. 1) S. 103–120.

21 Vorabdruck in *Settimo Contributo* . . ., Roma 1984, S. 379–436.

22 *L'opera dell' Imperatore Claudio*, Firenze 1932 = *Claudius: the Emperor and his Achievement*, Oxford 1934, ^{2}1961. – Siehe zum speziellen Bereich K. Christ, »Arnaldo Momigliano und die Geschichte der römischen Kaiserzeit«, in *Storia della Storiografia* 1989, 16, S. 45–53.

23 »An Unsolved Problem of Historical Forgery: the »Scriptores Historiae Augustae«, in *Journal of the Warburg and Courtauld Institutes* 17, 1954, S. 22–46 = *Secondo Contributo* . . ., Roma 1960, S. 105–143.

24 Siehe die Spezialbibliographie in: A. Momigliano, *Die Juden in der Alten Welt*, Berlin 1988, S. 16f.

25 *On Pagans, Jews, and Christians*, Middletown, Conn. 1987, S. 159ff.; S. 206ff.

26 *op. cit.* (Anm. 25), S. 11ff.; S. 159ff.

27 »Historicism revisited«, in *Sesto Contributo* . . ., Roma 1980, S. 32.

28 Erstpublikation: *Journal of the Warburg and Courtauld Institutes* 9, 1946, S. 152–163 = *Contributo* . . ., Roma 1955, S. 233–248.

29 *Contributo* . . ., Roma 1955, S. 234.

30 London 1952 = *Contributo* . . ., Roma 1955, S. 213–231 = *Studies in Historiography*, London 1966, S. 56–74.

31 *Studies in Historiography*, London 1966, S. 70.

32 *op. cit.*, S. 71.

33 Siehe zum Folgenden insbesondere G. Cambiano, »Dopo Momigliano? Sulla Storia della Storiografia in Italia«, in: L. Cracco Ruggini (Hrsg.), *Omaggio ad Arnaldo Momigliano*, (op. cit. Anm. 1), S. 185–208.

34 K. Christ – A. Momigliano (Hrsg.), *Die Antike im 19. Jahrhundert in Italien und Deutschland*, Bologna 1988.

35 Eine nützliche Zusammenstellung wichtiger moderner Arbeiten zur Problematik des Zeitbegriffs findet sich nun in G. Dux, *Die Zeit in der Geschichte*, Frankfurt 1989, S. 461–472.

36 Siehe dazu die Einleitung von K. Christ, »N. D. Fustel de Coulanges und die antike Gesellschaft«, in: N. D. Fustel de Coulanges, *Der antike Staat*, München 1988, S. 9–20.

37 *Hochkulturen im Hellenismus*, München 1979.

Wege in die Alte Welt

Tradition und der klassische Historiker[1]

I

Die griechischen und lateinischen Historiker, die wir als groß und exemplarisch ansehen, wurden schon von den antiken Lesern als groß und exemplarisch angesehen.[2] Ihre Erhaltung danken sie dieser Geltung, obwohl natürlich nicht alle angesehenen Historiker sich erhalten haben. Der Gebrauch bestimmter Bücher in den Schulen und auch der bloße Zufall spielten ihre Rolle bei der Überlieferung der Handschriften. Betonen will ich, daß unser Urteil über die antiken Historiker Griechenlands und Roms im wesentlichen übereinstimmt mit dem antiken Kanon der Beurteilung. Herodot, Thukydides, Xenophon und Polybios waren schon Vorbilder für die griechischen und römischen Historiker, die in der Lage waren, sie zu lesen. Entsprechend waren Sallust, Livius und Tacitus beispielhaft für ihre lateinischen Nachfolger. Es ist eine Besonderheit der griechisch-lateinischen Kultur des römischen Reiches, daß griechische Autoren die lateinischen Autoren selten benutzten und noch seltener nachahmten. So übten Sallust, Livius und Tacitus nicht viel Einfluß auf die griechischen Historiker der späteren Zeit aus, obwohl Plutarch Sallust und Livius extensiv nutzte und Dio Cassius der annalistischen Methode der römischen Geschichtsschreibung folgte und Vertrautheit mit Sallust (XL, 63,4) und mit Livius (LXVII, 12,4) zeigt. Das Element des Zufalls oder der Schulauswahl bei der Überlieferung muß man berücksichtigen, besonders in den Fällen, in denen es die äußere Erscheinung eines Historikers verzerrt. Wir würden Sallust besser kennen, wenn wir seine Historien besäßen (welche die Zeit von etwa 78–67 v. Chr. behandeln), und natürlich dürfen wir nie vergessen, daß Livius den größten Teil seiner 142 Bücher mehr oder weniger der Zeitgeschichte widmet, die fast völlig für uns verloren ist.

Es ist klar ersichtlich, daß all diese »großen« Historiker tatsächlich dazu neigten, entweder ausschließlich oder vorwiegend über Gegenstände der näheren Vergangenheit zu schreiben. Herodot schrieb über die Perserkriege, ein Ereignis der vorhergehenden Generation; Thukydides beschrieb die Geschichte des zeitgenössischen Peloponnesischen Krieges; Xenophon konzentrierte sich auf die spartanische und thebanische Vormachtstellung (404–362 v. Chr.), deren Zeuge er war; Polybios begann ernstlich mit dem Zweiten Punischen Krieg (218 v. Chr.) und schritt vor bis zu seiner eigenen Zeit, etwa 145 v. Chr. Dasselbe gilt für Sallust, Livius, Tacitus (der die vergangenen 100 Jahre behandelte) und für Ammianus Marcellinus (der 13 Bücher der Zeit von 96–352 n. Chr. widmete und die übrigen 18 der Geschichte von lediglich sechsundzwanzig Jahren). Ebendiese Neigung zu nahezu zeitgeschichtlichen Ereignissen findet sich bei anderen Historikern von großem Ansehen, deren Werke mit Ausnahme von Fragmenten heute verloren sind. Theopomp schrieb über die von seinem Zeitgenossen Philipp II. von Makedonien beherrschten Vorgänge; Ephoros handelte von archaischer griechischer Geschichte in zehn Büchern, in weiteren zehn Büchern vom 5. Jahrhundert v. Chr. und behielt etwa zehn Bücher der Geschichte von 386–340 v. Chr. vor; Timaios füllte den größeren Teil der 38 Bücher seiner Geschichte der westlichen (vor allem sizilischen) Griechen mit den Ereignissen seiner eigenen Zeit – grob gesagt 340–288 v. Chr., und Poseidonios setzte Polybios fort für das vergangene Jahrhundert von 143 v. Chr. bis zu seiner eigenen Zeit, etwa 70 v. Chr.

Prinzipien der Methode wurden vorgebracht, um diese Vorliebe für zeitgeschichtliche Stoffe zu rechtfertigen. Herodot betonte, wie wichtig es sei, das zu berichten, was man gesehen und gehört hat – und gab dem, was er gesehen hat, den entschiedenen Vorzug. Thukydides erklärte die unmittelbare Erfahrung zur wichtigsten Qualifikation für die eigentliche Geschichtsschreibung. Auch Polybios betonte, wie wichtig es sei, Zeugen der Ereignisse befragen zu können und unmittelbare Erfahrung zu haben (XII, 4c,3; 25b,4); er beanspruchte, daß die Hauptzeit seines Geschichtswerks in die Lebenszeiten von Leuten fiel, die er ins Kreuzverhör nehmen konnte (IV, 2,2).

Die römischen Historiker waren vielleicht weniger geneigt, sich ihrer Fähigkeit zu rühmen, Zeugen der Ereignisse zu sein oder Zeugen zu befragen. Der in dieser Hinsicht beredteste der lateinischen Historiker ist Ammianus Marcellinus, der aus Antiocha stammte und sich in der lateinischen Gesellschaft des Westens nie ganz zu Hause fühlte: er berichtet gern Einzelheiten, in die er selbst verwikkelt war (XVIII,6,11 und 21–3; XIX,8,5). Aber selbst die verschwiegendsten der lateinischen Historiker befanden sich nicht im Zweifel über die Augenzeugen-Methoden eines Zeithistorikers. Es mag genügen, daran zu erinnern, wie Tacitus seinen Freund Plinius den Jüngeren über Ereignisse befragte, über welche Plinius besser unterrichtet war (Plinius d.J., *Ep.*, VI,16; VII,33).

Das Problem der Quellen – und der offensichtliche Vorteil, wenn man in der Lage ist, Zeugen zu befragen oder selbst Zeuge zu sein – kann nicht als Hauptmotiv für die Bevorzugung zeitgenössischer oder jüngstvergangener Ereignisse als Gegenstand der Geschichtsschreibung gelten. Seit dem 5. Jahrhundert v. Chr. – und das heißt, seit dem Beginn der Geschichtsschreibung in Griechenland – gab es Methoden, zuverlässige Nachrichten über die entferntere Vergangenheit zu erhalten. Diese Methoden waren kritisch in dem Sinne, daß der, der sie anwendete, nach Überlegung und Studium mit ihrer Zuverlässigkeit zufrieden war. Hekataios, der erste griechische Historiker (Ende des 6. Jahrhunderts v. Chr.), hatte Methoden zur Berichtigung und Rationalisierung vieler mythischer Berichte entwickelt. Herodot wußte, wie man mit Ägypten und anderen Ländern umgeht und nach ihren Altertümern fragt. Sogar Thukydides benutzte alte Dichtungen und archäologisches und epigraphisches Material, um Schlußfolgerungen über den Zustand der archaischen griechischen Gesellschaft und über besondere Ereignisse der Vergangenheit zu formulieren. Chronologische Probleme wurden von Hippias und Hellanikos am Ende des 5. Jahrhunderts systematisch behandelt. Später wurde der Brauch, alte Texte zu studieren und alte Überlieferungen zu kritisieren, von den hellenistischen Gelehrten nachdrücklich betrieben. Die Römer selbst wußten sehr wohl – das beweist ihre antiquarische Tradition von Varro an im 1. Jahrhundert v. Chr. bis zu dem Vergil-Kommentator Servius im 5. Jahrhundert n. Chr. –, wie man zuverlässige Fakten aus der Vergangenheit sammelt. Darauf kommen wir zurück. Wichtig ist hier, daß die Frage der Zuverlässigkeit des Quellenmaterials aus der Vergangenheit nicht der bestimmende Faktor dafür gewesen sein kann, den Historikern, die sich mit jüngstvergangenen oder zeitgeschichtlichen Ereignissen befaßten, eine privilegierte Stellung zu geben.

Zweifellos fühlten die Historiker sich sicherer, wenn sie Zeitgeschichte schrieben. Manche Historiker wie Thukydides und Polybios waren kaum in der Lage, die besondere Bedeutung zeitgenössischer Ereignisse von ihrer besonderen Glaubwürdigkeit zu trennen. Gebildete Leser scheinen mit dieser Bewertung der Quellen übereingestimmt zu haben und betrachteten die Autoren der Zeitgeschichte als zuverlässiger als diejenigen, die über die Vergangenheit schrieben. Historiker neigten dazu, sich selbst als glaubwürdige Zeugen ihrer eigenen Zeit zu empfehlen (z. B. F. Josephus, *Jüdischer Krieg*, I, 1; Herodian, I, 1,3), obwohl Alexander der Große, nach Lukian, nicht zu bemerken versäumte, daß man dem Lebenden schmeichelt, nicht dem Toten (*Wie man Geschichte schreiben soll*, 40). Aber letztlich bestimmte die Bedeutung der zeitgeschichtlichen Ereignisse die Wahl des Gegenstandes. Diese Bedeutung wurde von den Historikern selbst angeführt, um ihre Arbeit zu rechtfertigen. Die Zuverlässigkeit der Quellen war, obwohl sie mit dieser Einschätzung der Zeitgeschichte eng verbunden ist, lediglich ein zusätzliches Motiv. Thukydides und Polybios lassen den Leser über die Bedeutung, die sie der von ihnen behandelten Epoche der Geschichte zuerkennen, nicht im Zweifel, sie sehen darin etwas Einzigartiges, eine Bedeutung, die anderen Ereignissen der Vergangenheit nicht zukommt. Für Thukydides ist der Peloponnesische Krieg der Gipfel der vorausgegangenen griechischen Geschichte, ein Ereignis, das größer ist als jedes andere zuvor. Polybios betrachtet sich selbst als Zeugen eines revolutionären Wechsels in der Geschichte der Menschheit: zum ersten Male verbinden sich die verschiedenen Teile der Welt zu einem Ganzen (I, 3,4; III, 1,4; IV, 2,1). Sallust rühmt den Jugurthinischen Krieg als die erste Episode des Kampfes gegen die römische Nobilität. Livius erwartet, das ist noch interessanter, daß seine Leser begierig nach neuester Geschichte seien und entschuldigt sich, daß er sie bei zurückliegenden Ereignissen aufhält. Hellenistische und römische Gelehrte waren auf ihre eigene

Weise vollkommen respektabel. In Zeiten der Sehnsucht nach der Vergangenheit konnten sie sogar Ruhm mit ihren Bemühungen erlangen. Varro ist das beinahe gelungen. In der Spätantike neigten Antiquare dazu, sich selbst zu beweihräuchern. Sie erlangten aber nie die Oberhand. Das Ansehen der Deuter jüngerer Ereignisse – eines Herodot, Thukydides, Polybios, Sallust, Tacitus (und Livius, insofern er das *auch* war) – blieb unerschüttert. Es war ein von Literaturkritikern gebilligtes und durch die Popularität der Schriften selbst bekräftigtes Ansehen. Das heißt, daß die deutende Darstellung der zeitgenössischen Geschichte eine unersetzbare Funktion in den antiken Gesellschaften vom 5. Jahrhundert v. Chr. an bis zum spätrömischen Reich, sagen wir bis zum 6. Jahrhundert n. Chr. innehatte.

Während Hekataios sich daran versuchte, alte Erzählungen zu rationalisieren, war es der Perserkrieg, das epochemachende Ereignis der vorangegangenen Generation, der seinen ionischen Landsmann Herodot fesselte. Herodot, der in vielerlei Hinsicht Student und Rivale des Hekataios war, fand seinen eigenen Weg, indem er die jüngere Vergangenheit deutete. Die Athener ließen ihm eine bedeutende Ehrung zuteil werden, und er gewann die Freundschaft des Sophokles. Herodot berichtete das, was leicht in Vergessenheit geraten konnte, und darüber hinaus erklärte er das, was leicht übersehen werden konnte: die Verschiedenheit von Persern und Griechen in den Institutionen und Sitten und den besonderen Beitrag Athens zum Sieg. Herodot legte keinen Wert auf alte Überlieferung, als er seine Geschichte der Perserkriege erzählte. Obwohl der Krieg verbunden wird mit alten, sogar mythischen Rivalitäten zwischen Europa und Asien, erschien er ihm als Folge der ionischen Erhebung. Die Siege bei Marathon und Salamis waren das Werk der jungen athenischen Demokratie. Da ihm die traditionellere Art der spartanischen Kriegsführung bewußt war, beurteilte er die Spartaner als weniger fähig als die Athener, die Perser zu besiegen. Jedenfalls war der Sieg der Griechen überhaupt etwas Unerhörtes – und dieser Sieg war das Thema Herodots. Bei all seinem Interesse an den Sitten und seiner Empfänglichkeit für religiöse Haltungen wählte Herodot entschlossen den Perserkrieg als ein Ereignis, das um seiner selbst willen erinnert zu werden verdiente – weil es der Sieg der

Griechen war und damit der Sieg griechischer Freiheit über persische Despotie. Er kam langsam zu diesem Entschluß; wir können versuchen, seiner Entwicklung vom Geographen zum Historiker zu folgen. Darin, einen Krieg zum epochemachenden Ereignis zu bestimmen, hatte er natürlich einen illustren Vorgänger: Homer. Aber es war Herodots Entscheidung, den Krieg aus dem Epos in die Geschichte zu überführen. Thukydides konnte vielen Vorstellungen Herodots widersprechen, aber nicht dieser Entscheidung. Er wählte wiederum einen Krieg – einen neuerlichen Krieg – als ein epochemachendes Ereignis. Er verabschiedete wiederum überlieferte Themen zugunsten von etwas Neuem – neu in seinen Ursachen, die Herausbildung der imperialen Macht Athens; und neu in seinen Folgen, die Zerstörung der imperialen Macht Athens. Neu vielleicht sogar in seinen sozialen Erscheinungen, wenn die Pest, die politischen Umwälzungen und die Demagogen, wie er zu meinen scheint, nicht zur bisherigen Erfahrung gehörten.

Nach Thukydides gab es vollends keinen Zweifel daran, daß Kriege den sichtbarsten Veränderungsfaktor darstellen. Xenophon mag gedacht haben, daß die Spartaner ihre Vorherrschaft verloren, weil sie die Zitadelle von Theben verräterisch besetzten. Aber die Götter straften die Spartaner durch die reguläre Kriegsmaschinerie, die Spartaner wurden einfach von den Thebanern geschlagen. Später versäumten es die Thebaner, ihren Sieg bei Mantinea auszunützen, weil Epameinondas in der Schlacht getötet wurde; und die griechische Welt war führerlos, in einem Zustand der Unsicherheit und Unordnung. Kriege waren das Hauptthema bei Theopomp, und der Krieg war das Mittel, durch welches Tyche, der Zufall, die Ordnung der Welt änderte, nach Polybios Meinung.

Politische Umwälzungen beschäftigten nächst dem Kriege die griechischen Historiker. Das Vorbild war Thukydides' Buch VIII. Die Historiker des 4. und 3. Jahrhunderts v. Chr. konnten Kriege kaum von politischen Umwälzungen unterscheiden.

Sallust lernte von Thukydides, wie bedeutend der Krieg als Zeichen der Veränderung war, aber insgesamt spielt der Krieg bei den römischen Historikern eine geringere Rolle als bei den griechischen. Innere Konflikte und Verfassungsänderungen beherrschten die Aufmerksamkeit der lateinischen Historiker des späten 1. Jahrhunderts v. Chr. und des Römischen Reiches. Insgesamt kam es jedoch auf das gleiche hinaus. Die Hauptbetonung der Historiker (Livius, Velleius, Tacitus) lag auf der Zerstörung der Vergangenheit und dem Emporkommen neuer Institutionen, Gebräuche und Laster. Die historischen Werke des Tacitus sind völlig durchdrungen von diesem Gefühl des Wechsels und der Resignation darüber. Es wäre der Untersuchung wert, warum die nichtkirchlichen Historiker so langsam und widerstrebend darin waren, die besonderen Veränderungen, die das Christentum darstellte, zu registrieren. Selbst Ammianus gewährt ihm nur einen unverhältnismäßig geringen Raum, obwohl er unter christlichen Kaisern lebte. Welches die Gründe des Widerstrebens auch immer gewesen sein mögen, das bloße Vorhandensein des Christentums machte den Historikern des späten Reiches einen Kontinuitätsbruch bewußt: Sie wissen, daß eine Veränderung stattfindet, selbst wenn sie in dieser Hinsicht nicht sehr beredt sind.

Die »großen« griechischen und lateinischen Historiker waren vom Gefühl der Veränderung beherrscht. Darin spiegelten sie die Lage der Gesellschaft genau wider. Weder die Griechen im allgemeinen nach dem 6. Jahrhundert v. Chr. noch die Römer nach dem 3. Jahrhundert v. Chr. hegten den geringsten Zweifel über das Ausmaß der Veränderung um sie herum. Selbst wenn die Verfassung davon nicht unmittelbar berührt war, so gab es doch Gebiets- und Machtveränderungen. Die Historiker taten ihre Arbeit in einer Atmosphäre der Erwartung von Veränderungen und zeichneten die Tatsachen davon auf. Ihre Aufgabe war es, tiefe und relativ schnelle Veränderungen in den Lebensbedingungen des politischen Körpers aufzuzeigen. Die eigentliche Geburt der Geschichtsschreibung im 5. Jahrhundert v. Chr. ist schwerlich vom Sieg demokratischer Institutionen in Ionien und Athen, mit ihrem Verlangen nach Veränderung, zu trennen.

Das ist alles sehr elementar und vielleicht trivial. Aber es führt zu einigen wichtigen Folgerungen. Von den griechischen und römischen Historikern erwartete man nicht, daß sie Hüter der Tradition seien. Man nahm gar nicht an, daß sie Ereignisse im Sinne von Konformität oder Abweichung von der Norm darstellten. Man verlangte nicht von ihnen, daß sie einander in einem vom Staat oder von religiösen Institutionen getragenen Beruf folgten oder sich damit befaßten, den Wechsel unter Kontrolle zu halten. Des weiteren werden individuelle Handlungen oder Ereignisse nicht an sich als löblich oder tadelnswert dargestellt zum Ziel des Vergleichs mit der Norm; sie mußten in einen Prozeß der Veränderung eingeführt und gemäß dem schließlichen Ergebnis dieses Prozesses bewertet werden. Perikles' Verteidigungspolitik gegen Sparta oder Fabius Cunctators Taktik gegen Hannibal wurden nicht nach einem ewigen Gesetz des Verhaltens, sondern nach ihrer Wirkung auf den Krieg beurteilt. Wenn man sie in ihrem allgemeinsten Kennzeichen nimmt, so war die »klassische« Geschichtsschreibung (das heißt, die in den Augen der Griechen und Römer selbst klassisch war) der Spiegel der Veränderung. Wir können ihre Verschiedenartigkeit gegenüber anderen Typen der Historiographie abschätzen. Es gibt in Griechenland oder in Rom nichts mit dem traditionalistischen Vorgehen eines Al-Tabari, mit seinem Bericht über die Kette der Autoritäten, Vergleichbares. Nichts gleicht der amtlichen chinesischen Historiographie mit ihrem minutiösen Aufzeichnen isolierter Tatsachen: der von Staatsbeamten für Staatsbeamte geschriebenen Geschichte, wie E. Balázs es zu nennen liebte. Nichts ist so wie die *Heimskringla* von Snorri Sturluson, der alte Erzählungen aufzeichnen ließ, wie vernünftige Leute sie über Häuptlinge dänischer Zunge berichteten.

Obwohl Tyche einen heidnischen Historiker ansprechen mochte, wurde nie ein persönlicher Gott bemüht, um den Lauf der Geschichte zu erklären. Gerade so wie Griechenland und Rom keine »Gesta Dei per Graecos« (oder »per Romanos«) hatten, so fehlte ihnen auch deren biblisches Gegenstück, die Geschichtsbücher einer Nation in ihrer Beziehung zu Jahve. Kirchengeschichte – die Geschichte des wahren Glaubens in seinem Kampf gegen Ketzereien und Verfolger – war in der heidnischen Antike unvorstellbar. Ihr Auftreten bedeutet den Beginn eines neuen Zeitalters.

Geschichte der Veränderung in der griechisch-römischen Welt implizierte natürlich keinen Begriff des Fortschritts und noch weniger eines Fortschritts ad infinitum; und sie bedeutete auch nicht notwendig eine Vorstellung von zirkulärer Bewegung. Sogar Polybios scheint seine Reflexionen über Kreisläufe auf seine Theorie der Verfassung beschränkt zu haben: Als er ans Erzählen der Geschichte ging, vergaß er die Kreisläufe. Die begrenztere Vorstellung, daß die menschlichen Angelegenheiten einen gewissen Fortgang im Ausmaß der Kenntnisse und der Erfahrung machen, wurde sehr viel wahrscheinlicher von den klassischen Historikern angewendet; zumindest die Mehrheit der griechischen Historiker scheint sich zu ihr bekannt zu haben. Aber für einen Historiker des Wechsels bestand keinerlei Verpflichtung, deshalb optimistisch zu sein. Xenophon war traurig über die spartanischen Niederlagen. Livius sehnte sich nach dem frühen Rom. Flavius Josephus (den man nur mit größter Vorsicht zu den heidnischen Historikern rechnen kann) schrieb, um die Katastrophe so gut wie möglich zu erklären. Ein detaillierterer Bericht über die Haltung des Historikers zu seinem Gegenstand würde die Bewertung seiner Behandlung besonderer Institutionen und Individuen einschließen. Wir können jedoch keine absolute Kohärenz erwarten. Wer versucht, die Achtung des Thukydides für Nikias (VII, 86,5) und seine Verachtung Kleons aus seiner allgemeinen Interpretation des Peloponnesischen Krieges herzuleiten, verschwendet seine Zeit. Der Camillus, den Livius in Buch V bewundert, ist als Typus des Römers sehr verschieden von dem Zensor Cato, der in Buch XXXIX verherrlicht wird. Tacitus ist nicht völlig konsistent in seinen Urteilen über die Philosophen, die den Kaisern opponierten. Ein interessanter Zug dieser Historiographie der Veränderung besteht darin, daß sie es dem Historiker freistellt, im Herzen Traditionalist zu sein. Entsprechend stand es dem Historiker frei, die Veränderung zu empfehlen. Aber ich muß gestehen, daß ich keinen uns überlieferten griechischen oder römischen Historiker kenne, der die Veränderung positiv empfiehlt. Die sogenannten demokratischen Annalisten der späten Republik in Rom mögen es getan haben, aber ich kenne keinen Beleg dafür. Wenn die Rede des Maecenas bei Dio Cassius (Buch LII) ein Reformprogramm darstellt, ist es ohne Beziehung zu dem übrigen umfangreichen Werk geschrieben. Philosophen empfahlen Reformen eher als Historiker.

Die klassische Geschichtsschreibung der Veränderung, weit davon entfernt, das Studium nur einzelner Städte oder Staaten zu sein, war mit Entwicklungen befaßt, die viele Staaten und Länder, sogar mehrere Reiche, umfaßten. Herodot schloß Griechen und Barbaren ein. Im 4. Jahrhundert v. Chr. schrieb Ephoros die Geschichte der

Griechen vor dem Hintergrund ihrer Nachbarn. Polybios sah in Ephoros seinen Vorgänger als Universalhistoriker (V,33). Sein Zeitgenosse Agatharchides schrieb Universalgeschichte in zwei getrennten Werken über Asien und Europa. Im 1. Jahrhundert v. Chr. wurden ehrgeizige (und vielleicht beispiellose) Versuche unternommen, die Geschichte der Menschheit von ihren Ursprüngen an zu erzählen. Die Eroberungen des Pompeius und des Caesar hatten der stoischen Vorstellung von der Einheit der Menschheit eine neue Bedeutung verliehen. Teilweise zumindest sind uns drei dieser Geschichtswerke bekannt: die des Sizilianers Diodor, die des Nikolaos von Damaskus und die des Galliers Trogus Pompeius (letztere in einer von Justinus kompilierten Zusammenfassung). Die besterhaltene dieser Universalgeschichten, die des Diodor, war kein großer Erfolg. Diodor fühlte sich genötigt, in der Vorrede seiner *Historischen Bibliothek* ein kurzes Kompendium der Kosmologie und Anthropologie einzufügen. Ob dieses Stück (Diodor, I,7–8) nun auf Demokrit zurückgeht oder nicht, es hat keinerlei wirkliche Bedeutung für die Kompilation Diodors, der verschiedene Geschichten übereinanderschichtet, ohne irgendeine Einheit zu erreichen (oder auch nur zu beanspruchen). Zu Recht erhielt Diodor in der Antike nie die Stellung eines Klassikers. Sein Ansehen wuchs in der byzantinischen Kultur, wo er als Vorbild und als Quellenmaterial für ähnliche, vom neuen christlichen Geschichtsbewußtsein favorisierte Kompilationen der Universalgeschichte diente. Gewiß versäumte Diodor seine Gelegenheit, das Problem der Form der menschlichen Geschichte als eines Ganzen in Angriff zu nehmen. Die übrigen heidnischen Universalhistoriker der Antike mögen nicht viel besser gewesen sein. Doch die universalistischen Tendenzen einer Geschichtsschreibung der Veränderung bedeuteten an sich selbst schon das Verwerfen jedes ausschließenden Traditionalismus. Die Verschiedenartigkeit der Menschheit in Raum und Zeit stand im Vordergrund.[3]

Wir können folglich abschätzen, was ein Historiker dieses klassischen Typus unter dem Nutzen der Geschichte verstand. Es gab Abstufungen der Bedeutung. Der dauerhafte Beitrag zur Erkenntnis, den Thukydides für sich beanspruchte, ist nicht dasselbe wie die Ausbildung zum Erdulden des wechselhaften Glücks im politischen

Leben, die das Ziel des Polybios war. Was der Historiker aber in beiden Fällen zu bieten hatte, war eine Beschreibung der Veränderungen in der Vergangenheit, welche die Ursachen ähnlicher Veränderungen in der Zukunft zu erkennen und die Folgen vorherzusehen erlaubte. Polybios wiederholte mit Begeisterung das alte Wort, daß der »Anfang die Hälfte des Ganzen« sei (V, 32,5). Die Grundlage seiner Lehre war die Voraussetzung, daß ein vergleichendes Studium der Symptome möglich ist. Andererseits besagte das häufige Insistieren des Historikers auf der außergewöhnlichen Größe und Bedeutung der von ihm erwählten Begebenheiten, daß er diese bestimmte Veränderung als wahrscheinlich irreversibel betrachtete. Die Erklärungen von Polybios, Livius und Appian zum Aufstieg Roms sind gute Beispiele. Für geringere Köpfe gab es Gelegenheiten, der Schmeichelei gegenüber der siegreichen Sache nachzugeben. Die Schmeichelei war, mehr als die Propaganda, der heimtückische Versucher der klassischen Historiker. Bezeichnenderweise vermied Thukydides es, sich auf das Thema der Irreversibilität einzulassen, und legte das Gewicht auf die Rivalität zwischen Sparta und Athen. Die Lektion, die die Geschichte lehren konnte, bestand darin, wie man der Veränderung begegnet.

II

Da die antiken Kritiker ihre Bewertung der Historiker mit einer Mischung von stilistischen Argumenten und Betrachtungen über den Gegenstand rechtfertigten, ist es schwer zu sagen, ob sie eine entschiedene Vorliebe für Geschichtsschreibung als Studium der Veränderung im Gegensatz zur Geschichtsschreibung im Dienst der Tradition hatten. Dionysios von Halikarnassos zog Herodot dem Thukydides vor, weil er einen edleren und für die Leser gefälligeren Gegenstand wählte (*Briefe an Pompeius*, 3), während Plutarchs *Über die Bosheit des Herodot* Thukydides dem Herodot vorzieht, weil er weniger boshaft ist. Ob bewußt oder nicht, die Kritiker gaben ihren Vorzug historischen Gegenständen, die Veränderung beschreiben.

Es gab keinen Mangel an Geschichtsschreibung zum Zweck des Aufzeichnens von »Routine«-Ereignissen mit der Betonung institutioneller Kontinuität und der Empfehlung traditioneller Verhaltensmuster für spätere Generationen. Aber dergleichen Sammler von Aufzeichnungen und Exempellieferungen aus der Vergangenheit fanden sich bald in einer Welt, worin die Historiker der Veränderung größeres Ansehen genossen.

Bloßes Aufzeichnen bestimmter Ereignisse gab es in Griechenland und Rom, aber weniger häufig, als wir es erwarten würden. Die Jahrbücher der römischen Pontifices sind das bekannteste Beispiel. Man scheint sie Jahrhunderte hindurch geführt zu haben, bis mindestens an das Ende des 2. Jahrhunderts v. Chr., und ihr Inhalt stellt ein berühmtes Problem dar. Cato spricht von diesen Jahrbüchern, als seien ihre Aufzeichnungen auf Vorzeichen und Rituale beschränkt gewesen (Fr. 77 Peter). Cicero (*De Orat.*, II, 13,52) und Servius (*ad Aeneid.*, I, 373) geben im Gegenteil dazu zu verstehen, daß sie eine Chronik politischer und militärischer Ereignisse waren. Wir werden die Wahrheit erst wissen, wenn umfangreiche und authentische Bruchstücke dieser Jahrbücher entdeckt worden sind. Sie können natürlich mit der Zeit ihre Eigenarten geändert haben. Diese von den Pontifices geführten lateinischen Jahrbücher standen unter der Kontrolle der römischen Aristokratie, d. h. ursprünglich der Patrizier. Als Fabius Pictor sich am Ende des 3. Jahrhunderts v. Chr. entschloß, römische Geschichte auf griechisch zu schreiben, brach er offen mit der aristokratischen und pontifikalen Tradition, obwohl er Patrizier war und auch Pontifex gewesen sein kann. Er folgte (so scheint es) noch dem annalistischen System der Pontifices; daher stammt der Name *Annales* für sein Werk. Aber das verringert nicht die revolutionären Implikationen seiner Entscheidung, die griechische Geschichtsschreibung der Veränderung der traditionellen lateinischen Praxis bloßer Aufzeichnung bestimmter Ereignisse vorzuziehen. Timaios kann sein griechisches Vorbild gewesen sein. Die annalistische Methode war, beiläufig gesagt, für die Griechen nichts Neues. Thukydides war auf seine eigene Weise Annalist.

Es ist weniger gewiß, ob in Griechenland den »großen« Historikern priesterliche und profane lokale Aufzeichnungen oder Chroniken vorangingen. Dionysios von Halikarnassos (*De Thucydide*, 5) behauptet entschieden, daß Aufzeichnungen von Priestern und lokale Chroniken der großen Geschichtsschreibung von Herodot und Thukydides vorausgingen. Eine ähnliche Linie vertrat in der Moderne Wilamowitz, als er eine Athener Priesterchronik vor der attischen Historiographie ansetzte. F. Jacoby konnte unschwer beweisen, daß Wilamowitz willkürlich das für Athen behauptete, was er von Rom sicher wußte. Man hat vermutet, daß Dionysios dasselbe für Griechenland im allgemeinen tat. Da er am Ende des 1. Jahrhunderts v. Chr. in Rom lebte und mit der römischen Situation gut vertraut war, kann er das römische Modell willkürlich auf Griechenland übertragen haben: erst Lokalchroniken, dann große Geschichtsschreibung. Der Text des Dionysios ist dunkel und nicht gegen Verdacht gesichert, denn er zitiert einen Autor und setzt ihn zeitlich früher an als Thukydides, Amelesagoras, der wahrscheinlich ein Fälscher des späten 4. Jahrhunderts v. Chr. war. Aber Dionysios muß einige Unterstützung für seine Ansicht in der hellenistischen Gelehrsamkeit gefunden haben. Er hat nicht lediglich ein römisches Modell auf Griechenland übertragen.[4]

Was immer hinter Dionysios' Behauptung stehen mag, einige Städte und Heiligtümer besaßen ihre eigenen Chroniken von mindestens dem Ende des 5. Jahrhunderts v. Chr. an. Da die große griechische Geschichtsschreibung sich nie auf die Ereignisse nur einer Stadt begrenzte, wurden Stadt- und Tempelchroniken unvermeidlich zum Behältnis lokalen Stolzes und lokaler Altertumsforschung. Lokalchroniken betonten die Individualität jedes griechischen Mittelpunktes und die Kontinuität seiner Entwicklung: sie sammelten die lokalen Mythen. Dergestalt waren sie traditionalistisch, aber ihr Traditionalismus schwankte in Qualität und Quantität je nach Ort und Zeit. Die attischen Chronisten, die wir kennen, schrieben am besten in ihrer privaten Eigenschaft – nicht als Beamte oder Priester – und brachten ihre politischen Meinungen in ihre Werke ein. Sie liebten das antiquarische Detail, aber sie ignorierten weder die Veränderungen, noch empfahlen sie unveränderlich die Vergangenheit als Vorbild. In einigen Fällen projizierten sie die Gegenwart in die Vergangenheit und machten Theseus zu einem demokratischen König. In anderen Fällen verschwand die Persönlichkeit des Sammlers hinter dem Ansehen der Institution, deren Chronist er war. Im Jahre 99 v. Chr. wies die Stadt Lindos auf der Insel Rhodos zwei Männer, Timachidas und Thersagoras, an, unter der ständigen Aufsicht des

Stadtschreibers eine Chronik des Tempels der Athena von Lindos zusammenzustellen: Diese Chronik sollte eine Liste der dem Tempel gemachten Stiftungen und der wunderbaren Eingriffe der Göttin enthalten. Das Unternehmen hatte gelehrte Ansprüche: Einer der Chronisten war ein Gelehrter, und es wurden Verweise auf Quellen gegeben. Das ganze Verfahren war aber offensichtlich geplant worden als unpersönlicher Tribut an die Kontinuität und das Ansehen des Heiligtums.[5]

Wir können die gesamte Bedeutung dieser »kleineren« Geschichtsschreibung, die für lokalen Stolz und Vorurteil aufgezeichnet wurde, kaum überschätzen. Aber sie war stets der nachteiligen Gegenüberstellung mit der größeren Historiographie ausgesetzt. Sie entwickelte sich, nebenbei bemerkt, vor allem in der hellenistischen Zeit, als die Gelehrsamkeit einen eigenen Platz in der Gesellschaft erlangt hatte. Diese Gelehrsamkeit schmeichelte dem lokalen Patriotismus und Konservatismus in einem Zeitalter, als die einzige kulturelle Unterscheidung, die wirklich zählte, die zwischen Griechen und Nicht-Griechen war. In Rom konnte sich die bloße Lokalchronik nach Fabius Pictor nie wieder völlig behaupten. Die Mehrheit der Historiker der republikanischen Zeit huldigte der nationalen Tradition, indem sie ihre Werke mit der Gründung Roms begannen, aber sie modernisierten die Vergangenheit und gaben den jüngeren Ereignissen größeren Raum und mehr Gewicht. Eines der wenigen Dinge, die man sicher über die *Annales Maximi* weiß, ist die Tatsache, daß die späteren Historiker sie fast stets ignorierten. Unser bruchstückhaftes Material ist nicht klar, aber soweit es die politische Historiographie betrifft, so war Rom vielleicht sogar weniger traditionalistisch als Griechenland. Es ist eine faire Vermutung, daß die Antiquare und Juristen die Hauptvertreter des Traditionalismus im republikanischen Rom gewesen sind. Griechenland brachte gewiß nichts mit Varros *Antiquitates* Vergleichbares hervor. Aber die römische Aristokratie bedurfte keiner Bücher, um ihre Tradition zu kennen und zu verteidigen. Das bloße Auftreten eines Antiquars aus dem rückständigen Sabinerland, wie Varro, war das Zeichen einer Krise.

Traditionelle Verhaltensmuster wurden auch in der reichen Literatur der Exempla aufgezeichnet und empfohlen. Die Griechen zitierten einzelne vergangene Begebenheiten stets als Grund für Tröstung oder als Aufruf zu handeln. Die Homerischen Gesänge sind mit der Technik des Erzählens beispielhafter Geschichten wohlvertraut (*Ilias*, V, 381; VI, 128; IX, 524 usw., usw.). Die Redner benutzten Beispiele. Kompilatoren sammelten sie aus historischen Schriften und aus mündlicher Überlieferung. Die Römer, die *mos maiorum* sogar noch mehr als die Griechen schätzten, folgten paradoxerweise eifrig den griechischen Vorbildern beim Zitieren von Beispielen. Aber hier müssen wir wiederum mit der Tatsache rechnen, daß Beispielsammlungen besonders in den Zeiten angelegt wurden, als man Gelehrsamkeit um ihrer selbst willen achtete. Viele einzelne Beispiele wurden sicherlich in der Hoffnung auf Nachahmung angeführt, aber ausgearbeitete Beispielsammlungen waren Schaustücke der Gelehrsamkeit: Ein solches ist die Sammlung der *Facta et dicta memorabilia*, die Valerius Maximus dem Tiberius widmete, die Römer und Nicht-Römer umfaßt und deshalb nicht im engeren Sinne traditionalistisch ist. Wenn die Beispiele Kriegslisten oder ökonomischen Ratschlägen galten (wie wir sie in Frontinus' und Polyaenos' Kriegslisten oder in Pseudo-Aristoteles *Oeconomica* besitzen), so können sie sogar neue und ungewohnte Verhaltensmuster bei gewissen Gegenständen begünstigen. Entsprechend konnten Beispiele im Interesse der Tradition einer philosophischen Schule gesammelt werden, wie Epiktet es in seinen *Dissertationes* tat, oder man konnte sie sammeln, um die Opfer einer neuen politischen Herrschaft in ihrem Kampf um die Verteidigung der alten Ordnung zu verherrlichen, wie C. Fannius und Titinius Capito es taten, als sie berichteten, wie die Opfer des Nero und Domitian zu Tode kamen (Plinius d. J., *Ep.*, V, 5; VIII, 12). Anekdoten konnten aber gleicherweise die Neugier befriedigen, ohne Propaganda einzuflechten. Die Sammlungen von Sterbeszenen, die Phainias und Hermippos im 3. Jahrhundert v. Chr. anlegten, hatten nicht notwendig die Absicht, ein Glaubensbekenntnis zu vermitteln. Sogar vollständige Biographien wechselten in ihrer Zielrichtung. Die Pythagoreer schrieben das Leben des Pythagoras zweifellos als Beispiel für die Anhänger ihrer Sekte. Aber wir wissen, daß Aristoxenos Platon, Sokrates und Aristoteles nicht mit seiner Kritik verschonte, obwohl er als Aristoteliker ihr Leben beschrieb. Wenn

Anekdoten, Aussprüche und ganze Biographien ihren Anteil bei der Befestigung des Traditionalismus in einer politischen Gemeinschaft oder in einer Schule hatten, so waren sie doch ein zweischneidiges Schwert. Lactantius benutzte das Vorbild der »Tode berühmter Männer« *(exitus illustrium virorum)*, um die Niederlage der Verfolger der Kirche in seinem *De mortibus persecutorum* zu verkünden. Er benutzte ein heidnisches Schema, um den Sieg der Christen zu erklären (um 316 n. Chr.).[6]

III

Es bleibt uns noch, genauer zu bestimmen, was wir unter Veränderung im Zusammenhang der griechischen und römischen Geschichtsschreibung verstehen. Wie ich schon andeutete, waren die antiken Historiker im wesentlichen mit zwei Typen der Veränderung befaßt: Kriege und politische Umwälzungen. Sie waren nicht sehr tiefgründig bei den Kriegsursachen, und die Philosophen halfen ihnen nicht dabei, die Ursachen menschlicher Aggressivität im Krieg zu begreifen. Aber sie wußten, wie man die Entwicklung der Kriegsereignisse schildert und ihre Folgen beschreibt. Die Ursachen politischer Umwälzungen bekamen sie weit besser zu fassen mit Hilfe der Philosophen, die eine Typologie des Wechsels der Verfassungen entwickelt hatten, die sich auf die Realitäten des griechischen und römischen Lebens gründete (zumindest vor dem Imperium). Jedenfalls hatten sie große Geschicklichkeit im Erzählen des Verlaufs einer politischen Umwälzung erworben; sogar ein Biograph wie Plutarch zeigt eine andere Wahrnehmung der Realitäten, wenn er die Geschichten von Agis und Kleomenes von Sparta erzählt. Was antiken Historikern zu berichten schwergefallen zu sein scheint, ist der langsame Wechsel von Sitten und Gesetzen in nichtrevolutionären Zeiten. Unglücklicherweise haben wir die beiden Hauptwerke verloren, die einen vollständigen Bericht der Veränderungen der Gesellschaft und der Verfassungen in Griechenland und in Rom zu geben beabsichtigten: Dikaiarchos' »Leben Griechenlands« (*Bios Hellados*, im 3. Jahrh. v. Chr.) und Varros »Leben des römischen Volkes«[7]. Angesichts ihres Fehlens können wir nur feststellen, daß keiner der uns verfügbaren Texte einen befriedigenden

Bericht von langsamen Langzeit-Veränderungen im Rechtswesen und in den Sitten gibt. Wir besitzen einige ausgezeichnete statische Beschreibungen der spartanischen und athenischen Verfassungen (Xenophon, Aristoteles), aber kaum eine gute Darstellung ihrer Abänderungen durch die Jahrhunderte.

Es war der gewaltsame Wechsel viel eher als der langsame, den der Historiker seinen Lesern darbot. Er wurde häufig mit einem Ton pessimistischer Warnung über den Wert der Veränderung dargestellt (Thukydides, Livius). Aber selbst wenn das Ergebnis in den Augen des Historikers zufriedenstellend war, scheint er nicht dem Optimismus zu verfallen; Herodot ist ein sehr nüchterner Erzähler griechischer Ruhmestaten. Ehe die christlichen Autoren von den Juden lernten, wie man die gerechte Sache des unerbittlichen wahren Gottes darstellt, war die Tonlage der klassischen Historiker auf Vorsicht gestimmt. Es gab zugunsten von Traditionalismus und Konservatismus viel zu sagen. Historische Literatur konnte diese Tendenz unterstützen. Aber nur wenige, wenn überhaupt, der »geringeren« Historiker – die Antiquare, die Lokalchronisten – wollten diese Haltung unzweideutig betonen. Der überwältigende Eindruck des Lesers »großer« historischer Werke war, wie ich vermute, daß Veränderung unvermeidlich ist und daß man am besten täte, sein Gemüt zu stärken. Es ist sehr zweifelhaft, ob die Historiker die Griechen (und die Römer) lehrten, sich selbst »im Griff der Vergangenheit« zu fühlen, wie B. A. van Groningen vorschlug. Es ist sogar zweifelhaft, ob der Historiker beabsichtigte, daß seine Leser die Gegenwart verstehen. Das ist eine moderne Haltung, die wir nicht auf den klassischen Historiker übertragen dürfen, der für die kommenden Generationen schrieb: »Nicht sein gegenwärtiges Publikum im Blick zu haben, sondern künftige Leser«, wie Lukian rät (*Wie man Geschichte schreiben soll*, 40). Die Historiker wollten keine Traktätchen für die Zeit schreiben. Unmittelbare Hilfe für die Gegenwart war offensichtlich nicht ausgeschlossen, aber die Historiker boten eher Hilfe von der Vergangenheit für die Zukunft im allgemeinen. Das konnten sie tun, weil die Zukunft, obwohl sie ungewiß war und von der Vergangenheit verschieden, nicht im Verdacht stand, unerkennbare Situationen hervorzubringen. In der gesamten Haltung der Griechen und Römer zur Geschichte ist eine gewisse Begrenzung der Verschiedenartigkeit der Ereignisse enthalten. Die Begrenzung war besonders offenkundig beim Wechsel der Verfassungen, da man die Anzahl der möglichen Verfassungsformen für klein hielt. Aber sogar bei den gewöhnlichen Handlungen in Krieg und Frieden galt die Annahme, daß künftige Ereignisse nicht derart von den Ereignissen der Vergangenheit verschieden sein werden, als daß sie die Erfahrung nutzlos machten. Soweit ich irgend weiß, hat kein klassischer Historiker tiefer über dieses Thema nachgedacht. Es galt als ausgemacht. Der gewöhnliche Grieche und Römer akzeptierte nach allem die Vorstellung, daß die Orakel gleichzeitig dunkel und nützlich sein können. Obwohl die Orakel zweideutig waren, konnten die Weisen ihre wahre Meinung erfassen. Die Lehre, die die Geschichte erteilte, war auch ungewiß, sie konnte aber, wie Thukydides leidenschaftlich betonte, klarer sein als ein Orakel (II, 48 zu vergleichen mit 54).

Zumindest im 5. Jahrhundert v. Chr. waren die Historiker nicht die einzigen, die Veränderung als menschliches Problem behandelten. Tragödiendichter stellten Veränderung oder das Reagieren darauf dar. Aischylos gab eine optimistische Deutung der Veränderung in den *Persern* und in der *Orestie*. Allgemeiner scheint die Einheit des Themas in seinen Trilogien eine Darstellung der Phasen der Veränderung begünstigt zu haben. Die Helden des Sophokles widerstanden bekanntlich der Veränderung, kämpften gegen die Zeit und weigerten sich, göttlichen oder menschlichen Widerstreit mit ihrem eigenen Willen anzuerkennen. Euripides sah Leidenschaften als Faktoren der Veränderung an. Ich werde nicht versuchen, in der Unterscheidung von Geschichte und Tragödie bezüglich der Veränderung mit Aristoteles zu wetteifern. Ich werde schlicht bemerken, daß Götter mehr mit der Tragödie als mit der Geschichte zu tun haben.

Um sein Wissen und seine Weisheit zu erwerben und zu vermitteln, mußte der Historiker sich von der ihn umgebenden Gesellschaft lösen. Die »großen« Historiker Griechenlands waren fast ausschließlich im Exil oder doch zumindest Auswanderer (Herodot, Thukydides, Xenophon, Theopomp, Kallisthenes, Timaios, Polybios und Poseidonios). In Rom war der »Senator als Historiker« eine vertraute Gestalt (Fabius Pictor, Sallust, Tacitus, Dio

Cassius und andere), aber diese Senatoren hatten sich vom politischen Leben zurückgezogen. Keiner hatte die geringste Verpflichtung, dem zuzuhören, was der Historiker zu sagen hatte. Er war keine offizielle Gestalt; die Geschichte hatte keine bestimmte Stelle in der Erziehung, und es gab keine Geschichtsprofessoren. Zur wirklichen Sicherheit gegen die Schicksalsschläge wandte sich der Gebildete der Philosophie zu und der weniger Gebildete zur Magie und den Mysterienkulten. Geschichte wurde aber doch offensichtlich als einigermaßen nützlich angesehen. Nach dem 5. Jahrhundert v. Chr. scheint keine Stadt und kein Gebiet Griechenlands ohne irgendeine Art von Geschichtsschreibung und ohne ein Publikum für Historiker geblieben zu sein. Während Sparta im 5. Jahrhundert ohne Geschichte ausgekommen sein kann, unterstützte es im 4. Jahrhundert v. Chr. Xenophon für einen Teil seines Lebens. Später fanden die Spartaner ihren Mann in Dikaiarchos und ließen seine *Verfassung Spartas* einmal im Jahr öffentlich vorlesen. Der Historiker unterstützte in der Regel die Gesellschaft oder zumindest setzte er die Aspekte der Gesellschaft als bindend voraus, über welche die Mehrheit der Griechen und Römer in ihrer heidnischen Zeit konservativ zu denken neigten: religiöse Gebräuche, das Familienleben und das Privateigentum. Zur gleichen Zeit boten die »besten« Historiker zumindest den Männern der Tat Erklärungs- und Verhaltensmodelle für das, was man in der Gesellschaft als vergänglich ansah.

Ich schreibe diese Seiten zum ehrenden Andenken an meinen Freund Joseph Levenson, den Historiker des konfuzianischen China, der 1969 bei einem Unfall vorzeitig ums Leben kam. Joe Levenson hatte von Natur aus wenig Sympathie mit einer Gesellschaft wie der griechisch-römischen, die seit dem 5. Jahrhundert v. Chr. begrenzte Veränderung als eine natürliche Lebensbedingung akzeptierte und eher nur gelegentlich, aber mit Interesse, den Historikern als Deutern des Wechsels zuhörte. Levensons Herz war bei den traditionellen Gesellschaften, in denen die Geschichtsschreibung nicht mehr und nicht weniger ist als der Zeuge der Kontinuität. Schon 1958 schrieb Levenson, daß historisches Denken in China »typischerweise nicht mit Fortgang, sondern mit Fortdauer befaßt war, mit der Veranschaulichung der festen Ideale des konfuzianischen moralischen Universums... Die Klassiker vor dem 20. Jahrhundert als Geschichte zu bezeichnen bedeutete keine Abgrenzung der Klassiker, sondern eine philosophische Beschreibung.«[8] Als die europäische Interpretation nach China vordrang, »waren die Klassiker keine Klassiker mehr«.[9]

Lebte er noch, würde Joe Levenson das Judentum – den Glauben seiner Väter und seinen eigenen Glauben – in Begriffen einer wiederkehrenden Bestätigung des Lebens gemäß traditionellen Mustern deuten. Aber er war sich bewußt, daß sein eigenes Verständnis der Stellung Chinas und des Judentums in bezug auf die europäischen Werte ein Ausläufer der griechischen historischen Tradition war. Wie der dritte Band seiner China-Trilogie insgesamt erweist, wußte er, daß sein Traditionalismus sich die Schlußfolgerungen seiner nach abendländischen Methoden unternommenen Forschung einzuverleiben hatte. Er verminderte seinen eigenen Konflikt – in welchem Maße ihm das bewußt war, weiß ich nicht – durch die Entwicklung eines sehr persönlichen Stils historischer Analyse, worin Langzeitthemen die Zeitabläufe überwogen. Ich nenne Joe Levenson hier nicht allein deshalb, weil er ein Historiker von seltener Originalität war, sondern weil er typisch ist für die Schwierigkeit, Tradition innerhalb einer Historiographie der Veränderung geltend zu machen, wie wir sie von den Griechen ererbt haben.[10]

L. H. Jeffery und Anna Morpurgo Davies veröffentlichten im *Kadmos* IX, 1970, Nr. 2, eine jetzt im Britischen Museum befindliche Inschrift aus Kreta von ungefähr 500 v. Chr. Sie enthält den Anstellungserlaß eines »Schreibers und Aufzeichners öffentlicher sowohl heiliger wie profaner Angelegenheiten«. Offensichtlich ist dies der erste Schreiber, der je von der ungenannten Gemeinde – einer Stadt – angestellt wurde, denn die Inschrift gibt die Funktionen, Privilegien und religiösen Pflichten des Schreibers genau an. Ionien brachte um dieselbe Zeit die ersten Historiker hervor. Der Text (in welchem einen älteren Kern zu finden, wie A. Raubitschek es in derselben Nummer des *Kadmos* vorschlägt, ich nicht geneigt bin) ist voller Überraschungen. Der Schreiber wird ποινιψαστάς genannt, das heißt nach der wahrscheinlichsten Erklärung, der Mann, der in phoinikischen Buchstaben schreibt.[11] Der Schreiber wird unter der ausdrücklichen Bedingung angestellt, daß seine Nachkommen seine Nachfolger sein werden. Selbst im Osten (Assyrien, Ägypten) war der Schreiberberuf nur de facto und nicht stets erblich. Das Amt des ποινιψαστάς ist es natürlich, vor allem die Beratungen der Polis und ihrer Gremien aufzuzeichnen. Er wird die von einer griechischen Volksversammlung auf das Leben wirkenden ständigen Veränderungen festhalten. So wird er wie ein griechischer Historiker ein Zeuge der Veränderung sein. Aber als öffentlicher Beamter soll er nur die Veränderungen aufzeichnen, welche aus den Beratungen des Volkes entstehen. Der Historiker, der kein Schreiber und kein Beamter ist, schrieb über die Veränderungen seiner eigenen Wahl. Er befriedigte zunächst seine eigene Neugier und nicht die Erfordernisse einer Stadt.

[Anmerkungen]

1 Dieser Aufsatz steht zu anderen Arbeiten in Beziehung, die in meinem *Contributo alla storia degli studi classici*, I–V, Rom 1955–1975 gesammelt sind. Eine Auswahl daraus in *Studies in Historiography*, London, 1966. Am meisten schulde ich natürlich E. Schwartz und F. Jacoby. Aber vieles schulde ich auch den Aufsätzen von H. Strasburger und M. I. Finley. Ich zitiere von ersterem nur *Die Wesensbestimmung der Geschichte durch die antike Geschichtsschreibung*, Wiesbaden 1966 (vgl. die Rezension von O. Murray, *Class. Rev.*, 18, 1968, S. 218–221) – und vom letzteren »Myth, Memory, and History«, *History and Theory*, 4, 1965, S. 281–302, und *The Ancestral Constitution*, Cambridge 1971. Zwei Arbeiten von höchstem Interesse habe ich anderenorts besprochen: K. von Fritz, *Die griechische Geschichtsschreibung*, I, Berlin 1967, knapp in *Gnomon*, 44, 1972, S. 205–207; S. Mazzarino, *Il pensiero storico classico*, I–III, Bari 1966–1967, in *Rivista Storica Italiana*, 79, 1967, S. 206–219 = *Contributo*, IV, S. 59–76. Daß ich mit zwei anderen wichtigen Büchern nicht übereinstimme, F. Chatelet, *La Naissance de l'histoire*, Paris 1962, und Chester G. Starr, *The Awakening of the Greek Historical Spirit*, New York 1968, wird aus dem Folgenden deutlich. Vgl. auch A. W. Gomme, *The Greek Attitude to Poetry and History*, Berkeley und Los Angeles 1954; E. Voegelin, *Anamnesis*, München 1966, und den Aufsatz von M. Pavan, »La moderna critica storica e il didascalismo nella storiografia antica«, *Cultura e Scuola*, 18, 1966, S. 115–125. Zum Problem der Tradition sei der Leser verwiesen auf *Intellectuals and Tradition, Daedalus*, Spring 1972. Zum Vergleich möchte ich auf die erhellenden Aufsätze von J. Neusner, »The Religious Uses of History«, *History and Theory*, 5, 1966, S. 153–171, und von G. Nadel, »Philosophy of History before Historicism«, *History and Theory*, 3, 1964, S. 291–315 verweisen.

2 Für den Kanon der Historiker sind die Hauptstellen Cicero, *De oratore*, II,

13, 55–8; Dionysios von Halikarnassos, *De imitatione* (nur teilweise erhalten) 3 (hg. v. H. Usener und L. Radermacher, *Opuscula*, II, S. 207–211); Quintilianus, *Inst. Oratoriae*, X, 1, 73–5; Dio Chrysostomos, *Oratio*, XVIII, 9. Zur modernen Diskussion vgl. R. Pfeiffer, *History of Classical Scholarship*, Oxford 1968, S. 206 (auch dt. erschienen), siehe auch L. Radermacher, *Kanon*, in Pauly–Wissowa, X, 1919, 1873–8. Zum besonderen Fall des Polybios, der zu spät geboren wurde, um in den griechischen Kanon aufgenommen zu werden, K. Ziegler, *Polybios*, in Pauly–Wissowa, XXI, 1952, 1572–4.

3 Vgl. A. B. Breebart, »Weltgeschichte als Thema der antiken Geschichtsschreibung«, *Acta Historica Neerlandica*, I, 1966, S. 1–19.

4 Es genüge der Verweis auf F. Jacoby, *Atthis*, Oxford 1949, bes. 178–85; K. von Fritz, *Die griechische Geschichtsschreibung*, I, 519; S. Gozzoli, »Una teoria antica sull'origine della storiografia greca«, *Studi Classici e Orientali*, 19–20, 1970–1971, S. 158–211.

5 Vgl. R. Laqueur, *Lokalchronik*, in Pauly–Wissowa, XIII, 1926, S. 1083–1110.

6 Literatur in meinem kleinen Buch *The Development of Greek Biography*, Cambridge, Mass. 1971. Der Artikel von A. Lumpe über »Exemplum« im *Reallexikon für Antike und Christentum*, 6, 1966, S. 1229–1257 ist besonders wichtig.

7 Fragmente von Dikaiarchos mit Kommentar von F. Wehrli in *Die Schule des Aristoteles*, I, Basel [2]1967; Varro, *De vita populi romani*, hg. v. B. Riposati, Mailand 1939.

8 Joseph R. Levenson, *Confucian China and Its Modern Fate*, I, Berkeley und Los Angeles 1958, S. 91–92.

9 *Ebd.*, S. 94.

10 Über Levensons Vision der Geschichte siehe das sehr anschauliche Vorwort von F. E. Wakeman zu dem posthumen Werk *Revolution and Cosmopolitanism*, Berkeley 1971.

11 L. H. Jeffery, *Europa: Festschrift für E. Grumach*, Berlin 1967, S. 154. Aber vgl. P. Chantraine, *Studii Clasice*, 14, 1972, 7–16; H. van Effenterre, *Bull. Corr. Hell.*, 97, 1973, S. 31–46; A. Raubitschek in H. Hoffmann, *Early Cretan Armorers*, Mainz 1972, S. 46.

Zeit in der antiken Geschichtsschreibung[1]

I

Bevor ich mich jenen Problemen der Zeit widme, die mir für die antike Geschichtsschreibung wichtig zu sein scheinen, muß ich eine Reihe falscher Fragestellungen ausgrenzen, von denen zumindest ein Teil von der willkürlichen Einführung des Begriffs Ewigkeit in das Geschäft des Historikers herstammen: denn diese Vorstellung führt – selbst in der Form der ewigen Wiederkehr – leicht zur Verwirrung und zu Irrtümern der verschiedensten Art.[2]

»Am Anfang schuf Gott Himmel und Erde.« Dem unbelehrten Blick des nichttheologischen Lesers scheint dies der klare Beweis zu sein, daß der priesterliche Verfasser des 1. Buch Mose wußte, daß vom Beginn der Welt an die Ereignisse einander in chronologischer Ordnung folgten. (Die genaue Übersetzung des schwierigen hebräischen Textes betrifft unsere Frage nicht.) Derselbe priesterliche Verfasser spricht vom ersten, zweiten, dritten Tage und so weiter.

»Singe den Zorn, o Göttin, des Peleiaden Achilleus«... »Seit dem Tag, als erst durch bitteren Zank sich entzweiten Atreus Sohn, der Herrscher des Volks, und der edle Achilleus.« Dem unbelehrten Blick des Nicht-Philosophen scheint dies der klare Beweis zu sein, daß der Verfasser des ersten Gesanges der *Ilias* Ereignisse der Vergangenheit mit Hilfe der Göttin in die Erinnerung ruft. In der Zeile 70 desselben Gesangs werden Vergangenheit, Gegenwart und Zukunft in unmißverständlichen Begriffen erwähnt. Kalchas, »der weiseste Vogelschauer«, kennt alle drei:

> »Der erkannte, was ist, was sein wird, oder zuvor war.«
> ος ηιδη τά τ– ἐόντα τά τ– ἐσσόμενα πρό τ– ἐόντα

Aber einige maßgebliche Theologen im Fall der Bibel und einige maßgebliche Altphilologen im Falle Homers behaupten, daß die gewöhnlichen Leser Opfer von Täuschungen sind. Dieser Auffassung gemäß hatten die Verfasser der Bibel entweder keinen Zeitbegriff oder einen Zeitbegriff, der sich sehr von dem unterscheidet, den Sie und ich haben. Was Homer betrifft, so sagt man uns, daß er zumindest zwei Jahrhunderte, bevor die Griechen die Zeit, die Sie und ich kennen, entdeckten oder vielleicht erfanden, gelebt hat.

Die Theorie, daß die Hebräer die Zeit entweder gar nicht kannten oder eine verschiedene Vorstellung von der Zeit hatten, ist eine der wichtigsten und einflußreichsten der modernen Theologie. Es würde mehr Raum als die Spanne eines gewöhnlichen Aufsatzes brauchen, um alle Varianten dieser Theorie auseinanderzulegen. Zwei Voraussetzungen sind bei allen modernen Darstellungen der hebräischen Zeitvorstellung leicht erkennbar: eine ist rassischer, die andere religiöser Art. Die rassische Voraussetzung besteht darin, daß die Semiten als Semiten nicht den gleichen Zeitbegriff haben können wie die Indoeuropäer. In dieser Feststellung liegt, zumindest bei den Autoren der Nachkriegszeit, nichts Antisemitisches. Einer der maßgeblichsten Verfechter der Vorstellung, daß Juden und Arier zwei verschiedene Zeitbegriffe haben, der norwegische Theologe T. Boman, ist sehr darum besorgt, kundzutun, daß beide Begriffe ihre Vorzüge haben und daß eine Synthese beider zu wünschen wäre;[3] aber das Vorhandensein des Unterschieds sollen wir als elementare Tatsache anerkennen. So verkündigt G. von Rad, der hervorragende Professor für Alttestamentliche Theologie an der Universität Heidelberg, nicht ohne die gebotene Feierlichkeit: »Nun beginnen wir zu erkennen, daß das, was wir Zeit nennen, von dem Volk Israel anders erlebt wird« (*Theologie des Alten Testaments*, Bd. 2, 1961, 131). Derselbe von Rad versichert uns, eines der wenigen Dinge, die wir über die alten Hebräer wissen, sei, daß sie nicht den Begriff absoluter Zeit haben (die »reine Abfolge begrenzter Dauer«, wie A. N. Whitehead gesagt hätte). Von Rads Auffassung ist keineswegs unüblich. In *A Christian Theology of the Old Testament* von G. A. F. Knight (London, 1959), lesen wir (S. 314): »Die Hebräer nahmen die Zeit ganz anders wahr als wir. Für die Hebräer war die Zeit identisch mit ihrer Substanz« – was immer das heißen mag. Tatsächlich ist die Auffassung, daß es einen Unterschied zwischen der arischen oder indoeuropäischen oder griechischen Zeitvorstellung und der semitischen oder hebräischen gebe, nur ein Aspekt eines allgemeineren Unterschieds, den maßgebliche Theologen zwischen dem indoeuropäischen oder griechischen Denken und dem hebräischen Denken bemerken. Das ganze *Theologische Wörterbuch zum Neuen Testament*, herausgegeben von G. Kittel, wird von der Überzeugung beherrscht, daß es diesen grundlegenden Unterschied gebe. In diesem Wörterbuch (im Artikel γιγνώσκω) hat einer der bedeutendsten Theologen unserer Zeit, R. Bultmann, behauptet, daß der Begriff der Erkenntnis nicht der gleiche bei Juden wie bei Griechen sei. Bultmann gemäß gründet sich die griechische Erkenntnis auf das Auge, während sich die hebräische Erkenntnis, *da' at*, auf das Ohr gründe.[4] Ich erwähne das, weil wir gleich sehen werden, daß Boman und von Rad behaupten, daß der Unterschied zwischen dem griechischen und dem hebräischen Zeitbegriff sich in der Tat auf den Unterschied zwischen Auge und Ohr gründe.

Die zweite, religiöse Voraussetzung in den gängigen theologischen Analysen der hebräischen Zeitvorstellung hat, wie ich vermute, etwas mit Karl Barth zu tun. Sie gehört gewiß zu dem Kampf nach zwei Seiten, den Oskar Cullmann gegen die eschatologische Interpretation des Neuen Testaments einerseits und gegen die »Entmythologisierung« des Evangelienberichtes von der Fleischwerdung auf der anderen Seite führte. Albert Schweitzer und Rudolph Bultmann sind die wichtigsten Zielscheiben von Cullmanns *Christus und die Zeit*, das zuerst 1946 veröffentlicht wurde (3. Auflage 1962) und bald als klassisch galt.[5] Bekanntlich behauptet Cullmann, daß Juden und Christen die Zeit als eine Reihe epochemachender Ereignisse auffaßten und daß die Fleischwerdung, der christlichen Zeitanschauung entsprechend, der entscheidendste dieser entscheidenden Augenblicke ist. Daraus folgt, daß Schweitzer unrecht hatte, das frühe Christentum auf die Erwartung des Weltendes zu zentrieren statt auf die Fleischwerdung und daß Bultmann sich in noch stärkerem Irrtum befindet, wenn er das historische Element (das er Mythos nennt) der jüdisch-christlichen Erlösungsidee unterschätzt. Cullmann fand Beifall selbst bei den scharfsinnigsten deutsch-jüdischen Geschichtsphilosophen, etwa Karl Löwith in *Weltgeschichte und Heilsgeschehen*, das ursprünglich englisch als *Meaning in History* (1949) geschrieben war. Cullmanns Einfluß ist offensichtlich in J. A. T. Robinsons *In the End, God* (1950) und in John Marshs bekanntem *The Fullness of Time* (1952). Marshs Buch ist eine beredte Entfaltung der These, daß Juden und Christen die Vorstellung einer realistischen Zeit teilen, die Gott angehört und eine Funktion seiner Pläne ist.

Um mich auf das zu beschränken, was ich beurteilen kann, so bin ich ganz gewiß nicht angetan von dem lockeren Begriffsgebrauch unserer Theologen. In einigen Fällen stellen sie das Indoeuropäische dem Semitischen gegenüber, in anderen Fällen das Griechische dem Hebräischen und in noch anderen das Griechische dem Jüdisch-Christlichen oder nur dem Christlichen. Es wird kein Versuch unternommen, die Zeiten, Orte und Autoren zu bestimmen. Des weiteren haben zumindest einige unserer Theologen sehr naive Vorstellungen von der Gleichförmigkeit des griechischen Denkens oder der Kontinuität des hebräischen Denkens. Um nur ein Beispiel zu geben, so scheint Boman überzeugt zu sein, daß Bergsons Theorien über die Zeit ein Wiederaufleben der alten biblischen Zeitvorstellungen sind, weil Bergson Jude war. A. O. Lovejoy hat im einzelnen nachgewiesen, daß Bergson Ideen deutscher romantischer Philosophen entwickelt.[6] Aber wenn wir versuchen, die unverkennbar absurden Behauptungen zusammenzufassen, so läßt sich das Beweismaterial für den angeblichen Unterschied zwischen dem griechischen und dem jüdischen Zeitbegriff unter drei Rubriken anführen:

(1) Da das hebräische Verb nur Perfekt und Imperfekt umfaßt und kein Futur besitzt, verfügten die Juden nicht über die linguistischen Mittel, um historisch zu denken.

(2) Die hebräische Sprache hat kein besonderes Wort für Zeit. Wie Marsh sagt: »Das Hebräische kann Chronos nicht übersetzen«; und wie von Rad wiederholt: »Für unseren abendländischen Begriff ›Zeit‹ hat das Hebräische überhaupt kein Wort.« Folglich sind die Juden angeblich unfähig, den abstrakten Begriff zeitlicher Sukzession zu formulieren. Von Rad z. B. behauptet, daß der biblische Autor, obwohl er Listen sowohl der Könige von Juda wie der Könige von Israel gibt, unfähig war zu begreifen, daß die Zeit der Könige Israels identisch ist mit der Zeit der Könige Judas: »Jede der beiden Königsreihen behält ihre Zeit« (S. 113). Knight drückt die

gleiche Vorstellung aus, wenn er schreibt: »Zeit war identisch mit der Abfolge der Ereignisse, die sich in ihr begeben haben. So bietet uns das Alte Testament zum Beispiel Sätze wie ›Zeit ist Regen‹« (Esra 10,13). Einer der Folgesätze dieser Theorie schiene zu sein, daß zwar das griechische χρόνος nicht ins Hebräische übersetzbar ist, wohl aber das griechische καιρός, weil es die hebräisch-christliche Vorstellung des entscheidenden Ereignisses ausdrückt. Marsh scheint es so zu verstehen, daß das hebräische *'eth* καιρός übersetze (S. 25).

(3) Die Griechen dachten sich die Zeit als Kreis, während die Hebräer und die frühen Christen sie sich als Fortgang ad finitum oder ad infinitum dachten. Cullmann, H.-C. Puech und G. Quispel (die beiden letzteren in Aufsätzen im Eranos-Jahrbuch 1951) drücken diese Ansicht in ihrer einfachsten Form aus.[7] Zeit ist eine Linie für die Juden, ein Kreis für die Griechen. Boman und von Rad glauben, wie ich schon erwähnt habe, daß der Unterschied zwischen der griechischen und der jüdischen Zeitvorstellung mit dem allgemeineren Unterschied zusammenhängt, der zwischen einem auf optische Wahrnehmung und einem auf akustische Wahrnehmung gegründeten Denken bestehe. Ihnen gemäß ist die griechische Vorstellung räumlich, die jüdische rhythmisch.[8] Marsh scheint eine Zwischenstellung einzunehmen, wenn er die griechische Ansicht als zyklisch beschreibt, aber leugnet, daß die biblische Ansicht, sei es räumlich, sei es rhythmisch, symbolisiert werden kann, da sie ja nur entscheidende Augenblicke oder Ereignisse umfaßt. Aber alle stimmen darin überein, daß der Unterschied zwischen der zyklischen und der linear fortschreitenden Ansicht der Zeit das wichtigste Merkmal ist, das die griechische Haltung gegenüber der Geschichte von der hebräischen unterscheidet.

Es ist vielleicht nicht schwierig zu zeigen, daß keiner dieser drei Hauptunterschiede des jüdischen und griechischen Denkens über die Zeit einer näheren Überprüfung standhält. Das schwächste Argument ist deutlich jenes, das sich auf das Fehlen einer Unterscheidung von Vergangenheit, Gegenwart und Zukunft im hebräischen Verbalsystem stützt. Das griechische Verbalsystem wurde von hellenistischen Philosophen oder Grammatikern klassifiziert.[9] Eine solche Klassifikation entspricht nicht völlig den Realitäten der griechischen Zeitformen, um vom indoeuropäischen Verbalsystem ganz zu schweigen – das ist eine viel spätere Erfindung oder Entdekkung. Die Germanen lebten glücklich in der Freiheit ihrer Wälder, ohne ein Futurum. Auch bin ich nicht sicher, ob wir Italiener beständig einen geschärften historischen Sinn in unserer Umgangssprache beweisen: *vado oggi* und *vado domani* wird den Theologen Schwierigkeiten bereiten. Es wäre überflüssige Pedanterie, hier zusammenzufassen, was jedermann über die verschiedenen Mittel, die einem Schreiber in biblischem Hebräisch zur Verfügung stehen, wenn er das Futur ausdrücken möchte, in einer hebräischen Syntax für Anfänger nachlesen kann.[10] Aber es ist vielleicht nicht völlig überflüssig, uns selbst daran zu erinnern, daß in der gewöhnlichen mündlichen oder schriftlichen Mitteilung der Verweis auf die Vergangenheit oder die Zukunft dem Verständnis oder der Vorstellungskraft des Adressaten überlassen werden kann. Das Fehlen einer verbalen oder sogar einer syntaktischen Unterscheidung von Vergangenheit, Gegenwart und Zukunft hat nicht die Unfähigkeit zur Unterscheidung von Vergangenheit, Gegenwart und Zukunft zur Folge. Wenn man impliziert, daß das Fehlen einer Zeitform des Futur die Juden daran hinderte, einen besonderen historischen Sinn zu entwickeln und damit eine Geschichtsschreibung, so sind die Tatsachen die beste Antwort. Es gibt eine jüdische Geschichtsschreibung. Aber man wundert sich doch über die Logik einer solchen Folgerung. Das Fehlen eines klaren Zukunftsbegriffes müßte Gedanken über den Messias verhindern, aber nicht über vergangene Begebenheiten. Unter solchen Voraussetzungen müßten die Juden in der Tat einen Herodot haben und die Griechen auf den Messias hoffen.

Der zweite Punkt unserer Theologen ist gleichfalls unhaltbar. Biblisches Hebräisch besitzt natürlich Wörter für Zeit und Ewigkeit. Wenn sie nicht auf die abstrakte, fast leere Art gebraucht werden, wie die Wörter für Zeit im Griechischen, so hat das einen einfachen Grund. Die biblischen Bücher (mit Ausnahme des Qoheleth, Prediger Salomo, worin griechischer Einfluß wahrscheinlich ist, obwohl das nie genau bewiesen wurde) enthalten keine Reflexionen über die Zeit, wie wir sie bei griechischen Dichtern und Philosophen finden.[11] Die biblischen Autoren sprechen über die Zeit auf die konkrete Art, die einem gewöhnlichen Griechen verständlich gewesen wäre, für den es eine Zeit des Tages gab, da die *agora* voll war. Es ist eine Sache zu sagen, daß sich bestimmte Zeittheorien bei Plato und nicht in der Bibel finden; etwas anderes ist es, zu sagen, daß hebräische Wörter als solche eine verschiedenartige Auffassung der Zeit implizieren. Wenn der erste Psalm davon spricht, daß der gute Mensch wie der Baum ist, »der seine Frucht bringet zu seiner Zeit«, so ist der Gedanke in jede indoeuropäische Sprache übersetzbar. Kann von Rad im Ernst glauben, wenn im Buch der Könige steht: »Im zweiten Jahr des Joas, des Sohns des Joahas, des Königs über Israel, ward Amazja König, der Sohn des Joas, des Königs in Juda« (2. Kön. 14,1), daß die Zeit des Königs von Juda nicht auch die Zeit des Königs von Israel war? Aber die weitere Erörterung der jüdischen Zeitbegriffe erübrigt sich glücklicherweise durch das jüngst erschienene Buch von Professor James Barr *Biblical Words for Time*, das die Pflichtlektüre eines jeden Theologen und Altphilologen bilden sollte, und ich werde mich dazu nicht weiter äußern. Eine einfache Überlegung hätte die Theologen einhalten lassen müssen. Die chronologischen Hinweise der Bibel sind nicht schwieriger zu benutzen als die des Herodot. Die bedürfen keiner Übersetzung in ein anderes Zeichensystem der Zeit, um für den modernen Leser verständlich zu sein.

Schließlich ist da der dritte und am weitesten verbreitete Unterschied zwischen dem zyklischen Zeitverständnis der Griechen und dem nichtzyklischen, sogar nichträumlichen Denken der Juden und der frühen Christen.[12] Dieser Unterschied hat zumindest das Verdienst, von Augustinus aufgestellt zu sein und einen wesentlichen Teil seiner Erörterung der Zeit zu bilden. Er warnt die Christen vor der zyklischen Vorstellung der Griechen: die christliche *recta via* war für ihn sowohl ein Bild der Zeit wie ein Bild der Erlösung: *»Nostram simplicem pietatem, ut cum illis in circuitu ambulemus, de recta via conatur avertere«* (unsere schlichte Frömmigkeit versuchen sie vom geraden Weg abzubringen, damit wir mit ihnen im Kreise wandeln). Aber Augustinus ist ein gültiger Zeuge nur für sich selbst – oder vielleicht für die heidnischen Philosophen, die er kannte.[13] Sein Dilemma entspricht nicht notwendig dem, was gewöhnliche Juden, Griechen und Christen im 5. nachchristlichen Jahrhundert fühlen – und es gilt noch weniger für das, wie gewöhnliche Juden und Griechen des, sagen wir, 5. vorschristlichen Jahrhunderts Zeit wahrnehmen. Man kann in Mircea Eliades *Le Mythe de l'Éternel Retour* viel beanstanden, aber zumindest hat er gesehen, daß die zyklische Deutung der Zeit in einer religiösen Erfahrung wurzelt, die bei Juden so deutlich ist wie bei Griechen – um von anderen Völkern ganz zu schweigen.

Der gewöhnliche Jude, der jedes Jahr das Brot ißt, das seine Väter aßen, als sie Ägypten verließen, oder der dem Ruf der Vorfahren folgt »In deine Zelte, Israel«, weiß wohl ebensoviel über zyklische Zeit und ewige Wiederkehr wie ein alter Grieche – ganz gleich welche zyklischen Qualitäten wir der Zeiterfahrung zuschreiben mögen, die manche griechischen Feste und Einweihungsriten boten. Die Vermutung, daß die Juden keine räumlichen Metaphern in Verbindung mit der Zeit gebrauchen, ist gleichfalls lächerlich. *Qedem* bedeutet sowohl *ante* wie *olim*, und *ahar* sowohl *a tergo* wie *postea.*[14]

Was die griechischen Philosophen über die Zeit dachten, ist, ich wiederhole es, eine andere Angelegenheit. Es besteht kein Grund zu der Annahme, daß Platons Gedanken über die Zeit typisch für den gewöhnlichen Griechen waren, selbst wenn wir die berühmte Frage des iranischen Einflusses auf den platonischen Begriff des αἰών beiseite lassen.[15] Philosophen müssen mit Philosophen verglichen werden. In dem einzigen Fall, da ein Vergleich zwischen einem jüdischen und einem griechischen Autor legitim ist, sind die Ergebnisse paradox. »Ein Geschlecht vergehet, das andre kommt; die Erde bleibet aber ewiglich« (Pred. 1,4). Die nächste Analogie im griechischen Denken findet sich bei den Epikuräern, die keine ewige Wiederkehr anerkannten: »Eadem sunt omnia semper... eadem tamen omnia restant omnia si pergas vivendo vincere saecla« (wie einmal, gehet es immer... bleibt es doch immer dasselbe, könnte dein Leben sich auch Jahrhunderte siegend erhalten, Lukrez III, 945). Aber wie wir von Augustinus erfahren, gab es Christen, welche den Zeitbegriff des Qoheleth (Prediger Salomo) zyklisch deuteten (*Civ. Dei* 12,13).

II

Sehr wenige der bisher behandelten Theologen scheinen sich darüber im klaren zu sein, daß, während sie kühn versuchten, eine unveränderliche jüdische Zeitansicht gegen eine unveränderliche griechische Zeitansicht zu definieren, die Altphilologen an dem Nachweis arbeiteten, daß die Griechen wiederholt ihre Zeitanschauung veränderten. Hermann Fränkels Aufsatz »Die Zeitauffassung in der griechischen Literatur«, kaum bemerkt, als er 1931 als Beilage der *Zeitschrift für Ästhetik* erschien, gewann stetig an Autorität: In den letzten Jahren war sein Einfluß bei Altphilologen durchdringend.[16] Um nur wenige Beispiele zu nennen, so hat er die Deutung der griechischen Lyrik bei Max Treu inspiriert, *Von Homer zur Lyrik* (1955); die Interpretation griechischer Syntax bei H. und A. Thornton, *Time and Style* (1961); und die Deutung der Ursprünge griechischer Geschichtsschreibung bei S. Accame, *Gli Albori della Critica* (1962).[17]

Fränkel scheint mir auf völlig sicherem Grund zu stehen, wenn er sagt, daß die Betonung auf Chronos als den Schöpfer, Richter und Entdecker der Wahrheit sich zuerst bei Solon, Pindar und Aischylos findet. Homer hat nichts von alledem. Er ist genauen Zeitangaben und allgemein zeitlichen Abfolgen gegenüber indifferent. Für Fränkel und seine Nachfolger bedeutet das einen Wechsel der »Weltanschauung«. Dies kann so sein, vorausgesetzt, daß wir literarische Konventionen und Speisegewohnheiten zur »Weltanschauung« rechnen. Das epische Gedicht war eine Unterhaltung nach Tisch, die eine Fülle schwerer Speisen, Muße und Geschmack an der Beschwörung ruhmreicher Episoden der Vergangenheit voraussetzte. Es gab Kulturen, die Festessen gern mit der Betrachtung der Zeit, die nur zu häufig Betrachtung des Todes ist, verbanden; aber es besteht kein Grund zu der Annahme, daß Homer einer Kultur dieser Art angehörte. Was ich nicht weiß, ist, ob Fränkel wirklich je meinte, daß Solon, Pindar und Aischylos nach und nach das entdeckten, was Sie und ich Zeit nennen. Der Aufsatz enthält einige Behauptungen in dieser Richtung, die gefährlichste am Schluß, erst nach Aischylos und der Tragödie »wird ein eigentlicher geschichtlicher Sinn möglich«. Aber erst Fränkels Nachfolger, Treu und Accame vor allem, haben Fränkels Andeutungen zu einem System entwickelt, worin jeder griechische Autor seinen Beitrag zur Entdeckung der Zeit macht. Accame behauptet, daß sogar die *Odyssee* der *Ilias* gegenüber einen Fortschritt darstelle: Die Zeit der *Odyssee* erstreckt sich weiter als die der *Ilias*. Andere versuchten zu zeigen, daß Homer einen qualitativen Zeitbegriff habe, den Apollonios Rhodios durch einen quantitativen Begriff ersetze. Vergil, in echt homerischem Geist, soll zum qualitativen Begriff zurückgekehrt sein.[18]

Mit solchen Spekulationen ist wenig gewonnen. Ich finde es bezeichnend, daß keiner unserer Kritiker in der Lage war, in dieser Entwicklung eine plausible Stelle für Hesiod zu finden. Hesiods Gedichte kennen unbegrenzte Zeit, sprechen von verschiedenen Zeitaltern und haben einen genauen Sinn für die zeitliche Abfolge entsprechend den Generationen. Die Geschichte, die sie erzählen, ist unkritische Geschichte, wie Hekataios von Milet zu seinem Vergnügen entdeckte, aber Geschichte ist es. Hesiod fühlte sogar die Last historischen Schicksals: »Wäre ich doch nicht unter den Männern des fünften Geschlechts, sondern früher gestorben oder später geboren.« Boman tröstet sich mit der Überlegung, »da Hesiods Vater aus Kleinasien ausgewandert war, ist ein orientalischer Einfluß wohl möglich« (S. 124). Hesiod hat natürlich gemeinsame Vorstellungen mit hethitischen und hebräischen Schriften, aber das zeigt nur, daß es unmöglich ist, griechische Zeitvorstellungen als etwas spezifisch Griechisches zu behandeln.[19]

Zwei Folgerungen scheinen sich mir aus einer kritischen Lektüre Fränkels und seiner Nachfolger zu ergeben:

(1) Hermann Fränkel hat es ein für allemal unmöglich gemacht, die griechische Zeitvorstellung der jüdischen entgegenzusetzen, da sich die Auffassung der Zeit bei den griechischen Autoren verändert.

(2) Es wäre jedoch unklug, aus Fränkels Aufsatz zu folgern, daß die Griechen die Zeit nach und nach entdeckt haben. Es mag eine Verbindung zwischen der Entwicklung der Tragödie und der Entwicklung der Geschichtsschreibung im 5. Jahrhundert v. Chr. geben. Eduard Meyer hat nicht als erster die Ähnlichkeiten zwischen den beiden Freunden Herodot und Sophokles aufgezeigt.[20] Aber die

Verbindung zwischen Tragödie und Geschichtsschreibung muß, wenn überhaupt, anderswo als in der Zeitvorstellung an sich gesucht werden.

III

Wenn man etwas von den griechischen Historikern und den wirklichen Unterschieden zwischen ihnen und den biblischen Historikern begreifen will, so ist die erste Vorsichtsmaßregel, sich vor dem zyklischen Begriff zu hüten. Selbst die griechischen Philosophen waren sich darüber nicht einig.[21] Anaxagoras, nach Aristoteles' Bericht, sah die Zeit nicht so an, und Epikur auch nicht.[22] Aristoteles, der die Himmel für ewig erklärte, schrieb der Abfolge der Großen Jahre nur begrenzte Bedeutung zu.[23] Griechische Philosophen waren nicht durch Rasse oder Sprache genötigt, nur eine Zeitvorstellung zu haben. Und Historiker auch nicht. Herodot, Thukydides und natürlich Polybios wurden der Reihe nach als Historiker mit zyklischer Zeitauffassung beschrieben. Ich werde zu zeigen versuchen, daß sie das nicht waren.

Kein geringerer als Karl Reinhardt lehrte uns, daß Herodot in zyklischen Begriffen, nicht in Millennien dachte: »Im Kreislauf realisiert sich die Koinzidenz des Unsichtbaren mit dem Sichtbaren«[24] (*Vermächtnis der Antike*, 1961, S. 136). Wir werden nicht die negative Schlußfolgerung erörtern, daß Herodot kein Millennarier war, aber das läßt ihn noch nicht an die Vorstellung ewiger Wiederkehr glauben. Historische Zyklen in der genauen Bedeutung des Begriffes sind Herodot unbekannt. Er glaubt, daß Kräfte in der Geschichte wirken, die erst am Ende einer langen Kette von Begebenheiten sichtbar werden. Diese Kräfte sind gewöhnlich mit dem Eingreifen der Götter ins menschliche Leben verbunden. Der Mensch muß mit ihnen rechnen, obwohl es ungewiß ist, ob der Mensch wirklich das vermeiden kann, was bestimmt ist. Bei Herodot ist Solon vielleicht der vollständigste Vertreter der Furcht vor der Hybris, während Kroisos das ausgearbeitetste Beispiel des Wirkens übernatürlicher Kräfte im menschlichen Leben ist. Auf keinen von ihnen trifft der Begriff zyklischer Zeit zu. Es gibt bei Herodot auch die einfache Vorstellung, daß Menschen Fehler machen und

Kriege beginnen, wenn sie es nicht tun sollten. Aber auch diese Überzeugung hat nichts mit einer zyklischen Deutung der Geschichte zu tun und stellt darüber hinaus nur eine Seite von Herodots Verständnis menschlicher Begebenheiten dar. Schließlich machte Herodot sich zum Historiker des Konflikts zwischen Griechen und Barbaren, obwohl er die vorgebrachten mythischen Ursachen ins Lächerliche zog und dessen unmittelbaren Vorläufer, den ionischen Aufstand, nicht billigte. Er schrieb dem Persischen Krieg eine einzigartige, nichtzyklische Bedeutung zu, vor allem als einem Konflikt zwischen freien Menschen und Sklaven.

Auf den ersten Blick mag es sinnvoller erscheinen, Thukydides eine zyklische Auffassung der Geschichte zuzuschreiben, da er beim Schreiben das Ziel hatte, dem nützlich zu sein, der »das Gewesene klar erkennen will und damit auch das Künftige, das wieder einmal, nach aller menschlichen Wahrscheinlichkeit κατὰ τὸ ἀνθρώπινον auf gleiche oder ähnliche Weise geschehen wird« (I, 22).[25] Aber auch hier ist keine ewige Wiederkehr vorausgesetzt. Thukydides deutet unbestimmt an, daß es künftig Ereignisse geben wird, die entweder gleich oder ähnlich sind wie die, die er gerade berichtet. Er erklärt jedoch nicht, ob die Gleichheit oder Ähnlichkeit zwischen Gegenwart und Zukunft sich auf seinen gesamten Gegenstand – den Peloponnesischen Krieg – oder auf Teile davon, z. B. einzelne Schlachten oder Beratungen, bezieht. Wir wollen einen Blick auf seine beiden berühmtesten Beispiele einer möglichen »Wiederkehr« werfen. Er behauptet, daß er die Symptome der Pest in Athen erläutere, damit aus deren Studium »einer am besten in der Lage ist, Bescheid zu wissen, um sie wiederzuerkennen, wenn sie je noch einmal ausbrechen sollte« (II, 48). Die Seuche war ein besonderes Ereignis. Obwohl man Thukydides keine Unterscheidung von politischen und biologischen Ereignissen zuschreiben kann, wäre es doch ungerechtfertigt, bei ihm nicht ein Bewußtsein des Unterschieds zwischen einer Seuche und einem Gefecht zu vermuten. Übrigens haben weder er noch Hippokrates, dessen Lehre er offensichtlich folgt, je den Seuchen eine zyklische Ursache im strikten Wortsinn zugeschrieben, und daher besteht kein Grund zu der Annahme, daß seine Beschreibung der Pest Teil einer zyklischen Ansicht der Geschichte ist. Das andere Beispiel ist der Exkurs über Revolutionen im Buch III, 82. Thukydides behauptet, »so brach in ständigem Aufruhr viel Schweres über die Städte herein, wie es geschieht und immer wieder geschehen wird, solange die menschliche Natur sich gleichbleibt«. Aber er begrenzt unmittelbar darauf den Stellenwert einer solchen Aussage, indem er hinzufügt: »Aber doch schlimmer oder harmloser und in immer anderen Formen, wie es der Wechsel der Umstände jeweils mit sich bringt.« Ein Aufruhr war kein so einfaches und gleichförmiges Ereignis wie eine Seuche.

Die Vertreter der zyklischen Ansicht in der griechischen Geschichtsschreibung müssen sich in der Tat auf Polybios zurückziehen. In Buch VI behauptet er, daß die Menschen aus einer Art vorzeitlicher Sintflut auftauchten zur Monarchie; dann gehen sie von einem Verfassungstyp zum anderen über, um nur dort zu enden, wo sie begonnen hatten: »Bis sie wieder gänzlich zu Wilden entarten und wieder einen Herren und einen Monarchen finden.« Da ist der Kreislauf für jedermann sichtbar, und Polybios erörtert im Detail die einzelnen Etappen des Prozesses. Wir dürfen aber nicht vergessen, daß dieser Teil des Buches VI über die Verfassungen eine große Abschweifung ist. Das Verhältnis dieser Abschweifung zum übrigen Werk des Polybios ist nicht leicht zu fassen, und ich wage die Vermutung, daß Polybios selbst einigermaßen in Verlegenheit gewesen wäre, es zu erklären.[26] Es ist zunächst nicht klar, in welchem genauen Verhältnis diese allgemeine Theorie der Verfassungen zur darauffolgenden Beschreibung der Verfassungen Roms und Karthagos steht. Die allgemeine Theorie betrifft die Menschheit und scheint zu implizieren, daß alle Menschen sich in einem gegebenen Augenblick im gleichen Stadium des gleichen Zyklus befinden. Andererseits ist es völlig gewiß, daß gemäß Polybios die einzelnen Staaten zu verschiedenen Zeiten von einem Verfassungszustand zum anderen übergehen. Zum Beispiel: »um so viel, wie Macht und Reichtum Karthagos früher waren als die Roms, um so viel hatte Karthago schon zu sinken begonnen, während Rom gerade in seiner Blüte war, zumindest soweit es sein Regierungssystem betrifft« (VI, 51). Des weiteren haben wir mit den Komplikationen zu rechnen, welche die gemischte Verfassung mit sich führt, die den Verfall für lange Zeit, wenn nicht für immer aufhält. Aber die wichtigste Erwägung ist die, daß Polybios außerhalb der Verfassungskapitel in dem ganzen übrigen Geschichtswerk so verfährt, als habe er keine zyklische Ansicht der Geschichte. Der erste und zweite punische Krieg werden nicht als Wiederholungen von Ereignissen behandelt, die sich in ferner Vergangenheit zugetragen haben und sich in weiter Zukunft wieder begeben werden. Einzelne Ereignisse werden entweder nach vagen Begriffen wie Glück oder nach präziseren Kriterien menschlicher Weisheit und Fähigkeit beurteilt. Die römische Vorherrschaft über das Mittelmeer liefert dem Historiker eine neue geschichtliche Perspektive. Gerade weil Fortuna fast alle Angelegenheiten der Welt in eine Richtung gehen ließ, ist es die Aufgabe des Historikers, vor seinen Lesern eine umfassende Anschauung der Wege auszubreiten, auf denen Fortuna ihre Absichten ausführte. Das römische Imperium macht es möglich, Universalgeschichte zu schreiben.

Das ist alles nicht sehr zusammenhängend und führt kaum zu einer umfassenden Anschauung der Geschichte, aber sofern es einen Blick auf die Richtung menschlicher Begebenheiten und die hinter ihnen wirksamen Kräfte ausdrückt, hat es nichts mit Zyklen menschlicher Existenz zu tun. Sehr wahrscheinlich erfuhr Polybios etwas über den Kreislauf der Regierungsformen von irgendeinem Philosophen, und ihm gefiel diese Vorstellung; er war aber außerstande, sie auf seine historische Darstellung anzuwenden (soweit wir sie besitzen). Polybios, der Historiker der punischen und makedonischen Kriege, scheint von Polybios, dem Verfassungstheoretiker, nicht viel gelernt zu haben. Ich würde Polybios gern als ein Beispiel für die Tatsache heranziehen, daß griechische Philosophen häufig in Vorstellungen von Zyklen dachten, aber griechische Historiker es nicht taten. Es ist nutzlos zu erörtern, ob sein Nachfolger Poseidonios die stoische Ansicht kosmischer Zyklen auf den historischen Bericht anwandte, da wir keine klare Vorstellung davon haben, wie ausführlich Poseidonios Geschichte schrieb.[27]

Auch darf die sogenannte organische Ansicht der Geschichte, wie wir sie bei Florus finden, nicht mit dem Zyklenbegriff verwechselt werden.[28] Was Florus und zweifellos auch andere Historiker vor und nach ihm glaubten, ist, daß sich die Geschichte eines Staates wie das Leben eines Individuums in Perioden der Kindheit, Jugend, Reife und des Alters einteilen läßt und mit dem Tode endet. Diese

Ansicht ist wichtig, insofern sie einen gewissen Fatalismus impliziert. Sie kann zu allen möglichen biologischen Deutungen menschlicher Ereignisse führen, und sie kann, aber muß nicht, mit der Theorie ewiger Wiederkehr verbunden werden. In der Art, wie Florus sie darbietet, hat sie keinerlei tiefgreifende Implikation. In der Antike blieb es Dichtern wie Vergil, religiösen Sehern und politischen Propagandisten überlassen, von der Wiederverjüngung des Römischen Reiches zu träumen. Kein antiker Historiker, soweit ich mich erinnern kann, schrieb je die Geschichte eines Staates in Begriffen der Geburt und Wiedergeburt. Vereinzelte Metaphern geben noch keine geschichtliche Deutung.

IV

Geschichte kann in unzähligen Formen geschrieben werden, aber die Griechen wählten eine Form, welche die Römer akzeptierten und die ungeeignet war, sich für eine zyklische Ansicht der Geschichte anzubieten. Die Methode der griechischen Historiker war einfach genug, und wenn wir sie mit dem Zugang zur Geschichte bei den biblischen Autoren vergleichen, gelangen wir vielleicht zu einer realistischeren Würdigung der Ähnlichkeiten und Unterschiede bei griechischen und hebräischen Historikern. Was Herodot, der Vater der Geschichtsschreibung, tat, bestand darin, eine Reihe von Begebenheiten auszuwählen, die es wert waren, vor dem Vergessen bewahrt zu werden. Er behauptete nicht, die ganze Vergangenheit abzudecken. Er traf eine Wahl, und seine Wahl gründete sich auf Qualität. Die Taten der Griechen und Barbaren, die er aufzuzeichnen beschloß, waren groß und wunderbar. Aber er hatte einen weiteren Grund für seine Wahl, obwohl dieser weniger deutlich und einfach war. Er erzählte Geschichten, die ihm ausreichend gut begründet schienen, obwohl er eine weitere Unterscheidung traf zwischen dem, was er selbst bezeugen konnte, da er es gesehen hatte, und dem, was er aus zweiter Hand berichtete, ohne dafür notwendigerweise die Verantwortung zu übernehmen. Dem gesamten Werk Herodots liegt sein Wunsch zugrunde, die bestmögliche Information zu erhalten, um einen seiner typischen Ausdrücke zu benutzen (Buch II,44). Mit anderen Worten, seine Geschichte gründet sich auf eine Auswahl, die zunächst durch den inneren Wert der Ereignisse und dann durch die verfügbare Information bestimmt wird. Dieses doppelte Auswahlkriterium findet sich in unterschiedlichen Proportionen und in verschiedenen Bewußtseinsgraden in allen historischen Werken der Griechen und der Römer nach Herodot bis etwa zu Prokop und Cassiodor. Jeder Historiker ist zuallererst an der Bedeutung dessen interessiert, was er aufzeichnet; an zweiter Stelle beschäftigt ihn die Art seines Beweismaterials, und er weiß mehr oder weniger deutlich, daß einige Beweisstücke besser sind als andere. Tatsächlich hatte Hekataios schon vor Herodot die Wahl getroffen, die Genealogien der Griechen darzustellen, nicht vor allem deshalb, weil sie offensichtlich wichtig für die Griechen waren, sondern auch deswegen, weil er besser als die übrigen Griechen darüber unterrichtet war. Wenige oder kein griechischer und römischer Historiker formulierte die beiden Kriterien mit gleicher Strenge wie Thukydides, der den Peloponnesischen Krieg allen früheren Ereignissen deshalb vorzog, weil er sowohl bedeutender war als auch zuverlässiger dargestellt werden konnte. Aber jeder Historiker berücksichtigte doch mehr oder weniger die beiden Kriterien. Daher, gemäß dem Beispiel des Thukydides, die häufige Vorliebe für zeitgenössische Geschichte, die offensichtlich bedeutend war für diejenigen, die sie erlebt hatten, und die zugleich zuverlässiger berichtet werden konnte. Wer die Geschichte der Vergangenheit erzählte, mußte manche Geschichten einfach deshalb opfern, weil sie nicht ausreichend verbürgt waren. Ephoros warf die Zeit vor der Rückkehr der Herakliden über Bord, und Livius beklagte die mangelnde Zuverlässigkeit der Überlieferungen über das frühe Rom. Andere, wie Varro, formulierten eine Unterscheidung zwischen verschiedenen Zeitaltern der menschlichen Geschichte, gemäß der wechselnden Zuverlässigkeit der Quellen: Varro nannte das jüngste Zeitalter historisch, weil *»res in eo gestae veris historiis continentur«* (weil die Begebenheiten in wahren Geschichtserzählungen enthalten sind, Censorinus 21). Was für die Griechen Mythos bedeutete, ehe die Geschichte im 5. Jahrhundert v. Chr. erfunden wurde, das behaupte ich nicht zu wissen, aber für die Historiker bedeutet Mythos etwas, das weniger gut bekannt war als ein gewöhnliches Ereignis (vgl. Herodot, Buch II, 45). Jeder Historiker war sich mit Pindar darüber im klaren, daß die Menschen vergeßlich sind (»erinnerungslos«): ἀμνάμονες δὲ βροτοί (*Isthm.* VII, 17).

Die Verbindung beider Auswahlkriterien – qualitative Bedeutung und Zuverlässigkeit – verhinderte selbst unter Heiden nicht die Zusammenstellung von Werken, die behaupten, Universalgeschichte zu sein: die *Historiae Philippicae* des Trogus Pompeius war eine davon. Das Gewicht lag aber deutlich nicht auf Wiederholung und ewiger Wiederkehr, sondern auf dem einzigartigen Wert dessen, was berichtet wurde: Geschichte lieferte Beispiele, nicht Muster künftiger Ereignisse. Darüber hinaus zog man begrenzte Ereignisreihen vor. Der antike Historiker beschäftigte sich, wie der antike Dichter, normalerweise mit begrenzter Zeit. Aber anders als der Dichter muß der Historiker seine Wahl eines Themas nicht nur mit den Kriterien der Größe rechtfertigen, sondern auch mit denen der Glaubwürdigkeit. Der griechische Philosoph kann sich mit der unbegrenzten Zeit beschäftigen, und er kann sogar die Möglichkeit verschiedener, mit dem Bestehen mehrerer Welten verknüpfter Zeitsysteme erörtern. Die Begrenztheit der erreichbaren Beweiskraft ist an sich selbst eine Ursache für das begrenzte Ausmaß geschichtlicher Zeit im Vergleich mit der unbegrenzten Zeit, über die der Philosoph spekulieren kann, da er keinen Beweis zu erbringen braucht. Der griechische Historiker muß also die Ereignisse, die er berichten will, herausfinden, er muß sie entdecken. Er schreibt nicht auf, was jedermann weiß, sondern was in Gefahr ist, vergessen zu werden oder schon vergessen wurde. Die Arbeit des Historikers ist für die Griechen und in der Folge für die Römer eine Operation gegen die alleszerstörende Zeit, um die Erinnerung an Ereignisse zu retten, die der Erinnerung wert sind. Der Kampf gegen das Vergessen wird in der Suche nach Beweismaterial ausgefochten.

Die Suche nach dem Beweismaterial und die Errichtung von Zeittafeln hängen eng miteinander zusammen. Der Beweis muß, um Beweiskraft zu haben, irgendwie datiert sein. Die Chronologie muß ihrerseits auf Beweisen aufgebaut werden. Die Auswahl und die Datierung von Begebenheiten hängen voneinander ab. Diese Abhängigkeit führte aber nie zu einer Verschmelzung historischer und chronologischer Forschung. Die Griechen entschieden bald im

5. Jahrhundert v. Chr. – ungefähr dann, als sie Geschichte zu schreiben begannen –, daß der schriftliche Beweis für die Errichtung einer Chronologie nützlicher ist als für Rekonstruktion geschichtlicher Ereignisse wie Schlachten oder Volksversammlungen. Die Entscheidung war sehr vernünftig, als sie zuerst getroffen wurde. Im 5. Jahrhundert besaßen die Griechen viele Dokumente, die Priester, hohe Beamte und siegreiche Athleten erwähnten, aber sehr wenig schriftliche Berichte von Schlachten und Volksversammlungen. Später vervielfältigte sich das, was wir offizielle Dokumente und private Papiere nennen, und im Zeitalter des Hellenismus wäre es vollends möglich gewesen, Geschichte so zu schreiben, wie wir es heute tun, indem wir in Archive gehen oder private Briefe, Erinnerungen und so weiter benutzen. Aber die Bevorzugung der mündlichen Überlieferung und der direkten Beobachtung blieb bestehen, wie man bei Polybios sieht, selbst als es durch die vorherrschenden Bedingungen nicht mehr gerechtfertigt war.[29] Der chronologische Rahmen wurde fast unverändert von schriftlichen Quellen geliefert (Listen von eponymen Jahresbeamten, Priestern usw.). Die Geschichtserzählung aber, wenn sie zum ersten Mal geboten wird und nicht von früheren Historikern stammt, stützt sich meistens eher auf mündliche Überlieferung und persönliche Erinnerung als auf schriftliche Quellen. Folglich entwickelte sich die chronologische Forschung auf ihrer eigenen Linie. Der Historiker Eunapios wurde bei seinem heftigen Angriff gegen die Chronographen (»Was trägt die Chronologie zur Weisheit des Sokrates oder zum Glanz des Themistokles bei?«) wahrscheinlich noch durch seine Mißbilligung der Christen angereizt, welche die Chronographie begünstigten, aber er spiegelt die traditionelle griechische Dichotomie von Chronographie und Geschichte wider.[30] Das *spatium chronographicum* war gewöhnlich länger als das *spatium historicum*, aus dem einfachen Grunde, weil berufsmäßige Chronographen »leere« Zeitalter weniger fürchten, als es die Historiker tun.[31] Aber gelegentlich wagten sich Historiker (wie Diodor) auf das Gebiet der ersten Anfänge, für welche die Chronographen keine Daten liefern konnten.

Chronographen und Historiker erarbeiten gemeinsam Synchronismen. Diese Tabellen waren den Geschichtsschreibern Mesopotamiens und Israels lange bekannt, aber sie spielten in der griechischen Historiographie eine besondere Rolle. Ohne Synchronismen wäre die weite Erstreckung der Interessen und der Erklärungen griechischer Historiker nie möglich gewesen. Sie bildeten die Brücken zwischen den Geschichten der verschiedenen Städte, Nationen und Zivilisationen. Gerade Herodots Geschichtswerk ist abhängig von einer Kette von Synchronismen, die deshalb nicht weniger solide ist, weil der gelegentliche Beobachter sie kaum wahrnimmt.[32] Später geriet die Entdeckung oder Erfindung von Synchronismen fast zu einer eigenen Kunst, als ob sie die Symbole versteckter Beziehungen seien. Bekanntlich ergeht Timaios sich in ihnen, obwohl wir seltsamerweise nicht wissen, was er meinte, wenn er behauptete oder eher erfand, daß Rom und Karthago im gleichen Jahr gegründet worden seien. Synchronismen sind wichtig als Daten für historische Probleme, aber oft irreführend, wenn sie als Erklärung verwendet werden. Die ernsthafteren griechischen und römischen Historiker zogen die Zeitfolge dem Synchronismus als Begründung für historische Erläuterungen vor.

Es ist nicht einfach, die Art und Weise, in der die griechischen und römischen Historiker chronologische Sukzession bei kausaler oder teleologischer Erklärung benutzen, zu verallgemeinern.[33] Orakel und Träume müßten einbezogen werden. Die Zukunft wurde kaum sichtbar in den Werken der griechischen Historiker. Die Beschäftigung mit der Zukunft war bei den römischen Historikern stärker, und sie sprach sich in der Sorge um das römische Imperium aus. Das Pathos des Tacitus hat kein griechisches Gegenstück. Für die Griechen war die entferntere Vergangenheit, die man τὰ παλαιά oder *antiquitas* nannte, eine besondere Quelle von Problemen und Vieldeutigkeiten. Den ersten griechischen Historikern wurde bewußt, daß die zeitlichen Grenzen ihres Altertums nicht mit dem Altertum anderer Völker übereinstimmen. Die Entdeckung des Hekataios, daß seine sechzehn Ahnengenerationen eine ärmliche Figur machen gegenüber den 345 Generationen der ägyptischen Priester, war eine ernüchternde Erfahrung.[34] In der hellenistischen Zeit wurde der gleiche Eindruck wieder und wieder bei den Orientalen selbst erweckt, die auf die griechische Weise Geschichte zu schreiben gelernt hatten. Andererseits war Herodot gelinde verwirrt davon, daß die

Skythen sich selbst als das jüngste Volk der Welt ansehen wollten (Buch IV, 5).

Es ist wahrscheinlich richtig, daß für die Mehrzahl der griechischen und römischen Historiker die lange Dauer an sich eine positive Qualität bedeutete. Polybios kann allen Ernstes schreiben: »Ich bin überzeugt, daß man nur wenig über die athenische und die thebanische Verfassung zu sagen braucht: ihr Wachstum war ungewöhnlich, die Zeit ihres Höhepunktes kurz, und die Veränderungen, die sie erfuhren, waren ungewöhnlich gewaltsam. Ihr Ruhm war sozusagen ein plötzliches und zufälliges Auflodern« (Buch VI, 43). Es ist ein Unterschied, ob man das bewundert, was alt ist, oder das schätzt, was lange währt. Gewöhnlich bestehen beide Gefühle nebeneinander. Aber selbst wenn Thukydides Dauer bewunderte (was zweifelhaft ist), so bewunderte er das Alter nicht.[35] Auf der anderen Seite hat Tacitus, der *laudator temporis acti*, nie seinen Stolz darauf verhehlt, daß er der herrschenden Klasse eines modernen, mächtigen Reiches angehörte. Die Haltung gegenüber dem Altertum bei Griechen und Lateinern wurde von modernen Deutern sehr vereinfacht. Das gilt auch für den Begriff des Fortschritts. Unbegrenzter Fortschritt war vielleicht kein griechischer Begriff, aber unbegrenzter Fortschritt ist einer der philosophischen Begriffe, die selten für Historiker Bedeutung hatten. Vielmehr zählt, daß griechische Historiker einen kontinuierlichen, obgleich begrenzten Fortschritt im Bereich der Philosophie, Wissenschaft, Künste und Verfassungen eher als in dem der Alltagsmoral und der politischen Handlung erkannten. Der erste Erfinder, der πρῶτος εὑρετής, war eine wichtige Gestalt – häufig mit aristokratischen oder göttlichen Merkmalen.[36]

Dieser Versuch, die Auffassungen griechischer Historiker von denen der Philosophen zu entwirren, läßt sich vielleicht mit zwei Bemerkungen abschließen. Aus gutem Grunde ignorierten die Historiker stets die philosophische Diskussion darüber, ob der Mensch nur seine Gegenwart besitzen kann, wie Aristipp dachte (μόνον γὰρ ἔφασκεν ἡμέτερον εἶναι τὸ παρόν).[37] Sie ignorierten auch den stoischen Standpunkt, daß der Weise seine ganze Vergangenheit in Ruhe erforschen könne: *»Securae et quietae mentis est in omnes vitae suae partes discurrere.« Das »sine ira et studio«* des Tacitus ist etwas anderes.

V

Wenn wir nun zu den biblischen Geschichtsschreibern zurückkehren, so wird es offensichtlich, daß Unterschiede in der Auffassung der Zeit zwischen ihnen und den griechischen und römischen Historikern bestehen. Aber die Unterschiede sind nicht die von den zeitgenössischen Theologen vermuteten. Die wichtigsten Unterschiede scheinen mir die folgenden vier zu sein:

(1) Der historische Teil der Bibel ist eine durchgängige Erzählung von der Erschaffung der Welt an bis etwa 400 v. Chr. Im Vergleich zu christlichen Historikern wie Eusebius, die vor der Schöpfung beginnen, ist das noch eine begrenzte Zeit. Aber im Vergleich mit den gewöhnlichen griechischen und römischen Geschichtswerken, sogar den Universalgeschichten, ist der biblische Bericht einzigartig in seiner Kontinuität. Diese Bemerkung bezieht sich nicht auf die ursprünglich unabhängigen Geschichtswerke, die der gegenwärtigen Bibel zugrunde liegen. Es gab eine Zeit, als hebräische Historiker wußten, wie man besondere Zeitalter aussucht.[38] Schließlich setzte sich die Vorstellung eines historischen Kontinuums von der Schöpfung an durch. Alle anderen Interessen, einschließlich des Interesses an nichthebräischer Geschichte, wurden ihr geopfert. Eine privilegierte Linie von Ereignissen stellte dar und bezeichnete den ständigen Eingriff Gottes in die Welt, die er erschaffen hatte: Die Menschen, die längs dieser Linie tätig waren, erhielten eine einzigartige Bedeutung aus der Stellung, in der sie sich befanden.

(2) Hebräische Historiker benutzten Glaubwürdigkeit nicht als Kriterium bei der Auswahl und Abstufung der Ereignisse, selbst innerhalb dieses Kontinuums. Hebräische Historiker kannten nicht die Unterscheidung zwischen einem mythischen Zeitalter und einem historischen Zeitalter.[39] Sie erachteten es nicht als notwendig, zu erklären, wie sie das Gespräch zwischen Eva und der Schlange in Erfahrung brachten. Paradoxerweise waren die hebräischen Historiker nicht deshalb unkritisch, weil sie sich nicht um Beweismaterial kümmerten, sondern weil sie gute Gründe zu dem Glauben hatten, daß sie zuverlässiges Beweismaterial zur Verfügung hätten. Ein großer Teil des biblischen Berichts stützt sich unmittelbar auf schriftliche Quellen: »Was mehr von Salomo zu sagen ist, und alles, was er

getan hat, und seine Weisheit, das ist geschrieben in der Chronik von Salomo« (1. Kön. 11,41). Was nicht aufgeschrieben war, war doch dem gemeinsamen Gedächtnis des Volkes Israel und besonders seiner Priester anvertraut. Flavius Josephus macht das nachdrücklich und deutlich klar in einer der bedeutendsten Erörterungen der Historiographie, die uns aus dem Altertum überliefert ist. Er hatte völlig recht mit der Behauptung, daß die Juden besser geordnete öffentliche Aufzeichnungen besaßen als die Griechen (*contra Apionem*, I, 1). Aber er wußte nicht, daß man von Priestern aufbewahrte öffentliche Aufzeichnungen sehr sorgfältig prüfen muß.

(3) Ein Jude hat die religiöse Pflicht, die Vergangenheit zu erinnern. Die Griechen und Römer pflegten das Beispiel ihrer Ahnen und wurden davon inspiriert. Isokrates und andere Redner hielten das für einen der wichtigsten Gründe, weshalb man Geschichte schriebe. Aber soweit ich weiß, hörte nie ein Grieche, daß seine Götter ihm befahlen zu »gedenken«: »Gedenke, was der Herr, Dein Gott, Pharao und allen Ägyptern getan hat« (5. Mose 7,18). Und vielleicht wurde auch nie einem griechischen Gott gesagt wie Jahve, daß er gedenken solle: »Gedenke an Deine Diener Abraham, Isaak und Israel« (2. Mose 32,13). Der Begriff des Bundes erklärt diese Betonung der Erinnerung.[40] Der biblische Geschichtsschreiber gibt (wenn ich recht sehe) nie zu verstehen, daß er als erster das Vergangene wiederentdeckt hat oder vor dem Vergessen bewahrt. Er gab lediglich dem eine autoritative Fassung, was jedermann wissen sollte, während der griechische Historiker das aufzeichnete, was in Gefahr war, vergessen zu werden.

(4) Der hebräische Historiker behauptete nie, ein Prophet zu sein. Er sagte nie »Der Geist des Herrn ist über mir«. Aber die Seiten der historischen Bücher der Bibel sind voll von Propheten, welche die Ereignisse deuten, weil sie wissen, was war, ist und sein wird. Der Geschichtsschreiber ordnet sich implizit dem Propheten unter, er bezieht seine Werte von ihm. Die Beziehung zwischen beiden ist das hebräische Gegenstück zur griechischen Beziehung zwischen Historiker und Philosophen. Aber zumindest seit Platon den Gegensatz zwischen Zeit und Ewigkeit vollständig darlegte, konnte es im griechischen Denken keine Zusammenarbeit zwi-

schen Geschichte und Philosophie geben, während es im hebräischen Denken ein Zusammenwirken von Geschichte und Prophetie gab.[41]

Die vier von mir benannten Unterschiede wurden in der Antike kaum wahrgenommen. Juden und Heiden stritten sich um ihr jeweiliges Altertum und die Besonderheiten ihrer nationalen Gebräuche. Die Heiden stellten natürlich den jüdischen Anspruch, das auserwählte Volk zu sein, in Frage, scheinen aber nichts an den jüdischen Begriffen von Beweismaterial, Prophetie und archaischer Geschichte unlogisch gefunden zu haben. Wohl ist es wahr, daß die Heiden die Bibel nicht lasen und lediglich auf die hellenistischen Fassungen der jüdischen Geschichte reagierten, welche die Juden selber anfertigten. Es bleibt jedoch bemerkenswert, daß Flavius Josephus eine hebräische Geschichte schreiben konnte, die sich auf die Bibel stützte und doch annehmbar oder zumindest verständlich war für die griechischen und römischen Leser, für die sie gedacht war.[42]

Soweit mir bekannt ist, waren die Christen unfähig, ihre Geschichte für Heiden zu schreiben. Von einem heidnischen Standpunkt aus waren die christlichen Ansprüche weit überspannter als die jüdischen. Die Christen behaupteten, obwohl sie die jüngste Nation waren, daß sie tatsächlich mit der Welt entstanden seien, ἀπὸ πρώτης ἀνθρωπογονίας (Eusebios *H.E.* I,2,6). Sie behaupteten, ein Volk zu sein, das nicht durch natürliche Geburten wachse, sondern durch den Prozeß mystischer Wiedergeburten. Sie erwarteten – sehr bald – einen zweiten und endgültigen Advent.

Die oberflächlicheren Aspekte dieser neuen Geschichte ließen sich in der heidnischen Form der Chronographie ausdrücken. Daher die christliche Leidenschaft für die Chronographie. Aber die Chronologie, wie geschickt man sie auch handhabt, war unfähig, die vielfältigen und revolutionären Implikationen der christlichen Geschichtsdeutung zu vermitteln.[43] Bei den ersten Generationen erfüllten die Evangelien dieses Bedürfnis. Später, nach einem der Erklärung bedürftigen Zeitabstand, schufen christliche Historiker die Kirchengeschichte zur Ergänzung der Evangelien. Aber anders als Josephus' *Jüdische Altertümer* waren sowohl die Evangelien als auch die Kirchengeschichten für den Gläubigen oder zumindest für den potentiellen Gläubigen, nicht für den Ungläubigen gedacht. Ich habe mich nie imstande gesehen, die wenn auch autoritativ behauptete Ansicht anzuerkennen, daß Lukas sein Evangelium und die Apostelgeschichte für einen gewöhnlichen »römischen Beamten« geschrieben habe, »der mit der öffentlichen Sicherheit und dem Rechtswesen betraut war«.[44] Die christlichen Berichte verletzten alle antiken Vorstellungen von Altertum, Erinnerung und Beweiskraft. Übrigens war es, als die Kirchengeschichte im 4. Jahrhundert erfunden wurde, schon zu gefährlich, christliche Ansprüche zu erörtern. Hier fügt sich meine Abhandlung über Geschichtsschreibung im 4. Jahrhundert an, die ich 1959 im Warburg Institut vorgetragen habe. Wir besitzen keine heidnische Erörterung der christlichen Zeitvorstellung und des damit verbundenen Begriffs einer Kirchengeschichte.[45] Der moderne Begriff historischer Epochen, die gemäß der eigentlichen Bedeutung der Tatsachen und der Glaubwürdigkeit der Beweise ausgewählt werden, ist eindeutig ein Teil unseres heidnischen Erbes. Die Erfahrung scheint zu zeigen, daß er sich irgendwie mit der jüdischen Vorstellung einer Geschichte seit Erschaffung der Welt versöhnen läßt. Die Versöhnung mit dem christlichen Begriff einer durch die Fleischwerdung zweigeteilten Geschichte ist ein schwierigeres Problem.

Zwei abschließende Bemerkungen scheinen, obwohl sie nur zu offensichtlich sind, unter den gegebenen Umständen nicht überflüssig zu sein:

(1) Viele Historiker und besonders die theologisch geprägten unter ihnen, scheinen anzunehmen, daß es reine und wechselseitig einander ausschließende Zeitauffassungen gebe: Die Juden hatten eine, die Griechen eine andere. Um aus der Erfahrung zu urteilen, so ist dem nicht so; und man könnte vermuten, daß die Philosophen eine leichtere Aufgabe hätten, wenn dem so wäre. Um ein einfaches Beispiel zu geben, so wurde erwiesen, daß im archaischen griechischen und römischen Recht zwei verschiedene Haltungen zur Zeit bestanden. Wie L. Gernet beobachtete (»Le temps dans les formes archaïques du droit«, *Journal de Psychologie*, 53, 1956, S. 379–406), so berücksichtigte der Richter die Zeit in manchen Fällen nicht, in anderen gestand er die Gültigkeit von mit der Zeit verbundenen

religiösen oder magischen Praktiken zu. Das vergleichende Studium des Zeitbegriffes bei »primitiven« Kulturen wird Altphilologen und Bibel-Theologen zunehmend behilflich sein, einige Komplexität in ihre einfachen Vorstellungen von dem, was griechisch und was biblisch sei, zu bringen.[46]

(2) Altphilologen und Theologen erwecken manchmal den Eindruck, als vergäßen sie, daß Sprachwissenschaftler und Anthropologen noch nicht darüber einig sind, ob (oder in welchem Ausmaß) die Sprache nicht lediglich »ein reproduzierendes Instrument ist, um Vorstellungen Laute zu geben, sondern vielmehr selbst Vorstellungen ausprägt und die geistige Tätigkeit des Individuums programmiert und leitet«.[47]

[Anmerkungen]

1 Dem Aufsatz liegt eine Vorlesung zugrunde, die in der Reihe »Time and Eternity« im Warburg Institut in London am 15. Mai 1963 gehalten wurde. Er entwickelt einige Gesichtspunkte meiner Rezension von T. Boman, *Das Hebräische Denken im Vergleich mit dem Griechischen*, Göttingen [3]1959, übersetzt als *Hebrew Thought Compared with Greek*, London 1960, die in der *Rivista Storica Italiana* 74, 1962, S. 603–607 erschienen und im *Terzo Contributo alla Storia degli Studi Classici*, Rom 1966, S. 757–762 nachgedruckt ist. In der Folge fand ich meine Auffassung bestätigt durch die Übereinstimmung mit J. Barr, *Biblical Words for Time*, London 1962, für das Hebräische, und mit P. Vidal-Naquet, »Temps des dieux et temps des hommes«, *Revue de l'histoire des religions*, 157, 1960, S. 55–80, für das Griechische. Ich verweise ausdrücklich auf diese Arbeiten und besonders auf Barrs Bibliographie. Weitere bibliographische Angaben bieten die wichtigen neuen Bände von A. Luneau, *L'histoire du Salut chez les Pères de l'Eglise*, Paris 1964, und S. G. F. Brandon, *History, Time and Deity*, Manchester 1965. Ich zitiere in den folgenden Anmerkungen nur einen Bruchteil dessen, was ich über dieses beliebte Thema gelesen habe. Dabei ziehe ich jüngere Publikationen vor, die Hinweise auf frühere enthalten. Zum Allgemeinen siehe J. T. Fraser (Hg.), *The Voices of Time*, New York 1966.

2 Eine kurze allgemeine Geschichte der Zeitvorstellung: S. Toulmin und J. Goodfield, *The Discovery of Time*, London 1965.

3 Ein rassistisches Vorurteil ist offenkundig sogar in den sehr kompetenten Forschungsarbeiten von G. Delling, *Das Zeitverständnis des Neuen Testa-*

ments, Gütersloh 1940, und J. Leipoldt, *Der Tod bei Griechen und Juden*, Leipzig 1942.

4 Von den vielen jüngeren Forschungsarbeiten zur Zeitvorstellung im Alten Testament zitiere ich lediglich W. Vollborn, *Studien zum Zeitverständnis des Alten Testaments*, Göttingen 1951; W. Eichrodt, »Heilserfahrung und Zeitverständnis im Alten Testament«, *Theologische Zeitschrift*, 12, 1956, S. 103–125; J. Muilenburg, »The Biblical View of Time«, *Harvard Theological Review*, 54, 1961, S. 225–252 (das kann als populäre Zusammenfassung vorherrschender Anschauungen betrachtet werden); M. Sekine, »Erwägungen zur Hebräischen Zeitauffassung«, *Supplementum Vetus Testamentum*, 9, 1963, S. 66–82; B. S. Childs, »A Study of the Formula ›Until this day‹«, *Journal of Biblical Literature*, 82, 1963, S. 279–293; N. H. Snaith, »Time in the Old Testament«, in F. F. Bruce, *Promise and Fulfilment*, Edinburgh 1963, S. 175–186. Snaith' Unterscheidung von »kreisförmiger Zeit«, »horizontaler Zeit« und »vertikaler Zeit« (letztere als »spezifisch hebräischer Beitrag« zur Zeitvorstellung) ercheint mir nicht sinnvoll.

5 Die italienische Übersetzung (*Cristo e il tempo*, Bologna 1964) enthält eine bedeutende Einleitung von B. Ulianich, mit Bibliographie. Cullmann hat seine Position verdeutlicht, besonders in *Heil als Geschichte*, Tübingen 1965, das eine Antwort auf R. Bultmann, *History and Eschatology*, Edinburgh 1957 (die deutsche Ausgabe *Geschichte und Eschatologie*, Tübingen 1958, weicht geringfügig ab) bildet. Vgl. H. Conzelmann, *Die Mitte der Zeit*, Tübingen [4]1962. Zum theologischen Umkreis insgesamt, vgl. z. B. A. Richardson, *History Sacred and Profane*, London 1964, S. 125–153, 254–265.

6 A. O. Lovejoy, *The Reason, The Understanding, and Time*, Baltimore 1961.

7 H.-C. Puech, »La Gnose et le Temps«, *Eranos-Jahrbuch*, 20, 1951, S. 57–113; G. Quispel, »Zeit und Geschichte im antiken Christentum«, ebd., S. 115–140 (beide englisch in *Man and Time, Papers from the Eranos Yearbooks*, London 1958).

8 Die Vorstellung einer semitischen rhythmischen Zeit findet sich bei einem Linguisten wie P. Fronzaroli, »Studi sul lessico comune semitico«, *Rendiconti Accademia Nazionale dei Lincei*, VIII, 20, 1965, S. 142–143, mit ausführlichem Verweis auf Boman (und keinem linguistischen Argument!).

9 Hier genüge der Verweis auf H. Steinthal, *Geschichte der Sprachwissenschaft bei den Griechen und Römern*, 1862–1863, 2. Aufl. Berlin 1890–1891, I, S. 265; II, S. 267; und M. Pohlenz, »Die Begründung der abendländischen Sprachlehre durch die Stoa«, *Nachrichten Gesellschaft Göttingen*, I, 3, 6, 1939, jetzt in *Kl. Schriften*, I, Hildesheim 1965, S. 39–87; vgl. auch das Buch von Pohlenz, *Die Stoa*, Göttingen 1948, I, S. 45. Gegenüber Pohlenz' Folgerungen ist jedoch Vorsicht angebracht. Vgl. auch H. Weinrich, *Tempus*, Stuttgart 1964.

10 Siehe z. B. M. Cohen, *Le système verbal sémitique et l'expression du temps*, Paris 1924; C. Brockelmann, *Hebräische Syntax*, Neukirchen 1956 im Regi-

ster unter »Zukunft«. Die Frage hängt mit der gesamten Interpretation des semitischen und des indoeuropäischen Verbalsystems zusammen. Ich kann nur auf einige jüngere Arbeiten verweisen: M. Sekine, »Das Wesen des althebräischen Verbalausdrucks«, *Zeitschr. Altt. Wiss.*, 58, 1940–1941, S. 133–141; F. Rundgren, *Das althebräische Verbum: Abriß der Aspektlehre*, Uppsala 1961; G. R. Castellino, *The Akkadian Personal Pronouns and Verbal System in the Light of Semitic and Hamitic*, Leiden 1962. Zum Indoeuropäischen J. G. Gonda, *The Character of the Indo-European Moods*, Wiesbaden 1956, S. 23–32; L. J. Maclennan, *El problema del aspecto verbal*, Madrid 1962 (mit Bibliographie). Zu meiner Bemerkung über das Deutsche vgl. A. Meillet, *Caractères généraux des langues germaniques*, Paris [5]1937, S. 125: »das Germanische kennt keinerlei Ausdruck für das Futur«. Methodisch bedeutend E. Benveniste, »Les relations de temps dans le verbe français«, *Problèmes de linguistique générale*, Paris 1966, S. 237–250.

11 Ein angebrachtes Wort der Vorsicht gegenüber griechischen Einflüssen auf den Qoheleth (Prediger Salomo) bei R. B. Y. Scott, »Proverbs. Ecclesiastes«, *The Anchor Bible*, Garden City, N. Y. 1965, S. 197.

12 Eine Liste aller Autoren (hauptsächlich Theologen), die es in den vergangenen zwanzig Jahren für ausgemacht hielten, daß die Griechen »die allgemeine antike und orientalische Ansicht der Geschichte als einen Kreislauf von endloser Wiederholung annahmen« (Richardson, *History Sacred and Profane*, 57) würde sehr lang werden. Vgl. z. B. R. Niebuhr, *Faith and History*, New York 1949, S. 17; T. F. Driver, *The Sense of History in Greek and Shakespearean Drama*, New York 1960, S. 19; F. E. Manuel, *Shapes of Philosophical History*, Stanford 1965 (S. 7: »...das gesamte überlieferte Corpus antiker Literatur bezeugt wohl ohne Widerspruch, daß die zyklische Auffassung die griechisch-römische Welt beherrschte.«) Die Ansicht wird übernommen, aber, wie zu erwarten, scharfsinnig näher bestimmt von I. Meyerson, »Le temps, le mémoire, l'histoire«, *Journal de Psychologie*, 53, 1956, S. 333–354, bes. 339. Man möchte Meyerson und seiner Schule gern für ihre Arbeit über die Entwicklung der Zeitvorstellung Hochachtung aussprechen. Vgl. auch F. Chatelet, »Le temps de l'histoire et l'évolution de la fonction historienne«, ebd., 53, 1956, S. 355–378. Zur Vorstellung des Zyklus vgl. A. Diès, *Le cycle mystique*, Paris 1909; K. Ziegler, *Menschen- und Weltwerden*, Leipzig 1913; R. Marchal, »Le retour éternel«, *Archives Philosophiques*, 3, 1925, S. 55–91; M. Eliade, *Le Mythe de l'Eternel Retour*, Paris 1949 (engl. Übersetzung: *Cosmos and History*, New York 1959).

13 Es wird ausreichen, auf einige der französischen Gelehrten zu verweisen, die so außerordentlich zur Deutung Augustins beigetragen haben: J. Guitton, *Le temps et l'éternité chez Plotin et Saint Augustin*, Paris 1933, [3]1959; H.-I. Marrou, *Ambivalence du temps de l'histoire chez Saint Augustin*, Montreal 1950; J. Chaix-Ruy, *Saint Augustin, temps et histoire*, Paris 1956. Über Elemente zyklischen Denkens bei Augustinus, Luneau, *L'histoire du Salut chez les*

Pères de l'Eglise, S. 385–407; J. Hubaux, »Saint Augustin et la crise cyclique«, *Augustinus Magister*, 2, 1954, S. 943–950; E. T. Mommsen, »St. Augustine and the Christian Idea of Progress«, *Medieval and Renaissance Studies*, New York 1959, S. 265–288. Weitere Bibliographie in C. Andresen, (Hg.), *Zum Augustin-Gespräch der Gegenwart*, Darmstadt 1962, S. 508–511.

14 So überrascht es uns nicht, wenn J. Briggs Curtis, »A Suggested Interpretation of the Biblical Philosophy of History«, *Hebrew Union College Annual*, 34, 1963, S. 115–123, behauptet, »die grundlegende Vorstellung von Geschichte in der Bibel ist stets, daß die Geschichte zyklisch ist«!

15 A. D. Nock, »A Vision of Mandulis Aion«, *Harvard Theological Review*, 27, 1934, S. 79–99; E. Degani, *Aion da Omero ad Aristotele*, Padua 1961, S. 107–116, mit Bibliographie. Vgl. auch B. L. van der Waerden, »Das große Jahr und die ewige Wiederkehr«, *Hermes*, 80, 1952, S. 129–155; E. S. Kennedy und B. L. van der Waerden, »The World-Year of the Persians«, *Journal of the American Oriental Society*, 83, 1963, S. 315–327.

16 Nachgedruckt in *Wege und Formen frühgriechischen Denkens*, München 1960, S. 1–22.

17 Siehe auch von Accame »La concezione del tempo nell'età omerica e arcaica«, *Rivista di filologia e di istruzione classica*, N. S. 39, 1961, S. 359–394, und seine Antwort auf meine Kritik ebd. N. S. 41, 1963, S. 265. Vgl. M. Treu, »Griechische Ewigkeitswörter«, *Glotta*, 43, 1965, S. 1–23; B. Hellwig, *Raum und Zeit im homerischen Epos*, Hildesheim 1964.

18 F. Mehmel, *Virgil und Apollonius Rhodius*, Hamburg 1940.

19 Verweise auf Hesiod und orientalisches Denken bei J.-P. Vernant, *Les origines de la pensée grecque*, Paris 1962, S. 114. Zu ergänzen U. Bianchi, »Razza aurea, mito delle cinque razze ed Elisio«, *Studi e Materiali Storia Religioni*, 34, 1963, S. 143–210. Zur Deutung Hesiods sehr anregend M. Detienne, *Crise agraire et attitude religieuse chez Hésiode*, Brüssel 1963; J.-P. Vernant, *Mythe et pensée chez les grecs*, Paris 1965, S. 19–47 (J.-P. Vernant, *Rev. Philologie*, 40, 1966, S. 247–76).

20 *Forschungen zur alten Geschichte*, Halle 1899, II, S. 262.

21 Nur wenige Schriften können genannt werden: A. Levi, *Il concetto di tempo nella filosofia greca*, Mailand 1919; J. F. Callahan, *Four Views of Time in Ancient Philosophy*, Cambridge, Mass. 1948; C. Mugler, *Deux thèmes de la cosmologie grecque: devenir cyclique et pluralité des mondes*, Paris 1953; R. Mondolfo, *L'infinito nel pensiero dell'antichità classica*, Florenz 1956; C. Diano, *Il concetto della storia nella filosofia dei greci*, Mailand 1954 (aus *Grande Antologia Filosofica*, Bd. 2). Viel gelernt habe ich aus R. Schaerer, *L'homme antique et la structure du monde intérieur*, Paris 1958, und *Le héros, le sage, et l'évènement*, Paris 1964.

22 Zur zweifelhaften Evidenz bei Anaxagoras, G. S. Kirk und J. E. Raven, *The Presocratic Philosophers*, Cambridge 1957, S. 390. Zu Empedokles: U. Hölscher, »Weltzeiten und Lebenszyklus«, *Hermes*, 93, 1965, S. 7–33.

23 P. F. Conen, *Die Zeittheorie des Aristoteles*, München 1964; A.-H. Chroust, »Aristotle and the Philosophies of the East«, *Review of Metaphysics*, 18, 1965, S. 572–580. Vgl. A. Grilli, »La posizione d'Aristotele, Epicuro e Posidonio nei confronti della storia della civiltà«, *Rendiconti Istituto Lombardo*, 86, 1953, S. 3–44.

24 Vgl. T. S. Brown, »The Greek Sense of Time in History as Suggested by their Accounts of Egypt«, *History*, XI, 1962, S. 257–270; H. Montgomery, *Gedanke und Tat: Zur Erzählungstechnik bei Herodot, Thukydides, Xenophon und Arrian*, Lund 1965. Herodot, Buch I, 207, 2 darf nicht mißverstanden werden.

25 J. H. Finley, *Thucydides*, Cambridge, Mass. 1942, S. 83: »...es ist deutlich, daß er schließlich eine zyklische Ansicht der Geschichte sehr ähnlich der Platos annahm«. Aber siehe die Einschränkungen auf S. 292. (K. von Fritz, *Die griechische Geschichtsschreibung*, I, 1967, S. 531).

26 Sosehr ich das neue Buch von P. Pédech, *La méthode historique de Polybe*, Paris 1964, bewundere, denke ich doch, daß er den Ideen des Polybios zu viel Kohärenz verleiht. Vgl. T. Cole, »The Sources and Composition of Polybios VI«, *Historia*, 13, 1964, S. 440–485; F. W. Walbank, »Polybios and the Roman State«, *Greek, Roman, and Byzantine Studies*, 5, 1965, S. 239–260.

27 Neuere Literatur bei Marie Laffranque, *Poseidonius d'Apamée*, Paris 1964. Zu ergänzen H. Strasburger, »Posidonius on Problems of the Roman Empire«, *Journal of Roman Studies*, 55, 1965, S. 40–53, und besonders A. D. Nock, »Posidonius«, ebd., 49, 1959, S. 1–15.

28 C. Tibiletti, »Il proemio di Floro«, *Convivium* N. S. 27, 1959, S. 339–342; A. Truyol y Serra, »The Idea of Man and World History from Seneca to Orosius and Saint Isidore of Seville«, *Cahiers d'Histoire Mondiale*, 6, 1961, S. 698–713; R. Häussler, »Vom Ursprung und Wandel des Lebensaltersvergleiches«, *Hermes*, 92, 1964, S. 313–341; I. Hahn, »Prooemium und Disposition der Epitome des Florus«, *Eirene*, 4, 1965, S. 21–41; W. Den Boer, »Florus und die Römische Geschichte«, *Mnemosyne*, 18, 1965, S. 366–387. (P. Jal, *Florus*, I, 1967, S. lxix).

29 Zum Allgemeinen siehe meine *Studies*, London 1966 Kap. 11, »Historiography on Written Tradition and Historiography on Oral Tradition«, S. 211–220, und bes. M. Laffranque, »La vue et l'ouïe: expérience, observation et utilisation des témoignages à l'époque hellénistique«, *Revue Philosophique*, 153, 1963, S. 75–82; dies., »L'œil et l'oreille: Polybe et les problèmes de l'information à l'époque hellénistique«, ebd. 158, 1968, S. 263–272. Dagegen die chinesische Geschichtsschreibung: »Im chinesischen Sinne des Wortes gibt es Geschichte nur von dem, was geschrieben ist« (J. Gernet, »Ecrit et histoire en Chine«, *Journal de Psychologie*, 56, 1959, S. 31–40).

30 Eunapios, Fr. 1, K. Müller (Hrsg.), *Fragmenta Historicorum Graecorum*,

Paris 1841–1870, IV, S. 12. Er erörtert das Verfahren seines Vorgängers Dexippos, eines Heiden.

31 W. von Leyden, »Spatium Historicum«, *Durham University Journal* N. S. 11, 1950, S. 89–104.

32 H. Strasburger, »Herodots Zeitrechnung«, *Historia*, 5, 1956, S. 129–161, nachgedruckt in W. Marg (Hrsg.), *Herodot*, Darmstadt 1962, S. 667–725 (*Contra* W. Den Boer, *Mnemosyne*, 4, 21, 1967, S. 30–60).

33 Es ist schwer, eine allgemeine Darstellung dieses Themas zu finden. Viel kann man immer noch lernen aus F. M. Cornford, *From Religion to Philosophy*, London 1912, nachgedruckt New York 1957, und von seinem Schüler W. K. C. Guthrie, *In the Beginning*, London 1957, das ein Kapitel »Cycles of Existence« enthält, S. 63–79. Vgl. auch B. A. van Groningen, *In the Grip of the Past*, Leiden 1953; K. von Fritz, »Der gemeinsame Ursprung der Geschichtsschreibung und der exakten Wissenschaften bei den Griechen«, *Philosophia Naturalis*, 2, 1952, S. 200–223; M. I. Finley, die Einleitung zu *Greek Historians*, London 1959, und F. Chatelet, *La naissance de l'histoire*, Paris 1962.

34 Vgl. meinen Aufsatz über Hekataios, 1931, nachgedruckt in *Terzo Contributo*, Rom 1966, S. 323–333, und dort zitierte Literatur.

35 Er bewunderte die mißlungene Verfassung von 411 v. Chr. (VIII, 97, 2).

36 A. Kleingünther, *Protos Euretes*, Leipzig 1933, *Philologus*, Erg.-Bd. 26, 1; K. Thraede, »Das Lob des Erfinders«, *Rh. Museum*, 105, 1962, S. 158–186.

37 Aelianus *var. hist.* 14, 6 = Mullach, *Fr. Phil. Graec.* II, 414.

38 Heftige Meinungsverschiedenheiten über die Methode zur Analyse hebräischer Geschichtsschreibung (über die aus der Sicht der Schule I. Engnells R. A. Carlson, *David, the Chosen King*, Stockholm 1964, S. 9–19, einiges aussagt) sollte diesen Punkt doch nicht verdecken. Vgl. z. B. die Einleitung von J. Gray zu seinem Kommentar zu *I and II Kings*, London 1964; S. Mowinckel, zit. in Anm. 41, und auch M. Smith, »The So-called Biography of David in the Books of Samuel and Kings«, *Harvard Theological Review*, 44, 1951, S. 167–169. Siehe auch A. Alt, »Die Deutung der Weltgeschichte im Alten Testament«, *Zeitschrift für Theologie und Kirche*, 56, 1959, S. 129–137.

39 Zu dieser Unterscheidung in Griechenland das Kapitel von J.-P. Vernant über »Aspects mythiques de la mémoire et du temps« in *Mythe et pensée chez les Grecs*, S. 51–94. Vgl. R. H. Pfeiffer, »Facts and Faith in Biblical History«, *Journal of Biblical Literature*, 70, 1951, S. 1–14; R. M. Grant, »Causation and the Ancient World View«, ebd. 83, 1964, S. 34–41. Weitere Hinweise bei G. Fohrer, *Theologische Literaturzeitung*, 89, 1964, S. 488 Anm. 18. Den Begriff der Erinnerung untersucht B. S. Childs, *Memory and Tradition in Israel*, London 1962. Die Analyse der Wurzel *zkr* durch P. A. H. De Boer, *Gedenken und Gedächtnis in der Welt des Alten Testaments*, Stuttgart 1962, beeinträchtigt Childs Folgerungen nicht. Formeln wie bei Homer, *Ilias*, 15, 375, sind etwas anderes, aber ich würde gern mehr über die Erinnerung griechi-

scher Götter wissen. Darüber scheint wenig zu finden zu sein in Büchern wie J. Rudhardt, *Notions fondamentales de la pensée religieuse... dans la Grèce classique*, Genf 1958. Siehe jetzt auch W. Schottroff, *»Gedenken« im alten Orient und im Alten Testament*, Neukirchen 1964.

40 Literatur bei A. Jaubert, *La notion d'alliance dans le Judaïsme aux abords de l'ère chrétienne*, Paris 1963.

41 Ich kenne keine befriedigende Studie über die Beziehungen von Propheten und Geschichtsschreibern in der Bibel. Eine erhellende Studie über die Lage des Propheten: E.-J. Bickerman, »Les deux erreurs du prophète Jonas«, *Revue d'histoire et de philosophie religieuses*, 45, 1965, S. 232–264. Siehe jedoch A. Weiser, *Glaube und Geschichte im Alten Testament*, Stuttgart 1931, Ndr. Göttingen, 1961; S. Mowinckel, »Israelite Historiography«, *Annals of the Swedish Theological Institute*, 2, 1963, S. 4–26; G. Fohrer, »Prophetie und Geschichte«, *Theologische Literaturzeitung*, 89, 1964, S. 481–500, mit Literatur; J. Hempel, *Geschichten und Geschichte im Alten Testament*, Gütersloh 1964; H. W. Wolff, »Das Geschichtsverständnis der alttestamentlichen Prophetie«, *Gesammelte Studien zum Alten Testament*, München 1964, S. 289–307; E. Bickerman, *Four Strange Books of the Bible*, New York 1967.

42 Vgl. I. Heinemann, »Josephus' Method in the Presentation of Jewish Antiquities«, *Zion*, 5, 1939–1940, S. 180–203 (Hebräisch); P. Collomp, »La place de Josèphe dans la technique de l'historiographie hellénistique«, *Études hist. Faculté Lettres Strasbourg*, III, Paris 1947, S. 81–92. Etwas läßt sich auch, seltsam genug, lernen von G. Bertram, »Josephus und die abendländische Geschichtsidee« in W. Grundmann (Hrsg.), *Germanentum, Christentum und Judentum*, II, Leipzig 1942, S. 41–82, gerade weil der Aufsatz das Eindringen jüdischer Vorstellungen in die arische Welt beklagt (vgl. W. Grundmann, *Die Entjudung des religiösen Lebens als Aufgabe der deutschen Theologie und Kirche*, Weimar 1939; und zur weiteren Unterrichtung K. Meier, *Die deutschen Christen*, Göttingen 1964). Gemeinsame Punkte der griechischen und jüdischen Geschichtsschreibung wurden wiederholt betont in grundlegenden Studien von E. Bickerman, z. B. in »La chaîne de la tradition pharisienne«, *Revue Biblique*, 59, 1952, S. 44–54, und *From Ezra to the Last of the Maccabees*, New York 1962. Vgl. auch »Eastern Elements in Post-Exilic Jewish, and Greek, Historiography« in meinen *Essays*, Oxford 1977, S. 25–35, und M. Noth, *Gesammelte Studien zum Alten Testament*, München 1957, S. 248–273.

43 J. W. Johnson, »Chronological Writing: Its Concepts and Development«, *History and Theory*, II, 1962, S. 124–45; siehe auch meinen in Anm. 45 zitierten Aufsatz.

44 Die Identifizierung des Theophilus ist aussichtslos aus den bei F. J. Foakes Jackson und K. Lake, *The Beginnings of Christianity*, II, London 1922, S. 505–508, angeführten Gründen. Vgl. E. Jacquer, *Les Actes des Apôtres*,

Paris [2]1962, S. 3: »...wir wissen nichts über diese Person«. H.W. Montefiore, *Josephus and the New Testament*, London, 1962, bietet nicht, was man vermuten möchte – eine Diskussion der beiden Ansichten – und enttäuscht insgesamt. K. Löwith, *Weltgeschichte und Heilsgeschehen*, Stuttgart [2]1953, S. 179, macht die erwägenswerte Bemerkung: »Daraus folgt, daß eine jüdische Theologie der Geschichte möglich und innerlich notwendig ist, während eine christliche Geschichtsphilosophie ein künstliches Gebilde darstellt.« Zur entgegengesetzten Ansicht vgl. z. B. A.-H. Chroust, »The Metaphysics of Time and History in Early Christian Thought«, *The New Scholasticism*, 19, 1945, S. 322–352.

45 Vgl. »Pagan and Christian Historiography in the Fourth Century A. D.«, in A. Momigliano (Hrsg.), *The Conflict Between Paganism and Christianity in the Fourth Century*, Oxford 1963, S. 79–99, Ndr. in *Essays in Ancient and Modern Historiography*, Oxford 1977, S. 107–126.

46 Die französischen Soziologen haben eine stolze Vergangenheit in der Erforschung der Begriffe von Zeit und Erinnerung. Sie beginnt mit H. Hubert und M. Mauss, »La représentation du temps dans la religion et la magie«, *Mélanges d'histoire des religions*, Paris 1909, S. 189–229, und setzt sich mit den großen Arbeiten von M. Halbwachs fort (der am 16. März 1945 in Buchenwald starb): *Les cadres sociaux de la mémoire*, Paris 1925, und »Mémoire et société«, *L'Année Sociologique*, III, 1, 1940–1948, S. 11–177, nachgedruckt unter dem Titel *La mémoire collective*, Paris 1950 – ganz zu schweigen von der jüngeren Entwicklung in I. Meyersons Schule, vgl. Anm. 12. Vgl. auch A. I. Hallowell, »Temporal Orientation in Western Civilization and in a Preliterate Society«, *American Anthropologist*, 39, 1937, S. 647–670; E. E. Evans-Pritchard, *The Nuer*, Oxford 1940; E. R. Leach, *Rethinking Anthropology*, London 1961, S. 124–36; M. Eliade, »Primordial Memory and Historical Memory«, *History of Religions*, 2, 1962, S. 320ff.; J. Le Goff, »Temps de l'Eglise et temps du marchand«, *Annales*, 15, 1960, S. 417–433; J. Pépin, »Le temps et le mythe«, *Les Études Philosophiques*, 17, 1962, S. 55–68; D. F. Pocock, »The Anthropology of Time Reckoning«, *Contributions to Indian Sociology*, 7, 1964, S. 18–19.

Ich befasse mich hier nicht unmittelbar mit der Analyse mündlicher Überlieferung, die ein eigener Bereich beim Studium der Zeitvorstellungen wurde: J. Vansina, *De la tradition orale*, Tervueren, Belgien 1961; engl.: *Oral Tradition*, London 1965. Zur zeitgenössischen Diskussion der theoretischen Vieldeutigkeiten von Zeit, die vielleicht mit Husserls Göttinger Vorlesungen 1905 begonnen haben, *Zur Phänomenologie des inneren Zeitbewußtseins* (zuerst veröffentlicht von M. Heidegger, 1928) siehe u. a.: R. G. Colingwood, »Some Perplexities about Time«, *Proceedings of the Aristotelian Society*, 26, 1926, S. 135–150; A. Quinton, »Spaces and Times«, *Philosophy*, 37, 1962, S. 130–147; G. Kubler, *The Shape of Time*, New Haven 1962; R. Schaeffler, *Die Struktur der Geschichtszeit*, Frankfurt 1963; S. Kracauer, »Time and History«, *Zeugnisse Th. W. Adorno*, Frankfurt 1963, S. 50–64, nachgedruckt in *History and Theory*, Beiheft 6, 1966; und W. von Leyden, »History and the Concept of Relative Time«, *History and Theory*, II, 1963, S. 263–285.

47 B. L. Whorf, *Language, Thought and Reality*, New York, 1956, S. 212. Siehe auch H. Hoijer, (Hrsg.), *Language in Culture*, American Anthropological Association Memoir, No. 79, Dezember 1954, das ganz der Diskussion der Hypothese von Sapir und Whorf über die Folgerungen aus sprachlichen zu nichtsprachlichen Daten gewidmet ist. Siehe auch M. Cohen, »Social and Linguistic Structure«, *Diogenes*, 15, 1956, S. 38–47, und sein Buch *Pour une sociologie du language*, Paris 1956. J. Barr in *The Semantics of Biblical Language*, Oxford 1961, S. 294, Anm. 1, hat bereits bemerkt, daß die Sprachtheorie, die Kittels *Theologischem Wörterbuch zum Neuen Testament* zugrunde liegt, die von J. L. Weisgerber zu sein scheint, dem Verfasser von *Deutsches Volk und deutsche Sprache*, Frankfurt 1935, *Die geschichtliche Kraft der deutschen Sprache*, 1950, *Die sprachliche Gestaltung der Welt*, 1963, und anderer Schriften von ähnlicher Anlage. Bei Weisgerber entspricht die Betonung von »Muttersprache« und Nationalismus dem Mißtrauen gegen Zweisprachigkeit (siehe z. B. *Das Menschheitsgesetz der Sprache*, Heidelberg ^{2}1964, S. 154). Ein Buch wie das von Barr wäre für die Altphilologie nötig. Ich möchte auch auf Barr, *Old and New in Interpretation*, London 1966, verweisen, das erschien, als dieser Aufsatz bereits im Satz war. R. Häussler, *Tacitus und das historische Bewußtsein*, Heidelberg 1965, tatsächlich 1966, erschien auch zu spät, um hier benutzt zu werden. Es beschäftigt sich mit dem Widerstreit zyklischer und linearer Zeitvorstellungen, und obwohl es viele anschauliche Bemerkungen macht, scheint es mir doch auf eine Konfusion hinauszulaufen. Vgl. meine Rezension in der *Rivista Storica Italiana*, 78, 1966, S. 974–976. Weitere Literatur bei S. Mazzarino, *Il pensiero storico classico* II, 2, 1966, S. 412–461, wichtig: L. Edelstein, *The Idea of Progress in Classical Antiquity*, Baltimore 1967; Ch. B. Starr, *The Awakening of the Greek Historical Spirit*, New York 1968, S. 57–77.

Die Stellung der antiken Geschichtsschreibung in der modernen Geschichtsschreibung

Ein genauerer Titel dieses Aufsatzes wäre wahrscheinlich: »Wie die antike Geschichtsschreibung die Renaissance der antiken Geschichtsschreibung überlebte.« Kein Zweifel, wir müssen uns fragen – und nicht lediglich als Routineübung des Selbstbewußtseins – was die Tradition der antiken Geschichtsschreibung für uns heute bedeutet. Aber das können wir nur tun, wenn wir wissen: (1) was bedeutete die Renaissance der antiken historiographischen Modelle im 15. und 16. Jahrhundert; (2) wie änderten sich die Tendenzen der Geschichtsschreibung im 17. und 18. Jahrhundert, als die antiken Historiker Meister – aber nicht mehr unbestrittene Meister – in der Kunst des Historikers blieben; (3) wie ungewöhnlich sowohl in geschichtlichen Themen wie in geschichtlichen Formen der neue Klassizismus des frühen 19. Jahrhunderts (bis etwa 1860) gewesen ist; und schließlich (4) welches die neuen historischen Tendenzen sind, die uns von unseren alten Meistern während der letzten 120 Jahre getrennt haben.

Die Absicht dieses Aufsatzes ist es, eine kurze und an den Tatsachen orientierte Veranschaulichung dieser vier Punkte zu geben, um zu einer Diskussion der gegenwärtigen Situation zu führen. Daß die Autorität der antiken Geschichtsschreibung in der Renaissance eine begrenzte Erscheinung war, deren Energie schon vor dem Ende des 16. Jahrhunderts weitgehend verbraucht war, setze ich voraus. Andererseits neige ich zu der Auffassung, daß wir bei der Beurteilung der gegenwärtigen historiographischen Situation (des Jahres 1979) in Gefahr sind, die Themen zu überschätzen, aber die Methoden zu unterschätzen, die uns von den griechischen und römischen Historikern hinterlassen wurden.

I

Jemand, der in unserem westlichen Europa aufwachte, sagen wir, am 1. Januar 1530, mit dem guten Vorsatz fürs neue Jahr, ein Geschichtswerk oder eine Biographie zu schreiben, hätte eine unumgängliche Tatsache in Rechnung stellen müssen. Seine potentiellen Leser hatten eine gewisse Vorstellung von Herodot, Thukydides, Xenophon, Polybios und Plutarch, ganz zu schweigen von einigen ziemlich neuen Ergänzungen zur bekannten lateinischen Geschichtsschreibung. Tacitus etwa und Ammianus Marcellinus. Außerdem waren zusammen mit den griechischen Historikern griechische Traktate, wie man Geschichte zu schreiben habe, auf den Markt gekommen, wie das des Dionysios von Halikarnassos und der herrliche Lukian. Sogar Ciceros *De Oratore* und sein Brief an Lucceius waren zu dem Repertoire in der lebendigen Erinnerung hinzugefügt worden. Zur gleichen Zeit war Hegesippos, wenn nicht ersetzt, so doch zumindest ergänzt worden durch den authentischen Text des Josephus. Natürlich hatte der Buchdruck der Verbreitung von Büchern schon neue Dimensionen verliehen.

Die Alten führten eine Aufforderung auszuwählen mit sich. Die erste Wahl war einfach genug: sie war in der impliziten oder expliziten Verdammung derer enthalten, die nun als unwissende und unordentliche mittelalterliche Chronisten galten. Aber die Alten waren untereinander nicht in Übereinstimmung und waren auch nicht wiedergekommen, um das Leben ihrer angehenden Nachfolger zu erleichtern. Als Historiker hatte man sowohl wahrheitsgemäß wie beredt zu sein, man sollte ein Fachmann in den Künsten des Krieges und der Politik sein und man sollte auch die Länder bereist haben, in denen sich die Begebenheiten der Geschichte zugetragen hatten. Die Leser waren mit diesen Erfordernissen wohl vertraut. Es bestand aber keine Gleichförmigkeit unter den antiken Historikern, welche diese Regeln übermittelt haben. Wenn etwas offenkundig war, so war es der Unterschied zwischen den antiken Vorbildern selbst.

In der Tat hatten einige von diesen andere kritisiert. Die Tatsache, daß das Ansehen von Herodot und Thukydides sogar im Altertum nicht beständig war, stimmte nachdenklich. Da man durch das Beispiel der antiken Historiker aufgefordert war, sie kritisch zu betrachten, bemerkte man leichter, daß sie nicht von parteilichen Haltungen frei gewesen sind. Wie konnte man denn *sine ira et studio* schreiben, wenn selbst die antiken Vorbilder *ira et studium* zeigten? Andere Skrupel wurden, wie wir sehen werden, von der Religion hinzugefügt. Aber selbst ohne die Religion hatte sich 1560 genügend Material für Francesco Patrizi angehäuft, um seine zehn Dialoge über die Geschichte auf einem skeptischen Grundton aufzubauen. Vierzehn Jahre später, 1574, vermochte Uberto Foglietta, später »öffentlicher Historiograph« seiner Vaterstadt Genua, Argumente sowohl für wie gegen das zu liefern, was er die »Polybianische Norm« der Unparteilichkeit nannte. Schließlich hatte sogar Tiberius seinen Velleius Paterculus gefunden. Der rhetorische Aspekt der Geschichtsschreibung, den Cicero so mühelos (obwohl nicht notwendig mit gutem Gewissen) mit dem Wahrheitsanspruch versöhnt hatte, wurde nun als echte Schwierigkeit erkannt. Und das um so mehr, als die Anerkennung der rhetorischen Erfordernisse ein starkes Argument zugunsten des Gebrauchs des Lateinischen in der Geschichtsschreibung war. Um das mindeste zu sagen, so war die Wahl der Sprache, in der man Geschichte schreiben wollte, bewußter geworden durch die Anerkennung der antiken Maßstäbe der Darstellung.

Die Fülle von antiken historischen Schriften, die man im 15. und 16. Jahrhundert wiedererlangt hatte, machte das Schreiben von Geschichte im westlichen Europa zu einer weit schwierigeren und fragwürdigeren Sache, als sie es je nach dem 6. Jahrhundert gewesen war. Daneben standen theoretische Schriften über die Kunst, Geschichte zu schreiben, in einem Umfang, der im lateinischen Mittelalter unbekannt gewesen war. Für einen Mann, der es wissen mußte, Ludovico Castelvetro, war die wahre »ars historica« sogar um 1570 noch nicht geschrieben, zumindest nicht so, wie sie sein sollte. Castelvetro hatte einen guten Grund, diese Bemerkung zu machen, denn er dachte im Gegensatz zu seinem Meister Aristoteles, daß *»non si può avere piena notizia della poesia, se non s'ha prima notizia piena dell'istoria«* (man keine vollständige Kenntnis der Poesie haben könne, wenn man nicht zuvor vollständige Kenntnis der Geschichte hat). Aber 1570 war Bodins *Methodus* (1566) schon veröffentlicht.

Vieles von der neuen Theorie wiederholt oder entwickelt antike Gesichtspunkte: *historia magistra vitae*, Geschichte, die den Rednern und Philosophen Beispiele liefert, Geschichte, die eine Vorwegnahme dessen bietet, was man in der Zukunft erwarten kann, Geschichte als große Richterin, Geschichte, die den Ruhm und Tadel für die Ewigkeit austeilt – und daher die nächste Annäherung an die Unsterblichkeit auf dieser Erde darstellt. Aber diese Themen reihen sich in einen größeren Zusammenhang ein, innerhalb dessen sowohl die charakteristischen Züge menschlicher Handlungen in der Geschichte als auch die Grenzen historischer Objektivität betrachtet werden. Wichtiger noch, durch diese Diskussionen erhielten die antiken Historiker (oder zumindest einige von ihnen) die Rolle von Meistern des politischen Denkens, die man ihnen in der Antike kaum je zuerteilt hatte. Thukydides, Xenophon, Polybios, Livius und Tacitus werden von Leuten benutzt, die lernen und lehren wollen, was es mit der Politik auf sich hat und wie Kriege geführt werden müssen. Als Ratgeber zum politischen Handeln wurden diese Historiker zu Konkurrenten von Platon und Aristoteles aufgebaut. Das Neuartige liegt genau in dieser Wendung zu den Historikern, um über Gegenstände belehrt zu werden, die Sache der Philosophen zu sein schienen. Machiavelli wendet sich Livius zu, Bodin und Justus Lipsius zu Polybios und Tacitus, Hobbes zu Thukydides, Harrington wieder zu Polybios (dem einzigen, der als Folge seines Buches VI schon in der Antike ernsthaft als Theoretiker der Politik galt). Das Phänomen des Tacitismus bedarf keiner weiteren Darstellung: es hielt das allgemeine durchschnittliche politische Denken vom Atlantik bis zur Weichsel zwischen 1580 und 1650 zusammen. Gerade weil Thukydides, Xenophon, Livius und Tacitus Modelle waren, bestand kaum Veranlassung, die Geschichte der Epochen, die sie dargestellt hatten, neu zu schreiben, aber guter Grund, sie als Leitbilder zu benutzen, wenn man über Begebenheiten nach der Antike (und besonders der Zeitgeschichte) schrieb.

Gesellschaftlich standen die Historiker, die ein Produkt der Rückwendung zur Antike in Reaktion gegen mittelalterliche Vorbilder sind, ebenfalls ihren antiken Vorgängern näher als den mittelalterlichen. Sie schrieben nicht als Geistliche oder Laien, und oft anonym, die Chronik der Körperschaft, der sie zugehörten – als Teil ihres Lebens darin. Sie zeichneten Ereignisse nicht auf, um ihre Körperschaft zu verteidigen oder schlicht die Erinnerung an das festzuhalten, was sie und ihre Brüder betroffen hatte. Der humanistische Historiker ist wie der antike ein sich selbst überlassenes Einzelwesen – obwohl er persönliche Bindungen und Verpflichtungen gegenüber einem Fürsten oder einem Staat eingehen kann, etwa als Sekretär oder Kanzler. Selbst wenn er den Auftrag hat, eine Sache zu verteidigen oder eine Person zu preisen, tut er es in seinem eigenen Namen. Darüber hinaus ist es gewöhnlich seine Aufgabe, nicht nur Tatsachen zu liefern, sondern auch Deutungen, die unter die allgemeine Kategorie der erzieherischen Rolle der Geschichte fallen. Daraus darf man nicht schließen, daß der humanistische Historiker eine reichere Individualität besaß oder ideenreicher war als seine Vorgänger in den Klöstern. Um zu zeigen, wie reich die Persönlichkeit eines Mönchshistorikers sein konnte, genügt ein Blick auf Ordericus Vitalis und Wilhelm von Malmesbury. Aber der humanistische Historiker mußte seine Fähigkeit unter Beweis stellen, um seinen Lebensunterhalt zu verdienen und Ansehen zu erhalten. Obwohl die humanistischen Historiker, die an den europäischen Höfen auftauchten, nicht notwendig im politischen Exil waren, wie die große Mehrheit bedeutender griechischer Historiker es gewesen ist, so waren sie doch bezeichnenderweise entwurzelte Menschen, die eine technische Befähigung zu verkaufen hatten. Solange guter Livianischer Stil das Monopol der Italiener zu sein schien, blieb es italienischen Historikern überlassen, den Ruhm Spaniens, Frankreichs, Englands und Ungarns in gutem Latein zu verherrlichen.

Kollektive historische Unternehmungen fehlten auch bei dieser neuen Ordnung der Dinge nicht, aber sie entsprachen eher der von Papst Nikolaus V. begünstigten und finanzierten Übersetzung griechischer Historiker als der anonymen Quellensammlung zur Geschichte Frankreichs, die in St. Denis von Abt Suger im 12. Jahrhundert begonnen wurde, oder der Kompilation der *Grandes Chroniques de France* im 13. und 14. Jahrhundert. Soweit es kulturelle Unternehmungen waren, die über die unmittelbaren Bedürfnisse und das Ansehen der Schirmherren hinausgingen, könnten die historischen Unternehmungen des 15. und 16. Jahrhunderts an die von den Höfen von Alexandria und Pergamon geförderten Aktivitäten erinnern. Der Brief des Aristeas galt zu jener Zeit allgemein (jedoch nicht einhellig) als ein authentischer Bericht darüber, wie die Septuaginta zustande gebracht worden war: ein gutes Beispiel für einen König oder Papst, der Übersetzungen antiker Texte förderte.

Es wäre ein leichtes, auf viele Aspekte des Historikerberufes in der Renaissance zu verweisen, die dem antiken Vorbild nicht entsprachen. Zum Beispiel hing das Ansehen eines antiken Historikers in weitem Ausmaß von öffentlichen Lesungen seines Werkes sowohl zu Lebzeiten wie nach seinem Tode ab. Aber die Entwicklung, die entscheidend zu sein scheint bei der Trennung des modernen Historikers nicht nur von seinen mittelalterlichen, sondern auch von seinen antiken Vorgängern, wurde während ihrer ersten Phasen in der Renaissance kaum wahrgenommen: die Eingliederung des Historikers in den Lehrberuf. Bekanntlich gab es in der Antike oder im Mittelalter keinen professionellen Geschichtsunterricht, obwohl Grammatiker und Rhetoriker in der Antike erklärten, was es mit der Geschichte auf sich hatte, und auch einige Tatsachenkenntnis lieferten: in späteren Zeiten bot das Trivium ein gewisses Entgegenkommen gegenüber der Geschichte. Im 16. und 17. Jahrhundert faßt der Geschichtsunterricht langsam Wurzeln an den Universitäten, was dem Historiker eine feste Stellung innerhalb der Körperschaften verleiht, die jetzt eine Berufsausbildung für Laien anstreben und mit den klösterlichen oder kirchlichen Institutionen entweder zusammenarbeiten oder konkurrieren. Die Universität Mainz erhielt schon 1504 eine »Lectura historica«. Wir können hier vorwegnehmen, daß der Wetteifer der Universitäten mit strikt religiösen Institutionen die Haltung der Universitätsprofessoren der Geschichte gegenüber kollektiven historischen Unternehmungen berührte. Da die Universitäten jahrhundertelang kaum in der Lage waren, bei der Herstellung historischer Werke direkt mit den kirchlichen Institutionen zu wetteifern, wurden von den Universitäten oder zumindest von Universitätsprofessoren kontrollierte Gesellschaften und akademische Druckerpressen ins Leben gerufen, die etwas den Unternehmungen der Benediktiner, Dominikaner und Jesuiten Vergleichbares leisten sollten. Die *Monumenta Germaniae* und die *Cambridge Histories* sind die späten Produkte einer Professionalisierung der Historiker, die zugleich einen Aspekt ihrer Säkularisierung darstellt.

Ein Nebenprodukt dieser Professionalisierung der Arbeit des Historikers war die Rückkehr zur antiken Unterscheidung zwischen eigentlicher Geschichte und Memoiren. Meines Wissens war diese Unterscheidung im Mittelalter vernachlässigt worden; zwischen dem Memoirenschreiber und dem Historiker ist bei Robert Clari und Geoffroi de Villehardouin, den Chronisten des Vierten Kreuzzugs, gewiß nicht zu unterscheiden. In der Renaissance behält jeder das Recht, seine eigenen Erinnerungen zu schreiben, aber nur wer mit den antiken Vorbildern vertraut und mit den rhetorischen Fertigkeiten gebührend ausgestattet ist, kann solche Erinnerungen in wirkliche Geschichte umwandeln. Die Frische und Unmittelbarkeit mittelalterlicher Chroniken erhält einen tödlichen Schlag. Commynes ist vielleicht der letzte Historiker, der inmitten der Renaissance etwas von dem ungekünstelten Scharfsinn und der Anmut mittelalterlicher Chroniken wiedergewinnt, und doch muß sogar er sich als Memoirenschreiber darstellen, was nicht ganz seiner Rolle entspricht.

Der vielleicht wichtigste Aspekt der Rückkehr zur Antike war jedoch die Wiedereinführung der Unterscheidung zwischen Geschichte und Altertümern. Das bedeutete einerseits, daß die gewöhnliche Geschichte wieder wie in der Antike auf militärische und politische Ereignisse zentriert war – mit wenig Raum für das Wunderbare, Erbauliche und auch einfach Bizarre, das die früheren Chronikenschreiber so sehr beschäftigt hatte. Andererseits schuf diese Entwicklung die Gelegenheit, das weite Gebiet wiederzuerobern und sogar auszudehnen, das man in der Antike der Philologie, Archäologie, Ethnographie, und wie sonst sie das nannten, womit sie das systematische Sammeln von Nachrichten über verschiedene Zweige menschlicher Tätigkeiten bezeichneten, vorbehalten hatte. Politische Institutionen (im Unterschied zu politischen Handlungen), Recht, Religion, Kunst, Literatur, Sprache, Folklore, Chronologie und sogar einfache Formen der Statistik waren bei Griechen und Römern legitime Forschungsgegenstände. Keines der bedeutenden Werke antiker Philologie und antiquarischer Forschung hatte sich bis zur Renaissance erhalten. Aber die Gattung war bekannt, und Augustinus konnte zumindest eine gewisse Vorstellung davon liefern, was Varros *Antiquitates* gewesen sind. Aulus Gellius, Servius, Macrobius und Festus waren weitere Anhaltspunkte.

Langsam wurde die außerordentliche Menge an Nachrichten, die in Scholien und anderen späten Kompilationen auf griechisch und auf lateinisch zerstreut waren, unter Kontrolle gebracht. Dazu, das Sammeln und Sichten des Materials nicht auch auf das frühe Mittelalter und sogar auf die jüngere Vergangenheit auszudehnen, bestand kein Grund. Flavio Biondo, der vielleicht als erster die Methoden der antiken Antiquare völlig beherrschte, war auch der erste, der sie auf das Studium des mittelalterlichen Italien anwendete. Daher wurde die antiquarische Forschung zu mehr als einem bloßen Wiederentdecken bestimmter Aspekte des antiken Lebens durch Anwendung antiker Forschungsmethoden. Sie lieferte die Mittel, andere Zeitalter zu rekonstruieren, und prägte die Selbstwahrnehmung der Menschen der Renaissance in Beziehung zur nichtantiken Welt. Es mag genügen, die Aufmerksamkeit auf das zu lenken, was dies für Franzosen und Deutsche in der Beziehung zu ihrer eigenen keltischen und germanischen Vergangenheit bedeutete. Ein weiteres Kapitel ist die Anwendung antiker Denkkategorien zum Verständnis Amerikas. Da die antiquarischen Methoden sich als geeignet erwiesen, über die Grenzen und Ziele der antiken Wissenschaft hinaus ausgedehnt zu werden, waren sie auch zu weiterer Verfeinerung fähig. Vergleiche zwischen verschiedenen Zeitaltern wurden ein Instrument der Forschung. War der Ausgangspunkt für die Wiederentdeckung der wahren Antike die Einsicht gewesen, daß die mittelalterlichen Vorstellungen von den alten Griechen und Römern nicht mit den Tatsachen übereinstimmen, so war der Endpunkt eine Neueinschätzung späterer Epochen – und auch der orientalischen Altertümer. Bei dem ganzen Verfahren blieb ein Prinzip konstant. Das Material mußte gesichtet werden, um die ältesten Schichten von neuerem Zuwachs zu trennen. Das war ungefährlich genug, solange es nur darum ging, Latein in der Orthographie zu schreiben, welche die Inschriften als richtig auswiesen, oder die Grammatik und Syntax des ciceronianischen Zeitalters anzuwenden. Aber wenn man die Methode ausdehnte, mußte noch einiges mehr als nur die Konstantinische Schenkung in Frage gestellt werden. Der echte Text der Bibel, die weltliche Macht des Papstes, das Alter bestimmter Dogmen und die Verehrung der Heiligen – um von der authentischen Biographie mancher Märtyrer und Heiligen ganz zu schweigen – standen dem Zweifel offen. Durch die Aufdeckung antiker antiquarischer Methoden und ihre Ausdehnung und Verfeinerung sollte die Geschichtsschreibung der Renaissance ihren unmittelbaren Beitrag zur religiösen Krise des Zeitalters leisten.

II

Das Interesse an heidnischer Geschichtsschreibung konnte in der Tat mit einer christlichen Anschauung auf zumindest vier verschiedene Weisen zusammenprallen: (1) es konnte den modernen Historiker in geschichtliche Deutungen verwickeln, die mit der christlichen Ethik oder sogar mit christlichen Dogmen im Widerstreit standen; (2) es konnte den modernen Historiker ermutigen, das Studium von Epochen und Ländern vorzuziehen, in denen das Christentum unbekannt war; (3) es konnte einen strengen Zwang auferlegen bei der Abfassung bestimmter Typen von Geschichtswerken, welche mittelalterliche Autoren mit einzigartigem Erfolg christianisiert hatten, wie Autobiographie und Universalgeschichte; und (4) schuf es Probleme bei einer ausschließlich christlichen Form der Historiographie – nämlich bei der Kirchengeschichte.

Männer wie Machiavelli, und wir können Hobbes und Spinoza hinzufügen, die entschlossen waren, ihre politische Theorie und damit ihren Zugang zur Geschichte auf nichtchristliche Voraussetzungen zu gründen, waren insgesamt selten: und sogar sie, mit Ausnahme Spinozas, waren nicht gewillt, sich von der christlichen Gemeinschaft zu trennen, zu der sie gehörten. Wie christlich man blieb, wenn man sich der Führung von Livius, Tacitus oder Thukydides anvertraute, war eine offene Frage. Was die außenstehenden Beobachter in der Praxis am meisten verwunderte, war die Neigung der Historiker und der Gelehrten ganz allgemein, nichtchristliche Themen den christlichen vorzuziehen. Das Vorwort von A. Sabinus zur *editio princeps* des Ammianus Marcellinus, die 1474 in Rom gedruckt wurde, stellt den spätrömischen Historiker dar als mehr an den Christen interessiert, als es die modernen christlichen Historiker sein mögen: »*Non possum non mirari... quosdam viros ita deditos annalibus antiquis atque historiis ut si qua deinceps secuta sunt ea contemnent praecipue Christianorum tempore gesta*« (ich muß mich doch sehr wundern..., daß manche Leute derart sich den antiken Geschichtswerken widmen, daß sie das, was darauf folgt, verachten, insbesondere die Geschichte der christlichen Zeit). Ammianus Marcellinus erlangte sogar das Ansehen, Christ oder doch zumindest Sympathisant der Christen gewesen zu sein: *»Aut saltem animo et voto a Christianis non alienus, de quibus honorifice in tota historia sparsim sensit et scribit«* (oder wenigstens stand er nach Geist und Gesinnung den Christen nicht fern, von denen er in seinem ganzen Geschichtswerk verstreut ehrenvoll denkt und schreibt), wie ein Schüler des Cujas, Claude Chifflet, in seinem *De Ammiani Marcellini vita et libris Rerum Gestarum Monobiblion* bemerkte. Die Gleichgültigkeit der modernen Christen gegenüber christlichen Themen der Geschichte führte dazu, antike Heiden in Christen zu verwandeln. Die Betonung der politischen und militärischen Geschichte, die eine unmittelbare Folge der Wiederbelebung antiker historiographischer Vorbilder war, ist selbst ein bezeichnender Beitrag zur Entchristianisierung der historischen Betrachtung gewesen. Das wurde auch in der Behandlung der Autobiographie (und allgemeiner vielleicht der Biographie) und in der Haltung zur Universalgeschichte offenkundig.

Aus der heidnischen Welt ist keine Autobiographie auf uns gekommen, es sei denn man halte Marc Aurels *Selbstbetrachtungen* für eine solche. Es gab jedoch von Isokrates an bis zu Libanius Reden zur eigenen Verteidigung, die man als Autobiographien ansehen kann; und das einzige jüdische Produkt, Flavius Josephus' autobiographische Skizze, war diesen apologetischen Reden nicht unähnlich. Dagegen hatte Augustinus eine Tradition christlicher Selbsterforschung geschaffen oder vervollkommnet. Wenige waren willens oder in der Lage, die *Confessiones* nachzuahmen: Guibert von Nogent war einer der wenigen mit seiner *De vita sua* (um 1115) – und das nur teilweise. Aber keine christliche autobiographische Schrift konnte sie ignorieren. Weder die *Historia Calamitatum* von Abaelard noch das *Opusculum de conversione sua* von Hermannus (quondam) Judaeus (13. Jahrhundert) kann formal als von Augustinus abgeleitet betrachtet werden. Abaelard erzählt eine Geschichte bestrafter Unkeuschheit in einer Art und Weise, die vielleicht sogar bis zu Apuleius zurückverfolgt werden kann: subjektiv sieht er sich selbst als einen zweiten Hieronymus an. Hermannus stellt seine Autobiographie als die Deutung eines Traumes dar, den er mit 13 Jahren hatte, dem Alter, in welchem ein jüdischer Knabe ein Bar-Mizwa wird. Aber die forschende Selbstbetrachtung, welche diese Werke zeigen, und der starke Glaube, den sie voraussetzen, sind natürlich augustinisches Erbe. Es mag symptomatisch sein, daß Petrarca, der erste Humanist, die Hilfe des Augustinus bei seinen Schwierigkeiten suchte, um nur Augustinus selbst im *Secretum* seine Schwäche zu beichten. Augustinus gibt ihm die gebührende Bestätigung: »*Quo pede claudices agnosco*« (Ich erkenne, auf welchem Fuß du hinkst). Aber die Autobiographie der späten Renaissance läßt Augustinus entschieden beiseite. Gerolamo Cardano, der seine Autobiographie in verschiedenen Etappen seines Lebens schrieb und neu schrieb, erwähnte nur antike heidnische Schriften als Vorbilder in seiner Schlußredaktion von 1576: in einer früheren Fassung hatte er auch Hieronymus und Augustinus eingeschlossen (1557).

Das geht einher mit dem Wiederbeleben der antiken Biographie im allgemeinen: Plutarch ist jetzt das Vorbild. Bei der Autobiographie war aus den erwähnten Gründen sehr viel weniger von griechischen und römischen Vorgängern nachzuahmen. So geht Cardano seinen eigenen Weg bei der Erklärung seiner Entwicklung und schafft selbst ein bedeutendes Vorbild, dem Vico und Gibbon wahrscheinlich mittelbar verpflichtet sind. Sein Zeitgenosse Cellini nimmt seinerseits, wie es nur ein undisziplinierter Geist vermag, alle Arten von Anregungen zeitgenössischer Haltungen zu Künstlern, Landstreichern und Sündern auf. Man hat ihn als einen der Begründer des pikaresken Romans dargestellt. Wenn er auch kein Prototyp des modernen Individualismus ist, wie Burckhardt ihn in Gesellschaft mit Cardano sehen wollte, so führt er aber gewiß zu Casanovas Memoiren. Unbestreitbar ist an Cardanos und an Cellinis Autobiographie ihr nichtaugustinischer, sogar nichtchristlicher Anstrich. Wollte ein Mann von humanistischer Anschauung und Erziehung Selbstbetrachtung treiben, so mußte er etwas anderes schreiben als eine Autobiographie. Er mußte in der Tat eine neue Form erfinden – was, wie ich vermute, Montaignes *Essais* sind.

Die geringe Sympathie, welche die Humanisten der Universalgeschichte entgegenbringen, ist gleichfalls charakeristisch. Und es ist auch charakteristisch, daß Antonio Sabellicos *Enneades* die Ausnahme von der Regel darstellen. Universalgeschichte war von den Griechen erfunden worden. Sie waren unseres Wissens die ersten, die von der Abfolge von Monarchien oder Reichen sprachen. Im 3. oder 2. Jahrhundert v. Chr. wurde diese Vorstellung von den Juden übernommen und erhielt die besondere Wendung, die wir im Buche *Daniel* beobachten können. Natürlich erhielten die Christen die Vorstellung von Universalgeschichte (oder genauer von der Abfolge von Monarchien) nicht durch Polybios oder Justinus, sondern durch Daniel: das heißt, sie erwarteten die Abfolge einer begrenzten Anzahl von Reichen, denen Gott ein Ende setzt, wie Daniel es verheißen hatte. Diese Vorstellung stand am Ursprung der Theorie der *Translatio imperii* und der Spekulationen über einen Zweiten Advent, die im Mittelalter weit verbreitet und entwickelt worden waren, aber geringen Nutzen für die humanistischen Historiker hatten: Machiavelli ist bei diesem Punkt sehr deutlich (*Discorsi* II,1). Da die Humanisten ihren Polybios und Diodor – um von Justinus zu schweigen – zur Hand hatten, hätten sie leicht die antiken Eigenarten der Universalgeschichte von den jüdisch-christlichen Hinzufügungen trennen können. Aber sie hatten keine Veranlassung dazu – unabhängig von der Tatsache, daß es nicht ihre geistige Gewohnheit war, nach dem Widerstreit von heiliger und profaner Geschichte zu fragen. Was sie von der Geschichte verlangten, war ein Vorrat von dauerhaft gültigen Beispielen: sie hielten Ausschau nach paradigmatischen Situationen, nicht nach einem Schema der Ereignisabfolge. Wie Robert Gaguin es von Julius Caesar als dem Verfasser der *Commentarii* sagte: *»Il ne semble pas qu'il escripve les fais d'une nacion seulement, mais de tout le monde«* (es scheint, als beschreibe er nicht die Ereignisse nur einer Nation, sondern der ganzen Welt, 1485). Gaguin für seinen Teil hätte eine Universalgeschichte nicht für notwendig erachtet, da ja der Bericht über einen einzigen Krieg die menschlichen Angelegenheiten insgesamt enthalten konnte. In der Folge fand Bodin einen weiteren relevanten Grund heraus, nicht der Universalgeschichte anzuhängen. Die Lehre von den Vier Monarchien stützte den Anspruch der deutschen Kaiser, daß sie die vierte und letzte gottgewollte – und von

Daniel beschriebene – Monarchie vor der Rückkunft Christi bildeten. Bodin als guter Franzose zögerte nicht zu erklären, daß er die vierte Monarchie lieber den Türken oder den Tartaren zuerkannt haben würde als den Deutschen.

Dies war geschehen, als sich die Reformation bereits fest eingebürgert hatte und jede Illusion einer Verbindung von *»una lunga esperienza delle cose moderne et una continua lezione delle antique«* (einer langen Erfahrung der modernen Angelegenheiten und einer fortwährenden Lektüre der antiken), wie Machiavelli sagen würde, nicht mehr auf der Tagesordnung stand. Aber die Daten der Geistesgeschichte stimmen nicht völlig mit denen der politischen oder selbst der Religionsgeschichte überein; an Zeichen für den Wechsel fehlte es jedoch nicht einmal in der Geschichtsschreibung. 1532 gab Melanchthon seinen Segen und seine Mitarbeit – zu späterer Vervollkommnung – der *Chronica Carionis*, die ein paar Jahre zuvor wie ein Stück verspäteter mittelalterlicher Universalgeschichte gewirkt hätte. Später schrieben die neuen Heiligen der Gegenreformation – die heilige Teresa von Avila ist deren berühmteste – ihre Autobiographien nach dem Vorbild des Augustinus. Die sich widersprechenden Behauptungen über die Eigenart der wahren Kirche mußten gründlich erörtert werden, indem man die Zeugnisse über die frühe Kirche analysierte. Das hieß, die Fäden der Kirchengeschichte dort aufzunehmen, wo man sie im frühen 7. Jahrhundert fallengelassen hatte. Die Magdeburger Zenturiatoren begannen den Angriff, und Baronius antwortete. Humanistischer Gelehrsamkeit war es gestattet, jede Menge philologischer Argumente für die streitenden Parteien zu liefern, sie konnte aber keinen begrifflichen Rahmen für die Debatte bieten. Tatsächlich mußten Gelehrte und Antiquare ihre Waffen verfeinern, um den Anforderungen der Kirchengeschichte Genüge zu leisten. Nie zuvor hatte es eine so lange und hitzige Debatte über die Echtheit von Texten und die Bedeutung von Wörtern gegeben. Die neuen Heiligen machten die Helden Plutarchs nicht überflüssig. Ebenfalls wurde der Zyklus der Verfassungen von Polybios nicht für obsolet erklärt. Die Religionskriege bewiesen aber für alle Zeit danach, daß Machiavelli ausnahmsweise von zügellosem Optimismus war, als er erklärte: *»Fa ancora facilità il conoscere le cose future per le passate, vedere una nazione lungo* *tempo tenere i medesimi costumi«* (die Zukunft ist immer noch leicht aus der Vergangenheit zu erkennen, denn ein Volk behält lange Zeit die gleichen Gewohnheiten, *Discorsi* III,43). Jedenfalls war diese besondere *res publica*, die *res publica litterarum*, in der Mitte gespalten: die Theologen waren mit Macht zurückgekehrt, und niemand konnte sich mehr beim Lesen der antiken Texte sicher fühlen.

III

Wenn es unsere Absicht wäre, herauszufinden, zu welchem Zeitpunkt die Kunst der Geschichtsschreibung aufhörte, mit den überlieferten heidnischen Historikern Griechenlands und Roms identifiziert zu werden, könnten wir etwa mit dem Jahre 1590 oder sogar früher enden. Aber unsere Absicht ist, wenn möglich, das Paradox zu erklären, daß die antike Geschichtsschreibung nicht diskreditiert war oder als unnütz angesehen wurde, als die Ziele historischer Darstellung anders geworden waren – anders als im 15. und einem großen Teil des 16. Jahrhunderts, aber auch verschieden von denen der Antike. Dazu müssen wir ausdrücklich darlegen, was implizit schon auf den vorigen Seiten stand. Das Haus der Geschichte, einst im antiken Stil wiederaufgebaut, war für eine Weile angenehm zu bewohnen und, wie viele andere Rekonstruktionen, war es nie wirklich mit dem Original identisch gewesen. Als nach zwei Jahrhunderten ein Umbau nötig geworden war, wünschten die neuen Architekten jedoch nicht, den Ort bis zur Unkenntlichkeit zu verändern. Krieg und Diplomatie schienen einen antiken Hintergrund zu verlangen. Wir sollten nie aufhören, uns über die Tatsache zu wundern, daß bei allem Wechsel in militärischen Techniken und diplomatischen Praktiken Schlachten und außenpolitische Beziehungen noch im 19. Jahrhundert gemäß den antiken Vorbildern beschrieben wurden. Während die Anforderungen sich entschieden verändert hatten, hielt die Gelehrsamkeit die Kontinuität aufrecht.

Gelehrsamkeit wurde der wichtigste Zweig der Geschichtsschreibung um 1600. Obwohl viel antiquarische Arbeit darauf verwendet wurde, Material über die verschiedenen Aspekte des Lebens in der Antike zu sammeln, wurde eine größere Anstrengung gemacht, um ein zusammenhängendes Bild des frühen Christentums und mittelalterlicher Institutionen zu bieten. *Hispania, Italia, Gallia Christiana* oder *Sacra*, das *Monasticon Anglicanum*, die *Acta Sanctorum* und die Editionen der Kirchenväter sind die für die Gelehrsamkeit des 17. Jahrhunderts typischen Bücher. Folglich wurde die Gelehrsamkeit von religiösen Orden dort unterstützt, wo diese bestanden, oder von Fürsten da, wo die Orden aufgehoben worden waren oder (wie es teilweise in Frankreich der Fall war) Ziele verfolgten, die nicht mit denen der weltlichen Obrigkeit identisch waren. Orientalische Sprachen wurden zunehmend geschätzt. Scaliger hatte gerade exemplarisch bewiesen, wie sie für Universalgeschichte und Chronologie zu benutzen waren. Gelehrsamkeit war eine Bedingung der kirchlichen Kontroversen; zur gleichen Zeit schien sie in einem gewissen Grad jene Skeptiker zu widerlegen, die zu dem Schluß gekommen waren, daß man der Geschichte nicht trauen kann, wenn sie polemisch ist. Münzen, Inschriften und Archivalien konnten, gerade weil sie so zahlreich waren, sich wiederholten und oft zufällig dort entdeckt wurden, wo man sie am wenigsten erwartete, nicht so leicht gefälscht werden wie literarische Texte, von denen es nur wenige Exemplare gab. Wenn Gelehrsamkeit in die Kontroversen verwickelt war, so war sie doch auch das Heilmittel gegen den durch die Kontroversen erzeugten Pyrrhonismus. Sie bot sogar einige Antworten (obwohl nicht gerade *die* Antwort) auf die ironischen Bemerkungen der Philosophen der cartesianischen Variante, die schlicht keine Verwendung für die Geschichte hatten. Denen, die Wahrheit nur in mathematischen Formeln oder in der unmittelbaren Gewißheit des *cogito* – oder vielmehr in beidem – fanden, konnten die *érudits* zumindest antworten, daß ihrer Ansicht nach Münzen kein geringeres Beweismaterial als das *cogito* seien. Altmodische Humanisten hatten einige Schwierigkeiten, sich mit der neuen Lage zu versöhnen: die persönlichen Erfahrungen der Männer des Übergangs – Henricus Stephanus, Scaliger, Lipsius und Casaubon – bringen uns einiges darüber bei. Aber die neue Gelehrsamkeit brach nicht mit der antiken Welt. Sie war nicht nur am Studium der Antike interessiert, sondern sie schien denen, die es ausübten, auch eine Erweiterung der Methoden der antiken Historiographie zu sein – was sie tatsächlich war. In Antwerpen bei den Bollandisten, in Saint-

Germain-des-Prés bei den Maurinern und sogar in der Bibliothek des Vatikan war immer ein Platz für die *studia humanissma*. Es gab zugestandenermaßen im 17. Jahrhundert keine Verschmelzung der politischen Geschichtsschreibung mit der Gelehrsamkeit, aber beide begründeten in ihrer verhältnismäßigen Unabhängigkeit das Recht der antiken Geschichtsschreibung aufs Überleben, als keine Aussicht mehr bestand, das moderne Leben nach dem Vorbild der Antike zu gestalten. Insgesamt blieb die christliche Erziehung, ob nun katholisch, anglikanisch oder protestantisch, auf den heidnischen Klassikern begründet, selbst wenn das letztlich einen Widerspruch einschloß.

Gelehrsamkeit wurde deshalb im 18. Jahrhundert von den Philosophen angegriffen, die sie als Verbündete der Religion verabscheuten. Voltaires abschließendes Argument war, daß die Gelehrsamkeit der vorausgehenden Jahrhunderte nur dazu gedient hatte, die Dunkelheit zu vermehren. Sein Haupteinwand, selbst gegen eine rationalistische Kritik der Bibel wie die von Jean Astruc, war: »Und wozu hat diese undankbare und gefährliche Arbeit Astrucs gedient? Um die Dunkelheiten, die er erhellen wollte, zu verdoppeln« (*Dict. philosophique*, Art. »Genèse«). Man kann sogar behaupten, daß die Philosophen mit ihrem Glauben an Aufklärung und Vernunft dazu neigten, die Antike insgesamt zu opfern und das Latein durch Französisch (oder Englisch) zu ersetzen. Als ich vor einigen Jahren in Lausanne über Gibbon sprach (»Eighteenth-century Prelude to Mr. Gibbon«, *Gibbon et Rome à la lumière de l'historiographie moderne* hg. v. P. Ducrey, Genf 1977, S. 57–72), hatte ich die Gelegenheit, die Neuheit der Probleme und Methoden zu betonen, welche die Geschichtsschreibung des 18. Jahrhunderts im Vergleich zu der antiken Tradition der Historiographie charakterisierten. Einige der grundlegenden Fragen der Historiker des 18. Jahrhunderts galten der Entwicklung der Gesetzgebung, des Eigentums, der Steuern, des Handels, der sozialen Beziehungen, der volkstümlichen Überlieferungen und der Religion und hatten keine wirkliche Entsprechung in den antiken historischen Texten. Die bloße Tatsache, daß die Zivilisation ins Zentrum des historischen Denkens rückte, war neu. Sie umfaßte ein vergleichendes Studium vorantiker und nichtantiker Kulturen, wie es zuvor nicht unternommen worden war.

Eines der zahlreichen Ergebnisse war die Neuentdeckung der indischen Literatur und Religion, die den Weg zu der Vorstellung einer indoeuropäischen Zivilisation öffnete.

Aber weder der griechisch-römische Klassizismus noch die Gelehrsamkeit, die ihn stützte, wurden beseitigt. Gelehrsamkeit konnten die Philosophen nicht zu lange der Verachtung preisgeben, ohne den eigenen Kopf zu riskieren; noch bestand eine notwendige Verbindung zwischen den Methoden der *érudits* und den religiösen Kontroversen, in welche sie verwickelt waren. Gibbon war natürlich der Historiker, der den eindrucksvollsten Beweis lieferte, daß Gelehrsamkeit, weit davon entfernt, mit der Aufklärung unvereinbar zu sein, zu ihrer besten Stütze wird. Es folgte die Einsicht, daß genaue Kenntnis der Antike und des Mittelalters mit dem Verlangen nach Reform und freiem Denken vereinbar war. Dergestalt, daß ein ganzer Flügel radikaler Denker und Politiker auftrat, die auf das republikanische Rom, auf Sparta und sogar auf Athen als wünschenswerte Vorbilder einer erneuerten Welt blickten. Ein wenig später riefen die Kämpfe für nationale Unabhängigkeit in der Reaktion gegen Napoleon die Erinnerungen an die Thermopylen, an Marathon und Chaeronea wach. Die neue Tatsache bestand in der Unterstützung der nationalen und liberalen Bewegungen durch den geschickten Gebrauch der antiken Geschichte und Geschichtsschreibung.

Jedenfalls herrschte zu Beginn des 19. Jahrhunderts wiederum Übereinstimmung darüber, daß auf die eine oder andere Weise antike Historiker für die modernen sozialen und politischen Probleme relevant seien. Einige der Verbindungslinien waren traditionell. Polybios blieb, vermittelt über Montesquieu, der klassische Theoretiker der Misch-Verfassung; Xenophon belehrte weiter über Sparta, Tacitus über die Tyrannis, Plutarch über eine Vielzahl von Politikern von Lykurg bis zu den Gracchen. Was vielleicht an der neuen Lage hervorstach, war der Gebrauch Herodots als Autorität über orientalischen Despotismus und den griechischen Freiheitskampf und der von Livius und Dionysos von Halikarnassos als Quellen für den Aufstieg der römischen Plebs. Aber das vielleicht Charakteristischste war das Hervortreten – schon im 18. Jahrhundert – von Thukydides in Deutschland und in England als Archetyp des wahren Historikers. Wie Hume sagte (und Kant mehr oder weniger wiederholte): »Die erste Seite des Thukydides ist, meiner Meinung nach, der Beginn der wirklichen Geschichte.« Ein moderner Historiker wie Leopold von Ranke, ein Ökonom wie Wilhelm Roscher und ein Pädagoge wie Thomas Arnold of Rugby stimmten darin überein, was nicht leicht zu erklären ist. Thukydides war natürlich gut im Beschreiben von Revolutionen, wußte, wie man mit Demagogen umgeht, und schien Rankes Lehre vom Primat der Außenpolitik zu stützen. Er war bewundernswert beim Bericht über parlamentarische Debatten und hatte in der Rede des Perikles skizziert, was ein moderner »Kulturstaat« sein sollte. Schließlich besaß er die beiden Qualitäten, die mehr als je für einen werdenden Historiker erforderlich schienen. Er kannte die menschliche Natur und erzählte seinen Lesern keine simplen Weisheiten nach. Er war besser als Polybios, weil Polybios ein Philister war (und, wie Fustel de Coulanges später bemerkte, nicht gerade ein tapferer Patriot). Er war auch besser als Tacitus, der von einem engen aristokratischen Standpunkt aus urteilte.

Die neue Schätzung der antiken Historiker ging zusammen mit den aufregenden neuen Themen, die die Modernen mit ihrer Hilfe erörterten. Niebuhr macht die Ursprünge Roms, genauer des plebejischen Roms, zu einem der beliebtesten historischen Themen des neuen Jahrhunderts. Grote und Mommsen verwandelten die Parteipolitik von Athen und von Rom in Erzählungen, die das 19. Jahrhundert symbolisierten. Es ist lehrreich zu sehen, was mit Livius in der Folge von Niebuhrs Intervention geschah. Man konnte ihm zwar nicht länger wahre Geschichten über Roms Ursprünge zuschreiben, Niebuhr stellte Livius aber als den Historiker dar, der naiv und getreu die alten volkstümlichen Balladen über Roms archaische Heroen aufbewahrte. Der solidere Teil dieser neuen Geschichtsschreibung darf dabei nicht vergessen werden. Niebuhr, Boeckh und Mommsen nahmen an antiquarischen Forschungen teil, die darauf abzielten, die rechtlichen, wirtschaftlichen und institutionellen Merkmale der griechischen und römischen Zivilisation aufzuklären. Wieder einmal ergänzte die moderne Gelehrsamkeit, auf die antike gegründet, die antiken Historiker.

IV

Um 1860 wird eine neue Atmosphäre spürbar. Ranke mag von Thukydides ausgegangen sein, aber schließlich wurde er selbst das Vorbild einer neuen Geschichtsschreibung und das erst bedeutete Unabhängigkeit von antiken Vorbildern für die moderne Geschichte. In allen Ländern Europas war die mittelalterliche Geschichte von Historikern aufgewertet worden, die auf der Suche nach nationalen Wurzeln waren und sich somit nicht sonderlich für die kosmopolitische Kultur und die Institutionen des kaiserlichen Roms interessierten. Was während und nach den germanischen und arabischen Invasionen geschah, war dringlicher. Darüber hinaus beeinflußten neue historische Methoden die Bewertung der antiken Historiker nachteilig. Die Rechts- und Links-Hegelianer besaßen ihre eigenen Methoden, die Thukydides wenig verdankten. Weder Ferdinand Christian Baur noch Karl Marx standen in der Tradition der antiken Geschichtsschreibung, welche die Dialektik ignoriert hatte. Jeder der großen Namen der Kulturgeschichte, die für die zweite Hälfte des 19. Jahrhunderts so charakteristisch ist – ob nun Burckhardt, Taine, Dilthey oder Comparetti –, bestätigt diese Unabhängigkeit von der antiken Geschichtsschreibung. Wenn es Niebuhr noch gelungen war, das klassische und das romantische Element in seiner Neuinterpretation der frühen römischen Geschichte zu versöhnen, so schufen seine großen Zeitgenossen Savigny und Jakob Grimm und mehr noch ihre Schüler eine Tradition des Studiums von Recht und Sprache, das mit dem klassischen Kanon brach. Die neuen Disziplinen der Soziologie und Sozialanthropologie wurzelten in gewissem Sinne in den Werken von Herodot und Aristoteles, gewannen aber Autorität in einem Zusammenhang von Evolutionstheorien, die der Antike unbekannt waren.

Kurz gesagt, die antiken Historiker wurden in der ersten Hälfte des 19. Jahrhunderts wieder mit der Entdeckerfreude gelesen, mit der man sie zuvor in der Frührenaissance studiert hatte. Benutzt wurden sie auch in einigen der revolutionärsten Deutungen der alten Geschichte, die es je gegeben hat. Das alles änderte sich in der zweiten Hälfte des Jahrhunderts. Historische Forschung war weiterhin, und sogar im Bereich des Altertums, kühn und weitgespannt, aber immer weniger von den Vorstellungen und Voraussetzungen der antiken Historiker selbst geleitet.

Mit einem wichtigen Unterschied, den ich am Ende erläutern werde, ist die Lage in unserem Jahrhundert noch die gleiche. Ich bin sicher, daß jeder von uns einige Namen bedeutender Historiker der vergangenen achtzig Jahre nennen kann, die Thukydides oder Tacitus oder vielleicht sogar Plutarch noch als ihre Meister ansehen. Eduard Meyer ist einer dieser Namen, Ronald Syme vielleicht ein weiterer. Aber es sind viel weniger, als man erwarten würde. Ein genauer Blick auf Toynbee, den man so oft beschuldigt hat, ein Sklave seiner humanistischen Bildung zu sein, zeigt zum Beispiel, wie wenig er bei seiner *Study of History* von antiken Vorbildern abhängt. Ich bin ziemlich sicher, daß zwei Forscher und Theoretiker der Geschichtsschreibung wie Meinecke und Croce antiken Historikern nichts schuldeten, obwohl zumindest Croce sie sehr gut kannte. In diesem Jahrhundert sind die Historiker mit Vorstellungen und Problemen, die aus anderen Bereichen und anderen Zeitaltern stammen, zur Erforschung der alten Welt aufgebrochen. Sie leiteten ihre Anschauung nicht vom Studium antiker Historiker her. Keine antike Quelle regte Rostovtzeff zu seiner Deutung der Geschichte des römischen Kaiserreichs an: sie wurde durch die russische Revolution angeregt. Gelehrte haben Forschungen über Landbesitz, Inflation, Rassenbeziehungen, die Stellung der Frau oder über imperiale Strategie in der Antike in Gang gesetzt, weil sie auf diese Probleme in der modernen Welt gestoßen waren. Selbst die sogenannten Primitivsten hatten primitive Formen wirtschaftlicher Tätigkeit schon bei vorkapitalistischen Gesellschaften außerhalb von Griechenland und Rom gefunden. Marc Bloch war der Sohn eines Althistorikers, aber die Schule der *Annales*, die er und Lucien Febvre gründeten, hatte keine antiken Wurzeln – was ihrem gewaltigen Einfluß auf das Studium der Antike ebenso wie auf mittelalterliche und neuere Geschichte nicht entgegenstand. In Amerika war der berühmte Bericht des *Social Science Research Council* über »Theorie und Praxis der Historischen Studien«, der um 1945 veröffentlicht wurde, so weit von allem entfernt, was an die antike Geschichtsschreibung erinnern könnte, daß es unschicklich scheinen müßte, darüber verwundert zu sein. Noch interessanter ist es, daß der Strukturalismus eine Vielfalt von Fragestellungen zur Analyse der antiken Welt eröffnet hat, die auf die grundlegende Voraussetzung antiker Geschichtsschreibung, die Berücksichtigung des Zeitfaktors, verzichten.

Diese Situation hat natürlich die Arbeiten über die antike Geschichte vervielfacht. Wir sind nicht in Gefahr zu sehen, wie die Alte Geschichte ein verlassenes Gebiet wird. Jedes Problem des modernen Lebens wird auf die antike Geschichte übertragen, ob es nun den antiken Historikern selbst bewußt gewesen ist oder nicht. Zur Vervielfältigung der Fragestellungen an die Geschichte, die für unsere Zeit charakteristisch ist, müssen wir die Vervielfältigung der an der Geschichte der alten Welt interessierten Gruppen hinzufügen. Die Antike ist aus gutem Grunde nicht mehr auf ihre traditionellen Erben beschränkt: die Außenseiter interessieren sich zu Recht lebhaft dafür.

Aus dieser Lage, in der die Themen der Erforschung der Antike immer weniger durch die antiken Historiker angeregt und immer mehr aus den Interessen und Problemen der modernen Gesellschaft abgeleitet werden, ergeben sich zwei Fragen.

Die erste ist jedem vertraut, der sich heute mit alter Geschichte beschäftigt: wie bewerten wir die Auswirkung bestimmter Erscheinungen auf die antike Welt, wenn die antiken Historiker selbst diese Erscheinungen nicht wahrgenommen haben? In manchen Fällen ist die Antwort vergleichsweise einfach. Wenn Thukydides sich einer Krise der väterlichen Autorität in Athen nicht bewußt war, so war es vielleicht Aristophanes. Schließlich werfen Inschriften und Papyri oft ein Licht auf Bereiche der Gesellschaft, die von keiner literarischen Quelle erwähnt werden. Wenn auch quantitative Geschichte nur selten in der Antike möglich ist, so kann doch eine angemessene Quantifizierung in Analogie mit vergleichbaren Gesellschaften, für welche Daten vorhanden sind, versucht werden – Keith Hopkins' Zugangstechnik zur römischen Gesellschaft ist von einer solchen Annahme geleitet. Die Frage kann jedoch nicht immer derart beantwortet oder umgangen werden. Wenn die antiken Historiker nicht mehr die anerkannten Führer zu den Tendenzen und Charakteristiken der antiken Gesellschaft sind, ist die Entwicklung zufriedenstellender Modelle der Beschreibung und Erklärung notwendig schwieriger. Elias Bickerman hat mehr als einmal auf amüsante Weise bewiesen, wie leicht es ist, die Alten zu nötigen, sich gegenseitig unter dem Vorwand von Generationen- oder Rassenkonflikten zu hassen, nur weil wir heute die schlechte Gewohnheit haben, uns so zu verhalten. Die Disziplin historischer Psychologie, von der J.-P. Vernant seinen Ausgang nahm, ist eine Warnung vor der Annahme a priori, es gebe universale psychologische Konstanten.

Die zweite Frage ist noch heikler. Gewiß wirft niemand die antiken Historiker zum Fenster hinaus, weil sie unsere Forschungen über die Antike nicht mehr leiten. Um das mindeste zu sagen, so werden Thukydides, Sallust und Tacitus immer als Beweismaterial für die Mentalität, die Ideologien, die Sprache und das Selbstverständnis benutzt werden, die für Zeit und Ort, denen sie angehören, charakteristisch sind. Darüber hinaus können wir annehmen, obwohl das nicht ebenso gewiß ist, daß die Geschichtsschreibung wie die Philosophie stets als eine typische Schöpfung oder zumindest Formalisierung der griechischen Kultur betrachtet wird, die in ihrem griechischen Zusammenhang zu studieren deshalb von Interesse ist. Daher erwarte ich einen stetigen Fluß von Schriften über den Ursprung des historischen Denkens bei den Griechen – wenn nicht bei den Römern. Hier jedoch muß ich das Neue im 20. Jahrhundert, auf das ich bereits verwiesen habe, erläutern. Ich habe es bis zuletzt aufgespart, weil es die Crux bei diesem Gegenstand ist. Bisher habe ich von methodologischen Fragen gesprochen, die sich aus dem Autoritätsverlust der antiken Historiker ergeben. Neu ist jedoch in unserer Zeit das Auftreten wichtiger Denkströmungen, durch die alle Historiker relativiert werden – ganz gleich, ob sie der Antike oder anderen Zeiten angehören – und durch die sie als bloße Exponenten von Ideologien oder noch enger von Machtzentren angesehen werden. Geschichtsschreibung ist daher bei der Suche nach Wahrheit ohne jeden Wert. Man kann vermuten, daß die Verfasser solcher Behauptungen über Historiker, denn sie sind ja schließlich auch Historiker, bei sich selbst eine geheime Ausnahme machen. Aber das wäre ein schlechter Trost, denn Selbstwiderspruch ist keine Lösung. Ich glaube, es ist die Verbindung des Verfalls der Autorität der antiken Historiker als Führer in die Alte Welt mit dem Autoritätsverfall des Historikers als eines potentiellen Vermittlers von Wahrheit überhaupt, die unsere Lage charakterisiert.

Ergäbe sich aus dieser Lage schließlich nur, daß Herodot und Thukydides zu Opfern einer simplifizierten Geschichte politischer Ideologien oder einer simplifizierten Erkenntnissoziologie gemacht werden, so würde unser Verlust, wie ich fürchte, gewaltig sein. Mir scheint, jeder Historiker müsse entsprechend der Wahrheit, die er übermittelt (oder entdeckt), beurteilt werden, und das Element von Wahrheit bei einem Historiker kann nie von den Organisationsprinzipien getrennt werden, die er zu seiner Darstellung der Fakten wählt. Thukydides bedeutet mir nicht allein deshalb viel, weil er mir etwas über die Ideologien seiner eigenen Zeit mitteilt, sondern weil er Tatsachen auf eine Weise deutet, die mich zufriedenstellt. Schließlich ist er nicht nur für seine eigene Zeit gültig, sondern auch für frühere Epochen, die er zu bestimmen und zu skizzieren versuchte. Herodot und Livius geben mir gleichfalls gültige Berichte und Gesichtspunkte für Epochen vor ihrer Lebenszeit, obwohl es mir so scheint, als tue Thukydides das besser als die beiden oder zumindest sicher besser als Livius. In der Tat erscheint es mir so, als könne Thukydides, der ein besserer Historiker war als Livius, mich etwas für das Verständnis des archaischen Rom und Italien lehren. Die Tatsache, daß Thukydides mich über die Ideologien des perikleischen gerade so unterrichten kann, wie Livius es über die Ideologien des augusteischen Zeitalters tun kann, setzt ihre Denkweisen jedoch nicht auf das gleiche Niveau.

Die Art und Weise, wie man in der nächsten Zukunft Alte Geschichte schreiben wird, hängt von unserer Antwort auf folgende anscheinend einfache Fragen ab: (1) Wie verfahren wir dort, wo wir nicht von den antiken Historikern geleitet werden können? (2) Wie bewerten wir die antiken Historiker, wenn sie nicht mehr unsere Leitfiguren sind und wir dadurch in Versuchung geraten, sie auf die Ebene ideologischen Beweismaterials für ihre eigene Zeit zu reduzieren?

Wir müssen mit dem offenen Geständnis beginnen, daß wir eine andere Geschichte schreiben als die Geschichte des Thukydides. Und wir müssen zugeben, daß unsere Inspiration stärker aus unseren eigenen Problemen als aus den antiken Quellen stammt. Aber wir sind immer noch, zumindest scheint mir das so, mit dem beschäftigt, was bei Thukydides oder jedem anderen antiken Historiker *richtig* ist. Ich bin der Auffassung, daß die gleiche Frage natürlich nicht nur bei Thukydides oder irgendeinem anderen traditionellen Meister der europäischen Geschichtsschreibung gestellt werden kann und muß, sondern auch bei Historikern anderer Traditionen. Es ist schon lange her, daß man uns ermahnte, zum Verständnis der Kreuzzüge müsse man auch die arabischen Berichte lesen. Assyrische Chronisten, Ibn Khaldoun oder Ssu-ma-chien können und müssen uns nicht nur als Repräsentanten bestimmter Ideologien beschäftigen, sondern als Deuter von Wirklichkeiten, die fähig sind, Wahrheiten zu übermitteln. Wir werden uns jedoch weniger über sie zu beunruhigen haben, wenn wir uns über den Wert der Historiker im klaren sind, die für uns die Kategorie der Geschichte geschaffen haben.

[Auswahlbibliographie neuerer Literatur]

I. *Klassische Antike und allgemeines*

Misch, G., *Geschichte der Autobiographie* I–IV, 8 Bde. Bern–Frankfurt 1949–1969.
Srbik, H. von, *Geist und Geschichte vom deutschen Humanismus bis zur Gegenwart*, 2 Bde., München 1950.
Bolgar, R. R., *The Classical Heritage and its Beneficiaries*, Cambridge 1954.
Marrou, H.-I., *De la connaissance historique*, Paris 1954.
Momigliano, A., *Contributo alle storia degli studi classici (e del mondo antico)*, Rom 1955–1980, (6 Teile in 9 Bden.).
Samaran, Ch. (Hrsg.), *L'histoire et ses méthodes*, Paris 1961.
Chatelet, F., La naissance de l'histoire, Paris 1962.
Hocke, G. R., *Das europäische Tagebuch*, Wiesbaden 1963.
Girard, A., *Le Journal Intime*, Paris 1963.
Mazzarino, S., *Il pensiero storico classico* I–III, Bari 1966.
Strasburger, H., *Die Wesensbestimmung der Geschichte durch die antike Geschichtsschreibung*, Wiesbaden 1966.
Pfeiffer, R., *History of Classical Scholarship from the Beginnings to the End of the Hellenistic Age*, Oxford 1968.
Battaglia, S., *Mitografia del personaggio*, Mailand 1968.

Veyne, P., *Comment on écrit l'histoire*, Paris 1971 (dt.: *Geschichtsschreibung – und was sie nicht ist*, Frankfurt/M. 1990).
Wagner, F., *Der Historiker und die Weltgeschichte*, Freiburg–München 1965.
Ideas in History. Essays presented to L. Gottschalk, Durham, N. C. 1965.
Foucault, M., *L'archéologie du savoir*, Paris 1969; (dt. *Archäologie des Wissens*, Frankfurt/M. 1973).
Randa, A. (Hrsg.), *Mensch und Weltgeschichte*, Salzburg–München 1969.
White, H., *Metahistory*, Baltimore 1973 (dt.: *Metahistory*, Frankfurt/M. 1994).
Finley, M. I., *The Use and Abuse of History*, London 1975.
Lejeune, Ph., *Le pacte autobiographique*, Paris 1975.
Certeau, M. de, *L'écriture de l'histoire*, Paris 1975.
Pomian, K. »L'histoire de la science et l'histoire de l'histoire«, in *Annales (ESC)* 30 (1975), S. 935–952.
Pfeiffer, R., *History of Classical Scholarship from 1300 to 1850*, Oxford 1976.
Weintraub, K., *The Value of the Individual. Self and Circumstance in Autobiography*, Chicago 1978.
Chatelet, F. (Hrsg.), *Histoire des idéologies* I–III, Paris 1978.
May, G., *L'autobiographie*, Paris 1979.

II. *Mittelalter*

Helbling, H., *Saeculum Humanum*, Neapel 1958.
Grundmann, H., *Geschichtsschreibung im Mittelalter*, Göttingen 1965.
Brandt, W. J., *The Shape of Medieval History*, New Haven 1966.
Tripet, A., *Pétrarque ou la connaissance de soi*, Genf 1967.
La storiografia altomedievale, 2 Bde., Spoleto 1970.
Southern, R. W., »Aspects of the European Tradition of Historical Writing« I–IV, in *Transactions of the Royal Historical Society* XX–XXIII, 1970–1973.
Smalley, B., *Historians in the Middle Ages*, London 1974.
Guenée, B. (Hrsg.), *Le métier d'historien au Moyen Age*, Paris 1977.

III. *Renaissance*

Cantimori, D., *Studi di Storia*, Turin 1959.
Kristeller, P. O., *Renaissance Thought* I–II, New York 1961–1965.
Franklin, J. H., *Jean Bodin and the Sixteenth-Century Revolution in the Methodology of Law and History*, New York 1963.
Hodgen, M. T., *Early Anthropology in the Sixteenth and Seventeenth Centuries*, Philadelphia 1964.
Burke, P., »A Survey of the Popularity of Ancient Historians, 1450–1700«, in *History and Theory* 5, 1966, S. 135–152.

Dionisotti, C., *Geografia e storia della letteratura italiana*, Turin 1967.
Weiss, R., *The Renaissance Discovery of Classical Antiquity*, Oxford 1969.
Burke, P., *The Renaissance Sense of the Past*, London 1969.
Struever, N. S., *The Language of History in the Renaissance*, Princeton 1970.
Kelley, D. R., *Foundations of Modern Historical Scholarship: Language, Law and History in the French Renaissance*, New York 1970.
Borchardt, F. L., *German Antiquity in Renaissance Myth*, Baltimore 1971.
Kessler, E., *Theoretiker humanistischer Geschichtsschreibung*, München 1971 (mit exemplarischen Texten).
Landfester, R., *Historia magistra vitae*, Genf 1972.
Gerbi, A., *La natura delle Indie Nove, da Cristoforo Colombo a Gonzalo Fernandez de Oviedo*, Mailand–Neapel 1975.
Jehasse, J., *La renaissance de la critique. L'essor de l'humanisme érudit de 1560 à 1614*, Saint-Etienne 1976.
Costa, G., *Le antichità germaniche nella cultura italiana da Machiavelli a Vico*, Neapel 1977.
Guglielminetti, M., *Memoria e scrittura. L'autobiografia da Dante a Cellini*, Turin 1977.
Hooykaas, R., »Humanism and the Voyages of Discovery in Sixteenth-Century Portuguese Science and Lettres«, in *Meded. Koninkl. Nederlandse Akad.* N. R. 42, 4, 1979.

IV. *17. und 18. Jahrhundert*

Scherer, E. C., *Geschichte und Kirchengeschichte an den deutschen Universitäten*, Freiburg 1927.
Pocock, J. G. A., *The Ancient Constitution and the Feudal Law*, Cambridge 1957.
Klempt, A., *Die Säkularisierung der universalhistorischen Auffassung*, Göttingen 1960.
Gay, P., *The Enlightenment* I, London 1966.
Bertelli, S., *Ribelli, libertini e ortodossi nella storiografia barocca*, Florenz 1973.
Ranum, O., *National Consciousness, History, and Political Culture in Early Modern Europe*, Baltimore 1975.
Marino, L., *I maestri della Germania (Göttingen 1770–1820)*, Turin 1975.
Reill, P. H., *The German Enlightenment and the Rise of Historicism*, Berkeley 1975.
Pomian, K., »Médailles / coquilles = érudition / philosophie«, in *Studies on Voltaire and the Eighteenth Century* 151–155, 1976, S. 1677–1703.
Graubard, S. R. et al. (Hrsg.), *Edward Gibbon and the Decline and Fall of the Roman Empire*, Cambridge / Mass. 1977.
Ducrey, P. (Hrsg.), *Gibbon et Rome à la lumière de l'historiographie moderne*, Genf 1977.

Rubel, M. M., »Savage and Barbarian. Historical Attitudes in the Criticism of Homer and Ossian in Britain, 1760–1800«, in *Verh. Koninkl. Nederlandse Akad.* N. R. 96, 1978.
Bolgar, R. R. (Hrsg.), *Classical Influences on Western Thought 1650–1870*, Cambridge 1979.
Loraux, N. und P. Vidal-Naquet, »La formation de l'Athènes bourgeoise«, in *Classical Influences on Western Thought, A. D. 1650–1870*, hrsg. von R. R. Bolgar.
Rossi, P., *I segni del tempo: storia della terra e storia delle nazioni da Hooke a Vico*, Mailand 1979.

V. *19. und 20. Jahrhundert*

Antoni, C., *Dallo storicismo alla sociologia*, Florenz ²1951.
Gerbi, A., *La disputa del nuovo mondo. Storia di una polemica, 1750–1900*, Mailand–Neapel 1955.
Marini, G., *Jacob Grimm*, Neapel 1972.
Stuart Hughes, H., *Consciousness and Society. The Reconstruction of European Social Thought, 1890–1930*, New York 1958.
Schieder, Th. (Hrsg.), *Hundert Jahre Historische Zeitschrift, 1859–1959*, München 1959.
Wehler, H.-U. (Hrsg.), *Deutsche Historiker* I–V, Göttingen 1971 ff.
Christ, K., *Von Gibbon zu Rostovtzeff*, Darmstadt 1972.
Le Roy Ladurie, E., *Le territoire de l'histoire* I–II, Paris 1973–1978.
Le Goff, J. / P. Nora, *Faire de l'histoire* I–III, Paris 1974.
Iggers, G. G., *New Directions in European Historiography*, Middletown 1975.
Carbonnel, Ch. O., *Histoire et historiens: une mutation idéologique des historiens français (1865–1885)*, Toulouse 1976.
Vidal-Naquet, P., *Tradition de la démocratie grecque*, Paris 1976 (Einleitung zu M. I. Finley, *Démocratie antique et démocratie moderne*, Paris 1976).
Allegra, L. / A. Torre, La nascita della storia sociale in Francia. Dalla Comune alle »Annales«, Turin 1977.
Pavan, M., *Antichità classica e pensiero moderno*, Florenz 1977.
Mazza, M., »Ritorno alle scienze umane«, in *Studi Storici 19*, 1978, S. 469–502.
Furet, F., *Penser la Révolution Française*, Paris 1978 (dt.: *1789 – Vom Ereignis zum Gegenstand der Geschichtswissenschaft*, Berlin 1980).
Humphreys, S. C., *Anthropology and the Greeks*, London 1978.

Alte Geschichte und antiquarische Forschung

Zum 80. Geburtstag
meines Lehrers Gaetano De Sanctis

Einleitung

Im 18. Jahrhundert wetteiferte ein neuer Humanismus mit dem überkommenen. Er organisierte sich in gelehrten Gesellschaften statt an den Universitäten, und ihn pflegten die gebildeten Liebhaber statt der Schulmeister. Sie zogen der Textkritik das Reisen vor und ordneten überhaupt die Texte den Münzen, Statuen, Vasen und Inschriften unter. Addison erörterte die Bedeutung der Münzen für literarische Studien,[1] und Gibbon, der Oxford verlassen hatte, frischte seine Bildung auf, indem er zwanzig Pfund ausgab für die zwanzig Bände *Mémoires de l'Académie des Inscriptions*. Italien war noch das Zentrum der Anziehungskraft sowohl für die Gelehrten wie für die Neugierigen. Aber es war ein vielfältigeres Italien, wo etruskische Altertümer kaum weniger galten als römische Ruinen und wo sich außerordentliche Entdeckungen, 1736 in Herculaneum und 1748 in Pompeji, anzukündigen begannen. Darüber hinaus gewannen die griechischen Altertümer an Bedeutung sowohl für die wenigen Glücklichen – meist Engländer und Franzosen –, die sie aufsuchen konnten, wie für die größere, aber immer noch begrenzte Anzahl derer, die sich die glanzvollen Bände leisten konnten, worin sie abgebildet waren, vor allem die *Antiquities of Athens* von Stuart und Revett (1762).

Noch bedeutender ist, daß den Menschen langsam bewußt wurde, daß sie Schönheit und Rührung einer neuen Art finden konnten, wenn sie ganz einfach ihre Pfarrkirche oder das Schloß in der Nachbarschaft betrachteten – so wie sie Poesie finden konnten, wenn sie den Liedern und Erzählungen einsamer Bauern lauschten. Das Wiederbeleben des Griechischen, des Keltischen und des Gotischen, die von England aus nach Europa drangen, besiegelte den Triumph einer begüterten Klasse, die sich nicht um religiösen Streit kümmerte, kein Interesse an grammatischen Spitzfindigkeiten bekundete und nach starken Gemütsbewegungen durch die Kunst verlangte, um ein Gegengewicht zu dem Frieden und der Sicherheit ihrer eigenen Existenz zu finden.[2]

So etwa, wenn ich mich nicht täusche, ist die gängige Ansicht des Zeitalters der Antiquare: eine Ansicht, die zwar unvollständig ist, die anzufechten ich aber keinen Grund sehe. Das Zeitalter der Antiquare bedeutete aber nicht nur eine Revolution des Geschmacks; es bedeutete eine Revolution in der historischen Methode. Hier vielleicht kann ein Erforscher der Geschichtsschreibung eingreifen. Das Zeitalter der Antiquare setzte Maßstäbe und stellte Probleme der historischen Methode, die wir heute kaum als obsolet bezeichnen können.

Die gesamte moderne Methode historischer Forschung gründet sich auf die Unterscheidung von originalen und abgeleiteten Quellen oder Zeugnissen. Originale Zeugnisse sind für uns entweder Aussagen von Augenzeugen oder Dokumente und andere Überreste, die zeitgenössisch sind mit den Ereignissen, die sie bezeugen. Unter abgeleiteten Quellen verstehen wir Geschichtsschreiber oder Chronisten, die Begebenheiten mitteilen und erörtern, deren Zeuge sie nicht waren, aber von denen sie gehört haben und die sie mittelbar oder unmittelbar aus originalen Zeugnissen erschlossen haben. Wir preisen originale Zeugnisse – oder Quellen –, weil sie glaubwürdig sind, aber wir preisen nichtzeitgenössische Geschichtsschreiber – oder abgeleitete Zeugnisse –, weil sie ein vernünftiges Urteil bei der Deutung und Bewertung der originalen Quellen bekunden. Diese Unterscheidung zwischen ursprünglichen Autoritäten und nichtzeitgenössischen Geschichtsschreibern wurde erst im späten 17. Jahrhundert Gemeingut der historischen Forschung. Die Unterscheidung findet sich natürlich vor dieser Zeit, aber sie war nicht genau genug formuliert oder wurde allgemein als notwendige Voraussetzung historischer Studien angesehen. Bei der Herausbildung der neuen historischen Methode – und folglich bei der Erschaffung des modernen historischen Schreibens über die Alte Welt – spielten die sogenannten Antiquare eine gewichtige Rolle und warfen wesentliche Probleme auf. Sie zeigten, wie man nichtliterarische Beweisstücke benutzt, aber sie brachten die Leute auch dazu, über den

Unterschied nachzudenken, der zwischen dem Sammeln und der Deutung von Tatsachen besteht. Die Absicht dieses Aufsatzes ist es, erstens die Ursprünge antiquarischer Forschung zu erläutern; zweitens zu erörtern, warum die Antiquare bei der Reform der historischen Methode im 18. Jahrhundert eine solche Rolle spielten und schließlich, warum es im 19. Jahrhundert zunehmend offenkundig wurde, daß eine Unterscheidung zwischen antiquarischer und historischer Forschung nicht länger zu rechtfertigen war.

I. Die Ursprünge antiquarischer Forschung

Zuerst müssen wir uns fragen, wer die Antiquare gewesen sind. Ich wünschte, ich könnte einfach auf eine Geschichte der antiquarischen Studien verweisen. Aber es gibt keine.[3] Ich kann hier nichts anderes tun, als einige elementare Tatsachen aufzuzählen.

Vermutlich bedeutet für viele von uns das Wort »Antiquar« die Vorstellung eines Erforschers der Vergangenheit, der kein richtiger Historiker ist, denn: (1) Historiker schreiben in chronologischer Anordnung, Antiquare in systematischer; (2) Historiker zeigen die Tatsachen auf, die eine bestimmte Situation veranschaulichen oder erklären soll; Antiquare sammeln alles, was mit einem bestimmten Gegenstand verbunden ist, gleichgültig, ob es hilft oder nicht, ein Problem zu lösen. Die Art des Gegenstandes selbst trägt zur Unterscheidung von Historikern und Antiquaren nur insofern bei, als bestimmte Gegenstände (wie politische Institutionen, Religion oder Privatleben) traditionell als besser geeignet für eine systematische Beschreibung als für einen chronologischen Bericht angesehen wurden. Wenn jemand in chronologischer Anordnung schreibt, aber die Tatsachen nicht erklärt, nennen wir ihn einen Chronisten; wenn jemand alle ihm erreichbaren Fakten sammelt, sie aber nicht systematisch gruppiert, dann lassen wir ihn als Wirrkopf beiseite.

Wenn das ein zutreffender Ausdruck des vorherrschenden Gefühls über Antiquare ist, so muß die Meinung, daß die Vorläufer der modernen Antiquare sich in Griechenland während der zweiten Hälfte des 5. Jahrhunderts v. Chr. finden lassen, ein wenig näher bestimmt werden.

Aus einer berühmten Stelle in Platons *Hippias maior* (285 d) erfahren wir, daß die Genealogien der Heroen und der Menschen, die Überlieferungen über die Städtegründungen und die Listen eponymer Beamten einer Stadt zu einer »Archäologie« genannten Wissenschaft gehören. Der Sprecher ist der Sophist Hippias, von dem wir wissen, daß er eine Liste der Sieger bei den Olympischen Spielen zusammengestellt hat. Das Wort »Archäologie« gehört zu jenen, die, wie Norden schon vor langer Zeit bemerkte, wohl ein Sophist erfunden haben kann.[4] Es besteht kaum ein Zweifel, daß Platon uns einen Begriff übermittelt, der den Sophisten in der zweiten Hälfte des 5. Jahrhunderts v. Chr. wirklich vertraut war: der Begriff einer Wissenschaft namens Archäologie, die sich mit Dingen beschäftigt, denen wir heute antiquarisches Interesse zuschreiben würden. Aber die Form der Darstellung wird in manchen Fällen eher die einer Chronik als die eines systematischen Handbuchs gewesen sein. Wir können nicht behaupten, daß die von Hippias und seinen Kollegen verfertigten »archäologischen« Bücher unverändert die direkten Vorläufer unserer »Lehrbücher der Altertümer« sind. Insofern jedoch einige ihrer Recherchen in der Form systematischer Abhandlungen dargeboten werden, müssen sie mit unseren modernen antiquarischen Studien in Verbindung gebracht werden.

Das ist wahrscheinlich der Fall gewesen bei den Schriften περὶ ἐϑνῶν, ἐϑνῶν ὀνομασίαι, κτίσεις ἐϑνῶν καὶ πόλεων, νόμιμα βαρβαρικά von Hellanikos, ἐϑνῶν ὀνομασίαι von Hippias, und περὶ γονέων καὶ προγόνων τῶν εἰς Ἴλιον στρατευσαμένων, die Damastes oder Polos zugeschrieben wird.

Für mich hat die Tatsache, daß schon gegen Ende des 5. Jahrhunderts v. Chr. politische Geschichte und gelehrte Forschung über die Vergangenheit dazu tendierten, auseinandergehalten zu werden, mehr Bedeutung.[5] Thukydides betrieb eine Art von Historiographie, die sich mehr mit den Begebenheiten der jüngeren als mit den Überlieferungen einer entfernten Vergangenheit oder entfernter Völker beschäftigte, die stärker an individuellem oder kollektivem Verhalten unter bestimmten Umständen als an religiösen oder politischen Institutionen interessiert war und eher dem Politiker als dem Gelehrten diente. Hippias, Hellanikos, Damastes und Charon sammelten Überlieferungen der Vergangenheit und fanden an der Gelehrsamkeit an sich Vergnügen. Das war, wenn auch unvollkommen, der Beginn einer Unterscheidung, die bis ins 19. Jahrhundert galt und auch jetzt noch nicht vollständig verschwunden ist. Geschichte war vor allem politische Geschichte. Außerhalb blieb die Domäne gelehrter Neugier – welche die Antiquare leicht übernehmen und systematisch erforschen konnten. Diese antiquarische Forschung erfuhr Auftrieb nach Alexander dem Großen.

Im hellenistischen Griechisch behielt das Wort Archäologie nicht die weite Bedeutung, die es bei Plato hatte.[6] Es bedeutete schlicht Geschichte von den Anfängen an oder archaische Geschichte. Flavius Josephus' Ἰουδαικὴ Ἀρχαιλογία ist eine Geschichte der Juden von den Anfängen bis in Josephus' eigene Zeit; Dionysios von Halikarnassos' Ῥωμαικὴ Ἀρχαιλογία ist eine Geschichte des archaischen Rom. Es gab keinen gemeinsamen Begriff für all die systematischen Abhandlungen über die Vergangenheit. Aber solche Abhandlungen wurden natürlich in großer Zahl hervorgebracht, besonders als Nebenprodukt lokaler Geschichte. Ihre Titel beziehen sich entweder auf den Ort oder die Institution, die Gegenstand der Untersuchung war: Ἀργολικά, περὶ τῶν ἐν Λακεδαίμονι θυσιῶν, περὶ ἀδόξων ὀνομάτων etc. Religiöse Gebräuche und politische Institutionen waren das geläufigste Objekt des Studiums: Philologie, Geographie und Chronologie trugen dazu bei. In der Schule des Aristoteles verbanden Philosophie und systematisches Wissen der Vergangenheit ihre Kräfte.[7]

Die Römer hielten mit. Rom hatte schon Gelehrte hervorgebracht, die entweder am Ursprung italienischer Städte oder an den Besonderheiten der römischen Institutionen oder, was auf dasselbe hinausläuft, an der Deutung archaischer Texte interessiert waren, als Varro sich an einen systematischen Überblick des römischen Lebens aus dem Blickpunkt seiner Anfänge in der Vergangenheit heranmachte. Keiner der hellenistischen Gelehrten scheint versucht zu haben, *alle* Aspekte des Lebens eines Volkes so systematisch wie Varro zu beschreiben. Die *Antiquitates divinae et humanae* wurden von seinem Zeitgenossen Cicero wie eine Offenbarung begrüßt.[8] Sie setzten einen neuen Maßstab – und vielleicht gaben sie auch dieser Wissenschaft einen neuen Namen: »Antiquitates«. Mit Varro erlangte der systematische Charakter dieser Art von Gelehrsamkeit die Vollendung. Obwohl wir nicht sicher sind, ob er als erster den Namen »Antiquitates« einführte, ist es doch historisch einigermaßen gerechtfertigt, ihn den Vater der modernen antiquarischen Studien zu nennen. Unter »Antiquitates« versteht er einen systematischen Überblick über das römische Leben nach dem Beweismaterial, das Sprache, Literatur und Sitten liefern. Er fragt sich selbst in den *Rerum humanarum libris* (dem 1. Teil, den Büchern über die auf Menschen bezüglichen Altertümer): *»Qui (homines) agant, ubi agant, quando agant, quid agant«* (wer wo wann was tut); und unter »homines«, Menschen, versteht er, wie Augustinus zu Recht bemerkte[9], die Römer.[10] Seine Forschung war natürlich unmittelbarer für das politische Leben von Bedeutung als irgendein hellenistischer Traktat über die Altertümer einer griechischen Stadt. Ein Brief des Ateius Capito über seinen Kollegen und Rivalen, den Antiquar Antistius Labeo, wirft ein Licht auf die politischen Implikationen dieser Forschung bei den Zeitgenossen des Augustus: *»Sed agitabat hominem libertas quaedam nimia atque vecors, tamquam eorum, divo Augusto iam principe et rempublicam obtinente, ratum tamen pensumque nihil haberet, nisi quod iussum sanctumque esse in Romanis antiquitatibus legisset«*[11] (Aber den Mann trieb eine allzu große und geradezu wahnsinnige Freiheitsliebe um, so daß er, als der zum Gott erhobene Augustus bereits Princeps war und über den Staat verfügte, gleichwohl nur das für gültig und wertvoll hielt, von dem er in den römischen *Antiquitates* gelesen hatte, daß es angeordnet und sanktioniert sei). Trotz Varro und Nachfolger wurden die *Antiquitates* doch nie politische Geschichte.[12]

Das Mittelalter verlor nicht das antike Interesse an Inschriften und archäologischen Überresten. Inschriften wurden gelegentlich gesammelt. Denkmäler wurden wahrgenommen. Was aber trotz der in Augustinus' *Civitas Dei* enthaltenen Erinnerung verlorenging, war Varros Idee der *Antiquitates* – die Idee einer Kultur, wiedergewonnen durch systematische Sammlung aller Überreste der Vergangenheit.[13] Die Etappen der Wiederentdeckung der Idee Varros von Petrarca an bis zu Biondo kann uns hier nicht beschäftigen. Biondos *Roma Triumphans* enthält schon die vierteilige Klassifikation, die zahlreiche spätere Handbücher bewahren unter den Überschriften:

antiquitates publicae, privatae, sacrae, militares.[14] Allerdings bedeutete das Wort *Antiquitates* auf den Buchtiteln des 15. Jahrhunderts entweder schlicht Geschichte (*Antiquitates Vicecomitum* von G. Merula, 1486) oder Überreste von Denkmälern (*Antiquitates urbis* von Pomponius Laetus): die ursprüngliche Varronische Bedeutung eines Überblicks über das ganze Leben eines Volkes wurde als Titel eines Buches vielleicht zuerst wieder von J. Rossfeld, genannt Rosinus, im *Antiquitatum Romanarum Corpus Absolutissimum* (1583) eingeführt. Aber der Begriff des Antiquars als eines Liebhabers, Sammlers und Gelehrten antiker Überlieferungen und Überreste – obwohl nicht Historiker – ist eine der typischsten Vorstellungen des Humanismus des 15. und 16. Jahrhunderts. Die Begeisterung der frühen Erkundungen der Antiquare in Biondos Zeit ist in der *Iubilatio* von Mantegnas Freund Felice Feliciano aufgezeichnet.[15] Die nüchterne und pedantische Gelehrsamkeit der großen Antiquare des 16. Jahrhunderts (Sigonius, Fulvio Orsini, Augustinus, Justus Lipsius) spiegelt sich in ihrer Korrespondenz wider. Sie gingen weiter als Varro, weil sie literarische, archäologische und epigraphische Beweismittel verbanden und literarische und epigraphische Texte vorzogen. Langsam stückelten sie die römische Chronologie, Topographie, das Recht und die Religion zusammen: sie entdeckten *Roma sotterranea*, das unterirdische Rom. Sie besetzten fortschreitend neues Gebiet, indem sie ihre Forschung auf Griechenland, auf die lokalen Altertümer in Frankreich, Deutschland und England und auf die orientalischen Königreiche ausdehnten. Sie kommentierten Historiker und ergänzten Historiker, beanspruchten selbst aber gewöhnlich nicht, Historiker zu sein. Sie nahmen Biondos *Roma Triumphans* als ihr Vorbild, das kein Geschichtswerk war, sondern eine systematische Übersicht. Römische Geschichte war von Livius, Tacitus, Florus, Sueton und der *Historia Augusta* geschrieben worden. Es gab keinen Grund, dies noch einmal zu tun, denn in der Hauptsache konnte sie nur so geschrieben werden, wie Livius, Tacitus, Florus und Sueton es getan hatten. Alte Geschichte wurde weiterhin als Teil der Universalgeschichte (einer besonders an protestantischen Universitäten gepflegten Tradition) aufgezeichnet, aber der Abschnitt über Griechenland und Rom in einer Universalgeschichte lief praktisch auf eine Zusammenfassung der antiken Quellen in der richtigen chronologischen Ordnung hinaus – und das war kaum eine Beschäftigung für ernsthafte Erforscher der »Antiquitas«.[16]

Wenn alte Geschichte um ihrer selbst willen studiert wurde, unabhängig von antiquarischer Forschung und Universalgeschichte, so geschah das entweder, um Stoff für moralische und politische Reflexionen zu liefern, oder zum Verständnis von Texten, die man vor allem aus stilistischen Gründen las. Die Wahrheit und Vollständigkeit der überlieferten Berichte wurde kaum in Frage gestellt. Soweit ich irgend weiß, war die Vorstellung, daß man eine Geschichte Roms schreiben könnte, die Livius und Tacitus ersetzen sollte, im frühen 17. Jahrhundert noch nicht geboren. Der erste Camden Praelector der Geschichte an der Universität Oxford war nach seinen Statuten verpflichtet, Florus und andere antike Historiker zu kommentieren (1622). Wie Camden erläuterte, sollte der Dozent »bürgerliche Geschichte lesen und dabei solche Bemerkungen machen, wie sie für die jüngeren Studenten der Universität am nützlichsten und ersprießlichsten sind, um sie in der Kenntnis und der Anwendung der Geschichte, des Altertums und der vergangenen Zeiten zu leiten und zu unterweisen«.[17] Der erste Cambridger Geschichtsprofessor wurde entlassen, weil seine Erläuterungen zu Tacitus als politisch gefährlich angesehen wurden (1627).[18] Sowohl in Oxford wie auch in Cambridge wurde Alte Geschichte in der Form eines Kommentars zu den antiken Historikern gelehrt. Moderne Menschen schrieben »Altertümer«, nicht römische (oder griechische) Geschichte.

Auf der anderen Seite behandelten die meisten *Artes Historicae* des 16. und 17. Jahrhunderts die Arbeit der Antiquare nicht als historische Arbeit. Die Autoren, die sie berücksichtigten, betonten, daß die Antiquare unvollkommene Historiker seien, bemüht, die Reste der Vergangenheit zu bergen, die zu bruchstückhaft sind, um der Gegenstand eigentlicher historischer Darstellung zu sein. Bacon unterscheidet im *Advancement of Learning* (1605) »Antiquities«, »Memorials« und »Perfect Histories« und definiert »Antiquities« als »verunstaltete Geschichte oder einige Überreste der Geschichte, die zufällig dem Schiffbruch der Zeit entrannen« (II,2,1). Johann Gerhard Vossius nimmt das auf in seinem *De Philologia Liber*

(1650): *»Historia civilis comprehendit antiquitates, memorias et historiam iustam. Antiquitates sunt reliquiae antiqui temporis, tabellis alicuius naufragii non absimiles.«* (Die bürgerliche Geschichte umfaßt Altertümer, Denkschriften und eigentliche Geschichte. Altertümer sind Überreste der alten Zeit, nicht unähnlich den Gedenktäfelchen eines Schiffbruchs.) Bemerkenswert ist, daß Vossius die Altertümer in seiner *Ars Historica* nicht berücksichtigt: hier beschäftigt er sich ausschließlich mit der *historia iusta*. Es scheint, als sei *historia iusta* oder vollkommene Geschichte auf die Antike bezogen, vor allem von antiken Historikern geschriebene Geschichte. Was die antiken Historiker ausgelassen hatten, konnte von modernen Antiquaren geborgen werden.[19]

So deutlich diese Unterscheidung erscheinen mag, sie bezieht sich doch nur auf die Geschichte des antiken Griechenland und Rom. Die Autorität der antiken Historiker war derart, daß noch niemand ernstlich daran dachte, sie zu ersetzen. Die Lage war anders beim Studium der übrigen europäischen nationalen und lokalen Geschichten, die, mit Ausnahme ihrer Anfänge, mit der Erforschung des Mittelalters zusammenfallen. Noch war keine Verehrung des Mittelalters entwickelt worden, die mit der Idealisierung der Antike hätte wetteifern können. Keine mittelalterliche Chronik konnte so hohe Autorität beanspruchen, um das Neuschreiben der mittelalterlichen Geschichte zu verhindern. Während es eine kanonische Geschichtsschreibung Griechenlands und Roms gab, fehlte dergleichen für die Geschichte von England, Frankreich, Deutschland oder Spanien. Sogar die Geschichte Italiens insgesamt war in einer anderen Lage als die Geschichte des antiken Rom. So drängten politische und religiöse Gründe, vor allem nach der Reformation, zum radikalen Neuschreiben der verschiedenen nationalen und lokalen Geschichten außerhalb (und gewöhnlich später als) Griechenlands und Roms mit all den Hilfsmitteln, die das Studium in Bibliotheken und Archiven bieten konnte. Sigonius, der in bezug auf die antike griechische und römische Geschichte rein antiquarische Arbeit leistete, schrieb normale mittelalterliche Geschichte in seinen *Historiarum de Occidentali Imperio Libri XX* (1577) und *Historiarum de Regno Italiae Libri XX* (1580). In der Mehrzahl der Fälle ist es zweifelhaft, ob die Erforscher der Vergangenheit Britanniens, Frankreichs und der anderen Länder, die sich Antiquare nannten, etwas anderes damit meinten als das Schreiben reiner Geschichte, die sich auf originale Quellen stützt. Leland nannte sich selbst gern *antiquarius*, und es wurde sogar behauptet, daß er vom König förmlich als Antiquar angestellt wurde, doch scheint es dafür keinen Beweis zu geben. Aber er sagte, er beabsichtige, das gesammelte Material für ein Werk mit dem Titel *De Antiquitate Britanniae* oder auch *Historia civilis* zu benutzen. Während sich der Forscher lateinischer und griechischer Altertümer nicht berechtigt fühlte, sich als Historiker anzusehen, war der Erforscher der Altertümer Britanniens, Frankreichs und der übrigen Länder nur formell vom Forscher der Geschichte dieser Länder zu unterscheiden – und daher geneigt, diese Unterscheidung zu vergessen. Im 16. und 17. Jahrhundert gab es sowohl Antiquare wie Historiker (die oft gar nicht zu unterscheiden waren) für die nichtantike und nachantike Welt, aber nur Antiquare für die Welt der Antike.[20]

Die Lage änderte sich in der zweiten Hälfte des 17. Jahrhunderts.[21] Der Unterschied zwischen Forschern der antiken Welt und Forschern der nichtantiken Welt begann zu verschwinden. Es wurden jetzt Bücher über römische und griechische Geschichte geschrieben, die keinem Schema der Universalgeschichte unterlagen. Sie sollten entweder einen Bericht von Ereignissen liefern, von denen Zeugnis vorwiegend auf Münzen, in Inschriften und archäologischen Überresten gegeben war, oder das Zuverlässigste aus antiken literarischen Quellen auswählen und gruppieren oder eine Neuinterpretation der antiken Quellen von einem moralischen oder politischen Standpunkt aus bieten. So kann man sagen, daß jedes historische Werk des späten 17. und frühen 18. Jahrhunderts im großen und ganzen nur eines dieser drei Ziele zu erreichen strebt. Vaillant schrieb die Geschichte der Ptolemäer und der Seleukiden unter Zuhilfenahme von Münzen (1701, 1681); Tillemont schrieb die Geschichte des Römischen Reiches, um aufzuzeigen, was in den antiken literarischen Quellen am zuverlässigsten war (1693 bis 1707); Echard (um 1697) und Vertot (1719) führten in die römische Geschichte den volkstümlichen Begriff einer Geschichte durch Revolutionen ein. Die altehrwürdige Form der Abhandlung wurde für die drittgenannte Absicht als nicht mehr ausreichend erachtet. Sogar die geringeren Autoren dieser Zeit waren sich der Neuheit bewußt, die im Schreiben von Büchern zur griechischen und römischen Geschichte lag. L. Echard schreibt im Vorwort seiner *Roman History from the Building of the City to the Perfect Settlement of the Empire by Augustus* ([3]1697): »Nie zuvor gab es etwas Derartiges in unserer Sprache, noch etwas, das sich auf die römische Politik bezog, sondern entweder etwas, das mit vielen anderen Geschichten vermischt war oder was davon nur ein paar Jahre umfaßte. Davon finde ich nichts Beachtenswertes außer Raleigh, Ross, Howel, dem Autor der Geschichte beider Triumvirate, und Pedro Mexia, dem Autor der Kaisergeschichte, und die beiden letzteren sind Übersetzungen.«

Die Jesuiten Catrou und Rouillé wurden im Vorwort zu ihrer *Histoire Romaine* (1725ff.) sogar noch deutlicher: »Bis zu unserer Zeit fehlte der Gelehrtenrepublik ein so notwendiges Hilfsmittel, das man ihr jedoch hartnäckig verweigerte. Tatsächlich erschöpften sich die berufsmäßigen Gelehrten in Forschungen über die Gebräuche, die Sitten, die Miliz, die Regierungsart, die Gesetze und die Kleidung der Römer... Die Namen eines Titus Livius, eines Dionysios von Halikarnass, eines Polybios, Plutarch und vieler anderer flößten ihnen so viel Achtung ein, daß sie nicht wagten, sie mit in ihre Werke aufzunehmen.«

Wie die beiden Jesuiten erläutern, gingen die Antiquare den Historikern voran, denn lange wagte niemand, Livius und seinesgleichen zu ersetzen.

Dadurch, daß die Antiquare einen großen Teil ihres Beweismaterials außerhalb der literarischen Quellen sammelten, wirkten sie daran mit, das Bedürfnis nach neuen Geschichtswerken offenkundig zu machen. Aber der Aufstieg der neuen Geschichtsschreibung über Griechenland und Rom mußte schließlich zu der Frage führen, ob statische Beschreibungen der antiken Welt ein Recht hatten, neben den historischen Erklärungen fortzuleben. Beide Punkte verdienen eine sorgfältige Analyse. Die dem nichtliterarischen Beweismaterial zugeschriebene neue Bedeutung ist nur vor dem Hintergrund der großen Reform der historischen Methode verständlich, die in der zweiten Hälfte des 17. Jahrhunderts stattfand. Auf der anderen Seite wurde der Wert der antiquarischen Erforschung Griechenlands und Roms sowohl im 18. wie im 19. Jahrhundert in Frage gestellt – jeweils aus anderen Gründen.

II. Der Streit über den Wert historischer Quellen im 17. und 18. Jahrhundert

a) Die Streitpunkte

Im 17. Jahrhundert waren religiöse und politische Debatten in das Feld der Geschichte eingedrungen und hatten dem Ansehen des Historikers geschadet. Vorurteile waren überall leicht zu wittern, und die natürliche Folgerung war, der gesamten Sippschaft der Historiker zu mißtrauen. Zur gleichen Zeit wurden Versuche unternommen, das historische Wissen auf sicheren Grund zu stellen, indem man die Quellen gründlich analysierte und möglichst anderes Beweismaterial heranzog als das von den früheren Historikern gelieferte. Eine skeptische Haltung überwog, aber dieser Skeptizismus bedeutete nicht immer das schiere Verzweifeln an der Möglichkeit fundierter historischer Erkenntnis.[22]

Kritische Köpfe betonten, wie wenig man wußte. La Mothe Le Vayer formulierte, was als historischer Pyrrhonismus bekannt werden sollte, in seiner Abhandlung von 1668: *Du peu de certitude qu'il y a dans l'histoire*. R. Simon und Bentley bewiesen, wie weit gründliche Kritik sowohl in der geistlichen wie in der profanen Geschichte zu gehen vermag. 1682 begann Bayle in der *Critique générale de l'histoire du calvinisme* seine Karten aufzudecken, als er erklärte: »Es ist wohl unbequem, bis zum Beweis vorzudringen«, und auch: »Mit einem Wort, es gibt keine größere Spitzbüberei als die, welche sich an den historischen Denkmälern zu schaffen macht.« In den folgenden Jahrzehnten wurde das intellektuelle Europa überwältigt von der massiven Gelehrsamkeit und der durchdringenden Kritik des *Dictionnaire historique et critique*, das trotz seiner Ausmaße ein Bestseller war. Ernst Cassirer hielt Bayle seinerzeit für den Prototyp des modernen *érudit*, der keine andere Absicht hegt als die Vermehrung der Erkenntnis.[23] Für die Zeitgenossen war er der Skeptiker, »der berühmte Bayle, der so gut das Zweifeln lehrt«, wie der Baron Holbach voller Sympathie notierte.[24] Sein historischer Pyrrhonismus war sehr offensichtlich mit seinem Mißtrauen gegen Dogmen und frommen Glauben verbunden. Bei Daniel Huet, dem Bischof und Lehrer des Dauphin, einem anderen Pyrrhonisten, der 1723 postum durch seine Abhandlung über die Schwäche menschlicher Erkenntnis Skandal erregte, überwog ein absoluter Skeptizismus entschieden den Skeptizismus bezüglich historischer Quellen. Zwei Umstände sind hier von Belang. Einmal war Huet zur Skepsis gelangt durch seine lange und bahnbrechende Tätigkeit beim vergleichenden Studium der Religionen, dessen bedeutendstes Produkt die *Demonstratio evangelica* von 1672 ist.[25] Zum anderen wurde die Widerlegung seines Pyrrhonismus, nebst der klassischen durch J. P. de Crousaz (1733) die wichtigste, durch einen Antiquar geleistet – nämlich L. A. Muratori, *Delle forze dell'intendimento umano ossia il pirronismo confutato*. Muratori, der, beiläufig bemerkt, Huets postumes Werk gern für eine Fälschung irgendeines Adepten der gefährlichen Sekte von La Mothe Le Vayer und Bayle gehalten hätte, war sich darüber im klaren, daß historisches Wissen nicht länger gesichert ist, wenn man nicht zugibt, es gebe *»cose sensibili delle quali si ha e si può avere una chiara e indubitata idea«* (sinnlich wahrnehmbare Dinge, von denen man eine klare und unbezweifelbare Vorstellung hat und haben kann).

Der historische Pyrrhonismus traf sowohl den überkommenen historischen Unterricht wie den überkommenen religiösen Glauben.[26] Es war ganz natürlich, daß die Mitglieder religiöser Kongregationen (Bollandisten, Mauriner) einige der besten Beiträge zur Unterscheidung berechtigter und unberechtigter Zweifel in der Geschichte leisteten. Aber die Suche nach sicheren historischen Regeln blieb nicht auf sie begrenzt. Die Pyrrhonismusdebatte wütete an den deutschen protestantischen Universitäten, die gerade damals ihren ersten beträchtlichen Beitrag zur historischen Methode leisteten. Die Kontroverse geriet aus den Händen der Historiker und Philosophen in die der Juristen, die traditionell mit der Glaubwürdigkeit von Zeugen befaßt sind und ihre reiche Erfahrung auf diesem Gebiet geltend machen konnten. Alle versuchten, die Merkmale dessen zu bestimmen, was sie einen glaubwürdigen Beweis nennen konnten. Natürlich wurden immer noch Bücher über die rhetorischen Regeln, wie Geschichte zu schreiben sei, verfaßt. Die Jesuiten schrieben mehrere klassische Werke dieser Gattung (P. Rapin, P. Le Moyne). Aber ein neuer Typus der Abhandlung über die Formen von Geschichtsschreibung entwickelte sich, der sich von der rhetorischen *Ars Historica* der Renaissance entfernte und praktisch auf die Methode der Quelleninterpretation und -kritik beschränkt war. Einige Lehrbücher beschäftigten sich vor allem mit der Textkritik (Authentizität und Verbesserung der Texte); die *Ars critica* von J. Le Clerc (1697) ist die bedeutendste darunter. Andere, wie H. Griffet, *Traité des différentes sortes de preuves qui servent à établir la vérité de l'histoire* (1769), befassen sich vor allem mit dem historischen Wert originaler Quellen.

Eine Möglichkeit, die Frage zu beantworten, bietet die Unterscheidung zwischen literarischen Quellen und anderem Material wie Urkunden, Inschriften, Münzen und Statuen. Es wurde vorausgesetzt, daß Urkunden und andere öffentliche Verlautbarungen, Münzen, Inschriften und Statuen bessere Zeugnisse darstellen als literarische Quellen. Im Laufe dieser Debatte äußerte einer der Juristen:

»Sunt vero fundamenta et causae quibus dicta veritas innuitur praecipue monumenta et documenta publica quae in archivis imperantium singulari cura adservantur... Enim vero, cum non omnibus archiva publica pateant, aut temporum iniuria sint deperdita, alia eorum loco testimonia rei gestae quaerere opus est. Qualia sunt publica monumenta, columnae et statuae apud veteres hinc et inde erectae.«[27] (Die Grundlagen und Ursachen, aus welchen besagte Wahrheit vorzüglich anerkannt werden kann, sind Denkmäler und öffentliche Dokumente, welche in den Archiven der Herrschaftsträger mit besonderer Sorgfalt aufbewahrt werden... Da nun nicht allen die öffentlichen Archive offenstehen oder durch die Ungunst der Zeiten zerstört sind, muß man an deren Stellen andere Zeugnisse der Begebenheiten aufsuchen. Dazu gehören öffentliche Denkmäler, Säulen und Statuen, wie sie bei den Alten hin und wieder errichtet wurden.)

Daher sollte der Wert einer Geschichte in großem Ausmaß von der Menge der von dem Historiker untersuchten öffentlichen Dokumente, Inschriften und Münzen abhängen. Im 6. Band der

Mémoires de Littérature de l'Académie Royale des Inscriptions (1729) erörterten vier Autoren (Anselme, De Pouilly, Sallier, Fréret) die Überlieferungen der Ursprünge Roms auf eine Weise, die eine allgemeine Untersuchung der Prinzipien der historischen Kritik einschloß. Das Thema der Debatte stellte der Abbé Anselme folgendermaßen: »Ich habe also vorgebracht, daß das Altertum nicht so völlig, wie man es behaupten wollte, aller notwendigen Hilfsmittel zur Geschichte ermangelt und daß außer den Nachrichten, die uns aufbewahrt sind, das, was dunkel und verwirrt ist, aus den authentischen Denkmälern ergänzt wurde, die davon Zeugnis ablegen...«[28]

Die Argumente der gelehrten Akademiemitglieder entwickelte später L. de Beaufort, *Sur l'incertitude des cinq premiers siècles de l'histoire romaine* (1738).

Andererseits konnte ein Historiker von bloßer Überlieferung abhängen, das heißt letztlich von Berichten von Personen, von denen man annahm oder die behaupteten, sie seien Augenzeugen. Damit wurde es wesentlich, die Kriterien zu bestimmen, aufgrund derer eine Überlieferung verläßlich sein kann, selbst wenn sie nicht von unabhängigem Beweismaterial wie Münzen, Inschriften oder Urkunden unterstützt wird. Die Auswahl einer guten Überlieferung umfaßt natürlich eine Reihe von Fragen zur *bona fides* der Zeugen und der Mittel, sie zu taxieren, zur Deutung des Beweismaterials und zur absichtlichen oder unabsichtlichen Fehldarstellung, zu der die Deutung der Quellen führen kann. Die Schule des Christian Thomasius diskutierte besonders den Begriff der *fides historica*. M. Lupin (*De fide iuridica*, 1699) bestimmte ihn folgendermaßen: *»Fides historica est praesumtio veritatis de eo quod hominibus accidisse vel ab iis gestum esse dicitur, orta ex coniecturis circumstantiarum quae non saepe fallere solent, nullis tamen ab hominibus inventis aut praescriptis regulis adstricta, sed liberae cuiusvis ratiocinationi, a praeiudiciis tamen vacuae, relicta.«*[29] (Historische Glaubwürdigkeit ist die Erwartung, daß das wahr ist, was den Menschen widerfahren oder von ihnen getan worden sein soll, entstanden aus Vermutungen der Umgebung, die nicht häufig irrezuführen pflegen, dennoch aber von keinen, von Menschen erfundenen oder vorgeschriebenen Regeln bestimmt, sondern als Resultat jeweils freier, von Vorurteilen unbeschwerter Überlegung.)

Das Studium der Heiligen Schrift war nur ein extremer Fall der Analyse einer Überlieferung, die von fast keinem unabhängigen Beweismaterial gestützt wurde. Die Formulierung innerer Kriterien, die zur Begründung der *bona fides* der Quellen ausreichen, war bei dem Mangel unabhängiger Quellendokumente oder einer beträchtlichen Menge epigraphischen und archäologischen Materials der einzige Weg, den Skeptikern zu antworten.[30] Die gesamte Debatte über die Wunder Jesu zwischen Charles Blount (1680) und Charles Leslie (1698) und zwischen Th. Woolston (1727) und Bischof Sherlock (1729) drehte sich um die Zuverlässigkeit der Evangelisten als Zeugen. Auf Blount, der für die Wunder Jesu keinen besseren Beweis unterstellte als für die Wunder des Apollonios von Tyana, antwortete Leslie mit seiner »Short and Easy Method«, gute Zeugen auszuwählen. Ob die Methode so kurz und leicht war, wie Leslie dachte, ist eine andere Frage. Und selbst wenn unter dem Einfluß von J. D. Michaelis den hebräischen Altertümern größere Aufmerksamkeit geschenkt wurde, so blieb die Debatte über die *bona fides* der Quellen die wichtigste Methode, die Wahrheit der Bibel abzuschätzen.

In der römischen Geschichte waren Perizonius' *Animadversiones Historicae* (1685) ein gediegener Versuch der methodischen Analyse literarischer Quellen ohne viel Berufung auf das dokumentarische Beweismaterial. Als die Welle des historischen Pyrrhonismus gefährlich anstieg, verteidigte er seine Position, die einer maßvollen Kritik, in seiner *Oratio de fide historiarum contra Pyrrhonismum Historicum* (1702). Sein Hauptargument bestand darin, daß man in bestimmten Fällen Historikern vertrauen kann, nämlich dann, wenn sie gegen das Interesse der Sache sprechen, die sie verteidigen.

Komplexe philologische Kritik, wie Perizonius sie anstrebte, war erst mit dem Beginn des 19. Jahrhunderts möglich, als eine verfeinerte Technik die Gelehrten in die Lage versetzte, die literarischen Quellen (wenn es überhaupt welche gab) von literarischen Quellen zu entdecken. Im 18. Jahrhundert hatte noch niemand eine klare Vorstellung von den Quellen des Diodor oder des Tacitus. Auch war die Persönlichkeit des Historikers selbst noch kein Gegenstand deutlichen Interesses, von wenigen Fällen abgesehen. Ebenfalls erregte die Vorstellung, daß eine Überlieferung Beachtung verdient als Äußerung volkstümlichen Glaubens, keine breite Aufmerksamkeit. Solange diese Gesichtspunkte nicht sorgfältig erwogen wurden, war es unvermeidlich, daß amtliche Dokumente, Inschriften und Münzen verläßlicher erschienen als literarische, nur auf Überlieferung begründete Zeugnisse. Es war vor allem eine Frage der Menge. Der gesunde Menschenverstand hätte der Vorstellung, daß Tausende von Dokumenten, Münzen und Inschriften so leicht wie einzelne literarische Texte gefälscht werden könnten, unüberwindlichen Widerstand entgegengebracht.

b) Die Betonung der nichtliterarischen Quellen

Ezechiel Spanheim, der Begründer der modernen Numismatik, erinnert 1671 seine Leser an Quintilians *obiter dictum* (Nebenbemerkung): *»Alii ab aliis historicis dissentiunt«* (II,4,19; die Historiker weichen alle voneinander ab). Er hatte ein Heilmittel: *»Non aliunde nobis certius quam in nummis aut marmoribus antiquis praesidium occurrit. Nec certe ratio hic aut eventus fallit. Subsidia quippe reliqua, dubiam semper transcriptorum exemplarium fidem, haec autem sola primigeniam Autographorum dignitatem prae se ferunt.«* (Nicht anderswoher kommt uns ein sichereres Hilfsmittel als von den antiken Münzen und Marmorbildern. Und hier täuscht weder Berechnung noch Zufall. Da bei den übrigen Hilfsmitteln nämlich die Glaubwürdigkeit der abgeschriebenen Exemplare immer zweifelhaft ist, haben diese jedoch allein die erstgeborene Würde von Autographen für sich.)

An einer anderen Stelle wird die Anspielung auf den zeitgenössischen schlechten Ruf der Historiker sogar noch deutlicher: *»Multa iisdem historiarum aut Annalium conditoribus, vel odio vel amore, vel incuria sunt perperam tradita, quae emendari hoc tempore aut revinci, nisi publicis quibusdam tabulis, non possunt.«* (Vieles ist bei diesen Verfertigern von Geschichtsbüchern oder Annalen falsch überliefert, sei es aus Haß oder Liebe oder Sorglosigkeit, was heute, zumindest ohne öffentliche Aufzeichnungen, weder berichtigt noch widerlegt werden kann.)

Jacques Spon verkündete 1679 mit dem Eifer eines Apostels einer neuen Methode die Überlegenheit der archäologischen Zeugnisse in seiner *Réponse à la critique publiée par M. Guillet.* Er forderte seinen Gegner heraus: »In seinen ersten Abhandlungen zeigt er uns, wie durch ein unerhörtes Wunder die antiken Autoren, obwohl sie doch Menschen waren, weniger Leidenschaft als heute der Marmor und die Bronze besaßen und wie im Gegenteil Bronze und Marmor damals empfänglicher für Leidenschaft waren als die Menschen unseres Jahrhunderts.«

1697 veröffentlichte Francesco Bianchini *La Istoria Universale provata con monumenti e figurata con simboli degli antichi.* Bemerkenswert ist es durch die zugrundeliegende Überzeugung, daß das archäologische Material (oder, wie Bianchini es nennt, *»storia per simboli«*) einen solideren Grund für die Geschichte legt als die literarischen Quellen. Nach Bianchini sind sich die gewöhnlichen Chronographen nicht darüber im klaren, daß sie einen Fehler begehen, wenn sie nur literarische Quellen zitieren. Archäologisches Material ist zugleich »Symbol und Beweis dessen, was geschah« (*»le figure dei fatti, ricavate da monumenti d'antichità oggidì conservate, mi sono sembrate simboli insieme e pruove dell' istoria«*). Bianchini weiß, daß die Überlegenheit des archäologischen Materials im allgemeinen von seinen Zeitgenossen zugegeben wird. Das Studium der antiken Denkmäler ist *»accommodato al genio della età nostra«* (dem Geist unserer Zeit angemessen). Andere hatten im gleichen Sinn vom 17. Jahrhundert als »dem Jahrhundert der Numismatik« gesprochen. Später wendete Francesco Bianchini seine Methode auf die Kirchengeschichte der ersten Jahrhunderte an. Er starb, bevor er sein Werk beenden konnte, das sein Neffe Giuseppe Bianchini vervollständigte und 1752 veröffentlichte: *Demonstratio Historiae Ecclesiasticae quadripartitae comprobatae monumentis pertinentibus ad fidem temporum et gestorum.* Addison gab deshalb eine verbreitete Ansicht wieder, als er bemerkte: »Es ist viel sicherer, eine Medaille als einen Autor zu zitieren, denn in diesem Fall beruft man sich nicht auf Sueton oder Lampridius, sondern auf den Kaiser selbst oder auf die gesamte Körperschaft eines römischen Senats.«

Bianchini war Astronom; Jacques Spon war Arzt. Seine Freunde Charles Patin, Charles Vaillant und andere Numismatiker und Antiquare waren ebenfalls Mediziner. Einer von ihnen, H. Meibomius, bemerkte 1684: *»Et nescio quidem an preculiari aliquo fato Medici nos veteris nummariae rei studio teneamur«* (und ich weiß nicht, ob nicht ein besonderes Schicksal uns Ärzte zum Studium der alten Münzen anhält). Sie brachten etwas von der wissenschaftlichen Methode direkter Beobachtung in die historische Forschung.[31]

Die Pyrrhonisten versäumten nicht, darauf hinzuweisen, daß sogar Urkunden, Inschriften, Münzen und Denkmäler nicht von Zweifel oder Verdacht frei sind. Sie können gefälscht sein oder unterschiedlich gedeutet werden. F. W. Bierlingius, der Verfasser zweier bemerkenswerter Abhandlungen *De iudicio historico*, 1703, und *De pyrrhonismo historico*, 1707, schrieb: *»Ars inscriptiones interpretandi adeo fallax est, adeo incerta... Numismata iisdem dubiis obnoxia sunt... Vides ergo, quicumque demum proferantur historiarum fontes, et antiquitatis monumenta, omnia laborare sua incertitudine.«*[32] (Die Kunst, Inschriften zu deuten, ist sehr trügerisch, sehr unsicher... Die Münzen sind den gleichen Zweifeln unterworfen. Man sieht also, welche Quellen der Geschichte und Denkmäler des Altertums auch immer herangezogen werden, alle leiden an ihrer Unsicherheit.)

Ein anderer gemäßigter Skeptiker, Gilbert Charles Le Gendre, beharrte in seinem *Traité de l'opinion ou Mémoires pour servir à l'histoire de l'esprit humain*, das zwischen 1735 und 1758 vier Auflagen erlebte, auf dem zweifelhaften Wert des archäologischen Materials: »Gelegentlich lügen Marmor und Erz.« Es verdient festgehalten zu werden, daß er den Abschnitt über irreführende Denkmäler nach der ersten Auflage erweiterte. Offensichtlich war der Gegenstand zunehmend wichtig geworden.[33]

Um nach den zeitgenössischen Quellen zu urteilen, gelang es den Pyrrhonisten jedoch nicht, die Mehrheit der Gelehrten zu überzeugen. Jacques Spon und andere Antiquare wurden in einer der vielen Abhandlungen gerühmt, die den Wert der Inschriften für die Rechtswissenschaft feststellen sollten: *»Bene sit, praecamur, piis manibus Gruteri, Reinesii, Sponi, Fabretti, ceterorumque qui ad describendas e lapidibus, saxis, marmoribusque inscriptiones antiquas, romanas imprimis, studium suum laudabiliter contulerunt. Neque enim, si recte componantur singula illa monumenta, ad veteris solum*

Historiae corroborandam fidem et ad pleraque capita mythologiae et omnis generis antiquitatum explicanda egregie conducunt sed etc...«[34] (Gesegnet seien die Manen eines Gruter, Reinesius, Spon, Fabretti und der übrigen, die durch das Beschreiben alter Inschriften auf Steinen, Felsen und Marmorbildern, vor allem römischer, löblich zu diesem Studium beigetragen haben. Sie haben nämlich, wenn sie die einzelnen Denkmäler richtig aufnahmen, nicht nur zur größeren Zuverlässigkeit der alten Geschichte, sondern auch zu vielen Gegenständen der Mythologie und jeder Art von Altertümern hervorragend beigetragen...)

Bei Joh. Aug. Ernesti, *De fide historica recte aestimanda*, war 1746 der systematische Vergleich literarischen Beweismaterials mit nichtliterarischem als ein orthodoxes Kriterium gegen den historischen Pyrrhonismus akzeptiert.[35] Die gleiche Ansicht sprach 1747 Chr. A. Crusius' *Weg zur Gewißheit und Zuverlässigkeit der menschlichen Erkenntnis* aus, und J. M. Chladenius kodifizierte sie in einer der wichtigsten Abhandlungen des Jahrhunderts zur historischen Methode, *Allgemeine Geschichtswissenschaft* (1752). Die Bereitschaft der Historiker zum Studium nichtliterarischer Quellen wurde in Göttingen 1766 mit der Gründung des Historischen Instituts offiziell anerkannt. Es war Gatterers Schöpfung und diente hauptsächlich den Hilfswissenschaften (Urkundenlehre, Numismatik usw.), die – so erklärte Chr. G. Heyne in der Eröffnungsrede – *»historicis argumentis fidem faciunt«* (historischen Argumenten Glaubwürdigkeit verschaffen).[36] Einzelne Gelehrte, welche das nichtliterarische Beweismaterial dem literarischen vorgezogen hatten, hatten auch in früheren Jahrhunderten nicht gefehlt – so etwa Cyriacus von Ancona.[37] Im späten 16. Jahrhundert sprach Antonio Agustín (Augustinus) die gleiche Überzeugung in einem beiläufigen Satze aus: *»Yo mas fe doi a las medallas y tablas y piedras, que a todo lo que escriven los escritores«* (ich messe den Medaillen, Bildern und Steinen mehr Glaubwürdigkeit zu als all dem, was die Schriftsteller schreiben).[38] Sein Zeitgenosse Claude Chifflet bemerkte: *»Veteres historiae controversias nummorum antiquorum cognitio componit«* (die alten Streitfragen der Geschichte schlichtet die Erforschung der antiken Münzen).[39] Solche Zitate lassen sich wahrscheinlich beliebig aneinanderreihen. Sie ändern nichts an der Tatsache, daß das nichtliterarische Beweismaterial im späten 17. und frühen 18. Jahrhundert besondere Autorität gewann.

Die außerordentliche Geschichte des Père Hardouin ist nur in diesem Zusammenhang verständlich. Hardouin ist offenkundig ein pathologischer Fall. Er begann mit dem Studium der Numismatik, fand dabei Widersprüche zwischen Münzen und literarischen Texten und zog allmählich die Schlußfolgerung, daß alle antiken Texte (mit Ausnahme von Cicero, Vergils *Georgica*, Horaz' *Satiren* und *Episteln* und seinem geliebten Plinius d. Ä.) von einer Bande von Italienern im späten 14. Jahrhundert gefälscht wurden. Er identifizierte sogar den Bandenchef: Severus Archontius, der aus Zerstreutheit seine Spur an einer Stelle der *Historia Augusta* (Firmus Sat., 2,1) als Numismatiker hinterlassen hatte. Hardouin trieb den zeitgenössischen Hang zum nichtliterarischen Beweismaterial und den zeitgenössischen Verdacht gegenüber den literarischen Quellen allerdings über die Grenze der Vernunft hinaus. Aber seine Zeitgenossen lachten nicht. Sie antworteten in aller Ausführlichkeit. La Croze schrieb einen ganzen Band gegen Hardouin (1708); Dom Tassin und Dom Toustain rechtfertigten ihren großen *Nouveau Traité de Diplomatique* (1750–65), indem sie unter anderem versicherten, er würde es einem neuen Hardouin unmöglich machen, seine Heldentat zu wiederholen. Bekanntlich befanden sich unter den einzelnen Entdeckungen Hardouins die der Fälschung des Gesamtwerks des heiligen Augustinus und die der *Divina Commedia*.[40]

Wenn wir die Leistungen der Antiquare beim Formulieren der Regeln für die angemessene Deutung nichtliterarischer Quellen betrachten, müssen wir eine scharfe Unterscheidung treffen. Der Erfolg beim Aufstellen sicherer Regeln für den Gebrauch von Urkunden, Inschriften und Münzen sowohl bezüglich ihrer Echtheit wie ihrer Deutung war umfassend. Der Widerstand, dem Mabillons *De Re Diplomatica* (1681) begegnete, war nicht größer, als man es bei einem zugestandenermaßen polemischen Werk erwarten konnte. Solche Angriffe wie der des Jesuiten P. Germon, *De veteribus regum francorum diplomatibus et arte secernendi antiqua diplomata vera a falsis Ad R. P. Mabillonium disceptatio* (1703), waren symptomatisch vor allem für die Streitigkeiten zwischen den religiösen Orden.

Mabillons Werk wurde bald allgemein als autoritativ anerkannt. Seine paläographischen Forschungen wurden von Montfaucon auf griechische Handschriften ausgedehnt, der der neuen Disziplin in seiner *Palaeographia graeca* (1708) ihren gegenwärtigen Namen gab.[41] Auf der anderen Seite vervollkommnete Scipione Maffei die Klassifikation lateinischer Handschriften und formulierte die Regeln der epigraphischen Kritik in der *Istoria Diplomatica* (1727) und in der postumen *Ars Critica Lapidaria* (1765). Was die Münzen betrifft, so ließ eine Reihe großer Forscher von Spanheim bis zu Eckhel (1792) keinen Zweifel an der richtigen Methode, mit ihnen umzugehen.

Vasen, Statuen, Reliefs und Gemmen sprachen eine viel schwierigere Sprache. Die achtunggebietende Menge von Emblembüchern, die sich seit Alciato ansammelten, war nicht geeignet, die Klarheit dieser Sprache zu vermehren. Wie können wir bei einem Denkmal mit bildlichen Darstellungen die Absicht des Künstlers erkennen? Wie können wir zwischen dem nur Ornamentalen und dem, was einen religiösen oder philosophischen Glauben ausdrücken soll, unterscheiden? Die Geschichte der Versuche, eine wissenschaftliche Ikonographie zu schaffen, etwa von Jacques Spon, *Miscellanea Eruditae Antiquitatis* (1679) bis zu J. Spence, *Polymetis* (1747), auf dem Wege über *L'Antiquité expliquée* von Montfaucon (1718), muß immer noch geschrieben werden. Die lebenslange Beschäftigung Winckelmanns mit der Ikonographie, die in seinem *Versuch einer Allegorie besonders für die Kunst* (1766) gipfelt, muß in diesem Zusammenhang verstanden werden. Welche Bedeutung man den von Winckelmann und seinen Vorgängern erzielten Ergebnissen auch beimessen mag, auf diesem Felde war das Maß an Übereinstimmung zwischen den Antiquaren unvergleichlich geringer als im Bereich der Numismatik, Epigraphik und Diplomatik.[42] Jeder, der Franz Cumonts *Le Symbolisme Funéraire des Romains* von 1942 und Professor A. D. Nocks Rezension dieses Buches im *American Journal of Archeology* von 1946 gelesen hat, wird vermuten, daß wir nach zwei Jahrhunderten immer noch weit von einer allgemein akzeptierten Deutung bestimmter Bildtypen entfernt sind.

Wenn es zutrifft, daß wir immer noch darunter leiden, daß es den Antiquaren des 18. Jahrhunderts nicht gelungen ist, ein überzeugendes Handbuch der bildenden Künste zu schaffen, so waren doch die unmittelbar anschließenden Entwicklungen davon nicht betroffen. Bewaffnet mit seinen Abhandlungen von mehr oder weniger bleibendem Wert über Numismatik, Diplomatik, Epigraphik und Ikonographie, konnte der Antiquar des 18. Jahrhunderts sich mit einem Vertrauen, das seinen Vorgängern fehlte, auf alte und neue Felder wagen. Er konnte selbst Historiker werden oder den Historikern helfen, Geschichtswerke einer neuen Art zu schreiben. Es mag genügen, an den vielleicht größten Beitrag der Erforschung nichtliterarischer Quellen zur historischen Erkenntnis im 18. Jahrhundert zu erinnern: die Entdeckung des vorrömischen Italiens.

c) Ein Beispiel extensiven Gebrauchs nichtliterarischer Quellen

Der streitbare Riese Thomas Dempster ist eine malerische Gestalt in der schottischen katholischen Emigration nach Italien im frühen 17. Jahrhundert. Als Professor der Humaniora starb er 1625 in Bologna mit dem Ruf großen Wissens und geringer Urteilskraft, der dem zu seinen Lebzeiten veröffentlichten Hauptwerk, der Neuausgabe von Rosinus' *Antiquitates*, nicht ganz gerecht wird. Mir ist es immer noch nicht gelungen, herauszufinden, warum sein Manuskript *De Etruria Regali* unveröffentlicht blieb, bis es etwa ein Jahrhundert später Thomas Coke, dem nachmaligen Earl of Leicester, in die Hände fiel. Coke sagt zu Recht in seinem Vorwort: »*Hoc quidem mirum videri potest ita disposuisse Fortunam ut de rebus Etruscorum antiquis scribere et Britanno homini contingeret unice, et quod idem liber in Britanni pariter hominis manus incideret.*« (Es mag wundersam erscheinen, daß Fortuna es so verfügt hat, daß sowohl der ein Brite war, der auf einzigartige Weise über das etruskische Altertum geschrieben hat, wie auch der, in dessen Hände dieses Buch fiel.) Dempster hatte nur das literarische und einiges epigraphische Material über Etrurien gesammelt. Für die stärkere Betonung der archäologischen Zeugnisse im 18. Jahrhundert ist bezeichnend, daß es der Herausgeber für unmöglich hielt, das Manuskript so, wie es war, zu veröffentlichen: er bat einen Antiquar mit berühmtem Familiennamen, Filippo Buonarroti, die Zeugnisse der

Denkmäler hinzuzufügen. Das Buch, das eine seltsame Verbindung der antiquarischen Gelehrsamkeit zweier Jahrhunderte darstellt, erschien 1723 in Florenz und entpuppte sich als ungewöhnlicher Erfolg. Nach Inghirami und Reinesius (1637) war im 17. Jahrhundert nicht viel über die Etrusker publiziert worden. Nun erschien eine Flut von Büchern und Abhandlungen. Die Akademie von Cortona mit ihren Lucumonen (etruskische Magnaten) und bedeutenden Studien war 1726 von Onofrio Baldelli gegründet worden, die Società Colombaria 1735 in Florenz. Jedermann erkannte an, daß Dempster die Quelle der Inspiration für das neue Interesse an Etrurien war. Aber dieses Interesse war nicht primär literarisch. Es bezog sich vor allem auf das Studium des archäologischen Materials. Die etruskischen Museen in Volterra, von Guarnacci, in Cortona, von Baldelli und in Montepulciano, von P. Bucelli gegründet, entstanden in diesen Jahren. 1744 hatten die sogenannten etruskischen Vasen im Vatikan schon das Recht auf einen eigenen Raum erlangt. Das archäologische Wiederaufleben breitete sich von der Toskana über die anderen Teile Italiens aus: 1740 wurde in Rom die Accademia di Antichità Profane gegründet, 1755 die Accademia degli Ercolanesi. Die Entdeckung von Herculaneum und Pompeji war das bemerkenswerteste Ergebnis. Die Arbeit von Thomas Dempster wurde ein Erfolg, weil die italienischen Gelehrten nach einem neuen Brennpunkt für ihre patriotischen Gefühle und kulturellen Interessen Ausschau hielten. Da sie in ihren regionalen Überlieferungen tief verwurzelt und aus verschiedenen Gründen Rom gegenüber mißtrauisch waren, fanden sie in den Etruskern, Pelasgern und anderen vorrömischen Stämmen das Gesuchte. Den Lokalpatriotismus befriedigte das hohe Alter der vorrömischen Kulturen. Die neue Richtung des Interesses an nichtliterarischem Material legte die Möglichkeit seiner Erforschung nahe und lieferte die Technik dafür. Die dergestalt mit der patriotischen Wiederbelebung verbundene antiquarische Methode brachte Gelehrte von einer in Italien seit über hundert Jahren nicht gekannten Qualität hervor.[43]

Vicos 1710 veröffentlichte Jugendarbeit – *De antiquissima Italorum sapientia* – beschäftigte sich mit Metaphysik und hatte außer im Titel wenig mit alten Zeiten zu tun. Zu Vico ist jedoch ein Aspekt festzuhalten. Während er sehr mit der linguistischen, theologischen und juristischen Gelehrsamkeit seines Zeitalters vertraut war, blieb er so gut wie unberührt von den Methoden Spanheims, Mabillons und Montfaucons. Er bewunderte Mabillon und verweist zumindest einmal auf Montfaucon, machte sich aber ihre exakte Gelehrsamkeit nicht zu eigen. Er war in seiner Zeit isoliert, teils weil er ein größerer Denker, teils aber auch, weil er ein geringerer Gelehrter war als seine Zeitgenossen. Die antiquarische Bewegung des 18. Jahrhunderts ging an ihm vorbei.[44]

Viele phantastische Theorien wurden entwickelt wie Guarnaccis *Origini italiche*, in denen Etrusker und Samariter in eine gefährliche Nähe gebracht wurden. Selbst der scharfsinnige und international denkende Denina frönte einer idyllischen Beschreibung Italiens vor der römischen Herrschaft mit einer friedlichen Gesellschaft kleiner Städte und Staaten, und sogar Tiraboschi begann seine *Storia della Letteratura Italiana* mit den Etruskern. Die Verherrlichung des vorrömischen Italien, die sich so oft im frühen Risorgimento findet,[45] ist für die italienischen Historiker des 18. Jahrhunderts nicht weniger charakteristisch. Hier liegen die Wurzeln vieler Vorstellungen von Giobertis *Primato*. Dennoch ging ernsthafte Forschung Hand in Hand mit mythischem Denken. Etrusker zu vermuten, wann immer sogenannte etruskische Vasen gefunden wurden, hieß, das Problem auf eine archäologische Grundlage zu stellen, und das war ungewöhnlich. Die Entdeckungen in Süditalien nötigten bald zu dem Eingeständnis, daß viele dieser Vasen rein griechische Arbeiten waren – eine schon Winckelmann vertraute Vorstellung. Der Gedanke, daß die *Tabulae Eugubinae* etruskisch waren, wurde definitiv verworfen.[46] Goris Denkmälersammlung erwies sich als von bleibender Bedeutung, und am Ende des Jahrhunderts lieferte Lanzis *Saggio di lingua etrusca* ein hervorragendes Muster methodischer Forschung.

Als Wilamowitz 1925 nach Italien kam, hielt er einen Vortrag in Florenz, worin er die Geschichte des vorrömischen Italiens als geeigneten Gegenstand für künftige italienische Gelehrte empfahl. Es war Croce ein leichtes, zu zeigen, daß dieser Gedanke in Italien zumindest ein Jahrhundert alt war. Er hätte behaupten können, daß er zwei Jahrhunderte alt sei.[47]

Im 18. Jahrhundert gingen die Italiener auf dem Wege über Etrurien und die Magna Graecia nach Griechenland zurück. Die sizilianischen Münzen, die Fürst Torremuzza sammelte – und Goethe kam, um sie sich anzusehen –, die herkulaneischen Papyri und schließlich die jetzt als griechisch erkannten Vasen verrieten griechischen Ursprung. Die Debatten zwischen Gelehrten wie Passeri, der Griechenland Priorität zugestand, und Guarnacci, der die Ansprüche Etruriens verteidigte, ließen erkennen, wie eng die Beziehungen zwischen Etrurien und Griechenland gewesen waren. Ein neues Gefühl der Vertrautheit mit der griechischen Welt ist in Italien im 18. Jahrhundert nach der langen Zwischenzeit der Gegenreformation zu spüren. Die *Fasti Attici* von O. Corsini (1744) und die *Monumenta Peloponnesia* von P. M. Paciaudi (1761) dehnten das Interesse von der Magna Graecia auf das griechische Mutterland aus. Verschiedene Elemente dieser Situation, die es Foscolo ermöglichte, Italiener zu sein, und Leopardi, seine Poesie zu schreiben, können auf Museen, Nekropolen und gelehrte Gesellschaften zurückgeführt werden.[48]

III. Die Konflikte zwischen Antiquaren und Historikern im 18. und 19. Jahrhundert

a) Der Konflikt im 18. Jahrhundert

Das Schreiben von Geschichte im späten 17. und frühen 18. Jahrhundert ist durch die große Anzahl von Historikern charakterisiert, deren Hauptinteresse darin lag, die Wahrheit jedes Ereignisses durch die besten Forschungsmethoden zu erweisen. Sie teilten diese Belange mit den zeitgenössischen Antiquaren, deren Methoden sie in der Tat häufig folgten. Obwohl der Unterschied zwischen einem Geschichtswerk und einem Buch über Altertümer formal deutlich blieb, waren somit die Ziele der Historiker oft mit denen der Antiquare identisch. Beide strebten nach faktischer Wahrheit und nicht nach einer Deutung der Ursachen oder einer Untersuchung der Folgen. Mit den Worten von Mark Pattison in seiner Erwiderung auf de Quincey: »Denken war nicht ihr Beruf.«[49] Als die ›philosophischen‹ Historiker die Gelehrsamkeit angriffen, war das Ansehen sowohl der Antiquare wie der ›gelehrten‹ Historiker berührt. Bei ihrer Suche nach zuverlässigen Quellen waren die gelehrten Historiker wie die Antiquare geneigt zu vergessen, daß Geschichte eine Neuinterpretation der Vergangenheit ist, die zu Schlußfolgerungen auf die Gegenwart führt. Die philosophischen Historiker (Montesquieu, Voltaire) stellten Fragen über die Gegenwart. Tatsächlich stellten sie Fragen über die allgemeine Entwicklung der Menschheit von solch allgemeiner Natur, daß Genauigkeit im Detail leicht unerheblich erscheinen konnte und auf die literarische Quellen einfacher eine zufriedenstellende Antwort zu liefern schienen als die *Thesauri* der Antiquare. Voltaire billigte die Zweifel seiner gelehrteren Kollegen bei vielen Einzelheiten der historischen Überlieferungen, aber empfand nicht das Bedürfnis, sie durch besser gesicherte Details zu ersetzen. Er fegte sie als irrelevant hinweg und verlangte einen anderen Zugang zur Geschichte. Die Idee der Zivilisation wurde ihr Hauptthema und die politische Geschichte ihr untergeordnet. Themen wie Kunst, Religion, Sitte und Handel, die bisher dem Bereich der Antiquare überlassen waren, wurden typische Gegenstände für den philosophischen Historiker – aber kaum auf die Weise der Antiquare. Viele teilten Horace Walpoles Verachtung für Menschen, denen alles Alte schlechthin erhaltenswert schien. Der *Discours Préliminaire de l'Encyclopédie* (1751) konnte nicht deutlicher sein: »Das Gebiet der Gelehrsamkeit und der Fakten ist unerschöpflich; man glaubt, seine Substanz alle Tage sozusagen wachsen zu sehen durch die Erwerbungen, die man dort mühelos macht. Demgegenüber ist das Land der Vernunft und der Entdeckungen von ziemlich geringer Ausdehnung, und statt dort zu erfahren, was man nicht wußte, geschieht es oft, daß man durch das Studium nur dahin gelangt, zu verlernen, was man zu wissen glaubte.«

Und wie Gibbon bemerkte: »In Frankreich ... wurde die Gelehrsamkeit und Sprache Griechenlands und Roms von einem philosophischen Zeitalter vernachlässigt. Der Hüter dieser Studien, die Akademie der Inschriften, wurde auf den tiefsten Rang der drei königlichen Gesellschaften in Paris erniedrigt: die neue Bezeichnung *Érudits* wandte man verächtlich auf die Nachfolger von Lipsius und Casaubon an.«

Vertot, Middleton, Ferguson und Gillies beschäftigten sich bei der neuen Deutung der politischen Geschichte Griechenlands und Roms kaum mit der Erörterung der Quellen.

Auf dem Gebiet antiker Religion war die langwährende Zusammenarbeit des Antiquars mit dem Philosophen gestört. Im 17. Jahrhundert war es zunehmend deutlich geworden, daß orientalische Sprachen und Geschichte zum Verständnis des Christentums notwendig waren. John Selden veröffentlichte 1617 sein epochemachendes *De Diis Syris*. 1627 wies D. Heinsius im *Aristarchus Sacer* darauf hin, daß sogar die Sprache der Evangelien ohne einige Kenntnis orientalischer Sprachen nicht verstanden werden kann. Der Islam wurde besser bekannt und zog später Sympathien auf sich. Die Vertrautheit mit mittelalterlicher jüdischer Philosophie brachte das Problem des Ursprungs der Bilderverehrung in Begriffen zur Sprache, wie man sie schon vor Jahrhunderten formuliert hatte. Johann Gerhard Vossius' Abhandlung *De theologia gentili et physiologia christiana sive de origine et progressu idololatriae* (1641) war begleitet von Text und Übersetzung der *Mishneh Thorah* von Maimonides. Die Berührung mit heidnischen Völkern in Asien und Amerika schärfte die Augen für die charakteristischen Züge des Heidentums. Die Fragen, die die Gelehrten stellten, lauteten: (a) Wie geschah es, daß der Polytheismus den ursprünglichen Monotheismus ersetzte; (b) welches war die Beziehung des mosaischen Gesetzes zu den Institutionen der umgebenden Völker; (c) welche Bestätigung, wenn überhaupt, für hebräische und christliche Offenbarung ließ sich in heidnischen Texten finden? Die Methode zur Beantwortung dieser Fragen war gewöhnlich eine Verbindung von Etymologie mit dem Vergleich von Dogmen und Ritualen. Das Opfer des Phrixus konnte mit dem des Isaak verglichen werden; Serapis und Joseph, der Sohn Jakobs, konnten die gleiche Person sein. Der Name des Vulcanus schien leicht mit dem des Tubalkain identifizierbar zu sein. Selbst die Zerstörung Trojas nahm man als prophetische Beschreibung der Zerstörung Jerusalems durch Nebukadnezar. Hebräische und phönikische Ableitungen waren durch Estienne Guichart und Samuel Bochart in Mode gekommen. Thomas Hyde machte 1700 Parsitexte zugänglich – nicht immer mit glücklichen Folgen.

Die Antwort auf die Frage nach den Ursprüngen variierte vom

Euhemerismus bis zum Eingreifen von Teufeln und den Schlichen von Philosophen und Priestern. Es war aber mehr oder weniger allgemein anerkannt, daß ein Land – vorzugsweise Ägypten – das Zentrum der Verbreitung eines philosophischen Monotheismus gewesen sei. Der Jesuit A. Kircher gab sich damit zufrieden, daß die *Mensa Isiaca* den Beweis für einen ägyptischen Glauben an die Trinität lieferte (1652). H. Witsius (1683) vermochte die Ursprünglichkeit des jüdischen Monotheismus gegen John Marsham und John Spencer nur dadurch zu verteidigen, daß er behauptete, die Ägypter hätten ihren monotheistischen Glauben von den Juden hergeleitet. Obwohl nichts Ungewöhnliches oder Unorthodoxes in der Ansicht lag, daß einige Heiden die Wahrheit unabhängig von der jüdischen oder christlichen Offenbarung erkannt hatten, so konnte die Zahl der nun zur wahren Erkenntnis Gottes zugelassenen Heiden gefährliche Implikationen haben. Man versteht, warum englische Deisten von Herbert bis zu Toland vergleichende Religionswissenschaft so eifrig betrieben und warum ihre Gegner von Cudworth bis zu Warburton genötigt waren, das gleiche zu tun. Die deistische Kontroverse wurde mit Waffen ausgefochten, welche die *»antiquitates sacrae«* lieferten.[50]

Gegen Ende des 17. Jahrhunderts wurde auch deutlich, daß das Studium der Religion zunehmend mit dem von den Antiquaren gesammelten, nichtliterarischen Material rechnen mußte. Spanheim versprach ein numismatisches Werk über die Religion, das nie Gestalt annahm, aber Münzen galten allgemein als vorzügliche Übermittler religiöser Vorstellungen. De La Chausse verkündete 1700, daß Gemmen ein weiterer Segen für den Erforscher der Religion seien: »Nicht nur, daß sie so viele Kunstwerke auf kleinstem Raum zeigen, es gilt noch mehr für das, was die Geschichte so an Bedeutendem offenbart, die Religion der Alten, der Kult ihrer Götter..., die verborgensten Geheimnisse der Heiden; und unter mysteriösen Bildern und wunderbaren Figuren enthüllt sich die abergläubische Doktrin vieler Nationen.«[51]

Sammlungen von Götterbildern waren natürlich während der Zeit der Renaissance üblich. Die Repertorien des 16. Jahrhunderts von Du Choul und Cartari wurden immer noch nachgedruckt. Aber jetzt sollte die Ikonographie der neuen vergleichenden Religionswissenschaft dienen. Der beliebte Autor A. Banier bestand in *La Mythologie et les Fables expliquées par l'Histoire* (1738) auf der Notwendigkeit, »Medaillen, Inschriften und historische Denkmäler« zu benutzen, um die antike Religion zu erläutern. Es ist bezeichnend, daß die erste Auflage des *Gründlichen Mythologischen Lexicon* von B. Hederich, das 1724 erschien, nur auf literarische Quellen verwies, die 2. Auflage von 1770 aber Abschnitte zur Ikonographie hinzufügte. Die sogenannten etruskischen Vasen regten Diskussionen über religiöse Themen an. Man kann aber unmöglich dem Eindruck entgehen, daß diese Forschungen, je weiter wir im 18. Jahrhundert fortschreiten, um so weniger zentral für die Erforschung der Religion werden. Die mehr philosophisch eingestellten Köpfe des Zeitalters fanden es unnötig, sich dazu herabzulassen, literarisches und nichtliterarisches Material zur antiken Religion zu sammeln und zu deuten. Die Sachkenntnis des Präsidenten de Brosses, von Ch. Fr. Dupuis, N. A. Boulanger, Baron de Sainte-Croix, J. B. G. de Villoison und selbst des gewaltig weitschweifigen A. Court de Gébelin war beschränkt. Sie dachten über Prinzipien nach, stets beschäftigt, allgemeine Theorien über den Ursprung der Religion oder spezifischer noch der religiösen Mysterien zu formulieren, und machten sich nicht die Mühe, ein klares Bild von dem zu erhalten, was die Antiquare taten. Die bedachter vorgehenden Erforscher der Religion scheinen sich des von den Antiquaren gesammelten Beweismaterials und der von ihnen gestellten Probleme nicht mehr bewußt gewesen zu sein. Viel von der früheren Arbeit war für sie verschwendet. Andererseits waren zu viele von denen, die das Material kannten, offensichtlich nicht mit den Schwierigkeiten ihres Gegenstandes vertraut. Die Antiquare selbst vergaßen die Lektion in Weisheit, die Montfaucons *Antiquité expliquée* bot und die so viele komplizierte Deutungen religiöser Symbole widerlegte. Da sie unfähig waren, über Prinzipien nachzudenken, spekulierten sie über Einzelheiten. Stukeley übertrug Kirchers trinitarischen Unfug aus Ägypten nach Stonehenge. D'Hancarville faszinierte viele ihm Überlegene durch seinen Mißbrauch der Vasen. R. Payne Knight bemühte sich am Leitfaden der Münzen, »die weiten und verworrenen Labyrinthe der politischen und allegorischen Fabel zu erkunden und so genau wie möglich die Theologie von der Mythologie der Alten zu trennen« – und er erwies sich als nicht weniger zügellos als d'Hancarville. Bezeichnend war, daß ein ernsthafter Arbeiter wie P. E. Jablonski in seinem *Pantheon Aegyptiorum* (1750) nichtliterarische Quellen soweit wie möglich vermied.[52]

b) Der Konflikt im 19. Jahrhundert

Bis zum Ende des 17. Jahrhunderts hatte man die Antiquare ungestört bei zwei Tätigkeiten belassen. Sie kümmerten sich um jenen Beweistypus, den der gewöhnliche politische Historiker gern beiseite ließ, und sie hatten die Gegenstände erforscht – Sitten, Institutionen, Kunst und Religion –, die außerhalb des Bereichs des politischen Historikers lagen und am besten an nichtliterarischen Quellen untersucht werden konnten. Im frühen 18. Jahrhundert verloren sie die Kontrolle über das nichtliterarische Material. Je mehr die ›gelehrten‹ Historiker die Methode der Antiquare beim Überprüfen literarischen Materials durch nichtliterarisches übernahmen, desto weniger konnten die Antiquare Münzkunde, Urkundenlehre und Epigraphik als eigene Gegenstände behaupten. Sie blieben aber die Lehrer der vier »Altertümer« – öffentlicher, privater, religiöser und militärischer »antiquitates« – *publicae, privatae, sacrae, militares*. Die Daseinsberechtigung der Antiquare wurde im 18. Jahrhundert nicht in Frage gestellt. Die ›philosophischen‹ Historiker hatten keine Verwendung für ihre Gelehrsamkeit und versuchten nicht, sie auf neue Bahnen zu lenken. Die Frage stellte sich anders und geriet zu einer bestimmteren Herausforderung an die Antiquare, als es gegen Ende des Jahrhunderts (vor allem dank Winckelmann und Gibbon) offensichtlich wurde, daß Gelehrsamkeit und Philosophie nicht unvereinbar waren. Die Verbindung philosophischer Geschichte mit der Forschungsmethode der Antiquare wurde zu dem Ziel, das sich viele der besten Historiker des 19. Jahrhunderts steckten. Es ist immer noch das Ziel, das sich viele von uns selbst setzen, und es konfrontiert uns mit zwei schwierigen Dingen: die ständige Unterdrückung der A-priori-Haltung, die im verallgemeinernden Zugriff des philosophischen Historikers liegt, und andererseits das Vermeiden einer antiquarischen Geisteshaltung mit ihrer Vorliebe für Klassifikationen und belanglose Einzelheiten. Der Antiquar war Kenner und Liebhaber, seine Welt war statisch, sein Ideal das Sammeln. Ob er nun Dilettant oder Professor war, er lebte, um zu klassifizieren. In manchen Fällen wurden seine Gewohnheiten verstärkt durch die Methoden, die in den Bereichen vorherrschten, mit denen er eng verbunden war. *Antiquitates sacrae* grenzten an theologisches Gebiet; *antiquitates publicae* waren kaum, wenn auf Rom bezogen, vom römischen öffentlichen Recht zu unterscheiden. Auf beiden Feldern war systematischer und dogmatischer Unterricht traditionell. Aber Geschichte begann jetzt Theologie und Jurisprudenz zu durchdringen. Ein neuer, fordernder und umfassender Begriff von menschlicher Entwicklung ließ wenig Raum für bloße Beschreibungen der Vergangenheit.

Die richtig gestellte Frage über die antiquarischen Studien im 19. Jahrhundert ist nicht, warum sie diskreditiert waren, sondern warum sie so lange überlebten. Die Antwort lautet, daß die antiquarische Geisteshaltung naturgemäß nicht ungeeignet war für die Art der Institutionen, mit denen sie sich vor allem beschäftigte. Es ist leichter, Recht, Religion, Sitten und militärische Technik zu beschreiben, als sie entwicklungsgeschichtlich zu erklären. Oft ist die Beschaffenheit des Materials derart, daß man Angaben, die verschiedenen historischen Zeitaltern angehören, verbinden muß, um das Bild einer Institution zu erhalten. Wo der Historiker zurückzuschrecken neigt, um nicht gegen die chronologische Folge zu verstoßen, ist der Antiquar bereit einzuspringen. Klassifikation kann auf Chronologie verzichten.

Das erklärt, warum Zweifel an der Möglichkeit einer Vereinigung von antiquarischer und historischer Forschung sich auch in gutunterrichteten Köpfen lange hielten und Gegenstand heftiger Debatten gewesen sind. F. A. Wolf versuchte in seiner *Darstellung der Altertumswissenschaft* (1807) zu unterscheiden zwischen Geschichte, die sich mit »dem Werdenden« befaßt, und den Altertümern, die »das Gewordene« behandeln.[53] F. Ast spürte einen Unterschied zwischen der »Altertumswissenschaft« und der politischen Geschichte der Antike (1808).[54] E. Platner unterschied zwischen der Geschichte, die ein Volk »in seiner Bewegung« darstellt, und den

Altertümern, die es »in seiner Geschlossenheit und Ruhe« beschreiben.[55] F. Ritschl war in *Über die neueste Entwicklung der Philologie* (1833)[56] vielleicht einer der ersten, der die Existenz von so etwas wie »Altertümern« völlig verneinte und der viele andere scharfsinnige Bemerkungen machte, aber Boeckh leugnete in der *Enzyklopädie* zwar die Existenz von »Altertümern« im allgemeinen, hielt jedoch an der Unterscheidung von politischer Geschichte und »Staatsaltertümern« fest, wobei die eine es mit Begebenheiten, die andere mit Institutionen zu tun hat. Boeckh war offensichtlich von der langen Tradition des dogmatischen Unterrichts von Recht und Institutionen in den juristischen Fakultäten beeinflußt.[57]

G. G. Gervinus (1837) und J. G. Droysen (1868) behandelten dieses Problem nicht in ihren Lehrbüchern der *Historik* und hielten es wohl für überholt. Aber das sollte uns die Augen nicht vor der Tatsache verschließen, daß das Lehren und Schreiben über »Altertümer« als etwas von der Geschichte Verschiedenes bis vor wenigen Jahrzehnten fortdauerte. Chr. G. Heyne richtete die Disziplin »Kunstaltertümer« ein, als Winckelmann die Kunstgeschichte schon erfunden hatte. »Kulturaltertümer« wurden geschrieben, nachdem K. O. Müller schon gezeigt hatte, was eine Geschichte der griechischen Religion sein konnte. Es gab »Kriegsaltertümer« auch noch nach H. Delbrücks *Geschichte der Kriegskunst* (1900), und L. Friedländer bewirkte nicht sofort die Verwandlung der »Privataltertümer« in »Sittengeschichte«. Die »Staatsaltertümer« erwiesen sich als noch hartnäckiger, wurden sie doch durch das Beispiel von Mommsens systematischem »Staatsrecht« gestützt: erst in diesem Jahrhundert waren die deutschen Gelehrten bereit, »Staatsaltertümer« in »Rechtsgeschichte« oder »Verfassungsgeschichte« zu verwandeln.[58] Auch war das Überleben des antiquarischen Zugangs zur Geschichte keine deutsche Besonderheit, obwohl man zugeben muß, daß sich außerhalb Deutschlands weniger Leute über dieses Problem Sorgen machten. Frankreich blieb traditionell bis vor noch gar nicht vielen Jahren die beste Heimat für Antiquare.

Gelegentliche Rückfälle in die antiquarische Geistesverfassung müssen selbst für die Zukunft gewärtigt werden. Aber die Vorstellung von »Altertümern« besteht nicht mehr, weil die ihr entsprechende Vorstellung einer auf literarische Quellen begründeten politischen Geschichte nicht mehr besteht. Die Historiker haben erkannt, daß der traditionelle Gegenstand antiquarischer Forschung in Kapitel der Kulturgeschichte mit dem gesamten nötigen Apparat an Gelehrsamkeit verwandelt werden kann.

Der Antiquar rettete die Geschichte vor den Skeptikern, obwohl er nicht Geschichte schrieb. Seine Vorliebe für die originalen Dokumente, sein Scharfsinn beim Entdecken von Fälschungen, seine Kenntnis beim Sammeln und Klassifizieren des Materials und vor allem seine unbändige Liebe zum Wissen sind die Beiträge des Antiquars zur »Ethik« des Historikers. Wir pflegen das Andenken an Jean Mabillon nicht nur wegen der *De Re Diplomatica*, sondern auch wegen des *Traité des Études Monastiques*, worin er empfiehlt: »Avoir le cœur dégagé des passions, et sur tout de celle de critiquer« (das Herz frei von Leidenschaften zu haben, und vor allem von der zu kritisieren).[59]

Anhang[60]

John Leland, Antiquar des Königs

Der Artikel über John Leland im *Dictionary of National Biography* behauptet (S. 892): »Leland wurde 1533 zum Antiquar des Königs ernannt, ein Amt, bei welchem er weder Vorgänger noch Nachfolger hatte.«

Der Nachweis für diese Behauptung wird nicht geliefert und ist anscheinend nicht leicht zu finden. Die Vorstellung, daß Leland zum Antiquar des Königs ernannt wurde, geht, soweit ich es ermitteln kann, auf das *Life of Camden* von T. Smith (1691) zurück, worin sich diese bezeichnende Stelle findet (S. XXVIII): »(Lelands) überaus löblichen Fleiß begünstigte König Heinrich VIII. durch eine jährliche Pension aus dem königlichen Schatze und ernannte ihn zum Antiquar, unter welchem Titel Lelandus verdientermaßen berühmt wurde. Dieses Amt blieb, was zu beklagen ist, seit jener Zeit überhaupt unbesetzt: allerdings übernahmen der eine oder andere (es sind kaum mehrere zu nennen) den stolzen Namen eines Königlichen Historiographen, was wohl genügend Würde bietet.«

T. Smith zitierte keine Quelle, und A. Hall in seiner *Vita Auctoris*, die er seiner Ausgabe von Lelands *Commentarii de scriptoribus britannicis* (1709) voranschickte, nannte T. Smith als Beleg für die gleiche Behauptung: »Damit dieser nicht nur sein Bibliotheksvorsteher sei, verlieh er ihm großzügig den prächtigen Titel eines Antiquars. Als einziger unter den Vorkämpfern der englischen Schule, die immer fruchtbar an gelehrten Männern war, ist er zum Gipfel eines solchen

Titels emporgestiegen – Möge er ihn behalten und mag er ihm als Grabmal dienen.«

W. Huddesfords *Life of Leland* (1772), S. 9, ist sogar noch genauer: »Durch eine Kommission unter dem großen Staatssiegel, Anno Domini 1533, im 25. Regierungsjahr, wurde er zum Antiquar des Königs ernannt; als erster und allerdings als auch letzter trug er dieses ehrenvolle Amt.« Aber er nennt als Beleg Woods *Athenae Oxonienses*, und Wood (ed. Bliss), I, S. 198, sagt etwas anderes: »(Leland) hatte einen Auftrag von ihm (dem König) unter großem Staatssiegel, im 25. Regierungsjahr, 1533, das ihn ermächtigte, Englands Altertümer zu erforschen, usw.«

Leland selbst behauptet in seinem »Newe Yeares Gyfte to King Henry the VIII«, genannt *The Laboriouse Journey and Searche for Englands Antiquitees* (ed. Huddesford, ohne Seitenzählung), daß er im 25. Jahr von »your prosperous reygne« den »höchst gnädigen Auftrag erhielt, alle Kloster- und Collegebibliotheken dieses Eures edlen Reiches zu benutzen und sorgfältig zu erforschen«. Er unterzeichnete seine Schrift mit »Joannes Leylandus Antiquarius«. Die Unterschrift, im besten humanistischen Stil, bedeutet nicht notwendig, daß er zum Antiquar des Königs ernannt worden war. Die Frage, auf welche ich gern eine Antwort von kompetenten Forschern hätte, ist, ob T. Smith außer dieser Unterschrift andere Belege hatte.[61]

[Eine Auswahl von Schriften zum vorrömischen Italien]

(erschienen etwa 1740–1840)

Amaduzzi, G. C., *Delle origini italiche di Monsig. Mario Guarnacci, Esame critico con una apologetica risposta, etc.*, Venedig 1773.

Amati, G., *Sui vasi etruschi o italogreci recentemente scoperti*, Rom 1830.

Balbo, C., »Delle origini degli antichi popoli italiani«, *Antologia Ital.* 1864, S. 213–233; 247–262.

Bardetti, S., *De'primi abitatori dell'Italia*, posthume Veröffentlichung, Modena 1769; *Della lingua dei primi abitatori dell'Italia*, posthume Veröffentlichung, Modena 1769; *Della lingua dei primi abitatori dell'Italia*, posthume Veröffentlichung, Modena 1772.

Bianchi Giovini, A., *Sulle origini italiche di A. Mazzoldi, Osservazioni*, Mailand 1841; *Ultime osservazioni sopra le opinioni del Signor A. Mazzoldi intorno alle origini italiche*, Mailand 1842.

Bini, G. C. vgl. Lami, G., *Lettere Gualfondiane*.

Bonaparte, L., *Catalogo di scelte Antichità Etrusche trovate negli scavi del Principe di Canino*, Viterbo 1829.

Bourguet, Louis, *Spiegazione di alcuni monumenti degli Antichi Pelasgi trasportata dal Francese con alcune osservazioni sopra i medesimi*, Pesaro 1735.

Campanari, Sec., Dei primi abitatori d'Italia, *Giornale Arcadico, LXXXIV* (1840), S. 241–272.

Carli Rubbi, G. R., *Delle antichità italiche*, Mailand 1788–1791.

Cattaneo, Carlo, *Notizie naturali e civili su la Lombardia*. Introduzione, I, Mailand 1844.

Del Bava, G. M. Riccobaldi, *Dissertazione istorico-etrusca sopra l'origine, l'antico stato, lingua e caratteri della Etrusca nazione*, Florenz 1758.

Delfico, M., »Discorso preliminare su le origini italiche«, in *Dell'antica numismatica della città d'Atri nel Piceno*, Teramo 1824.

Denina, C. G. M., *Delle Rivoluzioni d'Italia*, Turin 1769–1770.

Durandi, Jacopo, *Saggio sulla storia degli antichi popoli d'Italia*, Turin 1769; *Dell'antico stato d'Italia. Ragionamento in cui si esamina l'opera del p. S. Bardetti sui primi abitatori d'Italia*, Turin 1772.

Fabroni, G., *Degli antichi abitatori d'Italia*, Florenz 1803.

Ferrari, Guido, *Dissertationes pertinentes ad Insubriae antiquitates*, Mailand 1765.

Fourmont, E., *Réflexions sur l'origine, l'histoire et la succession des anciens peuples*, 2. Aufl., Paris 1747.

Fréret, N., »Recherches sur l'origine et l'histoire ancienne des différents peuples de l'Italie«, in *Histoire de l'Académie des Inscriptions* (1753), XVIII, S. 72 bis 114.

Gori, A. F., *Museum Etruscum*, Florenz, 3 Bde., 1737–1743; *Difesa dell'Alfabeto degli antichi Toscani pubblicato nel 1737 dall'autore del Museo Etrusco, disapprovato dall'illustrissimo Marchese S. Maffei*, Florenz 1742; *Storia Antiquaria Etrusca del principio e de' progressi fatti finora nello studio sopra l'antichità etrusche*, Florenz 1749.

Guarnacci, Mario, *Origini italiche o siano memorie istorico-Etrusche sopra l'antichissimo regno d'Italia e sopra i di lei primi abitatori*, 3 Bde., Lucca 1767–1772; 2. Aufl., Rom 1785–1787.

Inghirami, F., *Monumenti Etruschi o di Etrusco nome disegnati*, 6 Bde., Fiesole 1821–1826; *Lettere d'Etrusca Erudizione*, Fiesole 1828; *Etrusco Museo Chiusino… con aggiunta di alcuni ragionamenti del Prof. D. Valeriani*, etc., Florenz 1832–1834; *Storia della Toscana*, 16 Bde., Fiesole 1841–1843; *Pitture di Vasi Etruschi*, 2. Aufl., 3 Bde., Florenz 1852–1856.

Lami, G., *Lettere Gualfondiane sopra qualche parte dell'antichità etrusca*, Florenz 1744; *Lezioni di antichità toscane*, Florenz 1766.

Lanzi, L. A., *Saggio di Lingua Etrusca*, Rom 1789; *De'vasi antichi dipinti volgarmente chiamati etruschi*, Florenz 1806.

Maffei, Sc., *Ragionamento sopra gli Itali primitivi in cui si scuopre l'origine degli Etruschi e dei Latini*, in *Istoria Diplomatica*, Mantua 1727, S. 201–260; »Trattato della nazione etrusca e degli Itali primitivi«, in *Osservazioni Letterarie*, Bde. IV–VI, Verona 1739–1740. Vgl. *Osservazioni Letterarie*, III, 1738, S. 233 (Rezension von T. Dempster, *De Etruria Regali*).

Mazzocchi, A. S., »Sopra l'origine dei Tirreni«, in *Saggi di dissertazioni... lette nella nobile Accademia Etrusca di Cortona*, III, 1741, S. 1–67.

Mazzoldi, A., *Delle origini italiche e della diffusione dell'incivilimento italiano all'Egitto, alla Fenicia, alla Grecia e a tutte le nazioni asiatiche*, Mailand 1840; 2. Aufl., Mailand 1846; *Risposta alle osservazioni di A. Bianchi Giovini*, Mailand 1842.

Micali, G., *L'Italia avanti il dominio dei Romani*, 4 Bde., Florenz 1810; 2. Aufl., Florenz 1821; *Storia degli antichi popoli italiani* (Florenz 1832); *Monumenti inediti a illustrazione della storia degli antichi popoli Italiani*, Florenz 1844.

Passeri, G. B., »Lettre roncagliesi, in A. Calogierà«, *Raccolta di Opuscoli*, XXII bis XXIII, Venedig 1740–1742; Dell'Etruria omerica, in A. Calogierà, *Nuova Raccolta di Opuscoli*, XVIII, 1768; *In Thomae Dempsteri libros de Etruria regali Paralipomena*, Lucca 1767; *Picturae Etruscorum in vasculis*, 3 Bde., Rom 1767–1775.

Quadrio, F. S., *Dissertazioni critico-storiche intorno alla Rezia*, Mailand 1755.

Romagnosi, D., »Esame della storia degli antichi popoli italiani di G. Micali in relazione ai primordii dell'italico incivilimento«, in *Biblioteca Italiana*, LXIX–LXX, 1833.

Rosa, G., *Genti stabilite tra l'Adda e il Mincio prima dell'Impero Romano*, Mailand 1844.

Tonso, A., *Dell'origine dei Liguri*, Pavia 1784.

Valeriani, D., vgl. Inghirami, F., *Etrusco Museo Chiusino*.

Dies ist eine ganz provisorische Karte eines Feldes, das eingehender Erforschung bedarf:

1 J. Addison, Dialogues upon the usefulness of Ancient Medals, *Miscellaneous Works*, III, 1830, S. 59–199.

2 Siehe z. B. C. Justi, *Winckelmann und seine Zeitgenossen*, ³1923, zuerst 1866; L. Hautecœur, *Rome et la Renaissance de l'Antiquité à la fin du XVIII siècle*, 1912 (*Bibl. Écoles Athènes et Rome*, 105); L. Cust und S. Colvin, *History of the Society of Dilettanti*, ²1914 (1898), S. I–XLI; E. D. Snyder, *The Celtic Revival in English Literature*, Cambridge, Mass. 1923; P. Yvon, *Le Gothique et la Renaissance Gothique en Angleterre*, Caen 1931; K. Clark, *The Gothic Revival, An Essay in the History of Taste*, London ²1950; H. R. Steeves, *Learned Societies and English Scholarship*, New York 1913.
Wichtige Dokumente: Comte de Caylus, *Recueil d'Antiquités*, 1752–1767; G. B. Piranesi, *Antichità romane*, 1756; R. Wood, *Ruins of Palmyra*, 1753; ders., *Ruins of Baalbec*, 1757; R. Chandler, *Marmora Oxoniensia*, 1763; A. Gori, *Symbolae litterariae*, Florenz und Rom, 1748–1751; Baudelot de Dairval, *De l'utilité des voyages et de l'avantage que la recherche des antiquitez procure aux sçavans*, I, 1686, S. 1–70 ist ein unschätzbares Dokument für die »Ethik« der Antiquare.

3 Das beste findet sich bei C. B. Stark, *Systematik und Geschichte der Archäologie der Kunst*, Leipzig 1880. Reiche Information auch in J. W. Thompson und B. J. Holm, *A History of Historical Writing*, II, 1942, und natürlich in J. Sandys, *A History of Classical Scholarship*, Cambridge I–III, 1906–1908; Ch.-V. Langlois, *Manuel de Bibliographie Historique*, Paris 1901.
Zu England vgl. H. B. Walters, *The English Antiquaries of the Sixteenth, Seventeenth, and Eighteenth Centuries*, London 1934. Zu Frankreich, S. Reinach, »Esquisse d'une Histoire de l'archéologie gauloise«, *Revue Celtique*, XIX, 1898, S. 101–117, 292–307 (vgl. hier Anm. 20).

4 E. Norden, *Agnostos Theos*, 1913, S. 367. Vgl. auch Themist., 26, 316 (H. Kesters, *Antisthène: De la dialectique*, Louvain 1935, S. 164). A. Körte, »Die Entstehung der Olympionikenliste«, in *Hermes*, XXXIX, S. 221.

5 F. Jacoby, »Charon von Lampsakos«, in *Studi Italiani Fil. Class.*, XV, 1938, S. 218, ist dafür wesentlich. Die Unterscheidung zwischen Hippias' »Archäologie« und Thukydides' Begriff von Geschichte ist offensichtlich. Weniger deutlich, aber doch sehr wahrnehmbar, wie ich denke, ist die Unterscheidung von Hippias' »Archäologie« und Herodots ἱστορία. Hippias sammelte Information und machte sie verfügbar, die (1) nicht leicht zugänglich war, (2) oft aus entfernter Vergangenheit kam und sich (3) für die Form eines Katalogs eignete. Herodots Geschichte besteht aus einer Haupthandlung, befaßt sich vor allem mit der jüngeren Vergangenheit und gibt (zumindest im Prinzip) die glaubwürdigere Überlieferung, ohne die weniger glaubwürdige zu unterdrücken (Jacoby, Pauly-Wissowa, *Real-Encyclopädie*, Suppl. II, Art. Herodotus, Sp. 467 ff.).
Vergleiche Dionysios von Halikarnassos in *De Thucyd.* 5.

6 Vgl. Dionys. Hal. I, 4,1; Strabo XI, 14, 12, S. 530; Diod. Sic. ii, 46, 6; Flavius Josephus, *Ant. Iud.* I, 1, 5; I, 3, 94 (über Hieronymus Aegyptius, vgl. Jacoby, P. W. VIII, Sp. 1560).
Es ist unbekannt, was die unter den Schriften des Philosophen Kleanthes aufgeführte Archäologie war. Retrospektiv wurde der Name Archäologie einer Schrift des Semonides von Samos gegeben (7. Jahrh. v. Chr.), siehe Suidas, Art. Σιμμίας, und P. Maas, P. W. III A, 185. Er wurde auch der Atthis des Phanodemos (4. Jahrh. v. Chr.) gegeben. Vgl. auch Philostr. *Vita Apoll. Tyan*, ii, 9, und Proklos, *Comm. ad Timaeum*, S. 31 C–E (I, S. 101–102 Diehl). Die Ῥωμαικὴ ἱστορία (Steph. Byz. unter Νομαντία) und die Ρωμαικὴ ἀρχαιολογία (Steph. Byz. unter Νομαντία) von König Juba muß dasselbe Werk sein (F. Jacoby, P. W., IX, Sp. 2392).

7 F. Jacoby, *Klio*, IX (1909), S. 121; vgl. *Atthis* (1949), S. 117 (über Philochoros als Historiker, der Geschichte von Altertümern trennte). Vgl. auch A. Tresp, *Die Fragmente der griechischen Kultschriftsteller*, 1914 (*Religionsgesch. Versuche und Vorarbeiten*, XV, I), und seinen Artikel in P. W. Suppl. IV, Sp. 1119.

8 *Ac. Post.*, I, 8.

9 *De civ. dei*, VI, 4.

10 Varros Stellung in der Geschichte antiquarischer Forschung ist noch zu untersuchen. Literatur bei H. Dahlmann, P. W. Suppl., VI, Art. Terentius Varro, und F. Della Corte, *Enciclopedisti latini*, Genua, Di Stefano 1946, S. 33–42 (auch *La filologia latina dalle origini a Varrone*, Turin 1937, S. 149). Die Fragmente der *Antiquitates* finden sich in R. Merkels Ausgabe von Ovids *Fasti*, 1841, CVI, und P. Mirsch, *De M. Terenti Varronis Antiquitatum Rerum Humanarum libris XXV*, in *Leipziger Studien*, V, 1885, S. 1.
Über den Unterschied zwischen römischen und griechischen Antiquaren siehe die genauen Beobachtungen von F. Jacoby, *Fr. Gr. Hist.* III a, Kommentar zu 273, S. 248 ff.

11 Aul. Gell., XIII, 12, 2.

12 Vgl. die Erwähnungen von Antiquaren bei Plinius *N. H.*, Praef. 24; Tac. *Dial.* 37. Die gesamte Geschichte der römischen antiquarischen Studien von Fenestella bis zu Johannes Lydus muß noch geschrieben werden. Zu Plutarch siehe die Bibliographie bei K. Ziegler, in Pauly-Wissowa, Art. Plutarchos, Sp. 222 des Einzeldrucks.

13 Neue Informationen zu mittelalterlichen antiquarischen Studien enthält J. Adhémar, *Influences Antiques dans l'Art du Moyen-Âge Français*, London, Warburg Institute, 1939, S. 43–131; F. Peabody Magoun, »The Rome of two Northern Pilgrims«, in *Harv. Theol. Rev.*, XXXIII, 1940, S: 267–290; R. Valentini und G. Zucchetti, *Codice Topografico della Città di Roma*, III, 1946 *(Fonti Storia d'Italia)*, mit der wichtigen Rezension von A. Degrassi, *Epigraphica*, VIII, 1946, S. 91–93; und die zahlreichen Studien von A. Silvagni über epigraphische Sammlungen im Mittelalter (*Diss. Pont. Accad. Archeol.* XV, 1921, S. 151; *Rivista Archeologia Cristiana*, XV, 1938, S. 107 und 249; *ebda.*, XX, 1943, S. 49; *Scritti in onore di B. Nogara*, 1937, S. 445 etc. Vgl. auch B. Lasch, *Das Erwachen und die Entwicklung der historischen Kritik im Mittelalter*, Breslau 1887, und M. Schulz, *Die Lehre von der historischen Methode bei den Geschichtsschreibern des Mittelalters*, Berlin 1909.

14 Biondos Methode in Beziehung zur antiken antiquarischen Forschung ist noch nicht untersucht worden. Vgl. Gutkind, *Dt. Vjs. f. Literaturwissenschaft*, X, 1932, S. 548 als jüngere Würdigung Poggios. Vgl. auch P. Joachimsen, *Geschichtsauffassung und Geschichtsschreibung in Deutschland unter dem Einfluß des Humanismus*, 1910, I, S. 15 ff.

Ein Punkt von großer Bedeutung ist die Beziehung zwischen philologischer und antiquarischer Forschung, zumindest seit Polizianos *Liber Miscellaneorum* (dessen Bedeutung zutreffend gewürdigt wird von G. Funaioli, Lineamenti di una storia della filologia attraverso i secoli, *Studi di Letteratura Latina*, I, 1946, S. 284) und Coelius Rhodiginus (Ludovico Ricchieri), *Antiquae Lectiones*, 1516. Auch das bedarf detaillierter Forschung. Für die Anfänge der Ägyptologie gibt es die klassische Arbeit von K. Giehlow, »Die Hieroglyphenkunde des Humanismus«, in *Jahrb. d. Kunsthist. Sammlungen des allerhöchsten Kaiserhauses*, XXXII, 1915, S. 1–222. Vgl. auch E. H. Gombrich, Icones symbolicae, *Journ. Warburg Institute*, XI, 1948, S. 163–192.

15 Das Belegmaterial für die Begriffe »antiquarius«, »antiquario«, »antiquary« usw. in den europäischen Literaturen ist noch nicht gesammelt. Das *Vocabolario della Crusca* zitiert A. Caro, *Lettere Familiari*, Mailand 1807, III, S. 190, »e poiché io mi avveggo al vostro scrivere che siete in ciò piuttosto istorico che antiquario«, und S. Speroni, Dialogo della Istoria, in *Opere*, Venedig 1740, II, S. 300, »Antiquari... cioè amatori ed ammiratori di cose antiche«. Aber vgl. S. degli Arienti, *Le Porretane*, Novella III, 1487 geschrieben: »(Feliciano da Verona) cognominato Antiquario per aver lui quasi consumato gli anni soi in cercare le generose antiquità de Roma, de Ravena et de tutta l'Italia.« Vgl. auch den Brief des Antonio Leonardi an Felice Feliciano über Ciriaco d'Ancona bei G. Colucci, *Antichità Picene* XV (1792) S. CLIV. Über den Verweis des *OED* (Oxford English Dictionary), unter »Antiquary« auf Leland als Empfänger des Titels Antiquarius von Heinrich VIII, siehe Anhang, S. 144 f. W. Camden bezeichnete sich selbst als »antiquarius«: vgl. die »Epistula« in *Britannia*, 1586. Zur Bedeutung von »antiquitates« vor Rosinus siehe auch A. Fulvio, *Antiquitates urbis Romae*, 1527; Pirro Ligorio, *Antichità di Roma*, 1553; O. Panvinio, *Antiquitates Veronenses*, 1648, posthum. Ein anscheinend *Antiquarium* benanntes Werk von G. Bologni (1454–1517) ist teilweise veröffentlicht im *Supplemento II al Giornale dei Letterati d'Italia*, Venedig 1722, S. 115. Siehe dazu G. Mazzucchelli, *Gli scrittori d'Italia*, II, 3, S. 1490. Ein Gedicht von A. Fulvio heißt *Antiquaria urbis*, Rom 1513. Die *Commentaria super opera diversorum auctorum de antiquitatibus loquentium* von Annius von Viterbo, 1498, sind bekanntlich eine Sammlung gefälschter antiker Historiker: vgl. O. A. Danielsson, Annius von Viterbo über die Gründungsgeschichte Roms, *Corolla Archeaologica Prinicipi Gustavo Adolpho dedicata*, 1932, S. 1.

Zum 17. Jahrhundert vgl. auch F. Baldinucci, *Notizie de' Professori del Disegno* (posthum veröffentlicht, Florenz 1728), VI, S. 76: »[Il granduca Cosimo III] lo costituì sopraintendente di esse [avanzi della dotta e venerabile antichità] e come oggi si dice suo antiquario.« Der Hinweis bezieht sich auf Bastiano Bilivert.

Der Text der *Iubilatio* bei P. Kristeller, *Mantegna*, 1902, S. 523–524. Einen bedeutenden Text für die Antiquare am Ende des 15. Jahrhunderts bieten die ersten Seiten von B. Rucellai, »De urbe Roma«, in *Rerum Italicarum Scriptores ab anno aerae christ. millesimo ad millesimum sexcentesimum*, II, Florenz 1770, S. 783–784, dazu F. Gilbert, *Journ. Warburg Inst.*, XII, 1949, S. 122. Der Name des Iacopo Antiquari (über ihn siehe G. B. Vermiglioli, *Memorie di I. A.*, Perugia 1813) bot sich zu Wortspielen an, die lehrreich sind. Marsilio Ficino in einem Brief an ihn (*Epistolae*, Venedig 1495, CXXXIX): »Ceteri te Iacobe tantum cognominant antiquarium; academia vero et antiquarium pariter et novarium tamquam antiquitatis innovatorem atque cultorem. Quid autem esse aliud opinamur renovare antiqua quam aurea illa saecula revocare regnante quondam Saturno felicia.« Vgl. auch Ioh. Baptista Mantuanus, *Opera*, Antwerpen 1576, III, S. 316–317:

Tanta humanarum facta est mutatio rerum
Ut videar mundo vivere nunc alio.
At quoniam noster manet Antiquariius aevi
Maxima pars, mundus qui fuit ante manet. Optima pars et res et rerum nomina servat.
Este alacres, mundus qui fuit ante manet.

16 Die wichtigsten Schriften der Antiquare des 16./17. Jahrhunderts sind gesammelt in den *Thesauri* von J. G. Graevius (Römische Altertümer, 1694–1699) und J. Gronovius (Griechische Altertümer, 1697–1702) mit der Ergänzung von J. Polenus, Venedig 1737. Ihre Resultate faßt S. Pitiscus, *Lexicon Antiquitatum Romanarum (Sacrae et Profanae, Publicae et Privatae, Civiles et Militares)*, Venedig 1719 zusammen. Die *Bibliotheca Antiquaria* von J. A. Fabricius 1713, ^{3}1760, bleibt der unschätzbare Führer zu dieser Literatur, aber vgl. auch D. G. Morhofius, *Polyhistor*, Lübeck 1708, Lib. V, Kap. ii, De scriptoribus antiquariis. Die beiden *Glossarien* von Ducange (1678, 1688) gehören natürlich in einem gewissen Maß zu den Hervorbringungen antiquarischer Forschung. Zu einer Definition antiquarischer Studien im frühen 17. Jahrhundert vgl. G. Naudé, »De Studio liberali« in *Variorum Auctorum Consilia et Studiorum Methodi*, gesammelt von Th. Crenius, Rotterdam 1692, S. 602–603. Die Geschichte der Erforschung des christlichen Rom findet sich bei G. B. De Rossi, *La Roma Sotterranea Cristiana*, I (1864), S. 1–82. Die wichtigste Schrift A. Bosio, *Roma sotterranea*, wurde 1632 veröffentlicht. Eine Studie der antiquarischen Forschung im 17. Jahrhundert sollte eine Untersuchung der Kataloge der Kabinette einschließen. Zu einer Klassifikation der antiquarischen Studien im 17. Jahrhundert siehe M. Schmeizel, *Versuche zu einer Historie der Gelehrtheit*, Jena 1728, S. 758. Aber man beachte die Definition von J. A. Fabricius, op. cit., S. 228: »quicquid enim agunt homines, quoscumque ritus et mores observant, vel publice susceptos obeunt, vel privatim ete domi«. Zur Entwicklung von bloßer Numismatik zu historischen Studien siehe J. Tristan, *Commentaires historiques contenans l'histoire generale des Empereurs, imperatrices, Caesars et tyrans de l'empire romain illustrée, enrichie et augmentée par les inscriptions et enigmes de treize à quatorze cens Medailles*, Paris 1635. Das ist offensichtlich ein Schritt voran zu einer Geschichte des römischen Reiches.

17 Siehe H. Stuart Jones, *Oxoniensia*, VIII–IX, 1943–1944, S. 175. Einen Teil der Belege hatte schon W. H. Allison, *Amer. Hist. Rev.*, XXVII (1922) S. 733 veröffentlicht. Die Methode des ersten Camden Praelector, D. Whear, zeigen seine *Relectiones Hyemales, De Ratione et Methodo legendi utrasque Historias civiles et ecclesiasticas*, Oxford 1637. Die Absicht seines Unterrichts läßt sich der einführenden Rede entnehmen, in der englischen Übersetzung von

1685: »History is the Register and Explication of particular affairs, undertaken to the end that the memory of them may be preserved, and so Universals may be the more evidently confirmed, by which we may be instructed how to live well and happily.« Whear deutet natürlich auf die Ciceronianische Inspiration. Die 2. Auflage der englischen Übersetzung (1694) enthält auch Dodwells *Invitation to Gentlemen to acquaint themselves with Ancient History*, die im selben Geiste geschrieben ist und versucht (nicht sehr erfolgreich), den klassischen Einwurf gegen den Nutzen der antiken Geschichte zu überwinden: »Why may not our modern Histories suffice for accomplishing Gentlemen, which are generally written in Tongues more intelligible by Gentlemen?« (VIII). Unschätzbares Material über den Unterricht in Oxford bieten auch die von D. Whear gehaltenen und im Manuskript (Auct. F. 5. 10–11) aufbewahrten Vorlesungen in der Bodleyan Library. Ich hoffe, eine Probe daraus publizieren zu können.

18 J. B. Mullinger, *The University of Cambridge* (1911) III, S. 87–89.

19 Z. B. P. Beni, *De Historia*, Venedig 1622, I, S. 26–27, anerkennt den Wert von Münzen, Inschriften usw. als historische Quellen, aber »verae et germanae historiae laus litterarum monumentis ac narrationi sit reservanda«.

20 Vgl. z. B. R. Flower, »Laurence Nowell and the discovery of England in Tudor times«, in *Proceed. Brit. Acad.*, XXI (1935) S. 47–73; D. Douglas, *English Scholars*, London 1939; M. McKisack, »Samuel Daniel as Historian«, in *Review of English Studies*, XXIII (1947) S. 226–243. Auch E. N. Adams, *Old English Scholarship in England from 1556 to 1800*, Yale 1917.

21 Vgl. allgemein E. C. Scherer, *Geschichte und Kirchengeschichte an den deutschen Universitäten*, Freiburg i. Br. 1927; M. Scheele, *Wissen und Glaube in der Geschichtswissenschaft. Studien zum historischen Pyrrhonismus in Frankreich und Deutschland*, Heidelberg 1930. G. Gentile, »Contributo alla storia del metodo storico«, in *Studi sul Rinascimento* (^{2}1936) S. 277–302; H. Müller, *J. M. Chladenius, 1710–1759. Ein Beitrag zur Geschichte der Geisteswissenschaften, besonders der historischen Methodik*, Berlin 1917; R. Unger, »Zur Entwicklung des Problems der historischen Objektivität«, in *Aufsätze zur Prinzipienlehre der Literaturgeschichte*, I (1929) S. 87.

22 Neben den bekannten Schriften von P. Hazard, und B. Willey, *The Seventeenth Century Background* (1934) vgl. z. B.: R. Pintard, *Le libertinage érudit dans la première moitié du XVII siècle* (1943) I, S. 45; M. Rossi, *Alle fonti del deismo e del materialismo moderno*, Florenz 1942; J. V. Rice, *Gabriel Naudé* (Johns Hopkins Studies in Romance Literatures, XXXV) (1939); F. L. Wickelgren, *La Mothe Le Vayer*, (Thèse), Paris 1934; H. Robinson, *Bayle the Sceptic*, New York 1931.

23 *Die Philosophie der Aufklärung* (1932) S. 269.

24 B. de Holbach, *Système de la Nature*, II, Kap. 12, S. 356 Anmerkung 83; zit. schon bei Hazard, *La pensée européenne au XVIIIe siècle*, III, S. 33.

25 A. Dupront, *P. D. Huet et l'exégèse comparatiste au XVIIe siècle*, Paris 1930.

In die eher theologischen Diskussionen über die Beziehungen zwischen historischer Wahrheit und religiösem Glauben kann ich hier nicht eintreten, aber siehe zumindest Jean Le Clerc, »La vérité de la religion chrétienne«, in *De l'incrédulité*, Amsterdam 1696, wegen der Verweise auf die historische Methode, S. 327.

26 L. Traube, *Vorlesungen und Abhandlungen* (1909) I, S. 13 ff. ist immer noch grundlegend. Sehr nützliche Information bei L. Wachler, *Geschichte der historischen Wissenschaften*, II (Göttingen 1820), und bei S. von Dunin-Borkowski, *Spinoza* III (1936) S. 136–308, 529–550. Vgl. auch N. Edelman, *Attitudes of Seventeenth-Century France toward the Middle Ages*, New York 1946.

27 C. O. Rechenberg, *De autoritate* (sic!) *historiae in probandis quaestionibus iuris et facti*, Leipzig 1709, S. 85. Vgl. z. B. M. Schmeizelius, *Praecognita historiae ecclesiasticae*, Jena 1721, S. 85: »Historici authentici praeferendi sunt non authenticis: illi sunt qui ex Archivis, Actis et Instrumentis publicis scripserunt, isti qui ex libris vulgaribus sua hauserunt«; Io. Iac. Griesbachius, »Dissertatio de fide historica ex ipsa rerum quae narrantur natura iudicanda« (1768) in *Opuscula Academica*, hrsg. von Jo. Ph. Gabler, Jena 1824, I, S. 206: »Quid enim contra genuina documenta publica auctoritate firmata ... ulla cum specie dici potest?« Siehe auch J. F. Eisenhart, *De auctoritate et usu inscriptionum in iure*, Helmstedt 1750; Chr. A. Crusius, *Weg zur Gewißheit und Zuverlässigkeit der menschlichen Erkenntnis*, Leipzig 1747, S. 1041 ff. »Von der historischen Wahrscheinlichkeit«.

28 M. De Pouilly, *Nouveaux essais de critique sur la fidélité de l'histoire*, S. 71–114, und Salliers Antwort, S. 115–146, sind in diesem Band besonders bemerkenswert. Einen weiteren Traktat zur historischen Methode, der nie eigens untersucht wurde, bilden die Vorworte und Propylaea der *Acta Sanctorum* (1643 ff., bes. 1675 ff.). Vgl. auch R. P. Honoré de Sainte Marie, *Réflexions sur les règles et sur l'usage de la critique* (1713–1720), die ich in der lat. Übers. kenne, *Animadversiones in regulas et usum critices*, Venedig 1751.

29 Im gleichen Sinne C. A. Hübener, *Historicus Falso Suspectus*, Diss. Halle 1706. Die Diskussion in Deutschland begann mit der Dissertation von J. Eisenhart, *De fide historica commentarius, accessit Oratio de coniungendis iurisprudentiae et historiarum studiis*, Helmstedt 1679. Eisenhart erörtert die Bedeutung von *fides, auctoritas, notorium facti* und *notorium iuris* und stellt Regeln auf, um die Zuverlässigkeit des Materials zu prüfen. Sein Einfluß ist besonders offenkundig in zwei Abhandlungen von F. W. Bierlingius, *De iudicio historico* (1703) und *De pyrrhonismo historico* (1707), die verändert in desselben Verfs. *Commentatio de pyrrhonismo historico*, Leipzig 1726, nachgedruckt sind. Auf S. 225 ff. siehe die Erörterung »De fide monumentorum ex quibus historia depromitur«. Typisch für die neue kritische Haltung ist etwa S. 96: »Historicum genus scripturae tantum abest ut a citationibus abhorreat, ut potius lector suo quodam iure illas postulare queat. Prima statim

quaestio, quae historias legenti in mentem venit, haec est: unde auctor haec sua desumsit? Num testibus usus est idoneis atque fide dignis?«

30 J.D. Michaelis, *Compendium antiquitatum Hebraeorum*, 1753; *Mosaisches Recht*, 1770, sind die bahnbrechenden Schriften über hebräische Altertümer. Es ist bemerkenswert, daß Montfaucon abgeneigt war, Material zur hebräischen Archäologie zu sammeln. Über die Vorgänger von Michaelis siehe S. von Dunin-Borkowski, *Spizona*, III, S. 149–152.

31 H. Meibomius, *Nummorum Veterum in illustranda imperatorum romanorum historia Usus*, Helmstedt 1684; vgl. *Epistola de rei medicae simul ac nummariae scriptoribus praecipuis* von Christophorus Arnoldus, in P. Parisius, *Rariora Magnae Graecia Numismata*, altera editione renovata accurante Joh. Georgio Volckamero, Med. D. (1683). Chr. Arnoldus erwähnt u. a. die Ärzte W. Lazius, F. Licetus, A. Occo, C. Patin, L. Savotius (der Verfasser des *Discours sur les médailles antiques*, Paris 1627), J. Spon und J. Vaillant.
Über das Ansehen der Numismatik im späten 17. Jahrhundert vgl. Ph. J. Reichartus, *De Re Monetali Veterum Romanorum*, Altdorf 1691, worin (S. 84–89) eine Hymne auf die Numismatik (»nullum libero homine dignius, nullum iucundius, nullum ad res victoris terrarum orbis populi probe cognoscendas est utilius« usw.); G. Cuperus, *Utilitas quam ex numismatis principes capere possunt* in der *Apotheosis vel consecratio Homeri sive Lapis Antiquissimus*, Amsterdam 1683; I. M. Suaresius, *De numismatis et nummis antiquis*, Rom 1668. Die beste Bibliographie bei A. Banduri, »Bibliotheca Numismatica« in *Numismata Imperatorum Romanorum a Traiano Decio*, I (1718). Eine Liste numismatischer Schriften des 17. Jahrhunderts bei M. P. Tilger, *Dissertatio historico-politica de nummis*, Ulm 1710, S. 40–45; auf S. 41 nennt Tilger das 17. Jahrhundert »numismaticum«. Vgl. auch B. G. Struvius, *Bibliotheca Numismatum antiquiorum*, Jena 1693. Vgl. vor allem die *Introduction à la Connaissance des Médailles* von Ch. Patin, Padua ^{3}1691, S. 8: »Et mesme l'on peut dire que sans les Médailles l'Histoire dénuée de preuves passeroit dans beaucoup d'esprits, ou pour l'effet de la passion des Historiens, qui auroyent escrit ce qui seroit arrivé de leur temps, ou pour une pure description de memoires, qui pouvoyent estre ou faux ou passionez.« Vgl. eine interessante Reaktion auf all diese Begeisterung bei Abbé Geinoz, »Observations sur les médailles antiques«, in *Histoire de l'Acad. Royale des Inscriptions* (1740) XII, S. 263 ff.; auf S. 280: »avec les livres sans les médailles on peut sçavoir beaucoup et sçavoir bien, et avec les médailles sans les livres on sçaura peu et l'on sçaura mal.« Aber siehe andererseits H. E. Froelich, *Utilitas rei numariae veteris*, Wien 1733, und den Brief von P. M. Paciaudi »a Sua Eccellenza il Sig. Bali d'Alsazia d'Hennin« als Anhang zu F. A. Zaccaria, *Istituzione antiquario-numismatica*, Venedig 1793, S. 354–364, wo er Bayles *obiter dictum* über Münzen angreift (»monumens que les modernes emploient impunément pour satisfaire leurs caprices sans se fonder sur un fait réel«) in *Dictionn.* (hrsg. 1730) IV, S. 584, Art. *Sur les libelles diffamatoires*.

Ausführungen von großer methodischer Bedeutung enthält auch J. Spons Vorwort zu seiner *Recherche des antiquités et curiosités de la Ville de Lyon* (1673) (das Buch enthält beiläufig eine Liste »des principaux antiquaires et curieux de l'Europe«). Eine angemessene Studie über Spon ist ein Desiderat; vgl. A. Mollière, *Une famille médicale Lyonnaise au XVIIe siècle – Charles et Jacob Spon*, Lyon 1905 (sehr skizzenhaft). Über Bianchini als Historiker, B. Croce, *Conversazioni critiche* (1924) II, S. 101–109. Weitere Literatur in dem Artikel von F. Nicolini in der *Enciclopedia Italiana*. Zu Bianchini und Montfaucon, E. De Broglie, *Bernard de Montfaucon*, Paris 1891, I, S. 336.
Zu Bianchinis Methode vgl. seine *Demonstratio*, S. XIV: »sunt igitur claustra quaedam et sepimenta, imo et vestigia veritatis historicae, saxa, laminae, tabellae, corpora denique omnia signata literis, aut insculpta symbolis, sive etiam ornata figuris et imaginibus pertinentibus ad notas chronologicas, nomina, ritus, consuetudines illorum temporum, quibus ab Historia assignantur... Neque enim Scriptorum suorum tanta cuique fiducia seu potius arrogantia insedit ut auctoritate antiquorum marmorum et signorum emendari detrectet.«

32 *De pyrrhonismo historico*, S. 50, s. o.

33 Von den gemäßigten Skeptikern vgl. Jo. Buchardus Menckenius, *Quod iustum est circa testimonia historicorum*, Halle 1701; Ders., *De Historicorum in rebus narrandis inter se dissidiis horumque causis*, in *Dissert. Literariae*, Leipzig 1734; Fr. Gladov und G. Fürbringer, *De erroribus historicorum vulgaribus*, Halle 1714; A. H. Lackmannus, *De testimoniis historicorum non probantibus*, Hamburg 1735. Eine anonyme Abhandlung *De incertitudine historica* findet sich in dem *Additamentum ad Observationum Selectarum Halensium ad rem litterariam spectantium tomos decem*, S. 148ff., ohne Jahr (aber 1705?). Die beste Abhandlung dieser Art ist möglicherweise P. F. Arpe, *Pyrrho, sive de dubia et incerta historiae et historicorum veterum fide argumentum*, Kiel 1716 (in der Bibliothèque Nationale, Paris, vorhanden): zwölf Kapitel sammeln systematisch alle möglichen Quellen der Abweichung von der Wahrheit.

34 I. Wunderlich, *De usu inscriptionum romanarum veterum maxime sepulchralium in iure*, Quedlinburg 1750; vgl. M. A. Greve, περὶ ἅπαξ εἰρημένων sive de auctoritate unius estis, Wittenberg 1722.

35 Jo. Aug. Ernesti, *Opuscula Philologica*, Leyden ²1776, S. 68. Vgl. auch J. Priestley, *Lectures on History and General Policy* (1788), und N. Fréret, *Observations générales sur l'histoire ancienne*, in *Œuvres complètes*, I (1796), S. 55–156.

36 Chr. G. Heyne, *Opuscula Academica* (1785) I, S. 280. B. Hederich, *Anleitung zu den fürnemsten historischen Wissenschaften*, Wittenberg ³1717, gilt als erstes Handbuch der historischen Hilfswissenschaften. Da es außerhalb Deutschlands wenig verbreitet zu sein scheint (ich habe es nur in der Bibliothèque Nationale einsehen können), ist vielleicht erlaubt, den Leser zu war-

nen, daß es sich um eine elementare Zusammenfassung der Universalgeschichte, römischer Altertümer, Mythologie, Geographie, Chronologie, Genealogie usw. handelt.

37 »Maiorem longe quam ipsi libri fidem et notitiam praebere videbantur« – Franciscus Scalamontius, *Vita Kyriaci Anconitani* bei G. Colucci, *Delle Antichità Picene* (1729) XV, S. LXXII. Über Ciriaco siehe E. Ziebarth, *Neue Jahrbücher f. das class. Altert.* IX (1902), S. 214; XI (1903) S. 480; auch G. Voigt, *Die Wiederbelebung des class. Alterthums.* [2]1880, I, S. 271 ff.

38 *Dialogos de medallas, inscriciones y otras antiguedades* (Tarragona 1587) S. 377. Vgl. die italien. Übersetzung *Dialoghi di Don Antonio Agostini tradotti in italiano*, Rom 1592, S. 261: »io dò più fede alle medaglie, alle tavole e alle pietre che a tutto quello che dicono gli scrittori«. Eine Monographie über diesen großen Gelehrten, der einen tiefen Einfluß auf die antiquarische Forschung des späten 17. Jahrhunderts ausübte (Spanheim ist das beste Beispiel), ist ein Desiderat. Die jüngsten Studien, die ich kenne, sind von P. S. Leicht, »Rapporti dell' umanista e giurista Antonio Agostino con l'Italia«, in *Rend. Accad. Italia*, VII, 2 (1941) S. 375; J. Toldrá Rodón, »El gran renacentista español D. A. A.«, in *Boletin Arqueológico*, XLV (1945) S. 3; C. M. del Rivero, »D. A. A. principe de los numismaticos españoles«, in *Arch. Español de Arqueología*, XVIII (1945) S. 97; F. de Zulueta, D. A. A., *Boletin Arqueológico* XLVI (1946) S. 47 (Übers. eines engl. Aufsatzes, der bereits als David Murray Lecture, Glasgow 1939 erschien). Die Augustinus-Stelle verdanke ich C. Mitchel vom Warburg Institute. Eine gemäßigtere Ansicht im gleichen Sinne äußerte S. Erizzo, *Discorso sopra le medaglie antiche*, Venedig 1559, S. 2.

39 *De numismate antiquo liber posthumus*, Löwen 1628, S. 12 (über den Verfasser siehe J. Ruysschaert, *Juste Lipse et les Annales de Tacite*, Löwen 1949, S. 48).

40 Die Fälschungstheorie ist zuerst formuliert in der *Chronologiae ex nummis antiquis restitutae prolusio de nummis Herodiadum*, Paris 1693, S. 60. Eine typische Äußerung Hardouins in *Ad Censuram scriptorum veterum prolegomena*, London 1766, S. 15: »Nos mense Augusto anni 1690 coepimus in Augustino et aequalibus fraudem subodorari, in omnibus mense Novembri suspicati sumus: totam deteximus mense maio anni 1692.« Über seine Methode, S. 172: »De his quae leguntur in historia scripta nihil omnino nummi veteres habent; sed prorsus contrarium exhibent: et quod maius esse in historiis fabulositatis indicium potest? Nihil ferer eorum quae sunt in nummnis sculpta historia scripta repraesentat; et non est istud altertum certum νοθείας argumentum? Et quid mirum mentitos esse in historia profana qui sacram perverterunt aut adulterarunt?« Siehe auch seine *Observationes in Aeneidem in Opera Varia*, Amsterdam 1723, S. 280 ff. Sie beginnen mit »Virgilio numquam venit in mentem Aeneidem scribere«. Als Beispiel seiner Kritik siehe seinen Kommentar zu *Aen.* VIII, 505: »Corona non fuit aevo Augusti. In nummis antiquis non vidi ante saeculum XII iam senescens.« Die Abhand-

lung über Dante wurde 1847 in Paris neugedruckt unter dem Titel *Doutes proposés sur l'âge de Dante par P. J. H.* (sie erschien im *Journal de Trévoux*, 1727).

Der beste Aufsatz über Hardouin ist von G. Martini, »Le stravaganze critiche di padre J. H.«, in *Scritti di paleografia e diplomatica in onore di V. Federici*, Florenz 1944, S. 351–64. Vgl. M. Veyssière de la Croze, *Vindiciae veterum scriptorum contra J. H.* (1708). Über Severus Archontius siehe auch *De J. Harduini... Prolegomenis... epistola quam... scripserat* Caesar Missiacus, vulgo C. de-Missy, London 1766, S. 15.

41 Vgl. Anonym (P. Jacq.-Phil, Lallemant?), *Histoire des contestations sur la Diplomatique*, Paris 1708; V. Thuillier, »Histoire de la contestation sur les études monastiques«, in *Ouvrages posthumes* von D. Jean Mabillon und D. Thierry Ruinart (1724) I, S. 365. Vgl. D. Marthène, *Histoire de la congrégation de Saint-Maur*, bes. Bd. IV f. (1930 ff.); P. Gall Heer, *Johannes Mabillon und die Schweizer Benediktiner*, St. Gallen 1938. Die *Correspondance inédite de Mabillon et de Montfaucon avec l'Italie* (1846) ist unschätzbar.

42 Über Winckelmann ist die bisher beste Studie von C. Antoni, *La lotta contro la ragione* (1942) S. 37.

43 E. Fiesel, »Etruskisch«, in *Geschichte der indogermanischen Sprachwissenschaft*, Berlin 1931; G. Gasperoni, »Primato, onore e amore d'Italia negli storici ed eruditi del Settecento«, in *Convivium*, XI (1939) 264; F. Mascioli, »Anti-Roman and Pro-Italic Feeling in Italian Historiography«, in *Romanic Review*, XXXIII (1942) S. 366–384. Die anonyme [Antonio Casati] »Storia degli studi sulle origini italiche«, in *Rivista Europea*, I (1846) S. 721–742; II (1847) S. 102–138 ist jedoch immer noch unschätzbar. Über N. Fréret, M. Renard, *Latomus*, III (1939) S. 84–94; über Herculaneum vgl. z. B. M. Ruggiero, *Storia degli scavi di Ercolano*, Neapel 1885; G. Castellano, »Mons. Ottavio Antonio Bayardi e l'illustrazione delle antichità d'Ercolano«, in *Samnium*, XVI–XVIII (1943–1945) S. 65–86, 184–194. Über M. Guarnacci, L. Gasperetti, »Le Origini Italiche di Mario Guarnacci e l'utopia della Sapientia Antiquissima«, in *La Rassegna*, XXXIV (1926) S. 81–91. Einen interessanten zeitgenössischen Überblick über die antiquarischen Studien gibt. A. F. Gori in »Admiranda Antiquitatum Herculanensium Descripta et Illustrata«, in *Symbolae Litterariae*, Florenz 1748, I, S. 31–38. Verschiedene Arbeiten von G. Gasperoni (darüber vgl. C. Calcaterra *Giorn. Stor. Lett. Ital.*, CXXVI [1949] S. 383) untersuchen die italienische Gelehrsamkeit des 18. Jahrhunderts. Siehe z. B. *La Storia e le lettere nella seconda metà del sec. XVIII*, Jesi 1904; *La scuola storicocritica nel. sec. XVIII*, Jesi 1907.

M. Maylender, *Storia delle Accademie d'Italia*, Bologna 1926 ff. unterrichtet über die Akademien.

44 G. B. Vico, *La scienza nuova seconda*, ed. F. Nicolini (1942) I, S. 206; II, S. 225. Die *Bibliographia Vichiana* von B. Croce und F. Nicolini, Neapel 1947, ist eine unschätzbare Fundgrube der Information über die philolo-

gischen Studien des 18. Jahrhunderts. Vgl. auch F. Nicolini, *Commento storico alla Seconda Scienza Nuova*, Rom 1949.

45 B. Croce, *Storia della storiografia italiana nel secolo decimonono*, (^{3}1947) I, S. 52.

46 Die Geschichte des Problems berichtet G. Devoto in der Einleitung zu seiner Edition der *Tabulae Iguvinae* (^{2}1940).

47 B. Croce, *Conversazioni critiche*, IV (1932) S. 150–152.

48 C. Sigonio war der letzte große italienische Antiquar der Renaissance, der über ein griechisches Thema arbeitete. Die nächste wichtige Schrift ist vielleicht F. E. Noris, *Annus et Epochae Syromacedonum in vetustis urbium Syriae nummis*, Florenz 1691. Alle anderen wichtigen Studien über griechische Altertümer im 17. Jahrhundert sind nichtitalienischer Herkunft: (J. Selden, *Marmora Arundelliana* (1628); F. Rous, *Archaeologia Attica* (1637); E. Feith, *Antiquitates Homericae* (1677); J. Spon, *Miscellanea Eruditae Antiquitatis* (1679); J. Potter, *Archaeologia Graeca* (1702) und vor allem die verschiedenen von G. Lami gesammelten Studien von J. Meursius, Florenz 1741–1763.

Vgl. A. Curione, *Sullo studio del greco in Italia nei secoli XVII–XVIII*, Rom 1941. Das gesamte Problem des Studiums des Griechischen in Italien muß erneut untersucht werden.

49 M. Pattison, I. Casaubon, (^{2}1892) S. 449. Die ganze Seite ist wichtig. Vgl. B. Croce, *La letteratura italiana del Settecento* (1949) S. 241.

50 Über die Forschungen des 17. Jahrhunderts siehe O. Gruppe, *Geschichte der klassischen Mythologie und Religionsgeschichte* (1921) S. 45; L. Capéran, *Le problème du salut des infidèles*, Toulouse 1934, S. 257; M. M. Rossi, *La vita, le opere e i tempi di Edoardo Herbert di Cherbury* (1947), bes. Bd. III; ders., *Alle fonti del deismo e del materialismo moderno*, Florenz 1942. Vgl. auch G. Mensching, *Geschichte der Religionswissenschaft*, Bonn 1948, S. 39. Einige bezeichnende Schriften: A. Kircher, *Oedipus Aegyptiacus*, Rom 1752; E. Dickinson, *Delphi Phoenicizantes*, Oxford 1655; Z. Bogan, *Homerus Ἑβραΐζων*, Oxford 1658; J. Hugo, *Vera historia romana*, Rom 1655; S. Bochart, *Geographia sacra (Phaleg et Canaan)*, Caen 1646; H. Witsius, *Aegyptica et δεκάφυλον*, Amsterdam 1683; J. Spencer, *De Legibus Hebraeorum Ritualibus*, Cambridge 1685; T. Hyde, *Historia religionum Veterum Persarum eorumque Magorum*, Oxford 1700 (er wurde ungenannt angegriffen von Montfaucon, *L'Antiquité expliquée*, II, Teil 2, S. 395). Über die Geschichte der *Mensa Isiaca*, die nach L. Pignorios Edition eine so große Rolle spielte (Venedig 1605), siehe E. Scamuzzi, *La Mensa Isiaca del Regio Museo di Antichità di Torino*, Rom 1939. Eine interessante Anspielung auf die *Mensa Isiaca* bei R. Cudworth, »The True Intellectual System of the Universe«, in *Works*, II, Oxford 1829, S. 119.

M. M. Rossi, *Alle fonti del deismo*, scheint mir erklärt zu haben (S. 26 ff.), warum das vergleichende Studium der Religionen in den Händen der deistischen Denker zu einer Waffe wurde, obwohl ihre Gegner nie eine natürliche Offenbarung für die Heiden leugneten.

51 M. de la Chausse, *Le Gemme antiche figurate*, Rom 1700, Vorwort.

52 Der beste Katalog der Schriften findet sich bei O. Gruppe, *Geschichte der klassischen Mythologie*, zit. S. 58 ff. Unter jüngeren Studien siehe A. W. Evans, *Warburton and the Warburtonians*, Oxford 1932; F. Venturi, *L'Antichità Svelata e l'idea del progresso in N. A. Boulanger*, Bari 1947; S. Piggott, *W. Stukeley*, Oxford 1950. Die im Text erwähnten Bücher sind: Ch. de Brosses, *Du culte des dieux fétiches* (1760); A. Court de Gébelin, *Monde primitif analysé* (1773 ff.); Ch. Fr. Dupuis, *Origine de tous les Cultes* (1794); N. A. Boulanger, *Antiquité dévoilée* (1766); Baron de Sainte-Croix, *Mémoires pour servir à l'histoire de la religion secrète des anciens peuples*, mit einem Anhang von J.-B. d'Ansse de Villoison (1784) (vgl. auch die Auflage von 1817 unter dem Titel *Recherches historiques et critiques sur les mystères du paganisme*); P. F. Hugues d'Hancarville (alias Ancarville), *Recherches sur l'origine, l'esprit et les progrès des arts de la Grèce*, London 1785; R. Payne Knight, *The Symbolical Language of Ancient Art and Mythology* (1818) (Neudruck New York 1876); [T. Blackwell] *Letters Concerning Mythology*, London 1748; N. S. Bergier, *L'origine des dieux du paganisme* (1767), und J. Bryant, *A New System or an Analysis of Ancient Mythology* (1774) sind ebenfalls typisch. Eine gute Einführung zu dieser ganzen Literatur gibt der anonyme *Essai sur la religion des anciens grecs*, Genf 1787, S. 183–223 (der Verfasser soll N. Leclerc de Sept Chênes sein).

53 Diese Definition wurde noch von E. Meyer wiederholt, dem meines Wissens letzten großen Historiker, der die Unterscheidung zwischen Geschichte und Altertümern als legitim ansah: »Zur Theorie und Methodik der Geschichte«, in *Kleine Schriften*, [2]1924, I, S. 66.

54 F. Ast, *Grundriß der Philologie*, Landshut 1808, S. 12.

55 E. Platner, *Über wissenschaftliche Begründung und Behandlung der Antiquitäten*, Marburg 1812, S. 14.

56 F. Ritschl, *Opuscula Philologica*, V (1879), S. 1. Ritschl unterstrich das Problem: »Warum also nicht lieber den unbehaglichen Schlendrian ganz aufgeben und den Stoff der sogenannten Antiquitäten in angedeuteter Weise in natürliche, aus den Unterschieden menschlicher Geistestätigkeit selbst abgezogene Bereiche vertheilen?« Die Linie von Ritschl zu Droysen ist deutlich.

57 Siehe auch L. von Ulrichs, *Handbuch der klassischen Altertumswissenschaft* (1886) I, S. 22, wegen einer anderen Definition (und Verteidigung) der Antike. Zu dieser ganzen Literatur über Enzyklopädie und Methodologie der Altertumswissenschaft, die ich nicht im einzelnen untersuche, A. Bernardini und G. Righi, *Il Concetto di Filologia e di Cultura Classica nel Pensiero Moderno*, Bari 1947.

58 Zur Erörterung von »Staatsrecht« und »Staatsaltertümern« vorläufig meine

Bemerkung im *Journ. Roman Studies*, XXXIX (1949) S. 155. Ich hoffe, später über den Einfluß der antiquarischen Studien auf die Entstehung der Soziologie zu schreiben.

59 Eine erste Fassung dieses Aufsatzes wurde als Vortrag im Warburg Institute im Januar 1949 gehalten. Für hilfreiche Diskussion danke ich den Mitgliedern des Instituts Prof. C. Dionisotti, Dr. F. Jacoby, Dr. N. Rubinstein, Mrs. M. I. Henderson, Dr. R. Pfeiffer, Dr. B. Smalley und dem Vorstand von Brasenose College, Oxford, Mr. Hugh Last.

60 Ich danke Miss M. McKisack für die Diskussion des Themas dieses Anhangs.

61 E. N. Adams, *Old English Scholarship* (1917) S. 17, der die gewöhnliche Meinung wiederholt, scheint sich auf das Vorwort von John Bale zur Ausgabe der *Laboriouse Journey* von 1549 zu beziehen. Der Verweis würde irreführend sein, da Bale Leland lediglich »a moste dylygent sercher of the Antiquytees of thys oure Englyshe or Brytthyshe nacyon« nennt. Ich bemerke mit Vergnügen, daß T. D. Kendrick, *British Antiquity* (1950) S. 47, Anm. 1 zur gleichen Folgerung gelangt. Mr. Kendrick zitiert nicht die oben erwähnten Texte.

Neue Wege der Altertumsforschung im 19. Jahrhundert

Einleitung

In unserer Zeit besteht die große Gefahr, daß diejenigen, die am bereitwilligsten über Historiker und Gelehrte reden, nicht gerade viel von Geschichte oder Gelehrsamkeit verstehen. Housmans Homosexualität oder Wilamowitz' merkwürdiger Umgang mit seinem Schwiegervater Mommsen sind leichter zu beschreiben als Housmans Leistung als Herausgeber des Manilius oder Wilamowitz' Verständnis des Aischylos. Ebenso ist es einfacher, Eduard Meyers politische Streitschriften aus dem Ersten Weltkrieg zu kritisieren als seine Untersuchung der Papyri von Elephantine oder der ägyptischen Zeitrechnung. Obwohl es schade wäre, wenn man jene unwägbaren Elemente einer Gelehrtenpersönlichkeit vergäße, die ihre verborgene Stärke oder Schwäche ausmachen, müssen wir die Debatte auf die wissenschaftlichen Leistungen lenken, wenn wir der Gefahr oberflächlicher und parteiischer Wertungen entgehen wollen. Die Tatsache, daß Georges Dumézil, wie man uns erzählt, die »Action Française« unterstützt hat, ist kein Argument gegen seine Theorien über die indoeuropäische Gesellschaft. In einem Zeitalter der Ideologien müssen wir größere Sorgfalt darauf verwenden, wissenschaftliche Ergebnisse dem einzig legitimen Kriterium der Bewertung zu unterwerfen, welches die Zuverlässigkeit des Beweises ist.

Die einzige Rechtfertigung für die Geschichte der Gelehrsamkeit ist die Förderung der Gelehrsamkeit selbst. Das bedeutet, daß wir in die Vergangenheit der Disziplin, die wir lehren, aufbrechen müssen, um etwas Neues zu lernen oder an etwas, das wir vergessen haben, erinnert zu werden, was fast auf das gleiche hinausläuft. Allgemein gesprochen sollte die Geschichte der Altertumswissenschaft auf erstrebenswerte neue Richtungen der Altertumswissenschaft deuten.

Eine Geschichte der Altertumswissenschaft sollte somit nicht lediglich nach Problemen gegliedert sein, sondern einigermaßen zwischen lebensfähigen Themen und totgelaufenen Gegenständen unterscheiden. Letztendlich ist es die Entdeckung, daß manche Gelehrte der Vergangenheit noch etwas zu lehren haben, die das Studium vergangener Gelehrsamkeit annehmbar macht.

Wenn man daher Geschichte der Geschichtsschreibung oder der Gelehrsamkeit so zu schreiben hat, daß man seine eigenen Fragestellungen wählt, sie rückwärts verfolgt und versucht, Gelehrte der Vergangenheit in seine Untersuchung einzubeziehen, so wird man meine subjektive Auswahl antiker Themen bei diesem Anlaß als berechtigt ansehen oder doch zumindest entschuldigen. Ich arbeite nun einmal gerade über die beiden Themen, die ich hier erörtere. Jeder, der sich mit dem frühen Rom beschäftigt, steht vor den Problemen, die sich aus der Art des Landbesitzes im römischen Recht und in der Lebenspraxis ergeben; diese Probleme sind aufs engste verbunden mit der Deutung der grundlegenden Elemente der frühen römischen Gesellschaft, wie Klan oder *gens*, *curia*, Familie. Wenn Niebuhr die moderne Erforschung der frühen römischen Agrarprobleme begonnen hat, so sind es Maine und Fustel de Coulanges, bei denen das gesamte Problem der Beziehung von Landeigentum und Gesellschaftsstruktur in den Mittelpunkt rückt. Andererseits bemerkt jeder, der sich mit den Problemen des Verhältnisses von Heidentum, Judentum und Christentum im Römischen Reich beschäftigt, eine neue Atmosphäre, eine neue Haltung im Verständnis der antiken Religionen in den Jahren um 1870 bis 1880. Hier hebt sich kein einzelner Name so hervor wie der Niebuhrs bei der Erforschung des frühen Rom. Die Auswahl ist viel persönlicher. Bei meiner Entscheidung, Hermann Usener als Ausgangspunkt zu nehmen, bin ich wohl beeinflußt von einer Bemerkung von Arthur Darby Nock vor etwa dreißig Jahren, daß Usener im 19. Jahrhundert der anziehendste Forscher der antiken Religionen gewesen sei. Aber gewiß stehe ich noch unter dem Eindruck eines Seminars über Usener, das ich im Februar 1982 in Pisa leitete. Den italienischen Wissenschaftlern hat Usener nie viel bedeutet, und auch in Deutschland ist er nicht mehr gegenwärtig. Man kommt nicht um die Folgerung herum, daß sein Schüler und Rivale Wilamowitz ihn ziemlich wirkungsvoll verdrängt hat. Doch in der Scuola Normale in Pisa wurde Usener plötzlich für uns alle wieder lebendig; wir waren gut sechzig oder siebzig Leute im Hörsaal und sprachen vier Tage über ihn. Wir hatten das Gefühl, daß Useners besondere Anwendung der Philologie zur Klärung von Problemen der Religion und der Gebräuche – und insbesondere Probleme des Übergangs vom Heidentum zum Christentum – uns etwas sagte. Der alte Bonner Professor, der 1905 gestorben war, war plötzlich zu einem wirklichen Lehrer an der Scuola Normale in Pisa geworden, die traditionell eine Hochburg der Wilamowitzschen Methoden ist.

Jedenfalls liegt mir daran, mit einem Verfahren der Geschichte der Altertumswissenschaft zu experimentieren, welches das Gebiet genauer abzustecken versucht, das die Altertumswissenschaftler nacheinander erforscht haben. Mag die Bemerkung, daß die Wissenschaftler sich untereinander nicht so sehr durch die Werkzeuge unterscheiden wie durch die Gegenstände, mit denen sie sich beschäftigen, auch eine Platitüde sein, so sind doch die Implikationen dieser Bemerkung nicht gleichermaßen offenkundig, und sie werden nur selten von denen in Rechnung gestellt, welche die Geschichte der Altertumswissenschaft schreiben.

I. Niebuhr und die Agrarprobleme Roms

I

Barthold Georg Niebuhr selbst erklärte stets, daß seine sehr frühe Untersuchung der römischen Agrargeschichte, die er noch als Angestellter der dänischen Regierung um 1804 in Kopenhagen durchführte, die Grundlage seines ganzen künftigen Werkes über römische Geschichte gewesen ist. Niebuhr veröffentlichte diese frühe Studie nicht (die den vorläufigen Titel *Zur Geschichte der römischen Ländereien* getragen zu haben scheint). Vielleicht hielt er sie für ersetzt durch die Seiten über denselben Gegenstand in seiner *Römischen Geschichte*, deren erste Auflage 1811–12 erschien. Das Manuskript oder eher die verschiedenen Entwürfe des unvollendeten Jugendwerks ist jetzt im Besitz der Berliner Akademie, nachdem es in privater Hand gewesen ist. Veröffentlichungspläne zerschlugen sich wegen verschiedener Schwierigkeiten, deren gravierendste der unfertige Charakter der Manuskripte selbst gewesen ist. Aber 1981 veröffentlichte Professor Alfred Heuss in den *Abhandlungen* der Göttinger Akademie eine Studie von mehr als 500 Oktavseiten über »Barthold Georg Niebuhrs wissenschaftliche Anfänge«, die eine Paraphrase der schwierigen Texte mit Auszügen bietet und sie meisterhaft genau vom Gesichtspunkt der Geschichte der Agrarprobleme beleuchtet. Heuss hat damit einen neuen Ansatz ermöglicht sowohl durch das Material, das er bietet, als auch durch die Untersuchungen, die es erhellen. Durch einen merkwürdigen Zufall hatte ich 1980 die Aufmerksamkeit auf einen Aspekt von Niebuhrs Agrarinteressen gelenkt, der von früheren Forschern unbemerkt geblieben war, obwohl Niebuhr selbst ihn ausdrücklich verkündete: die entscheidende Bedeutung seiner Kenntnis indischer Agrarprobleme, die ihm bei der Klärung der Agrarprobleme des antiken Rom zu Hilfe kam.[1] Diese indische Seite von Niebuhrs Interessen wird auch von Heuss nicht eigens beachtet. Aber ein jetzt von ihm veröffentlichter Text dient als Quellenbeleg für das, wovon ich glaubte, ich könnte es aus dem herleiten, was Niebuhr selbst in seiner *Römischen Geschichte* geschrieben hatte. Der letzte Abschnitt dieses Kapitels bietet eine Diskussion des neuen Textes.

Wir können unsere Untersuchung der modernen Erforschung der Agrarprobleme Roms nun damit beginnen, daß wir uns das in Erinnerung rufen, was die Römer selbst über Landbesitz in den frühesten Zeiten ihrer Stadt zu wissen glaubten. Die Römer hegten nicht den geringsten Zweifel, daß es einen förmlichen Gründungsakt Roms gegeben habe. Zumindest seit Beginn des dritten Jahrhunderts v. Chr. wurde diese Gründung einmütig dem Romulus, nachdem er Remus getötet hatte, zugeschrieben. Jeder Gründungsakt einer Stadt muß die Verteilung des Landes unter die Bürger bedeuten. Da die Römer ihrerseits während langer Zeit Kolonien gründeten, stand einige wirkliche Erfahrung hinter den Spekulationen oder Vermutungen über die Modalitäten von Romulus' Gründung. Es ist jedoch verwirrend, daß ausgerechnet Livius Schweigen über die ursprüngliche Form der Landverteilung Roms bewahren sollte. Welche Erklärung für sein Schweigen wir auch wählen, wir müssen uns anderen Quellen zuwenden. In den für diesen Aspekt der Gründung Roms verfügbaren Quellen können wir zwei gegensätzliche Tendenzen bemerken. Einige Quellen stellen ausdrücklich fest, daß die Stadt von ihrer Gründung an in reich und arm oder genauer in Patrizier und Plebejer geteilt war. Cicero in *De republica* 2,16 war dieser Meinung, und es muß auch die Meinung mindestens einiger Quellen hinter Dionysios von Halikarnassos' *Römischen Altertümern* sein; denn in II,18 behauptet er, daß die Stadt von Romulus in reiche Patrizier und arme Plebejer geteilt wurde. Im vorhergehenden Kapitel (II,7) scheint Dionysios sich jedoch selbst zu widersprechen, denn er behauptet, daß Romulus das Land in dreißig gleiche Stücke teilte und jeder Kurie eines davon gab. Er schloß, daß eine solche Verteilung des Landes »die größte Gleichheit für alle gleichermaßen bedeute«. Natürlich kann man versuchen, die beiden Stellen dadurch in Übereinstimmung zu bringen, daß man darlegt, jede der dreißig Kurien erhielt die gleiche Menge Landes, aber die Familien innerhalb jeder Kurie erhielten ungleiche Teile; doch diese Lösung der Schwierigkeit ist unwahrscheinlich wegen der Behauptung, daß die Verteilung des Romulus die größte Gleichheit für alle gleicherweise bedeute. Wahrscheinlicher ist es, daß Dionysios zwei Quellen zusammenbrachte, die nicht miteinander übereinstimmten. Während Plutarch, *Leben des Romulus* 13, die Auffassung zu teilen scheint, daß Rom von seiner Gründung an Ungleichheit kannte, schrieben andere Autoren Romulus die Verteilung von zwei *iugera* (Joch) Landes an jeden Bürger zu. Die Hauptstelle ist Varro, *De rerustica* 1,10,2; aber die gleiche Auffassung kehrt bei Plinius wieder, *Historia naturalis* 18,7 und anderweitig. Mommsen bemerkte, daß diejenigen, die dem Romulus ausdrücklich die Landverteilung in Parzellen von zwei *iugera* zuschreiben, keine Historiker, sondern Antiquare sind. Zwei *iugera* (etwa ein halber Hektar oder ein Morgen) waren tatsächlich das Mindestmaß an Land, das man dem einzelnen Kolonisten bei der Gründung römischer Kolonien gab, so bei der von Terracina im Jahre 329 v. Chr. (Liv. 8,21,11). Ein dritter Gedankengang ist vielleicht der Nachricht zu entnehmen, die wir im *Leben des Poplicola*, Kap. 21, von Plutarch finden, daß Attus Clausus fünfundzwanzig *iugera* Land für sich selbst und zwei für jeden seiner Klienten erhielt, als er um 505 v. Chr. mit seiner Klientel nach Rom einwanderte. Hier ist die Unterscheidung zwischen reichen

Patriziern und armen Plebejern oder Klienten beachtet, aber die Klienten (Hörigen) des Patriziers bekommen die traditionellen zwei *iugera*.

Jedenfalls zweifelte in der Antike niemand daran, daß Rom von seinen Anfängen an Privateigentum gekannt hatte. Aber der römische Staat als solcher war ebenfalls Landeigentümer: der Eigentümer des *ager publicus* genannten Landes, das durch Eroberung erweitert werden konnte, wenn die Regierung nicht nach jedem erfolgreichen Krieg beschloß, das eroberte Land einzelnen Bürgern als Privatbesitz zu übergeben. Die Überlieferung betonte allerdings gern, daß die frühen Könige neues Land an die Bürger oder an die ärmsten unter ihnen verteilt hatten (vgl. Dionys. II,15,4; III,1,4–5; Cicero *De republica* 2,33). Die problematische Seite der Geschichte war in den Augen der römischen Historiker und Antiquare nicht das Vorhandensein von Privateigentum, sondern die Neigung der Patrizier oder zumindest der Reichen, Teile oder das ganze Land, das der Staat als *ager publicus* besaß, für sich wegzuschnappen. Die Überlieferung betonte daher die verschiedenen Versuche der Regierung (oder der Plebejer), den Umfang des *ager publicus* zu begrenzen, der rechtmäßig in den Händen eines Eigentümers sein durfte. Die sogenannten Agrargesetze Roms, die in den Gesetzen der Gracchen gipfelten, waren sämtlich Versuche, die Menge öffentlichen Landes festzusetzen, die ein einzelner besitzen durfte.

Es gehört wesentlich zu unserer Geschichte, daß die Texte, die von diesen Gesetzen sprechen, keine Vorbilder an Klarheit sind. Ich möchte hier zwei Hauptstellen über ein Agrargesetz zitieren – die Lex Licinia, die vor den Gracchischen Gesetzen liegt –, die den Grundbesitz aus Gemeindeland für einen einzelnen römischen Bürger auf 500 *iugera* begrenzte: Plutarch schreibt im *Leben des Tiberius Gracchus*, Kap. 8: »Von dem Land, das die Römer im Kriege von ihren Nachbarn gewannen, verkauften sie einen Teil und machten einen anderen zum Gemeindeland und bestimmten es für die armen und bedürftigen Bürger gegen Zahlung einer kleinen Pacht in den öffentlichen Schatz. Und als die Reichen größere Pachtsummen boten und die Armen vertrieben, wurde ein Gesetz beschlossen, das den Besitz von mehr als 500 *iugera* Land für eine Person verbot. Für eine kurze Zeit gebot diese Verordnung der Raffgier der Reichen

Halt... Aber später übertrugen die benachbarten Reichen mittels fiktiver Personen diese Pachtverträge auf sich und besaßen schließlich das meiste Land offen in eigenem Namen.«[2] Plutarch betont die Akkumulation öffentlichen Landes in den Händen der Reichen trotz des gesetzlichen Verbotes, mehr als 500 *iugera* zu kaufen. Appian, der weniger als ein halbes Jahrhundert nach Plutarch schrieb, gibt einen anderen Bericht in Buch 1 seiner *Bürgerkriege* (Kap. 7). Er erklärt zuerst, daß die Römer nach einem siegreichen Krieg den schon kultivierten Teil des eroberten Landes entweder Kolonisten gaben oder ihn verkauften oder verpachteten. Aber sie erlaubten die freie Besetzung des noch unkultivierten Landes unter der Bedingung, daß der, der es in Besitz nahm (vermutlich ein römischer Bürger), den Zehnten von der Ernte zahlte. Als die Reichen von dieser Klausel Gebrauch machten, um so viel Land auszubeuten, wie mit ihren Sklaven möglich war, bestimmte die Regierung eine Grenze von 500 *iugera* für den Besitz eines einzelnen. Diese Grenze wurde nicht beachtet, und Tiberius Gracchus mußte die Beschränkung auf 500 *iugera* in seinem Agrargesetz noch einmal erlassen. Appian führt die Plutarch unbekannte Einschränkung ein, daß das Land, das jedermann besetzen kann, bisher unkultiviertes Land ist.

Selbst heute noch stehen viele Fragezeichen über der ursprünglichen Einrichtung von Landbesitz im frühen Rom und über Ursprung und Entwicklung der Besetzung des Gemeindelandes durch einzelne Bürger.[3] Die Vorstellung, daß ein Römer ursprünglich nur zwei *iugera* besitzen konnte, ist sowohl an sich verwirrend als auch im Vergleich mit 500 *iugera* Gemeindeland, die er anscheinend besetzen durfte. Zwei *iugera*, darüber besteht Einigkeit, können unter den Bedingungen primitiver Landwirtschaft einen Junggesellen durch das Jahr gerade am Leben erhalten. Einer wachsenden Familie können sie nicht genug Nahrung bieten. Da die Verteilung von zwei *iugera* an jeden Kolonisten bei der Gründung der Kolonien erfolgte, muß es Mittel der zusätzlichen Produktion von Nahrung durch Bestellen von Gemeindeland gegeben haben. Aber sollen wir Appian folgen und glauben, daß die Absicht des licinischen Gesetzes gewesen sei, den Anteil des unbestellten Landes auf 500 *iugera* zu beschränken? Plutarch macht, wie erwähnt, keinen Unterschied zwischen schon kultiviertem und unbestelltem Land. Die Möglichkeit diametral entgegengesetzter Deutungen der Eigentumsordnung im frühen Rom zeigt die Tatsache, daß Mommsen zu dem Schluß kam, daß Rom ein Stadium kollektiven Landbesitzes gekannt habe. Mommsen zufolge stellte die Tradition der Verteilung von zwei *iugera* das früheste Stadium der Bildung des Privateigentums dar, als privater Besitz noch auf das Haus und den umgebenden Obstgarten beschränkt war, während die Felder gemeinsam vom ganzen Klan oder der *gens* bestellt wurden (*Staatsrecht* III,22–27). Mommsen komplizierte, wie man sieht, seine Rekonstruktion, indem er zwischen den gemeinsamen Besitz durch die Gemeinde und das private Eigentum der einzelnen Familie den gemeinsamen Besitz des Klans oder der *gens* einschob. Im allgemeinen wurden die Wissenschaftler jüngerer Zeit durch Robert von Pöhlmann[4] überzeugt, Mommsens Theorie eines primitiven Kommunismus in Rom zurückzuweisen; aber ein Blick in den Band von L. Capogrossi Colognesi, *La terra in Roma antica* (Rom, 1981) zeigt, daß keine Einmütigkeit darüber besteht, wie man mit der Tradition der zwei *iugera* verfahren soll. Ist sie nur ein fälschlich auf die Anfänge der Metropole Rom übertragenes Element der Kolonialpolitik?

Theodor Mommsens Einführung der *gens* in das Problem wird unsere Aufmerksamkeit noch einmal zu einem späteren Zeitpunkt beschäftigen (Kap. II). Sein Name wurde hier eingeführt, weil er die Garantie bietet, daß Vorstellungen von einem primitiven Kommunismus in Rom, mit all ihren Implikationen bezüglich der späteren Agrargesetze, nicht notwendig Phantasien revolutionärer Gemüter ohne Kenntnis der antiken Quellen sind. Das Material ist in jedem Falle schwer zu deuten. Aber am Ende des 18. Jahrhunderts war die Erfahrung im Umgang mit schwierigen Texten dieser Art noch geringer als heute: das vergleichende Studium des Grundbesitzes stand noch ganz am Anfang. Und am Ende des 18. Jahrhunderts erschütterte eine Revolution Europa, und es gab wilde und dunkle Spekulationen über die Möglichkeit, irgendein Agrargesetz in Frankreich und in anderen Ländern einzuführen. Die Einrichtung des Landbesitzes in Rom wurde plötzlich zu einem heißen Thema, sogar in akademischen Kreisen. Es überrascht nicht, daß der junge B. G. Niebuhr, der den Staatsdienst der Universitätslaufbahn vorzog, aber in einer von historischer Erfahrung gesättigten Atmosphäre aufgewachsen und sehr empfänglich für das zeitgenössische Geschehen war, das Studium des Gemeindelandes der Römer als dringende Aufgabe erkannte.

II

Barthold Georg Niebuhr wurde bekanntlich in dem Jahr (1776) geboren, in welchem Gibbon den ersten Band seines *Decline and Fall* veröffentlichte und die amerikanischen Kolonien ihre Unabhängigkeit verkündeten. Er war deutscher Untertan des Königs von Dänemark. Sein Vater Carsten war der berühmteste Reisende des 18. Jahrhunderts. Er war nach Arabien vorgedrungen, hatte Persepolis erreicht und schließlich Indien auf einer von der Universität Göttingen organisierten Expedition unter der Schutzherrschaft des Königs von Dänemark, um die Lebensbedingungen der Semiten in ihren Ursprungsländern zu erforschen und dadurch die Bibel verständlicher zu machen. Der Mann, der die Idee dazu entwickelt hatte, war anscheinend der Göttinger Professor J. D. Michaelis, Verfasser eines Werkes über *Mosaisches Recht*. Carsten Niebuhr war ein handfester und kluger Landmann, der durch seinen Sohn seinen Ehrgeiz in Dingen der Gelehrsamkeit und des öffentlichen Einflusses befriedigen wollte, in denen er sich selbst nach einer kurzen Ruhmeszeit als Forschungsreisender enttäuscht fühlte. Der König von Dänemark hatte Carsten Niebuhr schließlich eine bescheidene Stellung als Landvermesser in Meldorf in seinem heimatlichen Holstein gegeben, und dort wuchs der junge Niebuhr zu Frühreife heran, unterrichtet von seinem Vater in Wissenszweigen, in denen dieser, einschließlich des Arabischen, mehr oder weniger autodidaktische Kenntnisse besaß. Er studierte Rechtswissenschaft in Kiel, und im Alter von zweiundzwanzig Jahren erhielt er ein dänisches Stipendium, um Großbritannien, seine Sprache und die Probleme des Landes kennenzulernen. Bezeichnenderweise verbrachte Niebuhr weit mehr Zeit in Edinburgh, wo es eine Universität gab, als in London, wo es keine gab, und 1799 kehrte er nach Dänemark zurück mit einer bemerkenswerten Kenntnis der aktuellen Finanzlage und Politik, einschließlich der agrarischen Probleme Irlands und Indiens. Seine auf dem Kontinent ganz ungewöhnliche Haltung, eine Mischung aus konservativen und liberalen Ansichten, blieb lebenslang eine Folge seiner britischen Erfahrung. Seine vorherigen Sympathien für die Demokratie wurden durch die *Terreur* in Frage gestellt. In seinen Jahren als Gesandter in Rom erklärte er seinem Schützling Franz Lieber, der später in den Vereinigten Staaten ein großer Mann wurde, daß die meisten seiner englischen Freunde Whigs seien und daß die Whigs 1688 England gerettet hätten.[5] Als dänischer Staatsbeamter erlangte Niebuhr 1804 die Stellung eines Vorstehers der dänischen Staatsbank. Um diese Zeit beschloß er, die römischen Agrarfragen systematisch in Angriff zu nehmen, während er über die damalige dänische und deutsche Situation nachdachte und Interventionen vorbereitete: die Befreiung der Leibeigenen stand in beiden Ländern zur Debatte. Während er seine Abhandlung schrieb und umschrieb, überredete ihn der preußische Minister Freiherr vom Stein, Land und Anstellung zu wechseln. 1806 ging er nach Berlin als Fachmann für Staatsbanken, beschäftigte sich aber bald mit anderen Dingen. Die Monographie über das Gemeindeland Roms wurde nie beendet. 1810 wurde er durch Hardenbergs Politik gezwungen, um seine Entlassung nachzusuchen. Als Mitglied der Akademie und zum »Hofhistoriographen« Preußens ernannt, erlangte er das Recht, Vorlesungen an der neuen Universität Berlin zu halten, ohne Professor zu werden. Hier schuf er 1810–1811 in außerordentlicher gedanklicher Konzentration praktisch das moderne Studium der römischen Geschichte. Obwohl er bis zum 2. Januar 1831 lebte und nie geistig untätig war, kristallisierten sich doch die meisten seiner originellen Ideen in diesen beiden Jahren heraus. Ernstlich kehrte er nach den Jahren als Gesandter in Rom von 1816 bis 1823 zur antiken Geschichte zurück. Er schrieb die beiden ersten Bände neu und fügte einen dritten Band hinzu, um bis zu den Punischen Kriegen zu kommen. Vorlesungen hielt er auch über andere Themen der antiken und der neueren Geschichte in Bonn, wo er sich, nicht ohne Schwierigkeiten, in der Nähe der neuen Universität niederließ. Aber man wird sich seiner wegen der Arbeiten, die er zwischen 1810 und 1811 geschrieben hat, erinnern. Was er damals aufzeichnete, gründet seinerseits auf einem Verständnis der Rolle der römischen Plebs, wie es sich ihm durch das Studium der agrarischen Situation des frühen Rom nahegelegt hat.

Paradoxerweise war er zu diesem Studium weit mehr durch die den Franzosen zugeschriebenen Absichten als durch die wirklichen Ereignisse bewegt worden. Niebuhr selbst unterstützte die Befreiung der Leibeigenen, die in Dänemark 1788 stattfand und 1804 von der dänischen Regierung auf Schleswig-Holstein ausgedehnt wurde, nachdem der langwierige Widerstand der lokalen deutschen Aristokratie überwunden war. Nach 1806 war Niebuhr auch wesentlich mit der Bauernbefreiung in Preußen beschäftigt und verfaßte Denkschriften, die zu dem betreffenden königlichen Erlaß vom 9. Oktober 1807 beitrugen. Wie Niebuhrs Denkschriften zeigen, war er sich der in jeder Befreiung der Bauern liegenden Gefahr bewußt, wenn jene ungeschützt den Auswirkungen eines freien Marktes der Liegenschaften ausgeliefert werden. Aber das war nicht der Gegenstand seiner historischen Studien. Seine Bemühung als Erforscher der römischen Agrargeschichte sollte beweisen, daß die Römer die Agrargesetze nie benutzt hatten, um das private Eigentum an Land zu verhindern. Wenn französische Revolutionäre versucht hatten, ihre Vorstellungen von einer Neuverteilung des Landes zu rechtfertigen, und dafür eine *loi agraire* vorgeschlagen hatten, so sollten sie sich nicht darauf berufen dürfen, daß sie die Römer nachahmten.

Sicher hatte es um 1792 mächtige Debatten über eine *loi agraire* mit der Absicht der Neuverteilung des Landes in Frankreich gegeben; *loi agraire égalité réelle* war ein Motto Babeufs. Bei Treffen in den Departements erörterte man den Gegenstand. Zweifellos müssen viele Menschen, nicht nur in Frankreich, sondern in ganz Europa befürchtet haben, daß diese Umverteilung des Landes Realität werden könne. Wir können uns vorstellen, daß die in Koblenz versammelten französischen aristokratischen *émigrés* diese Furcht verbreiteten. Aber Robespierre wies das Gesetz zurück. Er definierte es als »ein von Schurken geschaffenes Wahngebilde, um Schwachköpfe zu terrorisieren«. Die Erklärung der Menschenrechte von 1793 erkannte das Recht auf Privateigentum an. Geheimnisvoll bleibt, warum Niebuhr noch 1804 von der Furcht vor einer Neuverteilung des Landes so aufgewühlt sein konnte – zu einer Zeit, da Napoleon, wie man sagen könnte, seit einigen Jahren das Ende dieser Möglichkeit verkörperte. Aber Niebuhrs erste Seiten machen deutlich, daß er schrieb, um den »verrückten und abscheulichen Sinn, welcher dem Agrargesetz von einer verbrecherischen Bande gegeben wurde«, zurückzuweisen. In der Französischen Revolution sei, so fügte er hinzu, »das Wort Agrargesetz selbst in den verhaßtesten aller demagogischen Angriffe herabgesunken«. Vielleicht bestätigt das nur die alte Theorie, daß wirkliche Furcht beginnt, wenn die Gefahr vorüber ist.

Was die Französische Revolution Gelehrte wie Niebuhr sicherlich gelehrt hatte (und wir werden bald sehen, daß er mindestens einen Vorgänger hatte), war, schwierige Stellen klassischer Autoren nicht halbgedeutet zu lassen. Die Gruppe Babeufs wäre nicht in der Lage gewesen, das Agrargesetz der Römer als Lieblingswaffe zu benutzen, wenn die Stellen bei Appian und Plutarch nicht fehlgedeutet worden wären, als bestimmte das Agrargesetz angeblich eine Höchstgrenze für den privaten Besitz und gestatte mithin die Konfiszierung von Eigentum jenseits des Maximums. Es gab Entschuldigungen für diese Fehlinterpretation. Plutarch und Appian richtig zu verstehen, war nicht einfach eine Frage des Griechischen. Man mußte wissen, was im römischen Recht den Unterschied zwischen Privateigentum und erblicher Ausbeutung des Gemeindelandes ausmachte. Wie wir bald bemerken werden, war es Niebuhrs Verdienst, diesen Unterschied in passenden juristischen Begriffen zu formulieren, aber das konnte er nur, weil ihm ein Römischrechtler vom Kaliber Savignys zu Hilfe gekommen war.

Machiavelli, den Niebuhr ausdrücklich zitiert, hielt es für ausgemacht, daß das römische Agrargesetz den privaten Besitz insgesamt auf 500 *iugera* begrenzte. Harrington in der *Oceana* muß das Gesetz im gleichen Sinne gedeutet haben, denn er empfahl Cromwell eine Höchstgrenze privaten Landbesitzes, obwohl er sie in Geld ausdrückte. Harringtons Bewunderer Walter Moyle war ganz ausdrücklich in dieser Deutung der 500 *iugera*. 1671 schrieb der holländische Rechtsgelehrte Wilhelm Goes ein einflußreiches Buch, *Antiquitatum agrarium liber singularis*, worin er behauptete, daß die Lex Licinia den Reichen privates Land wegnahm, um es den Armen zu geben. Goes war Niebuhr, der ihn schätzte, wohlbekannt. Die Auffassung, daß 500 *iugera* die dem privaten Besitz gesetzte Höchstgrenze war, wurde zu einem Gemeinplatz in den Handbüchern der alten Geschichte, die am Ende des 17. Jahrhunderts auf den Markt kamen und sich im frühen 18. Jahrhundert vervielfachten; z. B. die des Engländers Laurence Echard, die der beiden Jesuiten Catrou und Rouillé und das von Charles Rollin. Sogar der scharfsinnigere Erforscher der römischen Revolutionen, der Abbé de Vertot, und der kritische Deuter der Überlieferungen des frühen Rom, Louis de Beaufort, stimmten darin überein.

Der erste, der entschied, daß diejenigen, die die Agrargesetze unterstützen, nicht nur gefährliche Leute, sondern auch schlechte Gelehrte sind, war, und das überrascht nicht, Christian Heyne, der große Altertumsforscher in Göttingen. Er tat das im richtigen Augenblick, in einer im März 1793 natürlich auf lateinisch gehaltenen akademischen Ansprache mit dem für sich selbst sprechenden Titel »Leges agrariae pestiferae et execrabiles«. Göttingen war zu der Zeit ein Zentrum des englischen Einflusses, besonders in politischer Philosophie. Heyne, der damit sympathisierte, hatte ein häusliches Problem eigener Art, da sein ihm entfremdeter Schwiegersohn Georg Forster – der Pionier der Anthropologie, der dem jungen Friedrich Schlegel teuer ist – gerade die Sache der Revolution zu seiner eigenen gemacht hatte. Wenn Heyne loszog gegen jene »homines inter Francos fanaticos et furoribus civilibus lymphatos«, jene durch den politischen Kampf rasend gewordenen Franzosen, die Land ergattern wollten, das ihnen nicht gehörte, so wendete er sich in der Tat an ein Mitglied seiner Familie.[6] Heyne zielte nicht eigentlich auf eine Antithese zwischen den Römern und ihren selbsternannten modernen Nacheiferern (das sollte Niebuhrs Strategie werden). Ihm waren die Römer insgesamt verdächtig wegen der Proskriptionen, zu denen sie sich am Ende der Republik hinreißen ließen. Aber zumindest konnte er die Römer davon lossprechen, das Agrargesetz zu einem Instrument gesellschaftlicher Subversion gemacht zu haben. Heyne hat als erster unmißverständlich darauf verwiesen, daß das Agrargesetz nicht privates Land berührte, sondern nur die Verteilung von Gemeindeland. Das wurde jedoch eher behauptet als bewiesen, weil selbst Heyne nicht über die Fähigkeiten des Rechtsgelehrten verfügte, den Sachverhalt zu beweisen.

Als Niebuhr sich mehr als zehn Jahre später dem gleichen Problem zuwandte, kannte er natürlich Heynes Ansprache. Wenn er das Bedürfnis fühlte, Heynes Beweisführung zu sichern, so muß ihn, trotz seiner erklärten Überzeugung, daß Heyne im Grunde recht habe, mehr als eine Erwägung angetrieben haben. Er war, wie ich sagte, zweifellos überzeugt, daß die Gefahr eines modernen Agrargesetzes noch nicht vorüber wäre. Es war daher notwendig, jedem neuen Antrag eines Agrargesetzes die Unterstützung zu entziehen, die es durch ein mißverstandenes römisches Agrargesetz erhalten könnte. Als Befürworter der Befreiung der Leibeigenen in Dänemark und Preußen wünschte er diese gute Sache unberührt von der Propaganda für die Neuverteilung des privaten Grundbesitzes zu erhalten. Seine Haltung war im allgemeinen die von Justus Möser vermittelte, die er durch seine ganze Erfahrung bestätigt sah; ein freier Bauernstand, der mäßigen Wohlstand auf seinem Grund genoß, war für das Gedeihen des Staates nötig und stellte den besten Schutz gegen auswärtige Angriffe dar. Obwohl er sich nicht in das Privateigentum an sich einmischen wollte, so war er doch bereit, die englische Regierung zu ermutigen, den irischen Bauern das Land, das sie beackerten, in erbliche Pacht zu geben. Er wollte die Vernichtung des irischen Bauerntums verhüten, die seiner Meinung nach zum unvermeidlichen Untergang Englands führen würde. Gedanken zur irischen Frage sind in einem handschriftlichen Memorandum aufgeführt, das nach Niebuhrs Tod gefunden und in den *Nachgelassenen Schriften nichtphilologischen Inhalts* (1842) veröffentlicht wurde. Es scheint in die Jahre um 1805 zu gehören.

Es bestand jedoch ein besonderer Anlaß für Niebuhr, das römische Agrarproblem nach Heyne aufzunehmen. In dem Aufsatz von 1980 (Anm. 1) lenkte ich die Aufmerksamkeit auf eine sehr interessante Aufgabe, die Niebuhr in der zweiten Auflage seiner *Römischen Geschichte* macht. Dort sagt Niebuhr, daß er nie imstande gewesen wäre, die wirkliche Natur des *ager publicus* in Rom zu begreifen, wenn er nicht mit der agrarischen Situation in Indien vertaut gewesen wäre. Er erläutert dann, daß in Indien der Staat der Eigentümer des gesamten Landes ist: die Bauern in den Dörfern hatten ihr Land in Erbpacht und zahlten dafür eine festgesetzte Summe, die von einem Staatsbeamten, dem Zemindar, eingetrieben wurde. Mit dieser Feststellung ergriff Niebuhr deutlich Partei in einer Streitfrage von höchster Bedeutung für die englische Herrschaft in

Indien. Besonders in Bengalen hatten die Engländer eine Agrarsituation übernommen, die keineswegs eindeutig war. De facto wurde der Zemindar als Eigentümer das dörflichen Grundbesitzes angesehen (das persische Wort bedeutet »Landeigentümer«). Doch welches waren genau seine gesetzlichen Rechte? Welches war seine gesetzmäßige Funktion zwischen dem Herrscher und den Bauern? Die Frage ließ sich auch anders stellen: war es für die Engländer die richtige Politik, die Stellung des Zemindar und damit seine Ausbeutung der Bauern zu stützen und zu festigen zu einem Zeitpunkt, da die Herrschaft der einheimischen Fürsten für alle praktischen Zwecke durch eine englische Verwaltung ersetzt worden war? Die rechtliche Stellung des Zemindar, die Frage danach, ob es zweckmäßig wäre, auf seine Zusammenarbeit zu zählen, und die moralische Rechtfertigung der englischen Herrschaft waren drei nicht notwendig übereinstimmende Gesichtspunkte. Eine vierte, scharfsinnigere Erwägung kam dazu: die Gelegenheit, den Indern ein System des Grundbesitzes zu geben, das dem europäischen erkennbar ähnlich und daher leicht von Europäern zu verwalten wäre.

Anhand des Textes der *Römischen Geschichte* selbst konnte man vermuten, daß Niebuhr dadurch, daß er dem Zemindar die Rechte eines Landeigentümers absprach und ihn auf einen Beamten der Krone reduzierte, der von James Grant befürworteten juristischen Argumentation folgte. James Grant war 1786 bis 1789 in Bengalen der Generalsteuerinspektor (oder Serrisfahder) im Namen der Ostindischen Kompanie gewesen. 1790 hatte er seine *Inquiry into the Nature of the Zemindary Tenures in the Landed Property of Bengal* veröffentlicht. Diese Untersuchung mit der Hauptthese, daß der Zemindar keine erblichen Eigentumsrechte, sondern lediglich Steuern für die Krone einzunehmen hätte, war ungeheuer umstritten und stieß sofort auf die Opposition von Charles William Boughton-Rouse, der im Jahr darauf eine keineswegs improvisierte *Dissertation concerning the Landed Property of Bengal* publizierte. Boughton-Rouse, selbst ein früherer Angestellter der Ostindischen Kompanie und ausgebildeter Orientalist, verteidigte sowohl die Erbrechte des Zemindar als auch den Vorteil für die Regierung, wenn sie diese Rechte dauerhaft bestätige. Grant seinerseits antwortete in den »Prefatory Remarks« zur zweiten Auflage seiner *Inquiry*, die im gleichen Jahr 1791 erschien.

Nun wußten wir aus Niebuhrs Briefen, daß er während seines Aufenthalts in Schottland in den Jahren 1798–1799 einen Mann persönlich kennenlernte, den er »Mr. Grant zu Redcastle« nannte, ein Ort nahe Inverness. Er hatte ihn in seinem Hause besucht und mit ihm Probleme der indischen Landwirtschaft besprochen.[7] Sogar aus den Briefen wäre es leicht zu erschließen gewesen, daß der von Niebuhr erwähnte Mr. Grant der berühmte Verfasser der *Inquiry* war. Aber diese Identifizierung versäumte ich 1980, und meines Wissens findet sie sich nirgends in der Literatur. Sie ist nun unumgänglich durch eine Stelle in Niebuhrs Abhandlung von 1804, die Heuss zum erstenmal veröffentlicht hat, ohne vielleicht ihrer Bedeutung gewahr zu werden: »Es wäre ein, alle mühselige(n) Untersuchungen, die es voraussetzt und erfordert, belohnendes Unternehmen, den Gang der Veränderungen des Landeseigentums durch die Geschichte der römischen Kaiser hinab zu verfolgen (über die Stiftung arabischer Kolonien hoffe ich ein andermal zu reden), die Entstehung jener fürstlichen Landgüter aufzusuchen, welche in den Zeiten des Verfalls des Reichs den damals adlig geachteten Familien ungeheure Einkünfte gaben, und den Ursprung der Leibeigenschaft in der milderen Form, welche sie im Mittelalter in Italien und Frankreich trug, aus den Verhältnissen der Römerzeit zwischen dem Gutsherrn und dem Meyer zu entwickeln. Aber diese Untersuchungen gehören in ein weitläufiges Werk, in einen unfassenden ›Geist der Gesetze des Landeigentums‹, welches zu unternehmen mein gelehrter Freund Mr. Grant zu Redcastle, dessen Untersuchungen die eigentliche Beschaffenheit des Rechts des Landbesitzes in Asien zuerst außer Zweifel gesetzt haben, mich veranlaßt hat.«[8]

Die Anspielung auf James Grants *Inquiry* im letzten Satz ist offenkundig und damit die Identifikation des Mr. Grant zu Redcastle mit James Grant, wie ich behaupten möchte, gewiß. Ich kann hinzufügen, daß James Grant 1799 tatsächlich in Redcastle lebte. Die Stelle enthüllt, daß Niebuhr ursprünglich seine Forschung über die Agrargesetze der Römer als Teil oder vorbereitenden Beitrag zu einer weiteren Untersuchung im Stile Montesquieus über Agrargeschichte angesehen hat. Diese größere Arbeit war Niebuhr von

Grant vorgeschlagen worden. Das Studium der römischen Agrargesetze war zuerst in diesem weiteren Rahmen konzipiert worden. Für sein Teil hatte Niebuhr das von Grant behauptete Modell des Zemindar zur Erklärung der Situation des römischen *ager publicus* benutzt. Der Patrizier hatte wie der Zemindar Vorteil aus seiner Stellung geschlagen und seine Kontrolle des öffentlichen Landes in erbliches und dauerndes Eigentum verwandelt. Die Agrargesetze in Rom versuchten – weit davon entfernt, privates Eigentum an Land neu zu verteilen –, die mißbräuchliche Kontrolle von Gemeindeland durch Patrizier zu reduzieren. Offensichtlich erwarteten James Grant und Barthold Georg Niebuhr, daß die englische Regierung die Mißbräuche der Zemindare in Indien so einschränkte, wie die Gracchen es mit den Mißbräuchen der Nobiles (wenn nicht mehr der Patrizier) in Rom versucht hatten. Die Gleichsetzung des Zemindar mit seinem römischen Gegenstück konnte natürlich nicht vollständig sein, da in Rom nicht ganze Gemeinden oder Dörfer von Patriziern oder anderen Aristokraten kontrolliert wurden und da es im römischen Staat großen und kleinen Privatbesitz um die Flächen des *ager publicus* herum gab. Außerdem wirkten die Patrizier nicht gerade als Vermittler zwischen dem Staat und den Bauern. Gleichwohl dachte Niebuhr, daß er die rechtliche Situation des *ager publicus* besser verstehen konnte, weil er sie mit der agrarischen Lage Indiens, wie Mr. Grant zu Redcastle sie deutete, verglichen hatte. Mit einem Schlag war es Niebuhr, dem großen Bewunderer der englischen Verfassung, gelungen, das römische Agrargesetz aus der Perspektive der Französischen Revolution herauszuziehen und es in die Perspektive des britischen Imperiums einzufügen, einschließlich aller Implikationen, die es für gemäßigte Reformen und für vernünftiges Erwägen der Umstände bot. Heynes Behauptung, daß das römische Agrargesetz das Gemeindeland betreffe, war gerechtfertigt, aber zugleich bedeutete der neue englische Rahmen eine implizite Widerlegung von Heynes Mißtrauen gegenüber einem Rom, das zu Proskriptionen fähig war. Soviel zumindest wird deutlich, daß die Monate in Schottland, 1799, für die Herausbildung von Niebuhrs historischem Interesse an Landbesitz von entscheidender Bedeutung waren.

Da war noch etwas, das Niebuhr nicht wirklich zu fassen imstande war, als er 1804–1805 darüber schrieb. Es war der im römischen Recht bestehende genaue Unterschied zwischen dem Eigentum an privatem Land und dem dauerhaften und erblichen Besitz öffentlichen Landes. Dies wurde wahrscheinlich in Berlin in dem Kontakt mit Savigny geklärt, den Niebuhr knüpfte, als er die Gelegenheit hatte, seine Ansichten über das archaische Rom 1810 vor einer Hörerschaft der Universität Berlin zu entwickeln. Zu seinen Hörern gehörte Savigny, der gerade in Berlin zum Professor ernannt worden war und später diese Vorlesungen Niebuhrs als den Beginn einer neuen Ära im Verständnis Roms ansah. Savigny selbst hatte Zweifel über Fragen des römischen Eigentums gehegt. 1803 hatte er die Unterscheidung zwischen Eigentum und Besitz in dem Buch *Das Recht des Besitzes* herausgearbeitet, dem er seinen raschen Aufstieg zum Ruhm verdankte. Dort hatte er die Unterscheidung zwischen dem vollen *Dominium ex iure Quiritium* und der grundsätzlich durch Interdikt geschützten *possessio* erhellt. Er selbst hatte zugestanden, daß er die Ursprünge der *possessio* nicht vollständig erklären könne. Jetzt war eine Ergänzung seiner Theorien durch die Niebuhrs möglich. Savigny konnte Niebuhr den Begriff der *possessio* anbieten als den geeignetsten zur Erklärung der erblichen Kontrolle des *ager publicus* und nahm seinerseits Niebuhrs Vorschlag an, daß diese erbliche Kontrolle in der Tat das erste Vorkommen und wahrscheinlich das Modell der *possessio* war. Mit typischem Großmut bekundeten die Männer einander ihre Schuld. Die späteren Auflagen von Savignys *Das Recht des Besitzes* enthalten einen § 12a, der die von Niebuhr vorgeschlagene Ergänzung offensichtlich macht. Niebuhr hatte dann das Glück, im Palimpsest des Gaius in Verona das, wie ich glaube, früheste vorhandene Beispiel des Begriffes *Dominium ex iure Quiritium* zu entdecken (I,54; II,40). Die von Savigny und Niebuhr formulierte scharfe Unterscheidung zwischen dem Recht privaten Eigentums und dem Recht des Besitzes war seither stets im Vergleich des römischen Eigentumsrechts mit anderen Rechtssystemen der Mittelpunkt von Diskussion, Deutung und Zweifel.

Niebuhr hat immer die Deutung des römischen Agrarwesens für seine wichtigste Leistung angesehen. So hat er sie Goethe dargestellt. Sie war gewiß die Vorbedingung für sein Verständnis des antiken Rom. Nachdem er außer Frage gestellt hatte, daß die Plebejer die Opfer der Patrizier gewesen waren, schritt er zum Studium der patrizischen Gesellschaft, die ursprünglich Rom kontrolliert hatte. Seine Sympathien galten den Plebejern. Die Plebejer waren die freien Bauern in der Nachbarschaft des frühen Rom: sie bewahrten ihre Einfachheit und Ehrlichkeit, und sie unterschieden sich von den Klienten, die von den Patriziern abhängig waren. Niebuhr schrieb den Plebejern die besten der römischen Tugenden zu. Sie waren die Verfasser jener Geschichtsballaden zum Ruhme ihrer Ahnen, in denen Niebuhr die Quelle der Überlieferungen vom frühen Rom suchte, wie wir sie bei Livius und Dionysius von Halikarnassos finden. Keine Seite in Niebuhrs Geschichte ist so von naivem Vorurteil geprägt wie die, wo er den Fälschungen der Pontifikalchronik, die die Patrizier begingen, die reine und frische volkstümliche Poesie der Balladen von den Königen gegenüberstellt, die die Plebejer gedichtet hatten.

Niebuhr folgte den Konflikten zwischen Patriziern und Plebejern bis zu ihrer schließlichen Versöhnung in demselben Geiste, mit dem er in Dänemark und in Preußen für die Anerkennung der Bauern durch die Aristokratie tätig gewesen war. Er war im Herzen konservativ und wünschte nicht die Auflösung der Aristokratie. Mit einem Blick auf die englischen Adligen (und vielleicht auf die preußischen Aristokraten, die ihn akzeptiert hatten) wollte er die Aristokratie vor ihr selbst retten. Er blieb jedoch ein Außenseiter in seiner aristokratischen Gesellschaft, dem bewußt war, daß sein Vater aus bäuerlichem Geschlecht stammte und nie die Anerkennung erhielt, die er für seine Leistung verdient hatte. Er hatte sogar aus der Berufserfahrung seines Vaters – ein Landvermesser, der Entdeckungsreisender wurde, aber später als Landvermesser in sein Geburtsland zurückkehrte – seine erste Kenntnis des Landeigentums in Ost und West bezogen.

[Siehe die *Bibliographische Notiz*, Seite 243]

II. Von Mommsen zu Max Weber

I

Als wir Niebuhr erörterten, haben wir nicht viel von den zwei *iugera* erfahren, die Romulus angeblich bei der Gründung Roms seinen Gefährten verlieh. In der Atmosphäre der Französischen Revolution – oder vielmehr der darauffolgenden Zeit der Angst – dachten viele, sie hätten nicht das letzte Wort über Babeufs schreckliche *loi agraire* gehört. Niebuhrs wichtigstes Anliegen war es gewesen, das, was er für die gerechten Ansprüche einer Landreform hielt, von den ungerechten Angriffen gegen das Privateigentum zu trennen. Den Gracchen hatte er wieder Achtung verliehen, indem er zeigte, daß sie ganz anders waren als die französischen Revolutionäre.

In den folgenden fünfzig Jahren änderte sich die Szene. Marx und Engels veröffentlichten ihr Manifest. Urkommunismus wurde ein Gegenstand gelehrter Forschung. Die Bücher von Georg Ludwig von Maurer, die 1854 und 1856 erschienen, erzählten den Historikern und Juristen, die bereit waren, Schilderungen der ursprünglichen deutschen »Markenverfassung« zuzuhören, von der deutschen Variante kollektivistischer Dorfgesellschaft. August von Haxthausen, ein anderer deutscher Aristokrat, erläuterte in Studien, die zwischen 1847 und 1853 auf deutsch, englisch und französisch erschienen, die ursprünglichen kommunistischen Züge des russischen Dorfes, des *Mir*. Dorfkollektivismus schien ein Zeichen des ursprünglichen, nicht mit dem römischen Individualismus in Berührung gekommenen Lebens: so sprach er deutsche Juristen und Aristokraten an, selbst wenn sie ihn in den eher unsauberen Händen von Slawen und später von Türken fanden. Die gesamte Frage der historischen Entwicklung des Privateigentums hatte offensichtlich in diesen Forschungen über die Überreste kollektivistischer Institutionen in den Dörfern des modernen Europa eine neue Wendung genommen. Inzwischen können wir sagen, daß es eine der entscheidensten Veränderungen in unserem Verständnis der antiken Zivilisationen war.

Genau 1856 bewies Theodor Mommsen, daß die frühen Römer in ihrer kollektiven Haltung nicht hinter den frühen Deutschen zurückgeblieben waren. Mommsen, ein Opfer der Reaktion an den deutschen Universitäten nach 1848, war jedoch kein Revolutionär. In der zweiten Auflage seiner *Römischen Geschichte* im Jahr 1856 revidierte und erweiterte er den nicht endgültigen Text von 1854 zu der Darstellung, die in den späteren Auflagen im wesentlichen unverändert blieb. Er bot eine Beschreibung des frühen Rom, wo die *gens* oder der Klan (nicht die Kernfamilie) das Land kollektiv besaß. Er erklärte die Tradition der zwei *iugera* für jeden Haushalt mit der Annahme, daß sie den zum Haushalt gehörenden Obstgarten darstellten zu einer Zeit, als das wirkliche Agrarland noch ungeteilt dem Klan gehörte. Vereinfacht gesagt, waren die zwei *iugera* (ein halber Hektar) der Garten der Kernfamilie, während die Felder der *gens* gehörten und den Hausvätern im Wechsel gemäß den kommunalen Regeln und unter kommunaler Aufsicht zugeteilt wurden. Für Mommsen bezeichnete die Reform des Königs Servius Tullius in der Mitte des 6. Jahrhunderts v. Chr. das Ende dieser Situation. Die militärische und politische Organisation des Servius Tullius setzte reiche Hausväter mit einer Menge eigenen Landes voraus: das hieß, daß die Klans die Kontrolle über die Felder verloren hatten, die unter die Hausväter aufgeteilt gewesen sein müssen.

Ob Henry Sumner Maine seinen Mommsen gelesen hatte, als er 1861 sein *Ancient Law* veröffentlichte, weiß ich nicht. Gewiß kannte er seinen Niebuhr, wie jeder vom Jahrgang 1822, der in Cambridge studierte. Wichtiger noch, er war gut vertraut mit von Maurer und von Haxthausen, und er hatte seine Aufmerksamkeit bereits auf das indische Dorf gelenkt. Darin war ihm Niebuhr vorangegangen, aber als Engländer, der bald mit der Regierung Indiens beschäftigt sein sollte, brauchte er Niebuhrs Beispiel nicht. Er zitierte die *History of India* von Mountstuart Elphinstone, um die Ähnlichkeiten zwischen der indischen Dorfgemeinschaft und der römischen *gens* zu veranschaulichen. Hier liegen die Grundlagen seiner Theorie, daß das ursprüngliche Landeigentum der Indoeuropäer auf dem kommunalen Eigentum eines Klans oder der *gens* begründet war. Man muß jedoch sagen, daß das Vergnügen, herauszufinden, wie es die arischen Väter hielten, bei Maine nicht dominierte. Unter dem Druck von Gegnern, die ihn beschuldigten, das Matriarchat und ähnliche Neuheiten zu ignorieren, mußte er auf die indoeuropäischen Grenzen seiner Interessen zurückweichen. Aber was er wirklich im *Ancient Law* zu beweisen unternahm, war, daß die englischen Juristen zu lange Blackstone vertraut hatten. Die unbestrittene Besitzergreifung der *res nullius* durch das Individuum war nicht der Beginn des Privateigentums. Maine argumentierte bekanntlich damit, daß das »antike Recht... fast nichts von Individuen weiß. Es ist nicht mit Individuen, sondern mit Familien, nicht mit einzelnen menschlichen Wesen, sondern mit Gruppen befaßt.«[9] Er fuhr fort: »Die Art des Übergangs vom antiken zum modernen Eigentum, die bestenfalls dunkel ist, würde unendlich viel dunkler sein, wenn nicht mehrere unterscheidbare Formen von Dorfgemeinschaften entdeckt und untersucht worden wären.«[10] Er dachte natürlich an deutsche, slawische und indische Beispiele und erklärte: »Privateigentum in der Gestalt, in der wir es kennen, wurde vor allem durch die allmähliche Loslösung besonderer Rechte von Individuen aus den gemischten Rechten einer Gemeinschaft gebildet.«[11] In Grundlinien, die von Pietro Bonfante entwickelt werden sollten, deutete er an, daß die *res mancipi* des frühen römischen Rechts, die Land, Sklaven und Lasttiere einschlossen, ein »Vorzug von größter Folge für ein primitives Volk« waren. Das *mancipium* war folglich die älteste Form der Veräußerung von bislang nicht veräußerbaren Gütern. Maine war nicht bereit, viel über die *gens* zu sagen, den ursprünglichen Landeigentümer: »Die *gens* war auch eine Gruppe nach dem Modell der Familie; es war die durch eine Vielfalt von Fiktionen erweiterte Familie, wobei das genaue Wesen dieser Fiktionen in der Antike verlorenging.«[12] Er behauptete jedoch, daß dem römischen Recht, das keine Erstgeburt kennt, Regeln vorangegangen sein müssen (von denen er auch Spuren in Indien fand), die eine vom ältesten männlichen Wesen der ältesten Linie geleitete Gesellschaft definieren. Mit anderen Worten diente die Erstgeburt dazu, den Häuptling einer *gens* zu wählen, der auch der Verwalter eines gemeinsamen Erbvermögens oder Grundbesitzes war.[13] Das Wiederaufleben der Primogenitur im Europa des Feudalismus bedeutete für Maine die Rückkehr zu einer kollektiven Nachfolgeform, die vor der Entwicklung des Privateigentums bestand, wie das römische Recht sie kannte: »Da die bürgerliche Gesellschaft nicht mehr zusammenhielt, warfen sich die Menschen allgemein zurück auf eine soziale Organisation, die älter ist als die Anfänge bürgerlicher Gemeinschaften.«[14]

Maine entwickelte seine Vorstellungen von der Dorfgemeinschaft in dem Band *Village Communities of the East and West*, 1871: in der dritten Auflage von 1876 wurde er erweitert um die »Rede Cambridge Lecture« von 1875, »The Effects of the Observation of India on Modern European Thought«. Er hatte sich bereits sieben Jahre in Indien als juristisches Mitglied des indischen Staatsrats aufgehalten und war vor allem für die Kodifizierung des indischen Rechts verantwortlich. Als er die Ergebnisse der Studien von Maurers über die Mark mit dem verglich, was er selbst über das indische Dorf wußte, war er in der einzigartigen Lage, Zugang zu allen Daten Indiens zu haben. Spekulationen über die indoeuropäische Vergangenheit mochten wohl einer Beschreibung der gegenwärtigen Lage den Vorrang lassen. Bei Maine war das vergleichende Interesse aber noch sehr stark, und es verstärkte sich sogar noch, als er 1874 seine Forschungen auf frühes irisches Recht in seinen *Lectures on the Early History of Institutions* ausdehnte. Beim irischen Recht half ihm sein Freund Whitley Stokes. In diesem Band (dem letzten seiner grundlegenden Beiträge zum frühen Recht) finden wir den sehr erhellenden Satz: »Es ist mir oft in den Sinn gekommen, daß indische Beamte bei ihren heftigen Kontroversen über die jeweiligen Rechte der verschiedenen Klassen, die eine Dorfgemeinschaft bilden, unbewußt danach streben, durch ein wohltätiges Schiedsurteil die Ansprüche und die Gegenansprüche der Eupatriden und des Demos, des Populus und der Plebs auszugleichen.«[15]

Village Communities of the East and West wurde meines Wissens nicht gleich ins Französische übersetzt, anders die *Lectures on the Early History of Institutions*. Diese wurden (zusammen mit *Ancient Law*) deshalb mehr als das frühere Buch auf dem Kontinent diskutiert. Fustel de Coulanges nahm Notiz davon in seinen Schriften nach 1870, während er *Ancient Law* noch nicht kannte, als er 1864 *La cité antique* veröffentlichte. Nach 1875 kann man sagen, daß Maine im juristischen Denken auf dem Kontinent die Anerkennung des Dorfkommunismus als der primitivsten Form von Landeigentum verkörperte, während Fustel als der Verteidiger des Vorhandenseins von Privateigentum seit den Ursprüngen einer durch Quellen belegbaren Geschichte erschien und erscheinen wollte.

II

Wenn Fustel de Coulanges auch Maine nicht kannte, so muß er doch Mommsens Kapitel in der *Römischen Geschichte* gut gekannt haben, als er 1864 *La cité antique* veröffentlichte. Aber zumindest in dieser Zeit seines Lebens war er nicht der Mann, der einen Zeitgenossen zitierte, wenn er es vermeiden konnte. 1830 geboren und an der École Normale in Paris ausgebildet, war er damals ein junger Professor an der Universität Straßburg und ungewöhnlich empfindlich für seine Lage einer Wacht am Rhein. In seiner Straßburger Antrittsvorlesung 1862 erklärte er: »Ich beschloß, für Griechenland keine anderen Meister zu haben als die Griechen selbst, noch für Rom andere als die Römer.« Noch deutlicher erklärte er in einem nach seinem Tode veröffentlichten undatierten Bruchstück rundweg: »Ich möchte lieber mit Livius irren als mit Niebuhr.« Wenn man Niebuhr 1864 auslassen konnte, so war es noch leichter, Mommsen zu vergessen. Und Fustel war nicht nur abgeneigt, seinen Zeitgenossen auf der anderen Seite des Rheins zu begegnen. Er war auch fähig, verwirrende orakelhafte Antworten über sich selbst zu geben. Als ihn ein Kritiker 1868 als Christen bezeichnete, antwortete er: »Sie sind heidnischer als ich, ich bin nicht christlicher als Sie.« Später konnte man ihn sowohl für einen Bonapartisten als auch für einen Parteigänger der Dritten Republik halten, für einen Mann der Rechten und für einen Mann der Linken. Charles Maurras versuchte, ihn als rückhaltlosen Vorgänger der »Action Française« darzustellen, und das mißlang natürlich. Aber was Durkheim – ein Schüler mit sozialistischen Sympathien – genau mit der Widmung seiner lateinischen Dissertation über Montesquieu (1892) an seinen verstorbenen Lehrer Fustel sagen wollte, ist auch nicht deutlich.

Bemerkenswert bleibt die rasche Folge grundlegender Arbeiten über antike Gesellschaften in dem Jahrzehnt von 1861 bis 1871: Maines *Ancient Law*, 1861; Bachofens *Mutterrecht*, 1861; Fustels *La cité antique*, 1864; J. F. McLennans *Primitive Marriage*, 1865; E. B. Tylors *Primitive Culture*, 1871.

Das neuerliche Auftreten der Indoeuropäer auf dem Schauplatz war zweifellos einer der stimulierenden Faktoren. Aber Fustel war noch weniger als Maine mit der Rekonstruktion einer indoeuropäischen Gesellschaft beschäftigt. Zu der Zeit, als er die *Cité antique* schrieb, wußte er weit weniger als Maine von Germanen und Slawen. Er hatte etwas von den Veden und die Gesetze Manus in Übersetzung gelesen und war natürlich vertraut mit der Arbeit französischer Indologen wie E.-L. Burnouf. Aber fast alle seine spezifischen Behauptungen gründen sich noch auf griechische und römische Quellen. Seine Suche nach der ursprünglichen Gesellschaft nahm ihren Ausgang noch von klassischem Boden. Mit rein griechischen und lateinischen Belegen versucht er, den zentralen Satz seines Buches zu beweisen: »Die Zeit, als die Menschen nur an häusliche Götter glaubten, war die Zeit, als es nur Familien gab.« Allerdings fügte er hinzu: »In einem solchen Zustand scheint die gesamte arische Rasse lange Zeit gelebt zu haben. Die Hymnen der Veden bestätigen das für den Zweig, von dem die Hindus abstammen.« Aber Fustel zitiert die Veden nicht häufig. Es sind römische und griechische Texte, aus denen er das Bild einer vorstädtischen Gesellschaft zu beschwören versucht, worin die Leute, die dieselben Ahnen zu haben behaupten, zusammen auf privat besessenem Grund leben. Dieser Grund ist geweiht durch die Gräber der Ahnen selbst und durch den Herd, auf dem die Geister der Verstorbenen als Götter fortleben sollen.

Hier beginnen wir zu würdigen, was in gewissem Sinn der erstaunlichste Zug an Fustels Argumentationsstil ist. Er verfügt über eine Fülle von Texten, um seinen Gedankengang zu stützen. Aber die Texte stützen sehr selten genau den Punkt, den er beweisen möchte. Seine wichtigsten Argumente sind in der Tat unbewiesene Annahmen. So ist es eine unbewiesene Annahme (wie ich mehr als einmal betonen muß), daß die Ahnen gewöhnlich innerhalb der Einhegung der Familienwohnung begraben wurden. Es ist auch eine unverbürgte Annahme, daß das Feuer in Gang gehalten werden muß, um die Ahnen lebendig zu erhalten: die Beziehung zwischen dem Feuer und den Ahnen ist in der griechisch-römischen Welt nie so schroff. Gänzlich unbewiesen ist die Vermutung, daß die Toten die Wurzel sowohl der Religion als auch des Eigentums sind. Nachdem er diese weitreichenden Hypothesen aufgestellt hat, schließt Fustel Folgerungen daraus. Die Töchter werden vom Erbe ausgeschlossen, weil sie nicht am Kult der Ahnen teilnehmen, und sie nehmen am Ahnenkult nicht teil, weil sie außerhalb der Familie heiraten und sich dem Ahnenkult des Gatten anschließen. Da Eigentum in Begriffen absoluter Souveränität des Hauptes einer ausgedehnten Familie konzipiert wird, muß der erstgeborene Sohn die priesterlichen und politischen Rechte des Vaters erben: daher müssen Rechte der Primogenitur sogar für das frühe Rom angesetzt werden, was weit mehr ist, als Henry Maine zu verlangen bereit war. Schließlich muß Fustel erklären, wie sich die primitive Gemeinschaft der Familie auflöst und die Vereinigung von Familien, die wir Stadt nennen, entstanden ist. Er muß gestehen, daß das Bild, das er bisher vor unsere Augen hielt, tatsächlich unvollständig war. Jetzt erzählt er uns, daß nicht alle Mitglieder der Familie die Nachkommen der von ihnen verehrten Ahnen waren; Außenstehende wurden als Klienten in die Familie aufgenommen. Im Tausch für die Hilfe, die sie durch diese Zulassung erhielten, waren die Klienten bereit, die Ahnen ihrer Patrone zu verehren; aber natürlich waren sie nie vollkommen glücklich in ihrer untergeordneten Stellung, die den Verzicht auf ihre eigenen natürlichen Vorfahren bedeutete. Darüber hinaus erfahren wir, daß es sogar Familien gab, die unfähig waren, sowohl ihre eigenen Ahnen zu verehren, als auch den Kult der Ahnen anderer zu akzeptieren. Diese unglückseligen Familien blieben lange Zeit außerhalb dessen, was wir vielleicht die ursprüngliche Zivilisation der arischen *gentes* nennen können: sie verharrten in einem tierähnlichen Zustand. Aber irgendwie entwickelte sich eine neue Religion, die nicht die Familien und die Ahnen betraf, sondern sich den natürlichen Elementen zuwandte (wie dem Himmel, der Sonne, dem Mond und den Gestirnen). Diese neue Religion war den unzufriedenen Klienten und den barbarischen Außenstehenden angemessen. Sie gab natürlich ersteren die Gelegenheit, etwas Befriedigenderes zu tun, als andrer Leute Ahnen zu verehren, und sie verhalf letzteren zu einer genuin religiösen Gefühlsregung. So entstanden die Städte, weil unzufriedene Klienten und unzugängliche Außenstehende (nennen wir sie Plebejer) ihre Kräfte vereinigten in der Verehrung neuer Götter und beim Aufbau neuer Gesellschaften. Die alten Familien, die Patrizier, konnten nicht draußen bleiben und mußten Kompromisse schließen; sie kamen in die Städte und traten den neuen Kulten bei. Auf die Dauer bewirkte die Stadt den Sieg eines naturalistischen Polytheismus über den Ahnenkult. Anfänglich hatten aber die ahnenverehrenden Aristokratien genügend Mittel, die ihnen erlaubten, unter ihren eigenen Bedingungen in die Städte zu kommen. Sie erlegten der Stadt einige der Züge des ursprünglichen häuslichen Kultes auf. Das erklärt, warum die Stadt einen gemeinsamen Herd und ein gemeinsames Feuer hatte – das in Rom noch eindeutiger als in Griechenland durch die Göttin Vesta verkörpert wurde. Etwas unzusammenhängend, aber lebhaft sieht Fustel in Aeneas das Symbol dieses Stadiums des politischen Lebens, worin ein aristokratischer Held seine eigenen Penaten in die Stadt überführt, die er gerade gründet. Wenn die Aristokraten genügend treue Klienten besaßen, war die neue Stadt den aristokratischen Prätentionen besonders entgegenkommend: in Rom wurden die Außenstehenden, die Plebejer, lange Zeit niedergehalten. Fustels Beschreibung des frühen Rom verdient es, zitiert zu werden, denn sie zeigt, wie er sich das Verhältnis zwischen den ahnenverehrenden Patriziern und den primitiven Plebejern dachte: »In Rom war der Unterschied, wie er ursprünglich zwischen den beiden Klassen bestand, besonders auffallend. Die Stadt der Patrizier und ihrer Klienten ist die, die Romulus nach den Riten auf dem Palatin gegründet hat. Der Wohnort der Plebs war das Asyl, eine Art eingefriedeter Platz, der am Hang des Kapitols liegt und den Romulus jenen Leuten zugewiesen hat, die keine Bleibe hatten und die er in seine Stadt nicht einziehen lassen konnte... Ein Wort charakterisiert diese Plebejer: Sie sind ohne Kult, zumindest werfen ihnen die Patrizier vor, keinen zu haben... ›Sie haben keine Väter‹, das heißt: Vergebens würden sie ihre Ahnenreihe zurückverfolgen, niemals fänden sie ein religiöses Familienoberhaupt, einen *pater*.«[16]

Der Eintritt der Plebs in die Stadt kam durch das Bündnis zustande, das sich zwischen den Plebejern und den Königen gegen die Patrizier herausbildete. Bei all diesen Entwicklungen, die weitgehend eine glänzende Konstruktion a priori sind, verlangen zwei Elemente besondere Aufmerksamkeit. Das erste ist die schon erwähnte Annahme, daß das Familiengrab den entscheidenden Anspruch auf Landeigentum schuf. Das zweite ist die Annahme, die wir noch nicht erörtert haben, daß der Beweisführung wegen die *gens* in Rom und das *genos* in Griechenland als identisch mit der Familie in ihrer primitiven Organisation, den Eigentumsrechten und dem Ahnenkult angenommen werden. Beide Punkte müssen wir genauer untersuchen.

Der Brauch, die Toten auf dem Familiengrundstück zu beerdigen, war keineswegs weder in Rom noch in Griechenland allgemein verbreitet. Wie Sally Humphreys bemerkt hat: »Gräber wurden in der Antike gewöhnlich am Wegesrand angelegt, und obwohl das zu Begräbnissen benutzte Land Privateigentum wurde und auf verschiedene Weise vor Mißbrauch und Veräußerung bewahrt werden konnte, gibt es keine Anhaltspunkte dafür, daß es als besonders wünschenswert angesehen wurde, auf dem Grund beerdigt zu werden, der Teil eines größeren Familienbesitzes war.«[17]

In Rom weiß man zweifellos, daß einige *gentes* eigene, jeweils ihnen vorbehaltene Friedhöfe besaßen, aber ich kenne keinen Beleg dafür, daß der Friedhofsgrund auf dem lag, was man den Stammbesitz der *gentes* nennen könnte. Sueton erzählt im *Leben des Tiberius*, daß die Claudische *gens* ihren Begräbnisplatz am Hang des Kapitolinischen Hügels hatte. Der Kapitolinische Hügel liegt weit von dem Gebiet des *tribus Claudia*, wo die Claudier vermutlich ihren ältesten Grundbesitz hatten, entfernt und war nicht der ursprüngliche Sitz der Claudier. Es sieht so aus, als hätten die Claudier ein Stück beim Kapitol als Begräbnisplatz gekauft, als sie in der römischen Gesellschaft gut eingerichtet und angesehen waren. Man sieht die Begräbnisplätze einer Familie oder *gens* besser als Folge der Verfügbarkeit von Land an für die, die es bezahlen können, denn als Ursache der Begründung des Privateigentums in Rom. Aber weit verwirrender ist Fustels zweite Annahme, daß die *gens* sowohl die aristokratische als auch die älteste Form der Familie sei. Die Tatsache, daß *gens* und *genos*, das eine lateinisch und das andere griechisch, zwei Wörter mit vergleichbaren Bedeutungen und einer gemeinsamen Wurzel sind, berechtigt uns nicht dazu, die römische soziale Einheit mit dem Namen *gens* mit der griechischen sozialen Einheit namens *genos* gleichzusetzen. Hier genügt es, einen Unterschied zu betonen. Die römischen *gentes* können sowohl patrizisch als auch plebejisch sein – das heißt, sie sind nicht *ipso facto* aristokratisch. Was Griechenland betrifft, sind wir nicht so sicher, aber zumindest in Athen scheint der Begriff *genos* nur auf aristokratische Gruppen angewendet zu werden, die sich gemeinsamer ferner Ahnen rühmen können. In Griechenland oder zumindest in Athen scheinen die *gene* mit aristokratischen Privilegien wie dem Zugang zu Priesterschaft und Magistratsämtern verbunden zu sein. Es fällt daher schwer, mit Fustel übereinzustimmen bei seinen drei Annahmen, daß *gens* und *genos* dasselbe seien, daß es sich um etwas wesentlich Vorstädtisches handele und daß es die volle Organisation der Familie darstelle in dem Zustand, ehe die Familie in der Stadt aufging. Dazu ist später einiges zu ergänzen. Wir kehren jetzt zu Fustels Auffassung der Gräber zurück.

Es ist durch Philippe Ariès' bahnbrechendes Buch *L'homme devant la mort* (dt. Geschichte des Todes, München 1980) bekannt geworden, daß die Regelung der Friedhöfe nach der Französischen Revolution ein Gegenstand besonderer Besorgnis war und als Thema eines Aufsatzwettbewerbs 1801 vom Institut de France gestellt wurde. Zumindest eine der bei dieser Gelegenheit eingereichten Abhandlungen verbindet die Achtung vor den Gräbern mit der Achtung für das Privateigentum – die Vorstellung, die für Fustels Denken in den Mittelpunkt rückte, als er *La cité antique* schrieb. Zu dieser Zeit beschäftigte ihn die gegenseitige Abhängigkeit von der Religion der Ahnen und der Bildung des Privateigentums wohl mehr als die Verteidigung des Privateigentums an sich. Um dieses Stadium bei Fustel de Coulanges zu beurteilen, muß man sich das Kapitel der *Cité antique* vor Augen halten, worin er das zu erklären versucht, was er den Einzug der Plebejer in die Stadt nennt. Nicht ungerechtfertigt hielt er den Kampf zwischen Patriziern und Plebejern für die Folge des Verschwindens der Könige, die auf die eine oder andere Weise die Plebejer nach Rom gezogen und sie geschützt hatten. »Aber«, sagt Fustel, »wir dürfen die Patrizier nicht über Gebühr anklagen oder glauben, daß sie mit kalter Überlegung den Entschluß gefaßt hätten, die Plebs zu unterdrücken und zu vernichten. Der Patrizier, der aus einer priesterlichen Familie stammte... konnte sich jede Herrschaftsform nur so vorstellen, wie sie die alte Religion vorschrieb.«[18]

Die Patrizier konnten sich nicht vorstellen, die Plebejer anders aufzunehmen, als indem sie sie in Klienten verwandelten, aber gerade dem widersetzten sich die Plebejer. Sie wollten nicht Klienten der Patrizier werden. Daraus entstand der Kampf, daraus die fast religiöse Lösung eines fast religiösen Konflikts. Die Patrizier mußten die Unverletzlichkeit der Volkstribunen, der plebejischen Führer, anerkennen. Das war der Anfang vom Ende der Patrizier. Das Patriziat hatte langsam »auch seine religiöse Überlegenheit eingebüßt«.[19]

Später, nach der Erfahrung des preußisch-französischen Krieges von 1870 und der Pariser Commune, war Fustel im ganzen weniger an den religiösen Aspekten des Privateigentums interessiert und unmittelbarer mit der Verteidigung des Privateigentums befaßt. Die Sache des Privateigentums identifizierte sich ihrerseits bei ihm mit der Verteidigung des römischen Rechts und der römischen Ursprünge der französischen Nation gegen die deutsch-rechtliche Tradition und insbesondere gegen die Theorie der germanischen Ursprünge der französischen Nation. Man darf Fustel nicht mit seinem Schüler Camille Jullian verwechseln, der durch seine Schriften zeigte, zu welch extremen Folgerungen die antideutsche Interpretation der französischen Geschichte führen konnte. Trotzdem beobachtete der maßvolle Albert Sorel, daß die Frage der Ursprünge des Eigentums »geradezu eine Obsession für Herrn Fustel« wurde. Nach 1871 bedeutete für Fustel, die modernen Deutschen zu bekämpfen, für das Privateigentum zu kämpfen – und umgekehrt.

Kurz vor seinem Tode 1889 veröffentlichte er die Abhandlung über »das Problem der Ursprünge des Grundbesitzes«, worin er seine Angriffe gegen die deutschen Interpretationen der Ursprünge des Privateigentums zusammenfaßte. Er hatte sie schon in drei gehaltvollen Abhandlungen entwickelt, einer über das Eigentumsrecht in Griechenland und zweien über die Agrarstrukturen der Germanen.

Nach 1870 wurde er gut vertraut mit dem nichtantiken Material, das er zuvor in der *Cité antique* übersehen hatte; die Situation der Germanen war ihm weit bewußter geworden, und er kannte manches von den Quellen, die über Inder, Slawen und Kelten verfügbar geworden waren. Er polemisierte besonders gegen den Belgier

Emile de Laveleye – im Grunde ein Anhänger von Henry Maine –, der vieles von dem neuen Quellenmaterial zum Nutzen des französischen Lesers in *De la propriété et de ses formes primitives* (1874) zusammengefaßt hatte. Fustel blieb bei seinem Glauben, daß es bei Ariern keine Spur von primitivem Kommunismus gegeben hätte, sondern nur von Familieneigentum: er reduzierte das Dorfeigentum auf das Familieneigentum: »Das Eigentum gehört der alten Körperschaft der Familie, die Dorf geworden war.«[20] Das ausgereifte Werk Fustels versucht an einigen charakteristischen Stellen zu zeigen, daß kein Grund bestehe, Tacitus den Begriff eines primitiven agrarischen Kommunismus bei den Germanen zuzuschreiben. Die schwierige Stelle in *Germania*, Kap. 26, *Agri pro numero cultorum ab universis in vicem (?) occupantur«* (den Boden nehmen sie, eine Fläche nach der anderen, im Verhältnis zur Zahl der Bearbeiter, zum Pflügen durch die ganze Körperschaft der Bearbeiter vor)[21], soll gegen von Maurer und Maine bedeuten, daß die Germanen veränderbare Teile des Landes, das sie individuell besitzen, entsprechend den Bedürfnissen der ganzen Bevölkerung bearbeiten. Die Betonung liegt auf der Individualität des Eigentums, und das ist es nicht, was Tacitus meinen kann. So zeigen die mittelalterlichen Urkunden über die deutschen Marken vor dem 12. Jahrhundert nach Fustels Meinung, daß *marca* entweder Grenzgebiet oder Besitzung oder Wald bedeutete (ob im Besitz verschiedener Eigentümer oder gemeinsam von mehreren Pächtern bearbeitet). Nach Fustels Meinung bedeutet das Wort *marca* niemals das von einer ländlichen Gemeinschaft an sich besessene Land. Fustel starb in dem Glauben, gegen die deutschen Gelehrten bewiesen zu haben, daß die alten Germanen niemals kollektives Eigentum gekannt hatten. Es scheint ihm nicht bewußt geworden zu sein, daß ein gewisser Widerspruch besteht zwischen seiner Abneigung gegenüber germanischen Institutionen und seinen eigenen Bemühungen zu beweisen, daß die ursprünglichen germanischen Institutionen das Privateigentum achteten.

III

Eine der Folgen dieser theoretischen Debatten war die Anregung zu neuer Forschung und sogar öffentlicher Untersuchung der Überreste von Gemeinbesitz in den verschiedenen Regionen Europas. Agraruntersuchungen waren überhaupt in den letzten Jahrzehnten des 19. Jahrhunderts in Mode. Max Weber hatte bekanntlich an einer in Preußen führenden Anteil. Es gab eine Anzahl dieser »inchieste« in Italien. Einige wurden vom italienischen Parlament organisiert und mit bemerkenswerter Kompetenz durchgeführt; die besondere Aufmerksamkeit galt stets den Überresten von gemeinsamem Landbesitz.

Ein Senator des Königreichs Italien, A. Cencelli Perti, schrieb ein Buch *La proprietà collettiva in Italia* (1890), das noch 1920 einer Neuauflage für wert befunden wurde. Hervorragende Politiker und hervorragende Universitätsjuristen (zwei Kategorien, die in Italien zwischen 1870 und dem Ersten Weltkrieg fast verschmolzen) nahmen an dieser Forschung und Debatte teil: unter ihnen waren Antonio Salandra, der künftige Premierminister, Giacomo Venezian und Silvio Perozzi. Giacomo Venezians berühmte Antrittsvorlesung 1887 an der Universität von Camerino führte einer italienischen akademischen Hörerschaft den Gegenstand der Debatten zwischen Fustel und seinen Gegnern im Institut de France noch einmal vor Augen; der Titel war genügend klar, *Reliquie della proprietà collettiva in Italia*. Die Bedeutung des italienischen juristischen Denkens nach der Einigung von 1870 ist heute anerkannt und seine vielfältigen Verbindungen mit dem zeitgenössischen juristischen Denken in Deutschland, Frankreich und England werden angemessen gewürdigt.[22] Weniger leicht gewürdigt wird die seltsame Mischung positivistischen Denkens, Darwinistischer Anregungen und eines offen katholischen Konservativismus, die in verschiedenem Ausmaß das italienische juristische Denken dieser Epoche in der Sache des Landeigentums färbt. Marxistischer Einfluß ist vor dem Ende des Jahrhunderts nicht wahrzunehmen, aber Ilario Alibrandi, der vielleicht fortschrittlichste Forscher über römisches Recht im Italien um 1870, gab seine Professur des römischen Rechts an der Universität Rom auf, als Rom von den Piemontesen erobert wurde. Ein anderer großer Römischrechtler, Contardo Ferrini, Professor in Pavia, sollte bald offiziell von der Kirche seliggesprochen werden. Selbst bei weniger komplexen Persönlichkeiten wie den vier Männern, die einen dauernden Einfluß auf das juristische Denken und die Forschung in Italien hatten – Vittorio Scialoia, Pietro Bonfante und Vittorio Emanuele Orlando in Rom und Salvatore Riccobono in Palermo –, ist nicht immer leicht zu erkennen, wo die Ansprüche einer traditionellen Agrargesellschaft aufhören und die Bestrebungen einer säkularisierten kommerziellen und industriellen Bourgeoisie beginnen. Das ist besonders bei Pietro Bonfante zu bemerken, einem Schüler und späteren Kollegen von Scialoia in Rom, der von seinen frühesten Arbeiten an eine seltene Empfänglichkeit für das zeitgenössische soziologische und historische Denken in Europa und Amerika bewies.

Bonfantes erste Schrift in zwei Teilen, *Res mancipi et nec mancipi*, von 1886–1887 machte ihn im Alter von vierundzwanzig Jahren berühmt und stellte das konkurrierende Werk eines Professors an der Universität Turin, Giuseppe Carle, in den Schatten, der in einer akademischen Abhandlung derselben Jahre 1886–1887, »Le origini della proprietà quiritaria presso le genti del Lazio«, und dann 1888 in einem Buch, *Le origini del diritto romano*, sich an einige derselben Probleme machte und immer noch Aufmerksamkeit verdient.

Bonfante nahm seinen Ausgangspunkt von der archaischen Form der »mancipatio«, dem feierlichen Verkauf in Gegenwart von fünf Bürger-Zeugen, der dazu diente, das Eigentum von Land, Sklaven und Zug- und Lasttieren (den *res mancipi*) zu übertragen. Für Bonfante bedeutete die *mancipatio* einen Akt der Veräußerung, den ursprünglich nur das Haupt der Familiengemeinschaft vorzunehmen befugt war, während das Eigentum an allen anderen Gütern (den *res nec mancipi*) jedem Individuum offenstand, daher von jedem Individuum veräußert werden konnte. Folglich war die *mancipatio*, Bonfante gemäß, nur sinnvoll im vor-städtischen Zusammenhang, als das Haupt der ganzen patrilinearen Familie oder des Geschlechts auf seinem Territorium souverän war. Im ursprünglichen Text von 1886 faßt Bonfante die »familia agnatizia« als kollektiven Eigentümer des Landes auf; seine erweiterte Familie wurde von einem Häuptling beherrscht. Was er genau mit »familia agnatizia« meinte, ergibt sich nicht von selbst. Später, im Nachdruck seiner Monographie über die »Res mancipi«[23] erklärte Bonfante, daß er sich nun entschlossen habe, die *gens* als den ursprünglichen Landeigentümer anzuerkennen: die »familia agnatizia« wurde jetzt mit der *gens* und ihr Haupt mit dem Haupt der *gens* identifiziert. Es gab tatsächlich eine ansehnliche Tradition, die der *gens* einen Häuptling zuerkannte, obwohl man sagen muß, daß diese Tradition unter den modernen Gelehrten merklicher ist als unter den römischen Juristen und Historikern, die in der Antike lebten. Bonfante war ohne Zweifel durch die Kritik einiger seiner vielen Nachfolger überzeugt worden, seine Vorstellungen zu modifizieren oder zu verdeutlichen. Das war jedoch kein großer Gewinn. Was Bonfante stets vermitteln wollte, war das Bild einer primitiven kommunalen Organisation, deren Haupt ein despotischer Herrscher war. Was er erklären wollte, war weniger eine archaische Form des Landbesitzes als die außerordentliche Machtbefugnis des *pater familias* im antiken Rom. Bonfante war besonders betroffen von etwas, das natürlich jeder Römischrechtler kannte: die despotische Machtbefugnis des Haushaltsvorstandes im republikanischen Rom. Er hielt sie nur für erklärlich durch die Vorstellung, daß die Stadt Rom einen früheren Zustand der Dinge anerkannt hätte. Um den *pater familias* zu erklären, nahm er das Haupt einer *gens* oder eines Geschlechts als despotischen Herrscher einer kleinen Gemeinschaft vor der Stadtgründung an, welche das Land kollektiv zu eigen hatte. Mit anderen Worten, für Bonfante war die römische Familie das Überbleibsel einer souveränen Gemeinschaft vor der Stadtgründung, die von jemandem wie dem *pater familias* beherrscht wurde.

Während Bonfante und seine Schüler sich um die genauen Begriffe des Übergangs vom vor-städtischen despotischen Staat (ob einer *gens* oder eines Geschlechts) zum städtischen Staat bemühten, gab es in Italien Kritiker, die den Wert der gesamten Konstruktion bezweifelten. Die oft scharfe, aber nie kleinliche Diskussion von Bonfantes Hauptthesen durch Gaetano De Sanctis und Vincenzo Arangio-Ruiz umfaßte die gesamte Bewertung der vor-städtischen Gesellschaften in Griechenland und Rom.[24]

Das Hauptargument von De Sanctis und Arangio-Ruiz gegen Bonfante war tatsächlich Eduard Meyer entnommen, wie sie als erste zugaben. Eduard Meyer hatte seit der ersten Auflage des ersten Bandes seiner *Geschichte des Altertums* 1884 und dann in größerer Ausführlichkeit in der neuen anthropologischen Einleitung zur zweiten Auflage 1907 verneint, daß die erweiterte Familie dem Staat voranging. Eduard Meyer hatte sogar versucht, alle Erörterungen über die Entwicklung von der Familie zum Staat überflüssig zu machen: er ließ keinen Raum für evolutionäre Schemata der Art, die Fustel und Engels vorgeschlagen hatten und die der ihm unbekannte Bonfante wieder aufpolierte. Für Eduard Meyer war die Familie nur innerhalb des Stammes oder anderer primitiver Formen des Staates verständlich. De Sanctis und sein Anhänger Arangio-Ruiz zitierten Meyer zustimmend gegen Bonfante. Die Vorstellung, daß die Machtbefugnis des römischen *pater familias* die einfache Fortsetzung der Machtbefugnis des Hauptes eines Geschlechts oder einer *gens* im vor-städtischen Zustand war, traf nicht zu, weil der *pater familias* in Rom vom Haupt eines Geschlechts oder einer *gens* verschieden war: tatsächlich war es zweifelhaft, ob es je ein Haupt einer *gens* gegeben hat. Zweitens, wenn etwas für den römischen Staat in seinen Anfängen charakteristisch gewesen ist, so dies, daß er die Stellung eines männlichen Individuums in seiner Familie von der Stellung eines männlichen Individuums im Staate selbst getrennt hielt. Ein Sohn, der in seinem Privatleben verpflichtet war, den Befehlen seines Vaters zu gehorchen – und der von ihm sogar getötet werden konnte –, konnte Konsul werden und als solcher Chef einer Armee, in der sein Vater ein einfacher Soldat war. De Sanctis und Arangio-Ruiz hatten ferner keine Schwierigkeit mit dem Beweis, Bonfantes Vorstellung, daß das Testament ursprünglich die vom Haupt einer Familie getroffene Wahl seines Nachfolgers gewesen wäre, würde nicht durch Quellen gestützt. Es scheint mir unbestreitbar, daß Bonfantes Theorien über Familie und Staat, sofern sie sich auf Rom bezogen, De Sanctis Kritik nicht standhielten. Wie Fustel hatte Bonfante sich zu sehr auf den Wert der *gens* als Beweis für die Familienstruktur Latiums vor den Städtegründungen verlassen.

Hier gelangen wir vielleicht an die Crux der Sache, und es lohnt sich, den Punkt genauer zu betrachten. Es muß jedem während meiner Darstellung aufgefallen sein, daß Fustel de Coulanges es fertigbrachte, die Eigentumsstruktur der *gens* als Archetyp des ursprünglichen Privateigentums anzusehen, während Mommsen, Maine und Bonfante, obwohl sie im einzelnen differierten, die *gens* mit dem primitiven kommunistischen Dorf identifizierten. Wie ist es möglich, daß der Begriff *gens* sowohl zur Charakterisierung des Privateigentums als auch des kollektiven Eigentums im frühen Italien benutzt werden konnte?

Die Antwort lautet natürlich, daß wir außerordentlich wenig über die Struktur und die Funktion der *gens* im frühen Rom wissen und daß daher gegensätzliche Deutungen möglich sind. Aber es gibt jetzt ein neues Element, das hauptsächlich aus besserem sprachlichen Quellenmaterial stammt und das zu erwägen ist. Dieses Element kann für die Theorien sehr verwirrend werden, die es für ausgemacht halten, daß die *gens* eine vor-städtische Organisationsform war, die innerhalb der Stadt Rom als Überbleibsel bewahrt wurde.

Das sprachliche Material scheint zu erweisen, daß in Rom und im übrigen Mittelitalien die Entwicklung der *gentes* ein städtisches Phänomen des 8., 7. und 6. Jahrhunderts v. Chr. war. Es wird durch die Tatsache charakterisiert, daß Individuen, statt durch den Vornamen und den Vatersnamen identifiziert zu werden, einen Vornamen *(praenomen)* und einen Namen, den sie mit allen anderen Gliedern der *gens* teilen *(nomen gentile)*, tragen: der zweite Name kann auf einen entfernten gemeinsamen Ahnen verweisen (Claudii von Claudius, Marcii von Marcus), aber sein wirkliches Charakteristikum ist, daß er von Generation zu Generation weitergegeben wird. Für Rom zumindest gibt es wenig oder keine Beweise, daß die *gens* eher als die Stadt existierte. Die *gens* sieht wie eine künstliche Körperschaft aus, die durch die Annahme eines gemeinsamen entfernten Ahnen charakterisiert wird und die sich in Mittelitalien als Ergebnis sozialer Bedingungen entwickelte, die wir nur dunkel ahnen können. Ohne Zweifel half die Existenz militärischer Banden mit starken Führern, die wir in Mittelitalien zumindest seit dem 6. Jahrhundert (wenn nicht früher) nachweisen können, bei der Herausbildung solcher Gruppen und gab ihnen Beschäftigung, aber es ist sehr zweifelhaft, ob die italischen *gentes* in solchen militärischen Begriffen erklärt werden können.

Im Augenblick können wir lediglich sagen, daß die *gentes* wie frühe städtische Strukturen aussehen, die entwickeltes Privateigentum voraussetzen und nicht wie vor-städtische Strukturen, die gemeinsames Eigentum umfassen. Was die Latiner und andere Völkerschaften des antiken Italien vor dem Aufstieg des Stadtstaates waren, bleibt rätselhaft. Um die Implikationen dieser Behauptung zu würdigen, müssen wir uns die Tatsache vergegenwärtigen, daß etwa zwei Drittel Italiens das Stadium städtischer Organisation als ein Ergebnis des unmittelbaren Eingreifens Roms erreichten, während das übrige Drittel ihre Städte Etruskern oder Phöniziern oder, vor allem, den Griechen verdankten. Die letzte Frage, was Italien gewesen ist, bevor es durch Griechen, Etrusker, Phönizier und Römer urbanisiert wurde, hat noch keine Antwort gefunden. Aber die *gentes* scheinen zuerst in Mittelitalien und in städtischen Zentren aufzutreten. Künftige Diskussionen über das Verhältnis von privatem und kollektivem Eigentum in Rom werden eher von dem merkwürdigen Begriff des *heredium* als Privateigentum von zwei *iugera* als vom Vorhandensein einer Klanstruktur auszugehen haben.

Das Neue bei Max Weber im Vergleich zu den bisher untersuchten Autoren liegt darin, daß er vielmehr an dem Verhältnis von privatem und staatlichem Landeigentum in geschichtlichen Zeiten als an den Ursprüngen des Privateigentums in Rom interessiert ist.

IV

Im Vergleich mit den bisher erörterten Gelehrten scheint Max Weber uns mit seiner *Römischen Agrargeschichte* in eine andere Welt zu führen; das Buch von weniger als dreihundert Seiten wurde von ihm 1891 als »Promotions-Schrift« veröffentlicht. Max Weber konnte (hätte er je dazu geneigt) sich rühmen, der Lieblingsschüler sowohl von Theodor Mommsen, der größten Autorität über Rom, als auch von August Meitzen, der größten Autorität in Sachen mittelalterlichen Landbesitzes, zu sein. Er vereinigte eine seltene Kombination von Ausbildungen, die jedoch bei Historikern seltener war als bei Juristen. Seine Hauptabsicht war einfach genug. Er versuchte herauszufinden, ob die von den römischen öffentlichen Aufsehern verwendeten verschiedenen Methoden, das Land zu vermessen und kartographisch darzustellen, auch verschiedenen Arten des Landbesitzes entsprach. Er schloß, daß die *centuriatio*, eine grobe Aufteilung in Quadratlose, dem Kolonialland vorbehalten war, das keiner Grundsteuer unterlag, während die Aufteilung *per strigas et scamna* (in Längen und Breiten), ein genaueres Messen rechtwinkliger Lose, bei Landzuweisungen benutzt wurde, die der Grundsteuer unterlagen und nebenbei das Aufzeichnen des Namens des Eigentümers für jede Parzelle erforderten. Von diesen Beobachtungen aus ging Weber dazu über, die sozialen und wirtschaftlichen Voraussetzungen der beiden Arten von Landzuweisung zu betrachten. Kolonialland wurde in kleinen Losen verteilt, die sich (wie wir wissen) auf die Lose von zwei *iugera* beziehen, die Romulus angeblich den ersten Römern gegeben hatte. Da zwei *iugera* (ein halber Hektar) nicht ausreichen, um eine Familie zu ernähren, stimmte Weber damit überein, daß sie das Vorhandensein von Gemeindeland voraussetzen, von dem die Kolonisten zusätzliche Nahrung für sich und ihr Vieh erhalten konnten. Bei all dem folgte Max Weber Mommsen, aber er fügte viele Einzelheiten aus seiner detaillierteren Kenntnis der mittelalterlichen Wirtschaft hinzu. Die Situation war anders beim *ager publicus*, der unter der Bedingung der Bezahlung von Gebühren verteilt wurde. Obwohl gelegentlich Versuche gemacht wurden, das Maß von Land im Besitz eines Individuums zu begrenzen (aber die Grenze lag nie unter 500 *iugera*), stand dieses Land in der Tat der Ausbeutung durch die Reichen offen, welche das Geld zur Bezahlung der Gebühren und die Sklaven zur Bearbeitung des Landes hatten. Es ist zu ergänzen, daß Weber impliziert zu haben scheint, daß die Patrizier im archaischen Rom ihren Reichtum nicht durch Landwirtschaft, sondern durch Handel, sogar Seehandel erwarben – eine Vorstellung, die den zeitgenössischen Lesern der *Agrargeschichte* kühner erschienen sein muß, als sie es heute für uns ist. Als Folge daraus hielt Max Weber die Ausbeutung des *ager publicus* nicht so sehr für eine frühe patrizische Praxis als für einen charakteristischen Zug der neuen patrizisch-plebejischen Aristokratie der mittleren Republik. Als der Nachschub an Sklaven während der Kaiserzeit versiegte, wurde das kapitalistische System zum sogenannten Kolonat umgewandelt, was den Landeigentümern erlaubte, die Dienste freier Bauern auszubeuten und sie langsam auf die Stellung von Leibeigenen zu reduzieren.

Weber gab deshalb eine ziemlich großartige Übersicht über die Entwicklung des Grundeigentums in Rom vom archaischen Zustand, worin die Reste des Klaneigentums noch offenkundig waren, bis zur kapitalistischen Ausbeutung der Bauern im Kaiserreich. Mommsen reagierte als erster auf das jugendliche Meisterwerk seines Schülers. Er widmete Webers Buch einen Artikel von fünfzig Seiten.[25] Er hatte eine Menge zu kritisieren, sowohl an der Intepretation der Texte der römischen *agrimensores* als auch und vor allem an Webers Entschluß, eine scharfe Unterscheidung zwischen dem Landsystem der römischen *coloniae* und dem der römischen *municipia* sogar in der Kaiserzeit zu machen. Aber insgesamt war Mommsen sichtlich begeistert von seinem Schüler und erfreut, daß das Studium der römischen Agrarprobleme aus den Händen der Philologen in die der Ökonomen und Juristen überging.

Es ist nicht notwendig, in die Details von Max Webers späterer Arbeit über antike Agrargeschichte einzutreten, aber wir sollten uns daran erinnern, daß die Probleme für Weber nicht in der Vorgeschichte lagen, sondern in der Geschichte, für die schriftliches Quellenmaterial vorlag. Wie ich schon erwähnt habe, nahm er führend teil an der Untersuchung über die Lage der Landarbeiter im ostelbischen Deutschland, die der *Verein für Sozialpolitik* 1892 veranstaltet hatte, ein Jahr nach dem Buch über römische Agrargeschichte. 1896 veröffentlichte er seine berühmte Abhandlung über »Die sozialen Gründe des Untergangs der antiken Kultur«[26], die eine Wechselbeziehung zwischen der Ausbreitung des Kolonates und dem Niedergang der antiken Städte im 4. und 5. Jahrhundert n. Chr. zu begründen versuchte. Die großen Landbesitzer des römischen Imperiums sind, wie die Junker im modernen Preußen, ein negatives Element im Prozeß der Zivilisation gewesen, weil sie das Land von der Stadt isolierten und folglich die Städte sowohl in bezug auf den Reichtum wie auf die Kultur schwächten. Webers nächste Unternehmung in der Agrargeschichte war der Artikel »Agrarverhältnisse im Altertum« (man beachte den Titel) für das *Handwörterbuch der Staatswissenschaften* (2. Supplementband 1897, später umgeschrieben und erweitert für die Ausgabe des *Handwörterbuchs* von 1909 (3. Aufl.).[27] In seiner neuen Form kam es einem kleinen Buch gleich und zeigte noch das typisch Webersche Interesse am Verhältnis von

Stadt und Land als Faktoren der Zivilisation. Aber insgesamt wendete Weber sein Interesse jetzt vom Land zur Stadt und gab seinen Gedanken die Form, die seine spätere große Synthese über die Stadt so deutlich zeigen sollte. Man kann mehr als einen Grund für diese Interessenverlagerung anführen, aber einer der Gründe liegt gewiß in der kontinuierlichen impliziten oder expliziten Debatte, die Max Weber mit Eduard Meyer sowohl über Fragen der historischen Methode als auch über Faktisches führte. Eduard Meyer war im ganzen nicht empfänglich für Probleme der Agrargeschichte. Er war tief in das Verständnis städtischer Entwicklungen eingedrungen, insofern sie die Struktur des Staates und die Zentren der Religion und der säkularen Kultur darstellten. Es ist daher interessant zu bemerken, daß Weber mit Meyer in hundert Punkten nicht übereinstimmte, aber Meyers Einfluß nachgab, indem er auf das verzichtete, was vielleicht der originellste Zug seiner frühen Schriften gewesen ist – die Überzeugung, daß die Zivilisation sich in Städten entwickelt, ihre Wurzeln aber in der Agrarstruktur des Landes habe.

Es ist daher nicht ohne Ironie, daß diese jugendliche Seite Max Webers von dem russischen Historiker Michael Rostovtzeff wieder aufgenommen werden sollte, der später Eduard Meyers Berliner Lehrstuhl angeboten bekam und ihn (wenn ich richtig informiert bin) ablehnte. Max Webers Vision des Interessenkonflikts zwischen Land und Stadt in der Spätantike gab Michael Rostovtzeff das Stichwort für seine eigene Deutung des Untergangs der antiken Welt. Rostovtzeff hatte schon den Einfluß Max Webers zu erkennen gegeben, als er 1910 seine Geschichte des römischen Kolonats veröffentlichte. Nach dem Ersten Weltkrieg gab er unter dem Eindruck seiner eigenen Erfahrung der russischen Revolution dem Konflikt zwischen Stadt und Land, den Max Weber in seiner Abhandlung von 1896 definiert hatte, eine neue Bedeutung. Rostovtzeff sprach jetzt von einer Roten Armee der Bauern, die im 3. Jahrhundert n. Chr. nur zu gern die Städte angriffen und die Zivilisation zerstörten: es war eine Zivilisation, an der sie keinen Anteil hatten.

In Mommsens Sicht war die römische Zivilisation aus primitiven Bauernhöfen in der Gestalt handfester Bauern hervorgegangen, die ihre Felder behalten wollten und dafür zu kämpfen bereit waren. Max Weber lenkte seine Aufmerksamkeit auf das spätere Stadium, als dieselben Römer zu gierigen Grundbesitzern degeneriert waren, die sich von den Städten, die sie geschaffen hatten, zu trennen bereit waren. Rostovtzeff ging einen Schritt weiter und identifizierte als Schuldige nicht die Grundbesitzer, sondern die Bauern-Soldaten, die das Stadtleben, das nicht ihr Werk war, zu hassen gelernt hatten.

Wenn wir hinter Mommsen zurückgehen und wieder zu Niebuhr kommen, von dem ich ausgegangen war, so scheint die Geschichte noch dramatischer zu sein. Niebuhr, der wenig oder nichts vom römischen primitiven Kollektivismus wußte, hatte alle römischen Tugenden den römischen Bauern der archaischen Zeit zugeordnet. Jetzt blickte Rostovtzeff wie ein Römer des späten Imperiums von den zertrümmerten Mauern der römischen Städte und erkannte Bauern in den Räubern (nennen wir sie mit einem guten antiken Wort *bagaudae*), die das Reich in den Untergang treiben würden. Niebuhr hatte die römischen Bauern den französischen Sansculotten gegenübergestellt. Rostovtzeff sah, wie die römischen Bauern sich in eine Sowjetunion verwandelten.

[Siehe die *Bibliographische Notiz*, Seite 243 f.]

III. Hermann Usener

I

Eine Erklärung mag notwendig sein, warum ich meinen Versuch, auf einige der interessanten Beiträge des 19. Jahrhunderts zu einer Deutung der Religionen der griechisch-römischen Welt und allgemeiner zur Methodologie der Religionsgeschichte hinzuweisen, mit Hermann Usener beginne. Ich hätte leicht mit, sagen wir, Karl Otfried Müller beginnen können – ein Genie in jeder Hinsicht, das vielen Aspekten des Studiums der antiken Welt, von den Dorern bis zu den Etruskern, von den Dichtern bis zu den Antiquaren sein Zeichen aufprägte und 1825 die epochemachenden *Prolegomena zu einer wissenschaftlichen Mythologie* veröffentlichte. Ich hätte auch näher an Useners eigener Universität, Bonn, bleiben und einen seiner dortigen Lehrer, Friedrich Gottlieb Welcker, herausnehmen können, der mit der *Griechischen Götterlehre* (1857–1863) in hohem Alter die erste systematische Darstellung der griechischen Religion als eines Glaubens-, nicht eines Mythensystems gegeben hat. Es gibt für jeden Anfang eine Rechtfertigung, und ich habe dieses Mal beschlossen, K. O. Müller und F. G. Welcker beiseite zu lassen und mit Hermann Usener zu beginnen, weil ich mich momentan für einen Aspekt seiner Tätigkeit interessiere: die Anwendung der Philologie und insbesondere der vergleichenden Philologie bei der Umwandlung des Studiums der Religion. K. O. Müller und F. G. Welcker wirkten in einer Atmosphäre, die sehr verschieden war von der, in welcher Usener sich nach 1866 und mehr noch in seinen großen schöpferischen Jahren, etwa zwischen 1880 und 1890, befand. Sie lebten den größten Teil ihres Lebens (das für Müller sehr kurz und für Welcker lang war) in einer romantischen Atmosphäre, worin Mythos poetisches und naives Denken meinte, das der Philosophie und Theologie vorausgeht. Müller erforschte die Mythen der Griechen, als seien sie die Aufzeichnung vorgeschichtlicher Erfahrungen der Griechen in der Zeit der Wanderung gewesen: der Einfluß der Gebrüder Grimm auf Müllers Werk ist bekannt. F. G. Welcker nahm die Mythen lediglich als Ausgangspunkte einer polytheistischen Theologie, die schließlich zur monotheistischen heranreifen würde. Es ist der Erinnerung wert, daß Martin Bubers berühmte Gegenüberstellung des Ich und Du in der religiösen Erfahrung sich höchst ausdrücklich an den Wurzeln von Welckers Theologie befindet. Die Programmatik Müllers und Welckers war in Begriffen der Kultur, der sie angehörten, vorhersehbar und daher leicht auf systematische Weise zu formulieren: sowohl Müller wie Welcker ordneten ihren Standpunkt in mächtige Strukturen ein.

Bei Hermann Usener finden wir, völlig verschieden, ein langsames Realisieren gewisser Möglichkeiten der Philologie, die er und andere zuvor nicht erfaßt hatten. Bei Usener gibt es ein bewußtes Anfangen. Das allein wirft Zweifel auf die geläufige Meinung, Usener habe Ideen und Methoden seines geliebten Schwagers Wilhelm Dilthey auf die Altertumswissenschaft angewendet. Obwohl die Freundschaft der beiden Männer ein bedeutendes Faktum ihrer Biographie ist, werden wir bemerken, daß die Belege in eine andere Richtung weisen, soweit es Useners Methoden und Ergebnisse betrifft. Ohne Zweifel war sich Usener bewußt, etwas Ungewöhnliches zu tun. Er war sehr bescheiden, einfach und äußerst liebenswürdig. Aber mehr als einmal während seines Lebens ließ er deutlich werden, daß er genau wußte, wohin er ging. Bevor ich im einzelnen auf ihn eingehe, mag es als Einführung in die Persönlichkeit nützlich sein, ein paar Sätze zu zitieren, die zunächst, aber nicht letztendlich als sehr banaler akademischer Dankesbrief gemeint waren. Zum ersten Mal wurde dieser 1980 von Hans-Joachim Mette in der nützlichen bio-bibliographischen Einführung in Useners Werk in der Zeitschrift *Lustrum* veröffentlicht. Der auf den 4. Dezember 1888 datierte Brief befindet sich in der Münchener Staatsbibliothek. Usener hatte dem Präsidenten der Bayerischen Akademie dafür zu danken, daß er zum »auswärtigen« Mitglied dieser Akademie ernannt worden war: als preußischer Untertan war Usener für die Bayerische Akademie 1888 noch ein Ausländer. Aber der Präsident der Akademie war Ignaz von Doellinger, der mit Acton befreundete katholische Theologe, der die päpstliche Unfehlbarkeit nicht anerkannt hatte und exkommuniziert worden war. Und Usener hatte gerade sein Buch über die Ursprünge eines christlichen Festes veröffentlicht: *Das Weihnachtsfest*. Ich bezweifle, daß er schon wußte, daß der protestantische Theologe Adolf Harnack es in der *Theologischen Literaturzeitung* angreifen würde, aber er erwartete selbstverständlich ungünstige Reaktionen. So sandte er ein Exemplar des Buches an Doellinger mit den Zeilen: »Niemand kann mehr als Sie in der Lage sein, die Schwächen, die dem ersten theologischen Versuche eines Philologen anhaften müssen, zu erkennen. Aber ich darf hoffen, dass Sie der Lauterkeit meiner Gesinnung einzelne Irrthümer zu gute halten werden. Der letzte unausgesprochene Zweck, dem mein Streben gilt, ist eine kirchliche Einigung unseres Volkes vorbereiten zu helfen. Hüben und drüben muss die Unzulänglichkeit des geschichtlich gewordenen zu vollem Bewusstsein gekommen sein, wenn in der Zukunft einmal die Gunst oder Ungunst einer Weltlage für unsere Religion und Kirche wahrhaft fruchtbar werden soll.« Der Ehrgeiz eines Philologen, zur Einheit des Christentums beizutragen, wurde in Deutschland und anderswo im 19. Jahrhundert nicht häufig ausgesprochen. Noch bemerkenswerter ist aber, daß der Mann, der 1888 als ökumenischer Christ sprach, zehn Jahre später wahrscheinlich nicht in der Lage gewesen wäre, sich ähnlich zu äußern.

II

Hermann Usener, das muß man gleich zugestehen, ist heute nicht mehr der klangvolle Name, der er zu seinen Lebzeiten war. Ich bezweifle, ob es heute in Deutschland oder sonst irgendwo einen Gelehrten gibt, der sich selbst noch als Schüler oder Fortsetzer Useners ansähe. Vielleicht war Arthur Darby Nock, auf den ich in meiner Einleitung anspielte, wirklich sein letzter Schüler, zumindest in dem Sinne, daß er sich wie Usener im Herzen als Philologe fühlte. Doch fast vierzig Jahre lang war Usener von Bonn aus *praeceptor Germaniae*. Teilweise, aber auch nur teilweise, im Zusammenwirken mit Franz Buecheler, zog er mehr begabte Schüler an als sonst jemand in Deutschland. Er war der Lehrer von Hermann Diels, Georg Kaibel, Ulrich von Wilamowitz-Moellendorff, Ivo Bruns, Ferdinand Dümmler, Friedrich Leo, Eduard Schwartz, Eduard Norden, Alfred Körte, Ludwig Radermacher, Ludwig Deubner. Der künftige Gründer des Warburg Instituts, Aby Warburg, der Neukantianer Paul Natorp und der Kirchenhistoriker Hans Lietzmann bekannten stets, in Useners Schuld zu stehen, und waren ihm ergeben. Ich müßte wohl noch Franz Cumont hinzufügen, obwohl er ein Schüler von Useners Schüler Diels war, weil seine Forschungsinteressen im Grunde von Usener stammen. Sogar in den zwanziger Jahren dieses Jahrhunderts bekannte noch in Hamburg, dem Warburg Institut unmittelbar verbunden, der Philosoph Ernst Cassirer seine Dankesschuld Usener gegenüber. Jetzt scheint das alles vorbei zu sein. Mette hat seinen bio-bibliographischen Beitrag zu Usener im *Lustrum* unter dem bedrückenden Titel: »Nekrolog einer Epoche. Hermann Usener und seine Schule« veröffentlicht. Es gibt immer zahlreiche mitwirkende Faktoren für den guten oder schlechten Ruf eines Gelehrten. Ein paradoxes Element ist aber im Fall Useners sein Verhältnis zu dem größten seiner Schüler – Wilamowitz. Ihr Briefwechsel ist vor langer Zeit veröffentlicht worden: es ist zweifellos eine der interessantesten Korrespondenzen zwischen zwei großen Gelehrten. Aber es ist auch ein Briefwechsel, worin alle Wärme wirklich auf einer Seite liegt, auf der des Lehrers, Usener. Er hatte Wilamowitz etwas zu verzeihen. Wilamowitz hatte die Universität Bonn 1869 nach Jahns Tod verlassen und in Berlin bei nicht sehr kongenialen Lehrern promoviert, weil er Usener durch ein Spottgedicht verletzt hatte. Sechs oder sieben Jahre mußten vorübergehen, ehe die Beziehung zwischen beiden Männern wiederhergestellt war, aber bezeichnenderweise hat Usener, nachdem er vergeben hatte, auch vergessen. Wilamowitz vergaß nie und liebte seinen Lehrer Usener nie wirklich. Zu intelligent, um nicht seinen Wert zu kennen, und zu sehr Mann von Welt, um nicht zu wissen, wie man sich zu benehmen hat, widmete er Usener sogar eines seiner jugendlichen Meisterstücke, den *Antigonos von Karystos*, 1881. Aber 1875 konnte er sich gegenüber Mommsen, der damals noch nicht sein Schwiegervater war, rühmen, Friedrich Leo »von der Verehrung von Usener... geheilt« zu haben (*Briefwechsel*, 22). Und nach Useners Tod machte er seine Abneigung offenkundig in seinen *Erinnerungen*, in seiner kurzen lateinischen Autobiographie[28], in seinem Fast-Verschweigen in der *Geschichte der Altertumswissenschaft*, wo Bernays ostentativ mehr Raum erhält, und in anderen verstreuten Urteilen. Wilamowitz gestattete seinen Schülern und Enkelschülern kein Gefühl der Kontinuität mit Usener.

Hier werden italienische Gelehrte zu guten Zeugen, weil es in Italien eine Wilamowitz-Schule gab. Sie wurde unmittelbar durch Giorgio Pasquali repräsentiert, obwohl er bei Leo in Göttingen statt bei Wilamowitz in Berlin studiert hatte, und sie wurde nach dem Zweiten Weltkrieg durch E. Fraenkels Lehren in Italien verstärkt. Auch Fraenkel war ein Göttinger Schüler von Leo, der seine Lehenspflicht auf Wilamowitz übertragen hatte. Pasquali und Fraenkel machten sich, soweit es mir bekannt ist, nichts aus Usener (was beiläufig auch erklärt, warum die von Fraenkel ausgebildete Generation Oxforder Altphilologen nicht an Usener interessiert zu sein scheint). Merkwürdigerweise bestanden in Italien alle Bedingungen, um Useners Einfluß Raum zu geben. Er war mit der italienischen Kultur weit besser vertraut als jeder andere deutsche Gelehrte jener Zeit, mit Ausnahme von Mommsen und vielleicht von Gregorovius. Er war befreundet nicht allein mit Altertumswissenschaftlern wie Domenico Comparetti und Giambattista De Rossi, sondern auch mit dem Meister der italienischen Volkskunde Giuseppe Pitré und mit dem bemerkenswerten römischen Philosophen Giacomo Barzellotti. Usener war es, der Warburg empfohlen hatte, ein italienisches Buch zu lesen, das kein Italiener las, *Mito e Scienza* von Tito Vignoli (1879), dessen deutsche Übersetzung er rezensiert hatte. Vignolis Buch war, wie Ernst Gombrich zeigte, grundlegend für Warburgs geistige Entwicklung. Schließlich hatte und hat aus Gründen, die zu erörtern hier zu weitläufig wäre, Epikur in Italien eine besondere Bedeutung. Usener hatte als Herausgeber Epikurs wesentlichen Anteil an der Deutung der Papyri von Herculaneum und war unumgänglich der Mann, an den sich die italienischen Epikurforscher wenden mußten. Aber die imponierende Folge italienischer Epikurforscher von Carlo Giussani und Ettore Bignone bis zu meinen Freunden Marcello Gigante und Graziano Arrighetti entwickelte außerhalb des Epikur-Textes nie ein substantielles Interesse an Usener.

III

Hermann Usener war seiner Geburt nach ein typisches Produkt deutscher Kleinstaaterei. Er wurde 1834 in Weilburg im Herzogtum Nassau geboren, wo sein Vater ein wohlhabender kleinerer Würdenträger war – der Landoberschultheiss und Hofrat Georg Usener –, und seine Mutter Charlotte Vogler war die Tochter des Obermedizinalrats und Leibarztes Andreas Vogler. Sein Bruder war lutherischer Landpfarrer, und seine Schwester heiratete einen Pfarrer. Im Weilburger Gymnasium wurde die Liebe Hermann Useners zu antiken Autoren durch Alfred Fleckeisen geweckt, einen Schüler von Ritschl in Bonn und Gelehrten eigenen Rechts, der *Fleckeisens Jahrbüchern für Philologie und Pädagogik* den Namen gab, der Zeitschrift für Altertumswissenschaft, die er lange Jahre herausgab. Fleckeisen lenkte seine Schüler natürlich nach Bonn, und Usener promovierte tatsächlich 1858 in Bonn. Aber bevor er in Bonn abschloß, führte ihn sein Weg durch Heidelberg, München und Göttingen. An jedem Ort fand er etwas zu lernen und, was ungewöhnlicher ist, hinterließ er seine Spur. In Heidelberg war er besonders Karl Ludwig Kayser zugetan, dem Herausgeber von Cicero und Philostrat, der über Homer viel gearbeitet und wenig publiziert hatte. Usener sammelte und veröffentlichte diese teilweise unveröffentlichten *Homerischen Abhandlungen* 1881, als Kayser seit mehreren Jahren verstorben und er selbst ein berühmter Professor war. Von Heidelberg ging es nach München, wo Usener bei Leonhard Spengel lernte, wie man rhetorische Texte interpretiert und ediert. Seine Studien über Anaximenes' *Rhetorica ad Alexandrum* sind eine Frucht von Spengels Unterricht, obwohl er sie erst veröffentlichte, als er München verlassen hatte und nach Göttingen gekommen war.

Einige der letzten editorischen Arbeiten Useners, der Text der *Opuscula Rhetorica* von Dionysios von Halikarnassos, die er 1899–1904 teilweise gemeinsam mit L. Radermacher herausgab, setzen noch diese frühen, von Spengel stammenden Interessen fort. Und schließlich leitete er 1857, sobald er nach Bonn gekommen war und noch als Student, eine Gruppe von sechs Kommilitonen, darunter Franz Buecheler, um eine Edition des jüngst entdeckten und sehr schwierigen historischen Textes von Granius Licinianus vorzubereiten. Die Edition wurde bekannt als die der Eptas Bonnensis und war der Beginn der Freundschaft zwischen Usener und Buecheler, die zu einer berühmten Zusammenarbeit im Lehren heranreifte, als die beiden für ihr ganzes Leben Kollegen in Bonn wurden. Aber damals mußte Usener noch promovieren. Als Schüler der drei großen Bonner Meister jener Zeit – Ritschl, Welcker und Brandis –, schrieb er seine Dissertation bei Brandis, *Analecta Theophrastea*. Der bescheidene Titel verbarg tatsächlich bahnbrechende Forschung in der Übermittlung philosophischer Lehren innerhalb der Schule des Aristoteles. Sie lieferte das Vorbild für die große Unternehmung in dieser Richtung, H. Diels *Doxographi Graeci* von 1879. Diels war Useners Schüler, vielleicht der, der seinem Herzen am nächsten stand.

Wie zu erwarten, folgte eine Reihe von Anstellungen. Einige Jahre war er Lehrer der alten Sprachen am renommierten Joachimsthalschen Gymnasium in Berlin (1858–1861), wurde Extraordinarius an der Universität Bern (1861–1863), wo er sein Einkommen durch Gymnasialunterricht aufbesserte, bis er als Ordinarius 1863 nach Greifswald wechselte. Drei Jahre später war er Ordinarius in Bonn, wo ein erbärmlicher Streit mit O. Jahn die Flucht von Ritschl – und damit auch von Nietzsche – nach Leipzig veranlaßt hatte. Jahn selbst sollte 1869 sterben, während Welcker 1868 gestorben war. Um die Lücken zu füllen, wurden Lehrstühle an Buecheler als Ordinarius und an Jacob Bernays als Extraordinarius vergeben: die Abstufung spiegelt die Bewertung nicht der persönlichen Verdienste, sondern der Religionen wider. Die Trias Usener, Buecheler und Bernays arbeitete mit einem wechselseitigen Verständnis zusammen, das Bonn zum Zentrum der altphilologischen Studien machte. Bernays sollte als erster, vorzeitig, 1881 sterben. Usener war es, der Bernays' *Gesammelte Abhandlungen* (1885) herausgab und die denkwürdige Einleitung schrieb (von dem biographischen Artikel in der *Allgemeinen Deutschen Biographie*, 46, zu schweigen) und Bernays damit ein Denkmal errichtete, das in der Geschichte deutsch-jüdischer Beziehungen nicht viele Vorläufer hatte und auch nicht viele Nachahmer fand.

Dadurch, daß Usener gerade 1866 in Bonn Professor wurde, ist er auf andere Weise in den preußischen Staat aufgenommen worden als sein Heimatland, das Herzogtum Nassau, das im selben Jahr von Preußen absorbiert wurde, weil es im österreichisch-preußischen Krieg den Verlierer unterstützt hatte. Aber Usener blieb unpreußisch mit seinem im Grunde fehlenden Interesse an Politik und einem sehr schwachen Nationalgefühl. Wie sehr er in dem kleinen Lande Nassau verwurzelt war, zeigt die Tatsache, daß er in eben dem Jahr Lili Dilthey heiratete, die Tochter des Hofpredigers des sterbenden Herzogtums und Schwester von Carl und Wilhelm Dilthey, seinen besten Freunden. Carl war später Professor der Altphilologie in Göttingen, und Wilhelm endete in Berlin nach vergeblichen Versuchen Useners, ihn nach Bonn berufen zu lassen. Usener wußte alles, was man über die Methodenkonflikte innerhalb der deutschen Altphilologie wissen konnte. So wußte er natürlich auch, daß Gottfried Hermann mit August Boeckh und K. O. Müller über den Zweck der Philologie gestritten hatte. Hermann stellte die Interpretation der Texte und besonders der Poesie in die Mitte. Boeckh beanspruchte für die Philologie die Aufgabe, das gesamte geistige und materielle Leben einer Nation zu rekonstruieren, und sah die Zukunft in der Rückkehr zu einem enzyklopädischen Begriff des Wissens, von dem schwer zu sagen ist, ob er dabei an Aristoteles oder an die Enzyklopädisten des 18. Jahrhunderts dachte. Der Konflikt muß Usener beschäftigt haben, denn er ging auf ihn ein, als er 1882 als Rektor der Universität seine berühmte Vorlesung über

Philologie und Geschichtswissenschaft hielt. Aber in welchem Sinne beschäftigte dieser Konflikt Usener wirklich?

Was einem beim jungen Usener – oder sogar bei den meisten seiner Zeitgenossen – auffällt, ist die natürliche Anhänglichkeit an die humanistische Vorstellung, daß es die vorzügliche Aufgabe des Philologen sei, Texte zu entdecken, zu veröffentlichen und zu emendieren, Texte aller Art, vorausgesetzt, der Text ist neu oder vollständiger oder besser ediert. Noch als Gymnasiallehrer in Berlin hatte Usener den neuplatonischen Kommentar zur *Metaphysik* des Aristoteles von Syrianus bearbeitet, der 1870 erschien und praktisch die Publikation der Aristoteleskommentare durch die Berliner Akademie eröffnete. Als er in Bern war, studierte er eine dort aufbewahrte Handschrift von Lucanscholien, die er 1869 herausgab. Wir mögen zu dem Glauben neigen, daß ein tiefgehendes Interesse an der Philosophie des Epikur die peinlich genaue und mühevolle Arbeit inspiriert haben müsse, die 1887 zur Edition der epikureischen Texte führte. Das Ausmaß an Arbeit, das diese voraussetzte, können wir besser als Useners Zeitgenossen würdigen, denn es dauerte bis 1977, neunzig Jahre danach, bis italienisches Geld aufgetrieben wurde, um die Veröffentlichung des epikureischen Wörterbuchs, *Glossarium Epicureum*, zu ermöglichen, das Usener vor allem für seinen eigenen Gebrauch angelegt hatte, um sich über Epikurs Griechisch sicher zu sein. Der erste jedoch, der leugnete, daß er ein besonderes Interesse an Epikur habe, war Usener selbst. Was er tun wollte, war, einen sauberen Text eines schwierigen Autors zu erstellen. Man fühlt sich an Karl Lachmann erinnert, der von der Poesie des Lukrez zur Prosa römischer Landvermesser (*agrimensores*) übergehen konnte, wenn es darum ging, einen verläßlichen Text zu erstellen.

Die Humanisten hatten in den *Variae Lectiones* eine eindrucksvolle literarische Form für ihre Sorge um die Texte gefunden. Die Gattung reichte vielleicht bis zu den *Noctes Atticae* des Aulus Gellius zurück, einem Produkt des Klassizismus des 2. Jahrhunderts n. Chr., war aber hervorragend geeignet, kurze Texte oder Stellen aus langen Texten zu verbessern oder zu deuten, ohne den Autor zu allgemeinen Theorien zu nötigen. Wenn es eine reine Philologie gegeben hat, so in den oft pedantischen Miszellaneen der *Variae Lectiones*. Usener liebte sie und machte von dieser Gattung Gebrauch und Mißbrauch. Er war kein besonders guter Textemendator und erschien vor allem in seiner Jugend einem so scharfsinnigen Richter wie Otto Jahn des Sinnes für das Wahrscheinliche zu ermangeln (ein Wort, das Wilamowitz in seinen *Erinnerungen* mit Vergnügen zitiert). Aber Usener fühlte zutiefst, daß es seine erste Aufgabe als Gelehrter sei, Texte zu kennen und zu verstehen. Usener wußte um seine Gefährdungen. In einer der *Variae Lectiones* von 1889 gab er sich selbst ein Motto (*Kl. Schriften* I,337): *»Nonnumquam audendum est scire ut scias«* (»manchmal muß man zu wissen wagen, um zu wissen«). 1882 schon hatte er in seiner Rede *Philologie und Geschichtswissenschaft* verkündet: »Ein rechter Philologe muß ein Ritter ohne Furcht sein.« Man hat bemerkt, daß Warburgs berühmtes Diktum »Der liebe Gott steckt im Detail« – dessen Quellen an hunderterlei Stellen von Spinoza bis Flaubert gesucht wurden – Warburgs eigene Formulierung von Useners Begriff der Philologie sei.[29]

Ich gebe zwei Beispiele von Useners Wagemut, deren eines ein völliger Fehlschlag, das andere eine Mischung von Fehlschlag und Erfolg ist. In den ziemlich frühen *Lectiones graecae* (1868–1870) deutete Usener ein bekanntes Epigramm des Alkaios von Messene (*Anth.* IX,518), dem Dichter des frühen 2. Jahrhunderts v. Chr. Er behauptete, die Wörter *Makynou teiche* bedeuteten »Mauern der Stadt Makynos«. Dann identifizierte er die Stadt Makynos mit der Stadt Mekone, die in Hesiods *Theogonie* 536 zwischen der Welt der Götter und der Welt der Menschen liegt. Man kann sich denken, daß das Epigramm interessant zu werden begann. Aber ich gehe nicht weiter, denn wenn irgend etwas gewiß ist, so dieses, daß *Makynou* nicht der Genitiv einer nichtexistierenden Stadt Makynos ist, sondern der Imperativ des Verbs *makyno*: »erhöht die Mauern«.

Später, 1874, gab Usener einem Epigramm aus Knidos, das gerade von dem englischen Gelehrten C. T. Newton[30] veröffentlicht worden war, eine neue Deutung. Der Text beschreibt eine Art vielfältigen religiösen Gebäudekomplexes, der ein Heiligtum für den Gott Pan und einen Schrein, der dem Antigonos Epigonos gewidmet war, umfaßte. Usener dachte, daß Antigonos Epigonos ein König gewesen sein muß. Er sah sich um und entdeckte, daß der König von Makedonien, Antigonos Gonatas, ein besonderer Verehrer des

Gottes Pan war. Daher identifizierte er Antigonos Epigonos mit Antigonos Gonatas. Diese Identifikation war an sich unwahrscheinlich und wurde später durch eine andere Inschrift als falsch erwiesen, in der Antigonos Epigonos als bedeutender Bürger von Knidos erscheint, der von seinen Mitbürgern als Heros angesehen wurde. Usener hatte wieder unrecht, aber er hatte darüber die tiefe Verehrung des Antigonos Gonatas für den Gott Pan entdeckt, die jedermann entgangen war.

Ich habe bei diesen *Variae Lectiones* verweilt, weil man Usener nicht verstehen kann, ohne seine tiefe Verpflichtung gegenüber der ersten Aufgabe des Lesens und Verstehens von Texten zu begreifen. Es war das Interesse am Textverständnis, das ihn auf seine originelleren Denkwege brachte. Bevor wir dazu kommen, halten wir ein, um einen kurzen Blick auf ein charakteristisches Beispiel dafür zu werfen, wie Usener einen Text in den Spiegel eines Zeitalters verwandeln konnte – und zwar eines von wenigen verstandenen Zeitalters. Alfred Holder hatte ihn gebeten, ein lateinisches Fragment zu veröffentlichen, das Holder in einer Handschrift von Cassiodors *Institutiones* gefunden hatte, das jetzt in der Landesbibliothek Karlsruhe liegt, aber früher in der berühmten Klosterbibliothek der Reichenau war. Nach langer Verzögerung veröffentlichte Usener schließlich das Fragment, das er *Anecdoton Holderi* nannte, 1877 bei einer akademischen Gelegenheit. Er erkannte darin einen Auszug aus einer Familiengeschichte, die Cassiodor zu einem Zeitpunkt seines Lebens schrieb, als er seine Familienbeziehungen zu Boëthius betonen wollte. Usener fand in diesem Text auch den entscheidenden Beweis für die Echtheit von Boëthius' theologischen Abhandlungen, die umstritten war, und schrieb umgekehrt Marius Victorinus die Schrift *De definitionibus* zu, die unter dem Namen des Boëthius lief.

Useners Bereitschaft, von seinem Weg abzugehen, um schwierige Texte zu edieren, wurde von Mommsen gebührend ausgebeutet, der von ihm eine vorbildliche Edition der *Fasti Theonis* und der *Fasti Heracliani*, spätrömischer oder byzantinischer Chronographien, erhielt und in seine *Chronica Minora*, Bd. III (1898) der *Monumenta Germaniae* einfügte. Mit diesen Editionen kommen wir dem Gebiet sehr nahe, auf dem Usener den entscheidenden

Schritt tat von dem, was wir die humanistische Tradition des Textkritikers und Interpreten nennen würden, zu der Aufgabe des philologischen – und damit implizit antitheologischen – Deuters der Religion.

IV

Wir wüßten genauer, wie dieser entscheidende Schritt geschah, wären wir besser über eine mysteriöse Episode in Useners wissenschaftlicher Produktion unterrichtet, die mit seiner Beziehung zu Mommsen zusammenhängt. Man muß ergänzen, daß Useners Bewunderung für Mommsen von diesem nicht gänzlich erwidert wurde; und Wilamowitz, inzwischen Mommsens Schwiegersohn, mag seinen Anteil daran gehabt haben. Um so überraschender ist es, daß nach verschiedenen Aussagen von Menschen, die es zu wissen in der Lage waren, Eduard Schwartz eingeschlossen, eine der vielen mittelalterlichen und modernen Handschriften, die mit Mommsens Bibliothek am 12. Juli 1880 verbrannten, ein vollständiges Buch Useners zur Geschichte der Astronomie und Astrologie war. Unsere Zeugen äußern sich nicht deutlich und widersprechen sich in Einzelheiten. Vielleicht war das Buch nur eine erste Fassung der Texteditionen, die Usener später zu den *Chronica Minora* beitrug. In jedem Falle hatten diese Texte etwas mit Astronomie und Astrologie zu tun. Offensichtlich betrachtete Usener um 1880 die antike Astronomie und Astrologie als eine seiner Provinzen – oder vielmehr als eines der Gebiete, die ein Erforscher antiker Religion zu beherrschen hat.

Es hat sich eingebürgert, einen von Usener 1868 unter dem undurchsichtigen Titel *Kallone* veröffentlichten Aufsatz mit den Anfängen seiner Religionsforschungen zu verbinden. Typischerweise hatte er mit einer Aristophanes-Stelle begonnen, um schließlich bei Mondmythen zu enden. In der Atmosphäre jener Jahre weckten Mythen Fragen nach den indoeuropäischen Ursprüngen. Max Müller war gerade dabei, berühmt zu werden. Usener nahm die Herausforderung der vergleichenden Mythologie ernst, frischte sein Sanskrit auf und lernte im Lauf seiner Forschungen etwas Litauisch. Er sollte kein Schüler Max Müllers werden, aber wir werden bald sehen, daß er Max Müllers fesselnder Vorstellung folgte, daß Polytheismus eine Krankheit der menschlichen Sprache sei, das heißt, daß die Fähigkeit, Metaphern hervorzubringen, den Menschen in die Versuchung oder zu der Neigung führt, sie zu Göttern zu verdinglichen.

Bevor ich dazu mehr sage, müssen wir die beiden ziemlich einsamen Wege beachten, die Usener auf der Suche nach einer vergleichenden Philologie einschlug. Das war erstens die Prosodie. 1886 schrieb er ein Buch über *altgriechischen Versbau*, worin die griechischen Metren indoeuropäische Ahnen erhalten. Usener war nicht der erste auf dieser Spur. Wie er wußte, war ihm R. Westphal in einem Aufsatz in *Kuhns Zeitschrift für vergleichende Sprachforschung* 9 (1860) vorangegangen. Da er langsam arbeitete, war ihm auch ein amerikanischer Gelehrter, Frederick Allen, zuvorgekommen, der aus Westphals Prämissen Folgerungen ebenfalls in *Kuhns Zeitschrift* 24 (1879) gezogen hatte, die denen, die Usener sieben Jahre später bekannt machte, nicht unähnlich waren. Usener sowohl wie Allen setzten einen indoeuropäischen Urvers von acht Silben an, demgegenüber Wilamowitz rasch privaten Unglauben aussprach, den er später dann noch öffentlich bekundete. In die fragwürdige Suche nach der ursprünglichen indoeuropäischen Prosodie wurde später der große Meister Antoine Meillet (1923) verwickelt, der bald von P. Maas widerlegt wurde, und neuerlich z. B. der Oxford Don (jetzt Londoner Professor) M. L. West.[31] Die Frage der indoeuropäischen Prosodie ist nicht völlig identisch, obwohl C. Watkins da abweichen würde, mit der der indoeuropäischen Poetik – das heißt mit der Funktion des Barden in der frühen indoeuropäischen Gesellschaft.[32]

Auf sicherem Boden stand Usener bei einer anderen Art vergleichender Forschung. Er würdigte als einer der ersten die Dimension, welche die vergleichende Philologie der volkskundlichen Forschung in der Art, die die Gebrüder Grimm seit K. O. Müllers Tagen Altphilologen gelehrt hatten, hinzufügen konnte. Einer von Useners frühesten brillanten Aufsätzen war der über »Italische Mythen« (1875; *Kl. Schriften* IV,93–142), worin er zwei kleinere römische mythologische Gestalten, Anna Perenna und Mamurius Veturius, als Verkörperungen des Jahres, besonders des sterbenden

Jahres, deutete. Aber der Aufsatz Useners über solche Themen, den ich am meisten liebe, ist ein viel späterer[33], worin er Mommsens *Römisches Strafrecht* ergänzt, indem er zeigt, daß Mommsen volkstümliche Formen der Justiz übersehen hatte. Usener veranschaulicht seine These in einer geschickten Verbindung alter literarischer und juristischer Texte (von den Zwölftafeln angefangen) und moderner Folklore der Mittelmeerländer.

Die dritte Linie, der Usener folgte, war seit Jahrhunderten bekannt, doch Usener gelang es, auf ihrem Weg besonders originell zu erscheinen. Er war bald als Gründer einer neuen Forschungsschule über die Heiligenleben bekannt, eine Art Konkurrent zu den Bollandisten (die noch nicht ihren Père Delehaye hervorgebracht hatten). Auf dieser dritten Linie errang Usener das größte Ansehen und erregte den heftigsten Widerspruch. Um 1879 begann er sorgfältig vorbereitete Studien über christliche Heiligenleben und christliche Feste zu veröffentlichen: sie wurden häufig gestützt durch meisterhafte Editionen der einschlägigen Texte. Zu Recht oder zu Unrecht wählte er Heilige und Feste, bei welchen er heidnische Überreste zu erkennen glaubte. Er zielte auf eine genaue und systematische Untersuchung der heidnischen Elemente im Christentum, mit der letztendlichen Absicht, ihre Ausscheidung aus dem modernen Christentum vorzubereiten. Die beiden berühmtesten Forschungen, die zu seinen Lebzeiten erschienen, waren vielleicht die über Sancta Pelagia (1877), in der er die Verwandlung von keiner geringeren als Aphrodite oder Venus erblickte, und die über das Weihnachtsfest (1889), worin er als erster rigoros die merkwürdige Verwandlung eines heidnischen Festes – des *Natalis Solis Invicti* – in den Geburtstag von Jesus verfolgte. Eine dritte Forschungsarbeit über Sankt Tychon erschien postum 1907. Sie ergab, daß Tychon – angeblich ein Bischof von Amathus auf Zypern – nie existierte und in der Tat die Verwandlung des Fruchtbarkeitsgottes Tychon war, der oft mit Priapos identifiziert wurde.

Adolf Harnack bekämpfte sofort bestimmte Annahmen von Useners Weihnachtsbuch in einer grundsätzlichen Rezension.[34] Er akzeptierte das meiste von dem, was Usener über Weihnachten als solches zu sagen hatte: daß es als offizielle Feier von Jesu Geburtstag von Rom ausging, wo es zuerst in der Mitte des 4. Jahrhunderts

n. Chr. dokumentiert ist. Die Schwierigkeiten, die Harnack sah, lagen in der Deutung der Geschichte der Epiphanie, die im 4. Jahrhundert oft mit der Geburt und Taufe Jesu verbunden wurde. Da die Feier der Epiphanie zuerst in der gnostischen Sekte der Basilidianer durch Clemens von Alexandria bezeugt ist (*Stromata* 1,21,146), folgerte Usener, daß das Fest der Epiphanie aus gnostischen Sekten in das Christentum eingedrungen sei. Das hatte für Usener weitreichende Folgen für die Geschichte des Christentums und sogar für die Evangelien. Harnack beschuldigte Usener, Gnostizismus mit dem Christentum in der Zeit von 100 bis 160 n. Chr. zu verwechseln. Soweit mir bekannt (aber ich kann unrecht haben), gab es nie eine direkte Antwort Useners an Harnack. Die Kontroverse fand unmittelbar ihr Echo in dem Briefwechsel zwischen Wilamowitz und Mommsen. Mommsen schätzte Harnacks Rezension – er schätzte überhaupt Harnack – und schickte den Text vor der Veröffentlichung an Wilamowitz. Aber diesmal war Wilamowitz auf Useners Seite, da er gegen die Theologen war: er dachte sogar, Usener mache den Theologen noch zu viele Zugeständnisse.

Der Streit um die Epiphanie zog noch Theologen von der Statur eines K. Holl in die Auseinandersetzungen hinein.[35] Das kann uns hier nicht beschäftigen, doch eine 2. Auflage von Useners Buch über das Weihnachtsfest wurde 1911 von dem einzigen Schüler Useners veröffentlicht, der Theologe war, Hans Lietzmann. Er empfahl das Buch denen, »die zu lernen bereit sind«. Harnack muß das gelesen haben.

Weit vernichtender war die Kritik des Buches über die Heiligenleben, die von der großen Autorität der Bollandisten, Père Hyppolite Delehaye stammte, mit *Les légendes hagiographiques* (1905; ³1927) begann, dann mit *Les origines du culte des martyrs* (1912, ²1932) und an verschiedenen anderen Orten, einschließlich der Rezensionen in den *Analecta Bollandiana*, fortgesetzt wurde. Um Mißverständnisse zu vermeiden, muß man betonen, daß die Gesellschaft der Bollandisten, der zu Useners Zeit Père Charles de Smedt vorstand, die strengsten Kriterien historischer Forschung anwendete: das machten Père de Smedts *Principes de la critique historique* deutlich, die 1883 erschienen, danach die Novemberserie der *Acta Sanctorum*, die unter seiner Leitung 1887 zu erscheinen begannen. Père

Delehaye, der 1911 Smedts Nachfolger wurde und die Arbeit der Bollandisten schon einige Zeit vorher prägte, war natürlich der letzte, der von diesen Kriterien abgewichen wäre. Was Père Delehaye Usener nicht ohne Grund vorwarf, war dessen Unfähigkeit, zwischen dem Kern einer Überlieferung und seinem späteren Zuwachs zu unterscheiden. Er war insbesondere im Recht, wenn er betonte, daß die Legende der Pelagia in der Kirche von Antiochien und in den Predigten des Johannes Chrysostomos verwurzelt war. Aphrodite mag einige Einzelheiten der Legende tangiert haben, doch sie betraf nicht ihren Ursprung. Komplizierter ist der Fall des Tychon, des Bischofs von Amathus, dessen Leben Johannes Eleemon zu Beginn des 7. Jahrhunderts beschrieben hatte. Es ist sehr wohl möglich, daß der Bischof wirklich gelebt hat. Aber die Frage, ob seine Biographie, von der Usener jedenfalls eine vorbildliche Edition lieferte, durch den gleichnamigen Gott beeinflußt wurde, ist ein anderes Problem. Père Delehaye selbst lernte etwas von Useners Editionstechnik und, vielleicht, von Useners Analyse heidnischer Elemente im Kult der Heiligen.

Obwohl bei diesen heidnisch-christlichen Konfrontationen der indoeuropäische Hintergrund zurückweichen mußte, gab Usener seine vergleichende Philologie niemals auf. Zumindest zwei Forschungsarbeiten seiner letzten Jahre liegt die komparative Methode ausdrücklich zugrunde. In dem Band über *die Sintfluthsagen* (1899, mit einem Anhang 1901) ging er sogar über das indoeuropäische Gebiet hinaus bei dem Versuch, in einem Sonnenmythos die gemeinsamen Ursprünge der babylonisch-hebräischen Fluterzählungen und ihrer Gegenstücke im griechischen Mythos, wie der Sage von Deukalion, zu finden. Kühner noch war seine ausführliche Studie über *Dreiheit* – oder eher Trinität –, die 1903 im *Rh. Museum* erschien und erst 1965 in einem Sammelband. Hier sind drei Punkte von Bedeutung: die christliche Vorstellung der Trinität hatte antike und indoeuropäische Vorläufer; die Verbindung dreier Götter war häufig die Entwicklung einer früheren Verbindung zweier Götter; und schließlich war nach Usener die Zahl drei eine Grenzzahl für eine primitive Mentalität und bedeutete als solche Vollkommenheit.

Ein 1896 erschienener Band *Götternamen* und ein Aufsatz über *Mythologie* von 1904 (in *Vorträge*, 37–66) gaben all dieser ganz außergewöhnlichen Tätigkeit eine zentrale Bedeutung und Ordnung. In einer schlaflosen Nacht, bevor er über das Thema *Götternamen* Vorlesung hielt, verlor Usener den Glauben an die Existenz eines primitiven Monotheismus, den er aus seiner protestantischen Erziehung bezogen hatte. Er begann die Priorität des Polytheismus über den Monotheismus zuzugestehen. Ich bezweifle, ob dies wirklich ein Aufgeben des christlichen Glaubens bedeutete. Seine Haltung zur christlichen Überlieferung (wie der Widmungsbrief des Buches über *das Weihnachtsfest* an den Bruder, der Pfarrer war, zeigt) war lange Zeit bestimmt durch einen Glauben an Entwicklung und Reinigung. Daß er künstlerische Befriedigung finden konnte, indem er selbst Heiligenleben nach antiken Vorbildern schuf, zeigte die Kurzgeschichte »Die Flucht vor dem Weibe«, die er noch 1894 unter dem Pseudonym E. Schaffner veröffentlicht hatte. Es bleibt eine Tatsache, daß er in seinem Aufsatz über *Mythologie* von 1904 – einer Art Testament – von seinem Wege abwich, um zu erklären, daß er in der nahen Zukunft religiöse Auseinandersetzungen erwarte.

Lassen wir diese biographischen Fragen beiseite, auf die es meines Erachtens keine deutliche Antwort gibt. Was Usener in den *Götternamen* versuchte, war die Darbietung (hauptsächlich auf griechischen und römischen Quellen beruhend) eines Schemas der religiösen Entwicklung der Menschheit vor dem Monotheismus. Das früheste Stadium wäre das von *Augenblicksgöttern* gewesen, Göttern, die sich selbst nur einmal bei einer gewissen Gelegenheit offenbaren und ihren Namen von dieser Gelegenheit herleiten. Derart war auf typische Weise der Gott Aius Locutius – die Stimme, die den Römern die Ankunft der Gallier enthüllte und nie wieder gehört wurde. Max Müllers »Krankheit der Sprache« als Ursprung des Polytheismus wurde für Usener zu der Macht des Menschen, die außerrationellen Elemente der Erfahrung wahrzunehmen und in Wörtern aufzuzeichnen. Für seine fromme Seele war das Wort noch der *Logos*. Das nächste Stadium ging noch in die gleiche Richtung: die funktionellen Götter, die Götter, die man wahrnimmt, wenn sie dieselbe Handlung in verschiedenen Zeiten und Umständen wiederholen *(Sondergötter)*. Usener fand das überzeugendste Modell dafür in den römischen *indigitamenta*, das sind Pontifikalbücher mit Listen von Göttern, die nur während kurzer Perioden im Leben des Individuums oder im Zusammenhang des sozialen Lebens wirkten. Varro hatte anscheinend die umfangreichste Sammlung solcher Götter angelegt, und die christlichen Schriftsteller wie Tertullian und Augustinus waren von ihm abhängig. Die Bedeutung der *indigitamenta* und der damit verknüpften Götter war, wie man sagen muß, nicht sehr klar, als Usener darüber schrieb, und wurde später nicht klarer. Aber Usener dachte, diese Kategorie der *Sondergötter* könnte auch in anderen indoeuropäischen Gesellschaften gefunden werden. Mit der Hilfe seines Kollegen Felix Solmsen gab Usener litauischen Beispielen, die sich als schwächstes Glied seiner Beweisführung erwiesen, den Ehrenplatz. Kenner des Litauischen wie A. Brückner zeigten später, daß die litauischen Beispiele entweder oft nachchristliche Entwicklungen sind oder tatsächlich Erfindungen interessierter Berichterstatter.[36] Useners drittes Stadium war der typisch griechische Begriff persönlicher Götter wie Zeus oder Apollo, die ihre unvorhersehbaren Weisen haben, gegenwärtig zu sein, wo wir sie nicht erwarten würden, nicht Götter mit nur einer List, sondern unergründliche Götter.

Wie ich bereits andeutete, gab es außer dem litauischen Problem verschiedene technische Einwände gegen Useners Klassifikation. Georg Wissowa, der sie sehr ernst nahm, sollte in seinem Aufsatz von 1904 *(Gesammelte Abhandlungen)* zeigen, daß die in den *indigitamenta* erwähnten Götter keineswegs zusammenhängend waren, und einige von ihnen sahen eher wie gelehrte Spekulationen als wie urtümliche Vorstellungen aus. Ferner erreichten die römischen Götter wie Jupiter oder Mars niemals, selbst unter griechischem Einfluß, das Stadium persönlicher Götter, wie Usener es definiert hatte: sie blieben funktionelle *Sondergötter*. Das Entwicklungsschema paßte zumindest für Rom nur schlecht. Wissowa selbst jedoch leugnete nicht den Wert von Useners Klassifikation für eine Morphologie der Religion. Andere hervorragende Erforscher der römischen Religion wie Kurt Latte haben sich diese Klassifikation im wesentlichen zu eigen gemacht. Es gab tatsächlich Jahre, während derer Usener der führende Geist in der Erforschung der Religion zu sein schien. Das *Archiv für Religionswissenschaft* (1898 gegründet) verdankte seiner Inspiration viel; und das war auch bei seinem Schüler und Schwiegersohn Albrecht Dieterich der Fall, der bestimmt zu sein schien, sein Werk fortzusetzen, aber 1908 vorzeitig starb. Mehr im allgemeinen ist festzuhalten, daß Warburg (wie Gombrich zeigte) bei seiner Deutung der mythischen Sprache der Künste von Usener ausging. Auch die Künstler hatten ihre Sprache, um die Handlungen der Götter auszudrücken. Auf der Basis von Usener und Warburg formulierte Ernst Cassirer 1925 seine Erörterung von *Sprache und Mythos*. Man kann weitergehen und fragen, wieviel Gershom Scholem – dessen Tod wir alle tief bedauern – Usener verdankt bei seiner Deutung kabbalistischer Sprache als einer Bemühung, die göttliche Gegenwart zu verbalisieren. Usener ist ausdrücklich in Walter Benjamins Schriften erwähnt und kann Scholem kaum entgangen sein, obwohl ich mich nicht entsinne, seinen Namen in Scholems Arbeiten gefunden zu haben.

V

Es bieten sich jetzt drei Aspekte dar für einen Zugang zu Useners Religionsforschung. Der erste ist die Beziehung zu W. Diltheys Philosophie. Es wird allgemein angenommen, daß Usener bei seinen philosophischen Vorstellungen von Religion von seinem großen Schwager abhängig war. Dieser übliche Gesichtspunkt ist z.B. in einem Aufsatz von Klaus Oehler zu finden.[37] Es ist ein leichtes, darauf hinzuweisen, daß die *Götternamen* den Brüdern Carl und Wilhelm Dilthey gewidmet sind. Vielleicht wäre es aufschlußreicher, einen Brief Useners an Wilamowitz bezüglich dieses Buches zu zitieren, worin Usener sagt, daß er beim Schreiben nächst seinen beiden Schwägern Wilamowitz vor Augen gehabt habe. Es ist aber deutlich, daß das Nebeneinanderstellen der beiden Brüder Dilthey unter Hinzunahme des Philologen Wilamowitz die Wahrscheinlichkeit eines besonderen philosophischen Einflusses des Philosophen Dilthey auf das Buch eher verringert. Die Freundschaft zwischen Usener und seinen beiden Schwägern ist, wie ich schon sagte, freilich über jeden Zweifel erhaben. Dank dem Bande *Der junge Dilthey* von seiner Tochter Clara Misch (1933) wissen wir viel über die Jugendfreundschaft der drei Männer. Und wir kennen auch den Text des Gutachtens, das Usener über Wilhelm Dilthey schrieb, um seine Bonner Kollegen zu überzeugen, ihn als Professor zu berufen:

er ist lesenswert um dessentwillen, was Usener am Geiste seines Freundes interessant gefunden hat. Aber wenn man spezifisch fragt, was Dilthey Usener gab oder umgekehrt von ihm erhielt, ist die Antwort nicht so eindeutig. Denn es gibt fast keinen ausdrücklichen Beleg, und die impliziten Verweise sind nicht leicht zu bewerten. Usener und Wilhelm Dilthey verwiesen selten aufeinander in ihren gedruckten Arbeiten und wenn, dann nur bei zweitrangigen Punkten. So verweist Dilthey z. B. in seiner *Einleitung* auf Useners Arbeit über das Datum von Platons *Phaidros*, die wohl kaum ein umwälzendes Stück darstellt. Es ist nicht schwer, bei Usener einige von Diltheys Lieblingsbegriffen zu finden: Erlebnis, Verstehen, Leben usw. Doch soweit ich sehen kann, scheint Useners Konzeption der Religion in ihren drei präzisen Stadien und Useners Methode, Religion durch vergleichende Philologie (einschließlich des Gebrauchs und Mißbrauchs von Etymologie) zu verstehen, Dilthey fremd zu sein. Die Idee, Götter in Wörtern zu entdecken – und damit das Zusammenfließen von Sprachwissenschaft und Religionswissenschaft bei Usener –, scheint mir außerhalb von Diltheys Interessen zu liegen, obwohl ich da unrecht haben kann. Es mag bezeichnend sein, daß der Briefwechsel zwischen Dilthey und Paul Graf Yorck von Wartenburg, der von 1877 bis 1899 reicht und bekanntlich eine wichtige Quelle für Dilthey ist, weit interessanter um dessentwillen ist, was York über Usener zu sagen hat, als um dessentwillen, was Dilthey sagt. Yorck scheint wirklich mit Usener beschäftigt zu sein und mißbilligt offen, was er für dessen Mangel beim Verständnis von Religion hält. Mich erstaunt auch die Tatsache, daß die jüngsten Biographen Diltheys wie R. A. Makkreel (1975) und H. P. Rickman (1979) – letzterer mit einem Kapitel über Diltheys Einfluß – Usener einfach nicht erwähnen.

Ich vermute eher, daß Usener eine Ader kantianischen Denkens besaß, die teilweise aus Gottfried Hermanns wohlbekannter Neudeutung philologischer Kategorien in kantischen Begriffen stammte. Sie wird ihm sein ganzes Leben verblieben sein. Das würde nicht nur Ernst Cassirers Interesse an ihm erkären, sondern auch die Bewunderung und das Gefühl, in seiner Schuld zu stehen, das der Neokantianer par excellence, Paul Natorp, wiederholt ausspricht. Usener erblickte gewissermaßen in der Sprache das Instrument, um die kantische Welt des *Noumenon* zu erfassen. In seiner Rektoratsrede über *Philologie und Geschichtswissenschaft* von 1882, die ich wiederholt erwähnt habe, hatte Usener bei der Erörterung von Boeckh und seinem Rivalen Hermann seine größere Sympathie für Hermann und damit für seine kantianischen Prämissen angedeutet. Während er die enzyklopädische Vorstellung Boeckhs zurückwies, hatte er Hermanns Begriff der Philologie als Kunst der Interpretation anerkannt. Tatsächlich dehnte er ihn aus durch die Einführung der vergleichenden Philologie und dadurch, daß er in der neuen Philologie eine Art Anthropologie erblickte. Daher möchte ich vorschlagen, daß es diskussionswürdig ist, ob der traditionelle Zugang zu Usener über Dilthey nicht zumindest teilweise zu ersetzen wäre durch eine Interpretation Useners in Begriffen einer modifizierten kantianischen Problematik der Beziehung von Phainomenon und Noumenon.

Das führt mich zu dem dritten und letzten Punkt. Wie ich deutlich zu machen versuchte, hielt Usener es für das Ziel seiner Philologie, zumindest wie sie ihm in den letzten zwanzig Jahren seines Lebens erschien, die noch in unserer Zivilisation fortbestehenden primitiven Elemente aufzulösen. Es bleibt im dunkeln, wieviel vom Christentum er zu retten bereit war oder zumindest beabsichtigte, nachdem er die mythischen Elemente des Christentums ausgeschieden hatte. Er hat darüber nie geschrieben, soviel ich weiß, obwohl die fünftausend in Bonn aufbewahrten Briefe von und an Usener künftig einen Hinweis geben könnten. Er hatte durch seine außerordentlich einsichtige und großzügige Haltung gegenüber Jacob Bernays bewiesen, daß er die Anhänglichkeit eines Freundes an seine verfolgte religiöse Überlieferung verstehen und billigen konnte. Da Bernays wie er Philologe war, ist es wahrscheinlich, daß Usener einen gemeinsamen Grund religiöser Erfahrung in der ihnen gemeinsamen Philologie erkannte. Das würde bestätigen, daß Usener sich bemühte, in der menschlichen Sprache den Leitfaden zum *Noumenon* zu finden. Nun hatte Usener 1884 in einem schönen und zu Recht berühmten Aufsatz die systematische Organisation der Wissenschaft in den Schulen des Platon und des Aristoteles der modernen und besonders der deutschen Welt als begehrenswertes Vorbild dargestellt (*Vorträge*, 67–102). Er wünschte, daß die Universitäten und besonders die Akademien Platon und Aristoteles nachahmten. Sein Schüler Diels blieb sein ganzes Leben hindurch diesem akademischen Ideal treu. Aber hielt der Lehrer Usener diese Stellung aufrecht? 1904 beendete Usener seinen Aufsatz über Mythologie mit dem Zitat von Scaligers Wort: *»Non aliunde dissidia in religione pendent quam ab ignoratione grammaticae«* (»nicht anderswoher stammen die Auseinandersetzungen in der Religion als aus der Unkenntnis der Grammatik«). Es war ein mehrdeutiges Wort, und Usener benutzte es mehrdeutig. Das Verhältnis von Religion und Sprache wurde von Usener eher vorausgesetzt als erklärt. Das ist wohl sein problematisches Vermächtnis an uns.

[Siehe die *Bibliographische Notiz*, Seite 244]

IV. Religionsgeschichte ohne Grenzen: J. Wellhausen, U. Wilamowitz und E. Schwartz

I

Ich hoffe, daß bestimmte elementare Daten der Geschichte der Altertumswissenschaft noch nicht in Vergessenheit geraten sind. 1884 widmete der Altphilologe Ulrich von Wilamowitz-Moellendorff seine *Homerischen Untersuchungen* Julius Wellhausen, dem Theologen oder vielmehr Ex-Theologen, der in Greifswald von 1875 bis 1882 sein Kollege gewesen ist. Wellhausen mußte seinen Lehrstuhl aufgeben und neu beginnen, nicht mehr als Ordinarius, sondern als Extraordinarius für semitische Sprachen in Halle, da seine theologischen Kollegen in Greifswald seine Bibelkritik mißbilligten. Später, 1885, wurde er wieder ordentlicher Professor in Marburg, es war ihm aber immer noch verboten, Vorlesungen über das Alte Testament zu halten. Erst 1892, als er wieder mit seinem alten Freund Wilamowitz zusammen in Göttingen war, stand es ihm frei, das Alte Testament in seinen Vorlesungen zu behandeln. Wilamowitz' Widmung im Jahr 1884 war mehr als ein Akt der Solidarität mit seinem verfolgten Kollegen. Es war eine Absichtserklärung mit ausdrücklichem Verweis auf Herder, Wolf und Goethe über das gemeinsame Ziel der Homer- und der Bibelkritik. Wenn Wellhausen den Pentateuch oder eher Hexateuch untersuchte, um die Geschichte der

Hebräer zu schreiben, so war die Homer-Kritik der erste Schritt beim Schreiben der Geschichte der Griechen. Wilamowitz war überzeugt, daß die Bibelkritik mit Männern wie Wellhausen weiter fortgeschritten war als die Homer-Kritik.

Wellhausen war nicht der Mann, mit einer entsprechenden programmatischen Erklärung zu antworten, doch als er in Göttingen war, widmete er seine *Israelitische und jüdische Geschichte* 1894 Wilamowitz. Dieses Buch hatte die 7. Auflage erreicht, als Wellhausen 1918 starb. Zehn Jahre später, 1928, reservierte Wilamowitz nicht weniger als drei Seiten seiner Erinnerungen dem Gedenken an den verstorbenen Freund. Er zeichnete ein anschauliches Bild davon, wie Wellhausen ihm in seinen frühen Dreißigern (er war 1844 geboren) in ihren gemeinsamen Greifswalder Jahren erschienen war. Wellhausen, der Sohn eines Hannoveraner Landpfarrers, hatte in Göttingen seinen Glauben verloren, als er Student von H. G. A. Ewald war, hatte jedoch die schlichte Frömmigkeit und die Gewohnheiten eines Bauern bewahrt und Jahre hindurch, während seine Frau nervenkrank war und seine Kollegen ihn als unerwünscht erklärten, an seiner Arbeit festgehalten. Wilamowitz druckt bei dieser Gelegenheit ein Gedicht, das er Wellhausen zu Weihnachten, wahrscheinlich im Jahre 1879, zusammen mit einem Exemplar der Übersetzung einiger *Odi Barbare* von Carducci geschickt hatte, die er, Wilamowitz, und Mommsen ins Deutsche übersetzt hatten. Zu dieser Zeit war Carducci der antiklerikale Dichter par excellence im neuen Italien: seine Gedichte versuchten so heidnisch wie nur möglich auszusehen. Wilamowitz verbesserte Carducci in seinem Gedicht für Wellhausen: »Wir Atheisten? Monotheismus nur ist Atheismus … Kein Gott lebt ewig«, und so fort. Wilamowitz muß gefühlt haben, daß er bei dieser Gelegenheit nicht wirklich für Wellhausen gesprochen hatte, denn er fügt hinzu, daß Wellhausen stets Christ geblieben sei und bei jeder Mittagsmahlzeit Christus angerufen habe. Um das Bild noch vielfältiger zu machen, kritisierte Wilamowitz auf derselben Seite Wellhausens letzte Zeit gelehrter Tätigkeit, die bekanntlich von seinen Studien über das Neue Testament beherrscht war. Wilamowitz mißbilligt nicht nur seines Freundes Analyse des Neuen Testaments, sondern bedauert, daß er von seiner früheren Auffassung der Persönlichkeit Jesu abgewichen sei: »Das kann ich nicht billigen.« Wilamowitz hegt sogar den Verdacht, Wellhausen sei hinsichtlich Jesus skeptischer geworden, weil Altersgebrechen sein Urteil beeinflußt hätten. Obwohl diese Seiten der Erinnerungen 1928 geschrieben oder zumindest veröffentlicht wurden, sind sie nicht Wilamowitz' letztes Wort über Wellhausen. In seinem spätesten und zur Hälfte posthumen Buch *Der Glaube der Hellenen* sollte Wilamowitz Wellhausen nicht vergessen. Er macht deutlich, daß er noch Wellhausens Überzeugung teilt, daß die geschichtliche Untersuchung einer Religion ein undogmatisches, nichtkonfessionelles Gefühl des »Glaubens« voraussetzt.

Die Freundschaft zwischen Wilamowitz und Wellhausen ist keine vereinzelte Episode. Als Wellhausen starb, wählte die Göttinger Akademie als Redner für den Nachruf Eduard Schwartz, einen Schüler von Wilamowitz und ihm längst als ebenbürtig anerkannt. Die Rede, die wir im ersten Band von Schwartz' *Gesammelten Schriften* (die 1938, noch zu Lebzeiten des Autors, veröffentlicht wurden) nachlesen können, wird zu Recht als die einzig zuverlässige biographische Skizze über Wellhausen geschätzt, obwohl sie nicht mehr als 35 Seiten umfaßt. Eduard Schwartz ist es auch gewesen, der das meiste von dem, was auszusprechen wert war, über Usener und Wilamowitz gesagt hat. Da Schwartz ein Schüler von Wilamowitz in den Greifswalder Jahren war, können er und Wellhausen sich schon in dieser Zeit gekannt haben; Schwartz betont aber in seiner Rede über Wellhausen, daß er ihn erst wirklich kennenlernte, als er selbst sieben Jahre lang, zwischen 1902 und 1909, der Göttinger Fakultät angehörte. Bezeichnenderweise möchte Schwartz uns vor Augen führen, daß er trotz aller Herzlichkeit ihrer Beziehungen nicht Wellhausens Eckermann gewesen ist. Die Rede ist eine unmittelbare Quelle dafür, was einen Altphilologen an einen Orientalisten binden konnte, der sich am Ende des vergangenen Jahrhunderts gegen seinen eigenen theologischen Hintergrund gewandt hatte. Der erste Beweggrund für eine solche Freundschaft war Politik. Wellhausen sowohl wie Schwartz (der 1858 geboren war) unterstützten kräftig Bismarcks Deutsches Reich. Schwartz verwendet zwei Seiten seines kurzen Berichtes darauf, Wellhausens Bruch mit seinem verehrten Lehrer Ewald zu schildern, weil Ewald – ein treuer

Diener seiner Hannoveraner Dynastie – wollte, daß sein Schüler darin mit ihm übereinstimme, daß der König von Preußen und Bismarck »Übeltäter« und »Schurken« seien. Zweitens fühlte Schwartz Sympathie mit dem Jungen vom Lande, der auf seine Weise Gott vertraute, aber der christlichen Theologie die arabische Poesie vorzog. Schwartz war nicht wie Wilamowitz ein Landjunker, der leicht etwas Gemeinsames mit dem Sohn eines Landpfarrers fand. Er gehörte der akademischen Intelligenz an und hatte Familienbeziehungen, die berühmte Namen an deutschen Universitäten umfaßten. Gleichwohl war Wellhausen für ihn das Symbol dessen, was in Deutschland gesund und ehrlich war. Und da er selbst für die Abschaffung jeder Unterscheidung zwischen Kirchengeschichte und politischer Geschichte kämpfte, fühlte er, daß er sein Vorbild in dem Historiker gefunden hatte, der laut Schwartz »die Schranke beseitigt hatte, die jüdische und christliche Apologetik zwischen Heilsgeschichte und profaner Geschichte bereits in ältester Zeit geschaffen hatte«. Schwartz milderte tatsächlich Wellhausens provokativen Satz aus den *Prolegomena* (1883, S. 256) ab: »Je näher die Geschichtsschreibung ihrem Ursprung ist, desto profaner ist sie.« Wir werden später sehen, daß diese antitheologische Reaktion sowohl im Falle von Wilamowitz als auch in dem von Schwartz nicht von ihrer analytischen Arbeit an den Texten getrennt werden kann. Als sie in Göttingen waren, arbeiteten Schwartz und Wellhausen zusammen am Johannesevangelium und publizierten ihre Ergebnisse getrennt. Schwartz wandte die gleiche Analysetechnik zehn Jahre später auf Thukydides an. Die Tatsache, daß Schwartz von Wellhausens Zugang zum Neuen Testament sehr viel positiver beeindruckt war als Wilamowitz, hat sein Gegenstück in dem Konflikt zwischen Wilamowitz und Schwartz über die richtige Weise, die Odyssee zu analysieren. Innerhalb der grundsätzlichen Übereinstimmung der drei Männer, daß Quellenanalyse das Fundament der Geschichtswissenschaft sei, gab es Abweichungen im einzelnen. Inzwischen war die Theologie durch die Formel gebannt, daß kein Unterschied zwischen der Analyse des Johannesevangeliums und der Analyse des Thukydides (oder der Odyssee) bestehe.

Es sind vielleicht noch einige Bemerkungen über Wellhausen zu machen, ehe wir zu Wilamowitz und Schwartz zurückkehren. Wie gesagt, gibt es außer Schwartz' Rede, soweit mir bekannt, keine gute Biographie Wellhausens. Jedoch existieren zwei charakteristische Porträts von dem Orientalisten Carl Heinrich Becker im *Islam 9* (1918) und dem jüdischen Philosophen Hermann Cohen, der in Marburg Wellhausens Kollege gewesen ist.[38] Aber die vielleicht anregendste Erörterung findet sich in einer Marburger Dissertation von 1938 von einem Mann, von dem ich nichts weiß: Fr. Boschwitz, *Julius Wellhausen, Motive und Maßstäbe seiner Geschichtsschreibung.*[39]

Für sich genommen, sind Wellhausens analytische Beiträge zum Alten Testament bekanntlich keineswegs umwälzend: er sagte mit größerer Klarheit, Präzision und Autorität, was andere vorher gesagt hatten. Aber er war ein Historiker von seltener Kraft. Nachdem er sich überzeugt hatte, daß die Priesterschrift des Pentateuch nachexilisch war, machte er dieses Datum zum Kriterium dafür, eine vorexilische hebräische oder israelitische Nation, die frei, streitsüchtig, aggressiv und nahezu fröhlich in der Kühnheit ihrer Vorstellungskraft war, von dem unschöpferischen jüdischen Tempel-Staat zu trennen, der die Kriege aufgegeben hatte und demütig unter der Fremdherrschaft lebte. Der Bursche vom Lande, Julius Wellhausen, war, wie wir gesehen haben, auch ein Bewunderer Bismarcks. Offensichtlich hatte es leider keinen Bismarck im Jerusalem des 4. oder 3. Jahrhunderts v. Chr. gegeben, der die Perser oder die Makedonen Mores gelehrt hätte. Aber was für prachtvolle Krieger waren die alten Hebräer gewesen! »Der Krieg bildet Nationen«, sagte Wellhausen und fügte hinzu, daß der Krieg das Hauptgebiet der Tätigkeit Jahves gewesen sei, solange Israel eine Nation war (*Isr.-jüd. Gesch. 26*). Wellhausen liebte das Buch der Richter vielleicht mehr als jedes andere Buch der Bibel, weil es so frisch war, so voller Kriege und Kriegsgesänge, fanatischer Generäle und sogar fanatischer weiblicher Generäle. Was Wellhausen nicht ganz verstehen konnte und daher mit komplizierten Redaktionstheorien erklären mußte, war das derart friedliche Trio der Patriarchen. Herder hatte schon bemerkt, daß Abraham kein Krieger war (viele der Bemerkungen Wellhausens haben Wurzeln bei Herder), aber er hatte gedacht, »ein Held des Glaubens« sei zu entschuldigen.[40] So leichten Trost gab es für Wellhausen nicht. Er war sogar unzufrieden mit denjenigen Propheten, die die Verantwortung der Kinder von der der Väter zu trennen versuchten. Die gewisseste aller historischen Erfahrungen, so sagte er, sei die, daß die Kinder für die Sünden der Väter bezahlen müßten.[41] Und er fügte hinzu: »Die Geschichte rechnet nicht mit gutem Willen, überhaupt nicht mit Personen, sondern mit Taten«[42] – was mir ziemlich hegelianisch erscheint. Wellhausen liebte daher Amos am meisten unter allen Propheten, weil er sich über die Verantwortung des einzelnen keiner Täuschung hingab: er machte die ganze Nation verantwortlich für die Sünden der einzelnen. Amos, der Bursche vom Lande unter den Propheten, wurde der beliebteste Prophet bei den deutschen Professoren, bis er schließlich von Wilamowitz mit Hesiod verglichen wurde. Wellhausen, der natürlich wenig für den theologischen Propheten Hesekiel übrig hatte, gestand auch seine Schwäche für Eliah: *»Maxime me delectebat a tenera pueritia quod de Elia propheta narrat Scriptura«* (seit meiner Kindheit fand ich größte Freude daran, was die Schrift von Eliah berichtet), das schrieb Wellhausen mit vierundzwanzig Jahren in einer von Schwartz zitierten lateinischen Selbstdarstellung.

Genauer: Wellhausen liebte am alten Israel, wie die Abenteurer mit den rauhen strengen Propheten zusammenlebten, die eine Nation von Abenteurern Moral lehren wollten, die das Leben genossen, Länder eroberten, Harems errichteten und unter den geachteten Namen von Saul, Salomon, Ahab und vielleicht David in die Geschichte eingingen. Was Wellhausen zur arabischen Geschichte trieb, seinem zweiten Forschungsgebiet, war das Gefühl, daß er hier wiederfände, was er am alten Israel geliebt hatte. Und tatsächlich fand er den Widerstreit zwischen der Strenge der Beduinen und der Sinneslust der Städtebewohner und bei den Beduinen das geheimnisvolle Beieinander des Propheten und des Kriegers. In seinem Buch über Vakidi[43] sagte Wellhausen, daß er sich zum Islam gewandt habe, um zu erfahren, wie die Hebräer aussahen, als sie in die Geschichte eintraten. Das ist eine zu enge Definition von Wellhausens Beweggründen. In der schicklichen Undeutlichkeit der englischen Sprache war Wellhausen vielleicht eher sich selber treu, als er schrieb (im Artikel ›Mohammed‹ für die 9. Auflage der *Encylopaedia Britannica*): »The Koran is Mohammed's weakest performance.

The weight of his historical performance lies in his work in Medina and not in that at Mecca... The founding of the State upon the feeling of fellowship generated by religion was without question the prophet's greatest achievement« (561; 554). Es war die Verbindung religiöser und politischer Kräfte, die Wellhausen anzog, sowohl in ihrem Zusammenwirken als auch in ihrem Widerstreit. Wellhausen bewunderte die frühen Omayaden außerordentlich, die fähig gewesen waren, die Beduinen »zu räsonablen Staatsbürgern« zu verwandeln.[44] Eben deshalb war er auch voller Sympathie für den Halbaraber Herodes den Großen von Judäa, dem es fast gelungen war, die Juden zu räsonablen Staatsbürgern zu machen. Aber das war für Wellhausen nur ein Aspekt der islamischen Geschichte. Die andere Seite beanspruchte gleichfalls seine Sympathie – die, sagen wir, der Charijiten, die sich der »schlechten Katholizität«, wie Wellhausen das nannte, des offiziellen Islam widersetzten und intolerant und utopistisch blieben, unfähig, das dynastische Prinzip zu akzeptieren. Einige von Wellhausens eindringlichsten Seiten enthalten die Schilderung der Moral der Beduinen. Später sollte er seine Sympathie mit den Buren in Südafrika erklären, obwohl er die Vorzüge der Pax Britannica anerkannte. Er liebte Propheten und Rebellen; was er nicht leiden konnte, war der Triumph von Rabbinern und Priestern, die Beseitigung der Gegensätze zwischen weltlichen Politikern und religiösen Streitern. Vor allem verabscheute er im Judentum wie im frühen Christentum und im modernen Deutschland die geachtete Stellung der theologischen Obrigkeit.

Wenn er glücklich war, beweisen (oder vielmehr bestätigen) zu können, daß *Genesis* Kap. 2–3 viel älter ist als *Genesis* Kap. 1, so deshalb, weil die Geschichte vom irdischen Paradies so herrlich primitiv und irrational war und äußerste Verachtung für jede kosmologische Spekulation bewies (*Proleg*. 319). In der älteren Erzählung sah er einen gesunden Pessimismus gegenüber der Zivilisation. Es ist unnötig zu ergänzen, daß Max Weber, der Wellhausen sehr bewunderte, sich viel von dessen Vorstellungen zu eigen machte; man kann aber wohl fragen, wie viel Wellhausen sich bei Nietzsche findet, der das primitivere Israel mehr liebte als die spätere geistliche Version, die zum Christentum führte.

Wellhausen war jedoch nicht bereit, so weit wie Nietzsche zu gehen, den er gut kannte. Daß er der Erbe nicht der jüdischen Nationalethik, sondern des jüdischen Universalismus sei, fühlte er. Warum das späte Judentum, das er als priesterlich und unpatriotisch verabscheute, den erfolgreichen Makkabäeraufstand gegen die Makedonen und die verheerenden, aber heroischen Aufstände gegen die Römer zustande gebracht hatte, mußte er erklären, ebenso, in welcher Beziehung Jesus zum späten Judentum stand. Diese Fragen hatten sich schon dem jungen Wellhausen gestellt, als er sein Buch über *Sadduzäer und Pharisäer* (1874) schrieb und die Psalmen Salomos als pharisäischen Text deutete. Das Problem wurde bedrängender, als er seine *Israelitische und jüdische Geschichte* schrieb, und er wurde 1906 ein drittes Mal mit ihm konfrontiert, als er sich in der peinlichen Gesellschaft von Theologen befand und das erste Kapitel des vom Christentum handelnden Bandes der *Kultur der Gegenwart* schreiben mußte. Wellhausen kannte die Makkabäerbücher und Flavius Josephus besser als irgendein anderer. Auch heute noch ist seine Darstellung der politischen Lage in Judäa unter Griechen und Römern kaum übertroffen, aber es bereitete ihm Schwierigkeiten, die politische Entwicklung mit der religiösen zu korrelieren. Dadurch, daß er die Sadduzäer mit der Partei der Hasmonäer und die Pharisäer mit den Befürwortern der Theokratie identifizierte, war ihm zur Erklärung der apokalyptischen und revolutionären Tätigkeiten der Pharisäer wenig übriggeblieben. Auf der anderen Seite stellte er Jesus als den Prediger einer natürlichen Moralität dar, der weder eine Kirche gründete, noch seine Jünger auf das Jüngste Gericht vorbereitete. Er schloß: »Das Evangelium predigt den edelsten Individualismus, die Freiheit der Söhne Gottes.« Später machten ihn seine Forschungen über die Evangelientexte skeptisch über die Möglichkeit, Jesus als Person zu erkennen. Er fügte der 6. Auflage seiner *Israelitischen und jüdischen Geschichte* eine Anmerkung bei, um den Leser darauf hinzuweisen, daß er mit seinem Kapitel über die Ursprünge des Christentums nicht mehr zufrieden sei, aber er änderte den Text nicht.

Das Ansehen, das Wellhausen bei einigen der bedeutendsten Altphilologen seiner Zeit gewann, muß deshalb mit zwei heiklen Aspekten der kulturellen Situation in Deutschland in Verbindung gebracht werden. Der erste war der Konflikt, der zwischen den Vertretern dogmatischer Auffassungen und den Vertretern einer weltlichen Kultur bestand, die wenig von konfessioneller Orthodoxie verstanden und sie noch weniger schätzten. Der zweite Aspekt ist weniger offensichtlich und vielleicht interessanter. Einige der bedeutendsten Vertreter der weltlichen Kultur waren nicht bereit, die Religion zu vergessen. Sie waren bemüht, irgendeinen religiösen Glauben zu bekennen. Wenn sie Altertumswissenschaftler waren, so versuchten sie auch, die alten religiösen Lehren der Griechen und Römer, und besonders der Griechen, die ja bekanntlich die Deutschen der Antike waren, aufzuwerten. Die Frage, welchen Platz die humanistische Erziehung in der modernen Welt einnahm, hatte viele Aspekte, die man nicht vereinfachen kann; aber eine bedeutende Richtung, die sich auf Goethe und Humboldt berufen konnte, war der Neubewertung des griechischen religiösen Denkens, besonders bei den tragischen Dichtern und bei den Philosophen, gewogen. Das beste Heidentum galt als nicht unvereinbar mit dem besten Christentum: es konnte sogar helfen, das Christentum besser zu machen. Das Heidentum mochte durch seine Vielfalt das Gefühl für die Gottheit bereichern. Apollo, Dionysos, Aphrodite und sogar der Kolonialheros Herakles mochten die göttlichen Manifestationen besonders für protestantische Gemüter versinnbildlichen, die sich nicht an Heilige wenden konnten.

Es fehlt mir hier die Zeit, um die Reaktion der Theologen auf eine solche Lage darzustellen. Aber ich kann vielleicht auf einen Text verweisen, der erst in den letzten Jahren zugänglich wurde und der sowohl seines Verfassers als auch des Zeitpunktes wegen, zu dem er geschrieben wurde, eindrucksvoll ist. Wilhelm Bousset, einer der Führer der »religionsgeschichtlichen Schule«, hielt an der Universität Gießen, an der er Professor war, eine Rede über »Religion und Theologie«, und zwar am 20. Juni 1919, genau dem Tage, als die deutsche Regierung lieber zurücktrat als den Vertrag von Versailles zu unterzeichnen. (Acht Tage später wurde der Vertrag von einer anderen Regierung unterzeichnet.)[45] Sie ist von der Überzeugung beherrscht, daß eine Gesellschaft ohne Theologie sich selbst in Sekten spalte und ausländischem Druck nicht standzuhalten vermöge. Sie enthält nur eine Anspielung auf Wellhausen, die Erinnerung daran, daß er Neutestamentler ziemlich abschätzig als »homines unius libri« zu bezeichnen pflegte. Es ist offensichtlich, daß Bousset, der zu Wellhausens Zeit zwanzig Jahre, von 1896 bis 1916, in der unsicheren Stellung eines Extraordinarius in Göttingen zugebracht hatte, ihn nicht mochte.

II

Es war kein Zufall, daß Wilamowitz sehr früh mit Nietzsche in Unannehmlichkeiten geriet. Sein langes Leben hindurch war er damit beschäftigt, seinen Klassizismus innerhalb einer undogmatischen, vage christlichen religiösen Tradition zu halten. Der Mann, der seine Laufbahn im Alter von zweiundachtzig Jahren mit einem Buch über den *Glauben der Hellenen* beendete, hatte sechzig Jahre zuvor begonnen, über griechische Religion zu schreiben. Wahrscheinlich ist er seines eigenen Glaubens mit achtzig nicht sicherer gewesen, als er es mit fünfundzwanzig war. Er wußte nur, daß er sich selbst nicht in einem ernsthaften Sinn als Christen betrachten konnte. Entsprechend gesteht er in der sonderbaren kurzen lateinischen Autobiographie, die er in seinen letzten Jahren schrieb: *»Christiana cor meum numquam intravere«* (nie ist Christliches in mein Herz gedrungen). Er beabsichtigte, seine Auffassung vom Übergang des Hellenismus zum Christentum in seinem *Glauben der Hellenen* mitzuteilen, doch er starb, bevor er diesen Punkt erreichte. Einige hinterlassene Notizen deuten an, daß er vielleicht mit einem christlichen Platonismus geendet hätte. Aber wir wissen einfach nicht genug darüber. Wenn es ein Geheimnis gab, hat er es mit ins Grab genommen.

Wilamowitz' Fragestellungen hatten einen Aspekt gemeinsam mit denen seiner Lehrer Otto Jahn und Usener. Er hatte ihre Offenheit für alle Seiten der Philologie geerbt und mußte diese ungebändigte intellektuelle Neugier für alles Griechische mit der Konzentration auf besondere Werte versöhnen. Wenn Usener die traditionellen *Variae Lectiones* liebte, so schuf Wilamowitz für sich eine deutsche Variante davon mit seinen berühmten *Lesefrüchten*. Jeden neuen Text, der veröffentlicht wurde, las er sofort und kommentierte ihn nötigenfalls in aller Länge. Seine Reaktion auf die Neuveröffentlichung des Papyrus mit Aristoteles' *Verfassung von Athen* aus dem Britischen Museum schwoll bald zu zwei dicken Bänden an, die 1893 nach weniger als zwei Jahren fertig waren. Eduard Fraenkel erinnerte gern daran, daß Wilamowitz eines Tages in das Seminar oder die Vorlesung kam und ankündigte, er wolle das Thema ändern, tags zuvor habe er den neuen Text von Menanders *Epitrepontes* erhalten, und da er die Nacht darüber zugebracht habe, wolle er nun den neuen Fund erörtern. Das war schon ein großer Teil seines Aufsatzes über *Das Schiedsgericht* in den *Sitz. Preuss. Akademie* (1907). Nie stand die Kunst, jeden Text zu interpretieren, mehr im Widerspruch mit dem Bedürfnis, sich an das Wesentliche zu halten.

Aber Wilamowitz mußte noch eine weitere Rolle spielen, die Usener erspart geblieben war – die des preußischen Junkers.

Ulrich Friedrich Wichard von Wilamowitz-Moellendorff wurde am 22. Dezember 1848 auf Markowitz in Ostpreußen geboren. Das Gut Markowitz, das jetzt in Polen liegt, wurde von seinem Vater erst 1836 gekauft, sechs Jahre nach dem polnischen Aufstand von 1830. Die Erwerbung war eine Episode der Preußifizierung der Region, die, 1772 erworben und unter Napoleon verloren, 1848 immer noch unruhig war. In seiner Autobiographie spricht Wilamowitz wenig von seinem Vater, mehr von seiner Mutter – einer von Calbo, aus einer mit dem Hofe Friedrichs II. eng verbundenen Familie – und mehr noch von seines Vaters Schwester Emma von Schwanenfeld, die in großem Stil in der Nachbarschaft lebte. Weiter zurück stand der Großvater von Wilamowitz, der seinen Pour le mérite auf dem Felde von Eylau (1807) erworben und zuvor die Freundschaft eines anderen Soldaten gewonnen hatte, des entfernten Verwandten Feldmarschall Wichard Joachim Heinrich von Moellendorff. Der Feldmarschall adoptierte die Söhne seines Freundes und hinterließ ihnen seinen ruhmbedeckten Namen und einen Fonds zu ihrer Erziehung. Somit war nicht nur der Besitz Markowitz neu, auch die klangvolle Verbindung Wilamowitz-Moellendorff war ziemlich jung. Die Verbindung bewirkte offensichtlich einiges: ein Bruder von Wilamowitz senior wurde zum Grafen erhoben und gewann wohl als erster Preuße das Derby; ein älterer Bruder unseres Altphilologen war lange Jahre Gouverneur der Region; und schließlich wurde die Familie durch eine schwedische Heirat mit einem anderen

Kriegertypus verbunden, dem Feldmarschall Hermann Göring. Die Familie Wilamowitz war ihrer preußischen Mission verpflichtet, die Slawen unter Aufsicht zu halten. Wilamowitz' Erziehung in Schulpforta – einem ausgezeichneten Internat für die herrschende Klasse – gehörte zu dieser Junkertradition. In Schulpforta gab es jedoch merkwürdige Lehrer und sogar noch merkwürdigere Schüler. Einer der Lehrer war Wilhelm Corssen, ein vergleichender Philologe, der mit Ausnahme seiner Trinkgewohnheiten eine Zierde jeder Universität gewesen wäre; und unter den Schülern befand sich, vier Jahre älter, Friedrich Nietzsche.

Wilamowitz verließ die Schule 1867 mit ungewöhnlichen Neigungen. Er kümmerte sich um Philologie und zog (wie er im Kriege 1870–1871 bewies) das Grenadierkorps der Kavallerie seiner Väter vor. Der Vater verzieh das nie; schlimmer war es jedoch, daß sein Sohn 1876 die Tochter eines bürgerlichen Professors von zweifelhafter politischer Gesinnung namens Theodor Mommsen heiraten wollte. Es gab tatsächlich in Wilamowitz' Leben fast ein Jahrzehnt, da er den Anschein erwecken konnte, die Junker hinter sich gelassen zu haben. Wer die äußerst gefühlsbetonte Widmung an Mommsen in Wilamowitz' erstem Buch, den *Analecta Euripidea* (1875), liest, wird gewahr, daß sie ein Mann an einem Wendepunkt seines Lebens geschrieben hat. Es sind auch die Jahre seiner Polemik mit Nietzsche (1872–1873) und mit Nietzsches Freund und Verbündetem E. Rohde: später dehnte Wilamowitz seine Angriffe auf Jacob Burckhardt aus. Unsere Schwierigkeiten, zu verstehen, was Wilamowitz gegen Nietzsche, Rohde und Burckhardt zu sagen hatte, rühren zum Teil daher, daß Wilamowitz selbst bald die Prämisse aufgab, aus der seine Polemiken ihren Sinn bezogen. Er griff Nietzsche und Co. im Namen bürgerlicher Rationalität an: er erklärte, durch den Pessimismus, Irrationalismus und die Feindschaft gegenüber Euripides und Sokrates, die Nietzsche ausdrücke, angeekelt zu sein. Aber er kehrte bald in die Welt aristokratischer Werte zurück, in der er geboren war und welche Nietzsche näherstand als Mommsen. Tatsächlich wurde er Mommsen ziemlich rasch entfremdet und vermochte nie völlig zu erkären (z. B. in seiner Rede bei der Aufnahme in die Berliner Akademie), warum er so heftig gegen Nietzsche und Rohde gewesen ist. Die Ungleichheit der Rassen, der

Individuen, der Kult aristokratischer Werte in der frühen griechischen Gesellschaft sind wiederkehrende Motive in allen größeren Arbeiten von Wilamowitz, von *Euripides' Herakles* (1889) bis zu dem Meisterwerk von 1910, *Staat und Gesellschaft der Griechen*, und der außerordentlichen Reihe von Schriften seines höheren Alters, *Aeschylus-Interpretationen* (1914), *Platon* (1919), *Pindaros* (1921), *Glaube der Hellenen*. Obwohl er sich in einer früheren akademischen Rede der Greifswalder Tage zu einem etwas unvorsichtigen Vergleich des preußischen Imperialismus mit der perikleischen Demokratie hatte hinreißen lassen (»Von des attischen Reiches Herrlichkeit«), kam er nie auf die athenische Demokratie zurück. 1889 war Herakles die Verkörperung eines dorischen Ideals (mit einer impliziten Identifikation der Dorer und der Preußen). Später – und mehr als einmal – war Pindar als der Dichter einer kriegerischen und verfeinerten Aristokratie dargestellt worden, so wie sich Wilamowitz die preußische Aristokratie wünschte. Sein Platon ist nicht ein Lehrer metaphysischer Ideen, sondern ein geistiger Führer seiner Nation. Insgesamt sind seine griechischen Götter aristokratisch, nicht nur, weil sie sich mehr für die auserwählten Wenigen interessieren als für die Vielen, sondern weil ihr Verhalten das charakteristischste Kennzeichen aristokratischen Verhaltens zeigt – keine Rechenschaft ablegen zu müssen.

Das genügt natürlich nicht, um Wilamowitz mit Nietzsche auf eine Ebene zu stellen, aber es drängt sich die Frage auf, warum die beiden wichtigsten Streitfälle seines intellektuellen Lebens erst Nietzsche und dann George galten, mit denen beiden er viel gemeinsam hatte. Wilamowitz mochte Stefan George nicht und verfertigte Parodien seiner Gedichte. Die wurden ihm mit entsprechender Abneigung vergolten. Eines der Mitglieder von Stefan Georges innerem Kreis, Kurt Hildebrandt, griff Wilamowitz im *Jahrbuch für die geistige Bewegung* 1910 heftig und ausführlich an. Man hatte in diesem Kreise allgemein das Gefühl, daß Wilamowitz einen zu bürgerlichen Geschmack habe, zu unempfänglich für das Mittelalter und für die feineren Punkte der platonischen Gesellschaft sei. Der George-Kreis wollte Platon für sich selbst (wie ein Buch eben dieses Hildebrandt zeigt) und fand Wilamowitz' Auffassung von Platon zu banal. Aber hinter den Linien waren die Kontakte zwischen beiden Schulen wichtig und produktiv. Wilamowitz' Schüler Paul Friedländer, selbst ein Platon-Forscher, war auch ein Schüler Stefan Georges. Ob wir Karl Reinhardt, einen der bedeutendsten und originellsten Wilamowitz-Schüler, ein Mitglied des George-Kreises nennen können, ist vielleicht eine Frage der Semantik. Der Einfluß Georges auf ihn ist erkennbar und offen zugestanden. Aber selbst ein so offensichtlich prosaischer Philologe wie Eduard Fraenkel leugnete nie und bekannte im Alter freudig seine jugendliche Bewunderung für Friedrich Gundolf. Es kann gut sein, daß die Zweifel Stefan Georges an der preußischen Politik Wilamowitz von ihm und Nietzsche trennten. Nach 1919 hatten die Schüler Nietzsches, die Stefan Georges und die Wilamowitz' ihre Abneigung gegenüber der Sozialdemokratie gemeinsam; aber es war vielleicht zu spät, zumindest für Wilamowitz, wenn nicht für seine Schüler, mit den Erben Nietzsches und den Jüngern Georges Frieden zu schließen.

Wir laufen Gefahr, Wilamowitz' Leistungen nicht gerecht zu werden, wenn wir diesen modischen Aspekten seiner intellektuellen Tätigkeit zu viel Aufmerksamkeit schenken. Er war ein außerordentlich kompetenter Textinterpret – und wenig entging seiner Aufmerksamkeit. Er hatte von Usener, Wellhausen und Mommsen gelernt, individuelle Situationen zu achten. Seine Abneigung gegenüber der Theologie begünstigte seine Schätzung der Vielfalt und des Experiments in der griechischen Welt. Ob er nun politische Institutionen oder religiöse Kulte untersuchte, er besaß eine scharfe Wahrnehmung für die Struktur solcher Institutionen und Kulte. Sein Programm, griechisches Leben in griechischen Begriffen zu denken, gewährte ihm den Vorzug, anachronistische Deutungen politischer Handlungen oder religiöser Rituale auszuschließen. Es half ihm bei der Erkenntnis, daß vieles von dem, was wir den griechischen Olymp nennen, nicht indoeuropäischen Ursprungs ist. Apollo sah er als auswärtigen Gott an, den die Griechen in Asien gefunden und als zu gefährlich, um nicht verehrt zu werden, erkannt hatten. Wilamowitz lächelte über die gegensätzlichen Vorschläge von K. O. Müller, daß Apollo ein dorischer Gott, und von E. Meyer, daß er Ionier sei. In einer einleitenden Erörterung der Entwicklung der griechischen Religion, die er 1904 schrieb und in seinen *Reden und Vorträgen* veröffentlichte, spielte er mit der Vorstellung, daß

Homer seinen Göttern die Züge einer menschlichen Gesellschaft gegeben und damit ihre wahrhaft göttlichen Züge beiseite gelassen habe. Als er sein abschließendes Buch über den *Glauben der Hellenen* schrieb, hatte er diese Position aufgegeben, die tatsächlich zu halten unmöglich war, aber er machte sehr scharfsinnige Bemerkungen über die Macht eines griechischen Dichters, *nicht* die Wahrheit über irgend etwas, einschließlich die Götter, zu sagen (I, 333).

Wilamowitz konnte zweifellos dem Dilemma nie entgehen, in das er sich selbst gebracht hatte, indem er die Griechen isolierte und gleichzeitg beanspruchte, sie seien die Vorbilder für das moderne Europa oder zumindest für das moderne Deutschland. Aber der Leser seiner Bücher ist, wenn ich mich nicht sehr irre, weit mehr daran interessiert, zu erfahren, was Apollo in Athen oder in Sparta *war*, als erzählt zu bekommen, was Apollo für das moderne Europa bedeutet.

III

Eduard Schwartz, der in seiner religiösen Rhetorik weniger ehrgeizig war, hatte vielleicht, wie ich bereits andeutete, ein direkteres Ziel, wenn er sich mit Julius Wellhausen verbündete. Sein Ziel war es, die Kirchengeschichte zu beseitigen, nicht als literarische Gattung der Vergangenheit, aber als im 20. Jahrhundert gültige Kategorie, mit historischen Tatsachen umzugehen. Als Herausgeber der *Historia ecclesiastica* des Eusebios wußte er mehr als irgendein anderer über Kirchengeschichtsschreibung. Sein Wissen machte sein Gefühl, daß sie aus der Geschichtsschreibung des 20. Jahrhunderts entfernt werden müsse, um so drängender. Mit Schwartz vollenden wir unseren Kreislauf. Er war ein Schüler sowohl von Usener wie von Wilamowitz, und er war Wellhausens Kollege in Göttingen. Nie hat er ein Wort geäußert, das nicht Liebe und Bewunderung für seine drei Lehrer ausdrückte. Das einzige Mal, daß er auf Schwierigkeiten anspielt, die er mit Wilamowitz gehabt haben muß, ist in einem Brief an Otto Kern, der Wilamowitz' Biographie schreiben wollte.[46] Eduard Schwartz war ein loyaler Mensch, aber vernichtender Kritik fähig. Seine Rezension von Fritz Taegers Buch über Thukydides im *Gnomon* (1926) ist dafür ein Beispiel. Weil er so loyal und in seinen

Reaktionen vorhersehbar war, hört man vielleicht so wenig über ihn. Wilamowitz war hingegen zu Lebzeiten eine Legende. Freunde von mir, die ein Leben lang mit Schwartz befreundet waren – so Giorgio Pasquali, technisch gesehen sein Schüler, Plinio Fraccaro, Norman Baynes und Rudolf Pfeiffer, sein Münchener Kollege –, hatten nichts über ihn zu erzählen, außer daß sie ihn gern hatten.

Wie ich schon erwähnte, gehörte Schwartz, 1858 geboren und 1940 gestorben, auf beiden Seiten einer akademischen Familie an: sein Vater war ein hervorragender Professor der medizinischen Fakultät Göttingen, sein Onkel mütterlicherseits Adolf Michaelis war ein berühmter Archäologe, Otto Jahn und J. G. Droysen waren unter seinen Verwandten. Mommsen war ein Freund der Familie, und Mommsen war bereit, mit Schwartz bei seiner Edition des Eusebios zusammenzuarbeiten, indem er die Handschriften der lateinischen Übersetzung des Rufinus kollationierte und seine eigene Edition von Rufinus' Supplement zu Eusebios hinzufügte. Als wirklicher Schüler von Usener und Wilamowitz war Schwartz zuerst und vor allem ein Deuter und Herausgeber von Texten. Vielleicht war er weniger vielseitig in seinem Geschmack als seine Lehrer, obwohl ich da nicht sicher bin. Seine erste große Edition war die der Euripides-Scholien, denen die zweier christlicher Apologeten folgte, Tatians *Oratio ad Graecos* und Athenagoras. Dann war er viele Jahre lang bis 1909 mit seiner monumentalen Ausgabe von Eusebios' *Historia Ecclesiastica* beschäftigt; dies war jedoch auch die Zeit, als er in alphabetischer Ordnung Artikel über die wichtigeren griechischen Historiker im Pauly-Wissowa schrieb. Eine Folge meisterhafter Monographien erschien von A bis E, die Apollodoros, Appianos, Arrianos, Chronicon Paschale, Dio Cassius, Diodorus, Diogenes Laertios, Dionysios von Halikarnassos, Ephoros und Eusebios umfaßt. Als Bonus fügte er einen wunderbaren Artikel über den Lateiner Curtius Rufus hinzu. Nach dem Buchstaben E übergab er die Aufgabe Felix Jacoby, einem anderen Wilamowitz-Schüler, der weniger konzis, aber nicht weniger originell und kompetent, das Ende des Buchstabens K erreichte. Schwartz hatte bereits Aufsätze über Xenophon (1889), Kallisthenes (1900), Timaios (1899) und ein grundlegendes Buch über den griechischen Roman in seiner Beziehung zur griechischen Geschichtsschreibung publiziert. Später,

1919, veröffentlichte er sein berühmtes Buch über Thukydides, dem 1920 und 1928 zwei allgemeine Aufsätze über griechische Historiographie folgten. Er beherrschte einfach das gesamte Gebiet der antiken Historiographie.

Inzwischen hatte er als Herausgeber von Texten etwas noch Schwierigeres gefunden. Er begann die Edition der Akten der ökumenischen Konzilien vorzubereiten. Das bedeutete, altsyrische Texte zu edieren, die er ins Griechische übersetzte, um die ursprüngliche Form zu rekonstruieren und sie bei dieser Gelegenheit sterblicheren Menschen zugänglich zu machen. Für diese Aufgaben mußte er auch das Armenische beherrschen, und er fügte, um sich und Wellhausen ein Vergnügen zu machen, das Arabische hinzu. Da er an Homer interessiert war, amüsierte er sich in der Zwischenzeit damit, die *Ilias* und die *Odyssee* herauszugeben (1923, 1924), in Luxusausgaben mit unabhängigem Urteil und einigen originellen Ergebnissen. Wahrscheinlich war es eine kleine Extravaganz, daß er 1933 das Vergil zugeschriebene Gedicht *Aetna* herausgab, mit provokativen Textbesserungen. Obwohl er von den Konzilien weniger edierte, als er geplant hatte, schaffte er es doch, vor seinem Tode die vielleicht erste kritische Ausgabe von Justinians dogmatischen Schriften und die gewiß erste kritische Ausgabe von Biographien palästinischer Mönche aus dem 6. Jahrhundert von Kyrillos von Skythopolis zu liefern. Die Edition des Kyrillos allein würde für die Reputation eines anderen Gelehrten ausreichen.

Von griechischer Literatur interpretierte er ausführlich Homer, Hesiod, Tyrtaios, Demosthenes und Theokrit; er schrieb auch über die römischen Annalisten und über Sallust. Da er Vergnügen an biographischen Skizzen fand, veröffentlichte er zwei Bände literarischer Porträts antiker Gestalten *(Charakterköpfe)*, während er die modernen Porträts dem ersten Band seiner *Gesammelten Schriften* vorbehielt. Er hielt 1906 Vorlesungen über antike Ethik und kehrte 1933–1934 zu dem Thema zurück: der posthume Band *Ethik der Griechen* von 1951 ist eine bemerkenswerte Sammlung dieser Vorlesungen. Ich erwähnte schon, daß Wellhausen ihn anregte, über die Evangelien, besonders das des Johannes, zu arbeiten. Aber ich habe die beiden Gegenstände noch nicht erwähnt, bei denen er keinen Rivalen hatte: das Studium der antiken Chronologie und der Kirchenpolitik. Er führte Useners beste Seite in seiner Arbeit über die Chronologie weiter und war glanzvoll in der Schrift über die Osterberechnungen, 1905, die ein bedeutender Beitrag zur Erforschung der Beziehungen zwischen Judentum und Christentum oder eher ihrer Trennung ist. Die Forschung zur Kirchenpolitik umfaßt ein einflußreiches kleines Buch über Konstantin und die christliche Kirche (zuerst 1913, in zahlreichen späteren veränderten Auflagen), sieben Studien über Athanasius und Arbeiten über Justinians Religionspolitik.

Man kann Schwartz nicht würdigen, ohne die nötige Aufmerksamkeit auf die Schwierigkeit und Neuheit der technischen Probleme zu lenken, die er sich selbst in seiner Arbeit auferlegte. Seine Verbindung von Sachkenntnis, Intelligenz und simpler Ausdauer ist selbst außergewöhnlich in einer Welt der Gelehrsamkeit, die geduldige Genies wie A. von Harnack, Felix Jacoby und, so möchte ich hinzufügen, Eduard Meyer besaß. Er war Deutscher, und er wollte nichts anderes sein. Kosmopolitismus und Individualismus stellte er als historische Kräfte in Rechnung und hielt sogar Vorlesungen darüber. Es waren Erscheinungen von Niedergangszeiten, die ein Historiker zu beachten hat. Aber er liebte die aristokratische Ethik des archaischen Griechenland. Seine Vorlesungen über Ethik sind unumgänglich für das Verständnis seines Charakters. Er war am glücklichsten an der Universität Straßburg zwischen 1897 und 1902 und dann noch einmal von 1913 bis 1918, weil er dort war, um deutsche Kultur zu vertreten, in einer, wie er wußte, fremden Umgebung. Er gab sich keiner Täuschung über die Gefühle der Einwohner Straßburgs hin. Im Jahre 1916 schrieb er einen Bericht über das Elsaß[47] und hielt in einer sehr veränderten Lage 1929 darüber einen öffentlichen Vortrag. Seine Ansichten sollte er nicht ändern. 1916 oder 1917 hatte er die Annexion des Elsaß durch Preußen als einziges Heilmittel für die verfehlte Assimilationspolitik vorgeschlagen: die Vorstellung, daß man aus dem Fehlschlag eine andere Folgerung ziehen könne, kam ihm nicht in den Sinn. Folglich verachtete er die Weimarer Republik. Er war stolz darauf, daß zwei seiner Söhne im Ersten Weltkrieg gefallen waren und daß ein dritter verkrüppelt heimkehrte. Er selbst mußte 1918 aus Straßburg fliehen und fand mit einiger Schwierigkeit einen neuen Posten an der Universität

München. Aber er konnte auch die Nazis nicht leiden. Kurt von Fritz, einer der wenigen Nichtjuden, die aus Protest das Nazi-Deutschland verließen, war sein Schüler.

Da er an die Begriffe von Ehre und Mut im archaischen Griechenland glaubte, mißbilligte er vielleicht das Christentum. Doch seine Mißbilligung war nicht sichtbar und kann nicht einfach gewesen sein. Religion war für ihn eine politische Macht höchsten Ranges. Sie organisierte die Menschen mit unübertroffener Wirksamkeit. Schwartz fand schließlich in den kirchlichen Rivalitäten des Römischen Reiches vom 4. bis zum 6. Jahrhundert ein neues Forschungsgebiet. Das verlieh ihm eine Dimension, die Wilamowitz abging, und machte ihn unabhängig von seinem gewaltigen Lehrer. Andererseits hatte er nun eine gemeinsame Grenze mit den Theologen, und er liebte es, an dieser Grenze zu streiten. Seine These war, daß Kirchenpolitik Politik ist. Kirchengeschichte hatte für ihn aufgehört, eine abgesonderte Einheit zu sein. Er hielt die Gattung Kirchengeschichte – und ihre Lehre an theologischen Fakultäten – für ein nicht mehr zu rechtfertigendes Überbleibsel.

Wie zu erwarten, war es just Harnack, der, nachdem er schon Usener und Wellhausen bekämpft hatte, zur Verteidigung der Theologie seinen Knüttel gegen Schwartz schwang. 1908 versuchte Harnack in einer Mitteilung an die Berliner Akademie zu beweisen, daß Schwartz bei der Veröffentlichung eines altsyrischen Dokumentes über die Synode von Antiochia 324 das Opfer einer Fälschung geworden sei: Eine der Implikationen war, daß Schwartz als Altphilologe keine Befugnis hatte, sich um syrische Texte zu kümmern. Die im selben Jahr von Schwartz veröffentlichte Antwort[48] war vernichtend: der Altphilologe hatte den Theologen auf dessen erkorenem Felde geschlagen. Wie eine der letzten Seiten der Antwort zeigt, bestand für Schwartz kein Zweifel daran, worum es wirklich ging. Die ziemlich törichten Herausgeber von Schwartz' *Gesammelten Schriften* hielten es für unnötig, dieses Stück wieder zu veröffentlichen, da es nur polemisch sei. Eine kluge Ergänzung zu Schwartz' *Gesammelten Schriften* wäre angebracht.

Es war kein Zufall, daß Schwartz Athanasius' Kämpfe im 4. Jahrhundert und Justinians Ideologien im 6. gewählt hatte. Athanasius steht für das Bestreben der Kirche, gegen staatliche Kontrolle zu kämpfen. Justinian repräsentierte die staatliche Kontrolle als volles Hoheitsrecht. Aber die bloße Tatsache, die ökumenischen Konzilien als große parlamentarische Berichte über politische Themen zu behandeln, war damals und bleibt auch jetzt voller polemischer Implikationen. Schwartz' Stärken waren auch seine Schwächen. Lehrgebäude an sich interessierten ihn nicht. Origenes, die kappadozischen Kirchenväter und Augustinus beschäftigten ihn nur am Rande. Was ihn zu einem so guten Historiker des spätrömischen Reiches machte, mag seine Sympathie für das frühe Christentum verringert haben. Später spürte er selbst, daß er durch die Auflösung der Einheiten und des Zusammenhangs des Johannesevangeliums das Verständnis der frühen Kirche nicht gefördert hatte.

Dabei ist ein Methodenproblem angesprochen, das kein Grundsatz a priori je lösen kann. Wie Wilamowitz und Wellhausen verließ sich Schwartz auf eine höchst raffinierte Methode der Textanalyse. Die Analyse sollte Widersprüche, Inkongruenzen, Inkonsequenzen und Unterschiede des Stils aufzeigen: sie würde, kurz gesagt, die Mittel zur Rekonstruktion der Geschichte eines Textes und zur Entdeckung seiner Quellen, wenn es welche gibt, liefern. Sie kann zu der Schlußfolgerung führen, daß mehrere Verfasser nacheinander zur Erstellung eines Textes beitrugen, oder sie kann die Geschichte eines Autors erzählen, der seinen eigenen Text entwirft und neu faßt. Schwartz hatte die Erfahrung einer Textedition wie der von Eusebios' *Kirchengeschichte* gehabt, die das klassische Beispiel verschiedener Fassungen oder Entwürfe durch denselben Autor war. Wenige werden heute nicht die theoretische Gültigkeit der analytischen Methode anerkennen, aber es ist schwieriger, sich über ihren korrekten Gebrauch zu einigen. In der Praxis beobachten wir eine außerordentliche Vielfalt persönlicher Haltungen bei ihrer Anwendung – und dem Vertrauen darauf. Schwartz war vielleicht in ihrem Gebrauch der kühnste der großen Altphilologen seiner Zeit, so kühn, daß sogar Wilamowitz zurückschrak. Als Schwartz 1924 sein Buch über die *Odyssee* publizierte, machte ihm Wilamowitz das Kompliment, 1927 mit einem anderen Buch zu antworten. Schwartz war bereit, mehrere gute Dichter hinter der mittelmäßigen Kompilation der überlieferten *Odyssee* zu identifizieren. Der alte Wilamowitz mißbilligte die ganze Idee, durch Analyse poetische

Individualitäten zu fabrizieren (obwohl er diesem Spiel in jüngeren Jahren selbst gehuldigt hatte). Schwartz' Analyse des Thukydides zeigte ähnliche Züge. Schwartz glaubte, die Analyse mache es möglich, zu erkennen, wo Thukydides seine Auffassung änderte und, mehr noch, wo ein posthumer Herausgeber eingegriffen hatte, um den Text zu vervollständigen. Hier war Wilamowitz vielleicht eher gleichgesonnen, aber auch so mußte er seine abweichende Meinung über einige von Schwartz' Ergebnissen ausdrücken. Gleichfalls lehrreich zu beobachten ist, wie Schwartz und Felix Jacoby in der Analyse sowohl historischer wie poetischer Texte voneinander abwichen, obwohl sie in der Methode grundsätzlich übereinstimmten. Jacobys gesamte Arbeit zur Historiographie wird von seinem Verdacht gegenüber Schwartz' kühnen Lösungen beherrscht.

Männer wie Wellhausen, Usener, Wilamowitz und Schwartz – und jetzt können wir Felix Jacoby hinzufügen – fanden gemeinsame Voraussetzungen in einer philologischen Methode, die auf dem Instrument der Textanalyse beruhte und jede theologische oder dogmatische Einmischung vermied. Wellhausen wurde für Wilamowitz und Schwartz zu einem Helden, weil er ihnen zeigte, daß dieselbe Methode bei heiligen wie bei profanen Texten gültig war. Wellhausen bestärkte sie auch in dem, was sie bereits von Usener gelernt hatten: daß die Abweisung theologischer Voraussetzungen nicht die Abwesenheit religiöser Gefühle bedeutete. Aber Wellhausen, Wilamowitz und Schwartz teilten politische Gefühle, die dem nachdenklichen Usener fremd waren.

Es ist nicht meine Absicht, meine Geschichte über diesen Punkt hinauszuführen. Obwohl Schwartz sich nie wiederholte und bis zu seinem Tode 1940 tätig blieb, war er damals ein einsamer Mensch. Aber die Geschichte der frühen Kirche sollte nach seinem Eingreifen nie wieder so aussehen wie zuvor.

[Siehe die *Bibliographische Notiz*, Seite 245]

[*Bibliographische Notiz zu* I. Niebuhr und die Agrarprobleme Roms]

Die Hauptquelle für Niebuhrs Leben sind die *Lebensnachrichten über B. G. Niebuhr*, 3 Bde., Hamburg 1838–1839, hrsg. v. D. Hensler. Über ihre Zuverlässigkeit E. Rosenstock, *Historische Zeitschrift* 110 (1913), S. 566–573. Die Ausgabe der Briefe, *Die Briefe Barthold Georg Niebuhrs*, 2 Bde., Berlin 1926–1929, geht nicht über 1816 hinaus. Vgl. auch Barthold Georg Niebuhr, *Briefe und Schriften*, hrsg. v. L. Lorenz, Berlin 1920; *Politische Schriften*, hrsg. v. G. Küntzel, Frankfurt 1923.

Die Biographie von B. C. Witte, *Der preußische Tacitus* (Düsseldorf 1979) gibt eine ausführliche, aber nicht sehr zuverlässige Bibliographie. Vgl. bes. unter den jüngeren Arbeiten: E. Kornemann, »Niebuhr und der Aufbau der altrömischen Geschichte«, in *Historische Zeitschrift* 145 (1932), S. 277–300; A. Heuss, »Niebuhr und Mommsen«, in *Antike und Abendland* 14 (1968), S. 1–18; K. Christ, »Römische Geschichte und Universalgeschichte bei B. G. Niebuhr«, in *Saeculum* 19 (1968), S. 172–196; S. Rytkönen, *B. G. Niebuhr als Politiker und Historiker*, Helsinki 1968; J. Straub, »Barthold Georg Niebuhr«, in *Bonner Gelehrte*, Bonn 1968 S. 49–78; S. Mazzarino, »Machiavelli, Niebuhr e gli Annali«, in *De Homine* 41 (1973), S. 23–36; K. Christ, *Von Gibbon zu Rostovtzeff*, Darmstadt 1972, S. 26–49; Z. Yavetz, »Why Rome? Zeitgeist and Ancient Historians in Early 19th Century Germany«, in *Am. Journal of Philology* 97 (1976), S. 276–296; R. Minuti, »Proprietà della terra e despotismo orientale«, in *Materiali per una storia della cultura giuridica* 8, 2 (1978), S. 29–177; A. Momigliano, »Alle origini dell'interesse su Roma arcaica: Niebuhr e l'India«, in *Rivista Storica Italiana* 92 (1980), S. 561–571; A. Heuss, »Barthold Georg Niebuhrs wissenschaftliche Anfänge«, in *Abhand. Akad. Wiss. Göttingen*, Phil. Hist. Klasse III, 114 (1981).

[*Bibliographische Notiz zu* II. Von Mommsen zu Max Weber]

Über H. S. Maine siehe J. W. Burrow, *Evolution and Society*, (Cambridge 1966), und auch seinen Beitrag zu *Ideas and Institutions of Victorian Britain*, hrsg. v. R. Robson, London 1967, S. 198–304; L. Capogrossi Colognesi, »Sir Henry S. Maine e l'Ancient Law« in *Quaderni Fiorentini per la storia del pensiero giuridico moderno* 10 (1981), S. 83–147.

Bei Fustel de Coulanges genügt es, auf meinen Aufsatz zu verweisen (in diesem Band, S. 230) und auf meine und S. C. Humphreys Einleitung zur englischen Übersetzung der *Cité antique*, Baltimore 1980.

Über P. Bonfante vgl. den nicht gezeichneten Artikel im *Dizionario Biografico degli Italiani* XII (1970), S. 7–10.

Über M. Weber siehe meine Aufsätze im *Sesto Contributo*, Rom 1980, I, S. 285–312; meine Einleitung zur italienischen Übersetzung von *Agrarverhältnisse im Altertum*, Rom 1981; M. I. Finley, »The Ancient City: from Fustel de Coulanges to Max Weber and Beyond«, in *Comparative Studies in Society and History* 19 (1977), S. 305–324; L. Capogrossi Colognesi, »Modelli Romanistici e Germanistici negli studi di storia agraria romana di Max Weber«, in *Sociologia del Diritto* I, (1981), S. 107–134. Capogrossi hat eine Reihe seiner Aufsätze in dem Band versammelt: *La terra in Roma antica*, Rom 1981. Wesentlich ist natürlich die Lektüre von A. Meitzen, *Siedelung und Agrarwesen der Westgermanen und Ostgermanen* I, Berlin 1895.

Über Laveleye siehe die Bibliographie im *Nationaal Biografisch Woordenboek* 9, Brüssel 1981, S. 451–463.

[*Bibliographische Notiz zu* III. Hermann Usener]

Die beste biographische Einführung gibt H. J. Mette im *Lustrum* 22 (1980), S. 5–107. Zeitgenössische Nachrufe z. B. von L. Deubner in Bursians *Biographischem Jahrbuch für die Altertumswissenschaft* 31, Bd. 141, (1908), S. 53–74 und von A. Dieterich, *Kleine Schriften*, Leipzig 1911, S. 354–362. Die eindringlichste zeitgenössische Würdigung ist jedoch von E. Schwartz (1906), jetzt in *Gesammelte Schriften* I (1938), S. 301–315. Schwartz schrieb auch die beste Würdigung des Verhältnisses zwischen Wilamowitz und Usener anläßlich ihres 1934 veröffentlichten Briefwechsels, »Ein Briefwechsel«, *ebd.*, S. 316–325; vgl. auch A. Körte, *Die Antike* 11 (1935), S. 211–235. W. M. Calder III hat jetzt ein bedeutendes Dokument über diese Beziehung hinzugefügt durch die Veröffentlichung von Wilamowitz' lateinischer Autobiographie in *Antike und Abendland* 27 (1981), S. 34–51. Eine Würdigung Useners als Religionswissenschaftler gab C. Clemen in *Studi e Materiali di Storia delle Religioni* 11 (1935), S. 110–124. Einen allgemeinen Lebensabriß gibt H. Herter in dem Sammelwerk *Bonner Gelehrte* (1968), S. 165–211. Verschiedene Texte sind gesammelt von W. Schmid in *Wesen und Rang der Philologie. Zum Gedenken an H. U. und E. Buecheler*, Stuttgart 1969. Zu Useners Epikur-Studien der Bericht von W. Schmid in *Würzburger Jahrbücher* 6 a (1980), S. 19–30. Ernst Cassirers späteres Denken über den Mythos, wobei Usener fast hinter Max Müller verschwindet, findet sich bekanntlich in *The Myth of the State*, New Haven 1946 (dt.: *Der Mythus des Staates*, Frankfurt/M. [3]1994). Zur Würdigung von Useners Deutung der römischen Religion vgl. die Bibliographie bei J. Rufus Fears in *Aufstieg und Niedergang der römischen Welt* 2, 17, 2 (1981), S. 837. Es ist bemerkenswert, daß Usener in dem sehr bedeutenden Buch von M. Detienne, *L'invention de la mythologie*, Paris 1981, nicht erscheint.

[*Bibliographische Notiz zu* IV. Religionsgeschichte ohne Grenzen]

Zu Wellhausen siehe die Biographie bei L. Perlitt (1965, S. 234, Anm. 39) und bei D. A. Knight, *Rediscovering the Traditions of Israel* (Missoula, MT 1975). Die wenigen Seiten von H. Cohen, *Jüdische Schriften* II (Berlin 1924), 463–468, sind von besonderem Interesse. Vgl. H.-J. Kraus, *Geschichte der historisch-kritischen Erforschung des Alten Testaments*, Neukirchen 1969, S. 255–274.

Über Wilamowitz siehe meinen Aufsatz in der *Rivista Storica Italiana* 84 (1972), S. 746–755 (nachgedruckt im *Sesto Contributo* I, 1980). Es gibt eine eigene *Wilamowitz-Bibliographie*, Berlin 1929. Die wichtigste Briefsammlung ist Mommsen–Wilamowitz, *Briefwechsel 1872–1903*, Berlin 1935; dazu W. Jaeger, *Scripta Minora* II, Rom 1960, S. 137–147. Aber siehe auch Usener–Wilamowitz, *Ein Briefwechsel 1870–1905*, Leipzig 1934, dazu außer Schwartz, A. Körte, *Die Antike* 11 (1935), S. 211–235. W. M. Calder III ist dabei, sehr wertvolle Briefe und andere Inedita von Wilamowitz in einer Reihe von Artikeln zu publizieren, die zu lang ist, um hier aufgeführt zu werden. Aber ich muß zumindest die beiden bisher unbekannten, von Calder veröffentlichten biographischen Skizzen eigens erwähnen: eine schrieb Wilamowitz mit achtzehn Jahren (in *Greek-Roman-Byzantine Studies* 12, 1971, S. 561–578), die andere verfaßte er im hohen Alter auf lateinisch (*Antike und Abendland* 27 [1981], S. 34–51). Des weiteren die ebenfalls von Calder publizierte Familienchronik, in *Quaderni di Storia* 10 (1979), S. 197–211. Über Wilamowitz die grundlegenden Aufsätze von Schwartz in *Gesammelte Schriften* I, Berlin 1938, S. 281–382 (auch über Wellhausen). Daneben G. Pasquali, *Pagine Stravaganti* I, Florenz 1968, S. 55–92; E. Fraenkel, *Kleine Beiträge zur klassischen Philologie* II, Rom 1964, S. 555–582; R. Pfeiffer, *Ausgewählte Schriften*, München 1960, S. 269–276; K. Reinhardt, *Vermächtnis der Antike*, Göttingen ^{2}1966, S. 361–368; H. Patzer, »Wilamowitz und die klassische Philologie«, in *Festschrift F. Dornseiff*, Leipzig 1953, S. 244–257; V. Poeschl, *Ann. Scuola Normale Superiore Pisa* 3, 5 (1975), S. 969–983. Zu Nietzsche und Wilamowitz, M. S. Silk und J. P. Stern, *Nietzsche on Tragedy*, Cambridge 1981, und H. Lloyd-Jones, *Blood for the Ghosts*, London 1982, S. 165–181. Zu den Beziehungen zum George-Kreis, Hinweise in meinem Aufsatz über K. Reinhardt in *Ann. Scuola Normale Superiore Pisa* 3, 5 (1975), 1309–1317 (jetzt im *Sesto Contributo*, 1980). Zu Wilamowitz' politischen Tätigkeiten vgl. L. Canfora, *Cultura classica e crisi tedesca*, Bari 1977; und *Intellettuali in Germania*, Bari 1979.

Zu Schwartz vgl. meinen Aufsatz in *Ann. Scuola Normale Superiore Pisa* 3, 9 (1979), S. 999–1011. Die beste Würdigung gibt A. Rehm, »Eduard Schwartz' wissenschaftliches Lebenswerk«, in *Sitz.-Ber. Bayer. Akad.* 1942, Nr. 4. Vgl. W. Otto, *Hist. Zeitschrift* 162 (1940), S. 442–446; R. Pfeiffer, *Ausgewählte Schriften*, München 1960, S. 8–25 und *Von der Liebe zur Antike*, München 1969, S. 87–94.

1 »Alle origini dell'interesse su Roma arcaica: Niebuhr e l'India«, *Rivista Storica Italiana* 92 (1980), S. 561–571.

2 (In der engl. Fassung nach B. Perrin, Loeb Classical Library).

3 Es genügt der Hinweis auf G. Tibilettis Untersuchung des Plutarch und Appian im *Athenaeum* 26 (1948), S. 192–209 und E. Gabbas Kommentar zu Appian I, Florenz 1958.

4 *Geschichte der sozialen Frage und des Sozialismus in der antiken Welt*, München [3] 1925, II, S. 328–340.

5 F. Lieber, *Reminiscences of an Intercourse with Mr. Niebuhr the Historian*, Philadelphia 1835, S. 36.

6 Heyne, *Opuscula academica* IV, Göttingen 1796, S. 350–373.

7 *Lebensnachrichten über B. G. Niebuhr*, hrsg. v. D. Hensler, Hamburg 1838–1839, I, S. 246, 257.

8 A. Heuss, »Barthold Georg Niebuhrs wissenschaftliche Anfänge«, in *Abhand. Akad. Wiss. Göttingen*, Phil. Hist. Klasse III, 114 (1981), S. 551.

9 Sir Henry Maine, *Ancient Law*, Everyman edition, London 1917, S. 152.

10 *Ebd.*, S. 158.

11 *Ebd.*, S. 159.

12 *Ebd.*, S. 155.

13 *Ebd.*, S. 138.

14 *Ebd.*, S. 139.

15 Maine, *Lectures on the Early History of Institutions*, London 1874, S. 84.

16 Numa-Denis Fustel de Coulanges, *Der antike Staat*, München 1988, S. 321 (mit einer Einleitung von Karl Christ).

17 Engl. Übers. *The Ancient City*, Baltimore 1980, mit Einführungen von A. Momigliano und S. C. Humphreys, S. XV.

18 Wie Anm. 16, S. 387.

19 *Ebd.*, S. 407.

20 *Nouvelles recherches sur quelques problèmes d'histoire*, Paris 1891, S. 33.

21 (Die engl. Übers. folgt E. H. Warmington [Loeb Classical Library]).

22 Siehe z. B. Paolo Grossi, *Un altro modo di possedere*, Mailand 1977, und viele Aufsätze von Luigi Capogrossi-Colognesi, gesammelt in *La Terra in Roma antica*, Rom 1981.

23 *Scritti giuridici*, Turin 1918, II, S. 215.

24 Einige der wichtigsten Texte sind der Band von De Sanctis, *Per la scienza dell'antichità*, Turin 1909, und die Antrittsvorlesung von Vincenzo Arangio-Ruiz, *Le genti e le città*, Messina 1914. Bonfantes späteste Antwort findet sich in den *Scritti giuridici* I (1916), aber De Sanctis entwickelte sein Argument noch weiter, bis er 1957 starb, wie seine posthume *Storia dei Romani* IV, 2, 2, (1958) zeigt. Zur Diskussion der Theorien Bonfantes außerhalb Italiens siehe z. B. E. Rabel, »Die Erbrechtstheorie Bonfantes«, in *Zeitschrift der Savigny-Stiftung* 50 (1930), S. 295–332.

25 »Zum römischen Bodenrecht«, *Hermes* 27 (1892), S. 79–117, nachgedruckt in *Gesammelte Schriften* V, Berlin 1908, S. 85–122.
26 Jetzt in *Aufsätze zur Sozial- und Wirtschaftsgeschichte*, Tübingen 1924, S. 289–311.
27 Das ist der Text, der unter dem merkwürdigen Titel *Agrarian Sociology of Ancient Civilizations*, London 1976, von R. I. Frank ins Englische übersetzt wurde.
28 Veröffentlicht von W. M. Calder in *Antike und Abendland* 27 (1981), S. 34–51.
29 Dieter Wuttke, »Nachwort« zu Aby M. Warburg, *Ausgewählte Schriften und Würdigungen*, Baden-Baden ^{2}1980, S. 623.
30 Es findet sich jetzt in Kaibel, *Epigrammata graeca*, Nr. 731.
31 Die Bibliographie gibt C. Watkins in den *Harvard Indo-European Studies* IV (1981), S. 764–799.
32 Darüber hat Enrico Campanile in Pisa ein Buch geschrieben, *Ricerche di cultura poetica indoeuropea*, Pisa 1977, worin Usener nicht erwähnt wird; aber Campanile würdigt Usener als Forscher indoeuropäischer Metrik in dem von mir herausgegebenen Band über Usener, Pisa 1982.
33 »Italische Mythen« (*Rhein. Museum* 1875) und »Italische Volksjustiz« (*Rh. Museum* 1901) sind nachgedruckt in *Kleine Schriften*, Leipzig 1912, IV, S. 93–143, S. 356–381.
34 In der *Theologischen Literaturzeitung* 19 (1889), S. 199–212.
35 *S. B. Berlin Akad.*, 1917, nachgedruckt in *Gesammelte Aufsätze* II, Tübingen 1928, S. 123–154.
36 A. Brückner, »Osteuropäische Götternamen«, in *Zeitschrift für vergleichende Sprachforschung* 50 (1920), S. 161–197.
37 »Dilthey und die klassische Philologie« in *Philologie und Hermeneutik im 19. Jahrhundert*, Göttingen 1979, S. 181–200.
38 *Jüdische Schriften* II (1924), S. 463–468.
39 Nachgedruckt durch die Wissenschaftliche Buchgesellschaft in Darmstadt 1968. Ein späterer Beitrag von L. Perlitt, *Vatke und Wellhausen*, Berlin 1965, nützlich, aber vielleicht nicht ganz solide, erhebt Zweifel an Hegels Einfluß auf Wellhausen (ich habe später erfahren, daß Boschwitz sein Leben in Israel beendete).
40 *Werke*, hrsg. v. Suphan, XI, S. 413.
41 *Prolegomena zur Geschichte Israels*, Berlin 1883, S. 323; vgl. *Israelitische und jüdische Geschichte*, Berlin ^{5}1904, S. 156.
42 *Israelitische und jüdische Geschichte*, Berlin ^{9}1958, S. 110.
43 *Muhammed in Medina*, Berlin 1882, S. 5.
44 *Das arabische Reich*, Berlin 1902, S. 83.
45 Die Rede, die 1919 als Privatdruck umlief, ist jetzt in der Sammlung von Boussets *Religionsgeschichtlichen Studien*, Leiden 1979, zugänglich.

46 Der Brief wurde erstmals in den *Quaderni di Storia* 7 (1978), S. 211, veröffentlicht.

47 Offensichtlich erstmals (und auf italienisch) veröffentlicht in den *Quaderni di Storia* 6 (1977), S. 173–177.

48 *Nachrichten Göttingen Akad.*, 1908, S. 305–374.

Droysen zwischen Griechen und Juden

I

Wenn man uns fragte, was wir unter Hellenismus verstehen, so würden wir wohl antworten, daß wir damit den geschichtlichen Zeitraum meinen, der sich vom Tod Alexanders des Großen (323 v. Chr.) bis zum Tode der Kleopatra im Jahre 30 v. Chr. erstreckt. Ägypten war der letzte bedeutende Überlebende des politischen Systems, das sich sowohl als Folge der Siege Alexanders als auch seines vorzeitigen Todes entwickelt hatte. Nachdem auch Ägypten vom Römischen Reich verschlungen wurde, fand dieses politische System sein Ende. Aber selbst heute noch gehen die Auffassungen der Historiker darüber beträchtlich auseinander, was das Wort Hellenismus bedeuten soll. Hellenismus läßt uns eher an den Begriff einer Zivilisation denken als an den eines bloß politischen Systems. Wenn es eine Zivilisation bezeichnen soll, ist das Wort Hellenismus selten auf die zeitlichen und räumlichen Grenzen beschränkt, innerhalb deren wir es gebrauchen, um ein politisches System zu bezeichnen. Häufig sprechen wir von Hellenismus im Römischen Reich, um die kulturelle Tradition des griechischsprachigen Teils dieses Reiches zu bezeichnen; ja, wir neigen sogar dazu, die hellenistische Tradition bis ins Byzantinische Reich auszudehnen. Andererseits verbindet man das Wort Hellenismus oft mit den Kulturen von Karthago und von Rom – um von Süditalien und Sizilien ganz zu schweigen –, die niemals Teile von Alexanders Reich gewesen sind.

In der Regel sollten terminologische Mehrdeutigkeiten einen Gelehrten niemals lange aufhalten. Wir wissen alle, welche Zeitvergeudung das Wort Renaissance verursacht hat. Aber den Ursprung dieser besonderen terminologischen Mehrdeutigkeit bilden die Mehrdeutigkeiten der *Geschichte des Hellenismus* von Johann Gustav

Droysen, einem der bedeutendsten Historiker aller Zeiten.[1] Droysen war es, der das Wort Hellenismus einführte, um die Zivilisation der griechischsprachigen Welt nach Alexander zu bezeichnen. Er selbst ließ sich nicht sehr klar über die zeitlichen Grenzen aus, die er dem Begriff geben wollte. Es gibt Stellen seines Werkes, wo er den ganzen Zeitraum bis zur arabischen Eroberung Ägyptens und Syriens bezeichnet, während er häufiger die Zeit zwischen Alexander und Jesus Hellenismus nennt, was etwa unserem Gebrauch entspricht.[2] Aber uns beschäftigt die Tatsache, daß Droysen selbst niemals Klarheit erlangte über die wichtigsten Züge der Epoche, die zu erforschen er begonnen hatte. Ich habe hier nicht vor, noch einmal auf die Aspekte in Droysens Denken einzugehen, die wohlbekannt sind.[3] Das Problem, das ich hier erörtern möchte, ist neu, zumindest nach meinem Wissen.[4]

Eine bis in die Antike zurückreichende Überlieferung läßt den Niedergang Griechenlands zeitlich zusammenfallen mit dem Tod Alexanders des Großen – oder eher mit dem des Demosthenes. Das ist ein verdienter Tribut an die Rolle Athens in der griechischen Kultur. In literarischen Begriffen bedeutet das Klassizismus. Um nur Plutarch zu zitieren, so beendeten sowohl Demosthenes wie Cicero ihr Leben, sobald ihre Landsleute aufhörten, frei zu sein (*Dem.* 3). Solch eine Überlieferung erklärt jedoch nicht das geringe Ansehen Ägyptens, Syriens oder Pergamons als politische, soziale und kulturelle Gebilde des 3. und 2. Jahrhunderts v. Chr. Hierbei spielen zwei Faktoren mit, ein antiker und ein moderner. Ein Faktor war die Verachtung, welche die Römer für ihre griechischsprachigen Feinde hegten, nachdem sie sie in der ersten Hälfte des 2. vorchristlichen Jahrhunderts zu politischer Ohnmacht herabgewürdigt hatten – eine Verachtung, die einflußreiche griechische Beobachter wie Polybios teilten. Der andere Faktor ist die Spärlichkeit des literarischen Beweismaterials für das 3. Jahrhundert v. Chr. Die literarischen Bruchstücke des 3. und 2. Jahrhunderts v. Chr. schienen den Eindruck von Niedergang und Verfall durch ihre Qualität zu bestätigen. Nach Theokrit, Kallimachos und Apollonios Rhodios schien sich in der griechischen Literatur des 3. und 2. Jahrhunderts v. Chr. eine Wüste auszubreiten – mit Ausnahme des Epigramms. Kein Historiker oder Philosoph des 3. Jahrhunderts

v. Chr. ist in einem vollständigen Text auf uns gekommen. Wohl ist es wahr, daß der Verlust dieser Literatur im Mittelalter erfolgte und nichts mit den Bedingungen der Zeit zwischen Alexanders Tod und der römischen Herrschaft im östlichen Mittelmeer zu tun hat. Aber es fällt schwer, dem ersten Eindruck zu widerstehen, daß etwas nicht stimmen kann mit einem Zeitalter, das von sich selbst ungenügende Rechenschaft hinterläßt. Als Droysen 1831 seine Dissertation *De Lagidarum regno Ptolemaeo VI Philometore rege* schrieb, mußte er sich noch dafür rechtfertigen, daß er ein Zeitalter behandelt, welches *»propter sterilitatem suam atque languorem negligi, a Romanarum rerum scriptoribus despici, a Christianarum deformari defamarique solet«* (wegen seiner Unfruchtbarkeit und Mattigkeit vernachlässigt, von den römischen Historikern verachtet und von christlichen entstellt und geschmäht zu werden pflegt).[5]

Bekanntlich war es ja gerade Johann Gustav Droysen, der sich als erster entschied, die griechischsprachige Welt in den Jahrhunderten nach Alexander durchgängig zu erforschen. Die alexandrinische Literatur war 1763 in einer berühmten Abhandlung von Christian Gottlob Heyne, *De genio saeculi Ptolemaeorum* erschlossen worden.[6] Später inspirierte die Entdeckung der armenischen Eusebios-Übersetzung Niebuhr zu einer grundlegenden Arbeit über die politischen und dynastischen Begebenheiten des 3. Jahrhunderts v. Chr. Inschriften und Papyri erregten wachsende Aufmerksamkeit. Champollions Entzifferung der ägyptischen Hieroglyphen förderte naturgemäß das Interesse an den griechischen Inschriften in Ägypten, die der Anlaß zu dieser Entdeckung waren. In Frankreich bewies ein genialer Epigraph, Jean Antoine Letronne, in seinen *Recherches pour servir à l'histoire de l'Égypte sous la domination des Grecs et des Romains* (1823), was man mit diesen Inschriften machen konnte. Droysen lernte all das bei seinem Lehrer Boeckh an der Universität Berlin. Dort lernte er auch, über die Unterschiede zwischen antiker und christlicher Kultur nachzudenken. Boeckh kehrte regelmäßig zu diesem Gegenstand zurück in seinen Vorlesungen über *Encyclopädie und Methodologie der Philologischen Wissenschaften*, die er zwischen 1809 und 1865 sechsundzwanzigmal gehalten hat. Er bot jedoch keine genaue Erklärung für den Prozeß des Übergangs von der heidnischen zur christlichen Welt. Die Theologen und Philosophen der Berliner Universität waren viel eher bereit, Vorstellungen zu dieser Frage des Übergangs zu produzieren. Droysen hörte bei mehreren von ihnen: dem Theologen August Neander, dem Hegel-Schüler Eduard Gans und bei Hegel selbst. Hegel hatte in seiner *Philosophie der Weltgeschichte* eine Lösung angeboten, die darin bestand, in der römischen Zivilisation und genauer im römischen Staat die vorbereitende Stufe für die Entwicklung der Idee des Christentums zu finden. Droysen dachte über Hegel nach und akzeptierte dessen grundlegende Voraussetzung, daß die Geschichte in der Bewegung von Thesis, Antithesis und Synthesis voranschreite. Aber Boeckh bewahrte ihn vor A-priori-Spekulationen über den Gang der Geschichte, und wahrscheinlich war er es auch, der seine Aufmerksamkeit auf die griechischsprachigen Staaten der Zeit nach Alexander richtete.

Wo auch immer die genauen Ursprünge seiner Vorstellungen liegen mögen, sie reiften sehr rasch. Im Dezember 1833, zwei Jahre nach der ziemlich ungeschliffenen Dissertation, veröffentlichte Droysen die *Geschichte Alexanders des Großen*, auf 584 Seiten, in der seine Vorstellung vom Hellenismus klar formuliert ist.

Das Wort Hellenismus selbst gab es schon in der gelehrten Terminologie.[7] Es war ursprünglich der Apostelgeschichte VI,1 entlehnt, wo »Hellenistai« den »Hebraioi« gegenübergestellt werden. J. J. Scaliger verbreitete den Begriff von »Hellenistai« für Juden, die in der Synagoge griechisch verwenden: *»Ελληνσταί Iudaei graecis Bibliis in Synagogis utentes«* (in *Eusebium*, ed. Ludg. Bat. 1606, 124b). Es war eine heftig debattierte Frage im 17. Jahrhundert, ob diese griechischsprachigen Juden einen besonderen griechischen Dialekt besaßen. Salmasius verneinte das in einem Streitgespräch mit D. Heinsius und schrieb eines seiner berühmtesten Pamphlete oder vielmehr Bücher über diesen Gegenstand: *Funus linguae hellenisticae* (1643).[8]

Der Begriff einer *lingua hellenistica* zur Bezeichnung des Griechischen des Alten und des Neuen Testaments überlebte Salmasius. Später, im 18. Jahrhundert, wurde das Wort Hellenismus erweitert, um die Denkart der griechischsprachigen Juden zu umfassen. Herder benutzte *Hellenismus* wiederholt in dieser Bedeutung.[9] J. Matter, ein französischer Gelehrter unter dem Einfluß deutscher Wissenschaft, schrieb 1820 und kam damit Droysen näher: »Die Studien, denen die Juden in Ägypten sich widmeten, brachten diese Denk- und Schreibart hervor, die man mit dem Namen Hellenismus bezeichnet.« (*Essai historique sur l'école d'Alexandrie*, I,203) Droysens Originalität bestand darin, Hellenismus nicht ausschließlich für die Denkweise der Juden unter dem Einfluß griechischer Sprache und griechischen Denkens zu verwenden, sondern allgemein für die Sprache und Denkweise aller Völkerschaften, die von Alexander erobert und dem griechischen Einfluß unterworfen wurden. Mit anderen Worten, er gebrauchte das Wort Hellenismus, um die Zwischenzeit des Übergangs vom klassischen Griechenland zum Christentum zu bezeichnen. Wie wir später sehen werden, beschäftigten die Juden Droysen viel weniger als die Ägypter, die Babylonier und die Syrer. Hellenismus war für Droysen im wesentlichen jene Phase in der Entwicklung des Heidentums, die vom klassischen Griechenland zum Christentum führte – nicht über das Judentum, sondern über andere orientalische Religionen. Es war eine Phase in der Entwicklung des Heidentums, die sich aus der Berührung von Orientalen und Griechen in dem von Alexander geschaffenen und von seinen Nachfolgern aufgeteilten Reich ergab. So verstanden, hat der Hellenismus zwei Aspekte. Er war eine kulturelle Bewegung, die eine neue Synthese von orientalischen und griechischen Vorstellungen hervorbrachte. Er war auch eine politische Entwicklung, die zur Ausbildung eines Staatensystems führte, worin Orientalen von einer griechisch-makedonischen Aristokratie regiert wurden.

Droysen ist sich vielleicht nie völlig darüber im klaren gewesen, daß der Begriff des Hellenismus, den er vorschlug, zwei sehr verschiedene Aspekte hatte – den politischen und den kulturellen – und daß ein Problem darin lag, beide zu verbinden. Das war in der Anfangsphase seiner Arbeit keine ernsthafte Schwierigkeit, als er die Geschichte Alexanders schrieb. Nach dem ursprünglichen Plan war der Band über Alexander nur als notwendige Einleitung zur eigentlichen Geschichte des Hellenismus gedacht. Die Frage der Beziehung zwischen politischer und kultureller (und religiöser) Geschichte sollte ernst, ja entscheidend werden, als er das Feld des Hellenismus selbst betrat.

In gewisser Hinsicht gab er auf diese Frage nie eine Antwort. Droysen widmete die beiden Bände der *Geschichte des Hellenismus*, die er wirklich schrieb (einer wurde 1836 veröffentlicht, der andere 1843), der politischen Geschichte der Zeit von 323 bis 221 v. Chr. Die von ihm geplanten Bände, über die Zeit von 221 bis zu Augustus und über die Geschichte der Kultur von Alexander bis zu den Arabern, wurden nie geschrieben, und wir wissen nicht, was er in ihnen behandeln wollte. Nach 1843 widmete er mehr als vierzig Jahre gelehrter Tätigkeit der Geschichte Preußens, zu deren wichtigster Autorität er wurde: *Vorlesungen über das Zeitalter der Freiheitskriege* (zuerst Kiel 1846); *Das Leben des Grafen Yorck von Wartenburg* (Leipzig 1851); *Geschichte der preußischen Politik* (Leipzig 1855–1885). Man hätte meinen können, daß er sein früheres Betätigungsfeld vergessen hatte. Aber zur allgemeinen Überraschung besorgte er 1877–78 eine revidierte, völlig auf den Stand der Forschung gebrachte Ausgabe seines Werkes über den Hellenismus. Eines der Merkmale der neuen Ausgabe war, daß der Band über Alexander nun ausdrücklich zum ersten Band der *Geschichte des Hellenismus* geworden war, statt nur Einleitungsband zu sein. Die Leser werden darauf hingewiesen, daß der erste Band der *Geschichte des Hellenismus* in der 1. Auflage zum zweiten Band in der 2. Auflage wurde. Es ist diese Neuausgabe, die von A. Bouché-Leclercq ins Französische übersetzt wurde, welche die große Wiederbelebung von Studien zur politischen und Institutionsgeschichte der hellenistischen Epoche in den letzten Jahrzehnten des 19. und im frühen 20. Jahrhundert in Gang setzte. Wie die erste Auflage, enthielt auch die erneuerte *Geschichte des Hellenismus* ein Programm der Kultur- und Religionsgeschichte, untersuchte aber in der Tat ausschließlich die politische Geschichte der Zeit von 323 bis 221 v. Chr. So stehen wir folgendem Paradox gegenüber. Droysen nahm sich vor, eine Geschichte des Übergangs vom Heidentum zum Christentum zu schreiben, und änderte diese Absicht nie. Obwohl er in der 2. Auflage von 1877–78 den Wortlaut einiger seiner programmatischen Äußerungen der 1. Auflage änderte, wich er nie ab von seiner ursprünglichen Deutung des Hellenismus als der Zeit der drei Jahrhunderte, da Griechen und Orientalen einander begegneten und das Christentum möglich machten. Andererseits schrieb Droysen nie über diese kulturellen Entwicklungen; er ging nie über über programmatische Erklärungen dazu hinaus. Was er tatsächlich leistete, war eine politische Geschichte eines Jahrhunderts – eine politische Geschichte, die schon bei ihrem Erscheinen ein Klassiker wurde. Wir können das Paradox durch eine weitere Bemerkung verschärfen: wenn es einen Historiker gab, den Droysen nicht mochte, so war es sein Zeitgenosse Ranke.[10] Ranke stellte für Droysen den Inbegriff des objektiven Historikers, des »Quellenforschers« dar, der keine Partei ergreift und sanfte Diplomatie den Gefechten der Ideen vorzieht, die sich durch die Gefechte der Waffen verdoppeln. Doch was wir von der Geschichte des Hellenismus besitzen, ähnelt sehr dem Meisterwerk aus Rankes Jugendzeit, den *Geschichten der romanischen und germanischen Völker* (1824). Beide Werke sind Geschichten der Beziehungen zwischen Staaten, die derselben Zivilisation angehören.

Droysens Paradox wurde gewöhnlich sehr einfach erklärt. Droysen begann als Ideenhistoriker Hegelscher Provenienz, wandte sich aber bald der politischen Geschichte zu. Er entdeckte, daß das Entscheidende im Hellenismus die Macht der makedonischen Armee war. Da Makedonien das Preußen der Antike war, war es nur folgerichtig, daß er von Makedonien zu Preußen fortschritt. Die Geschichte des Hellenismus wurde eine »praeparatio evangelica« der Geschichte Preußens. Ich vereinfache diese Erklärung natürlich ein wenig. Letztendlich geht sie auf Droysen selbst zurück. In seiner Antrittsrede vor der Berliner Akademie der Wissenschaften sagte er 1867, er hätte seine *Geschichte des Hellenismus* unterbrochen, weil seine Berufung nach Kiel (1840) ihn die politischen Probleme Deutschlands schärfer gewahr werden ließ. Kiel lag »in den schon gefährdeten Grenzgebieten des deutschen Lebens«.[11] In ihren beiden entwickeltsten Versionen, die Historiker wie Friedrich Meinecke und Felix Gilbert lieferten, trägt diese Erklärung Droysens tiefer Beziehung zum christlichen Glauben Rechnung.[12] Aber selbst in diesen scharfsinnigsten Fassungen läßt diese Deutung etwas aus.

II

Droysen arbeitete zwölf volle Jahre an der Geschichte des Hellenismus, ehe er sich der Neueren Geschichte zuwandte (und nicht nur der Geschichte Preußens), und in diesen zwölf Jahren verlor er sein Ziel, das Christentum in geschichtlichen Begriffen verständlich zu machen, nie aus den Augen. Er war damals und blieb später ein unorthodoxer Lutheraner. Religion bedeutete ihm viel. Stets fühlte er, daß die Vorsehung am Werke war, als sie Alexander schickte und Ost und West sich in den Königreichen seiner Nachfolger begegnen ließ. Viele Bemerkungen in der *Geschichte des Hellenismus* und in seinem Briefwechsel belegen dies. Im letzten Kapitel des letzten Bandes der *Geschichte des Hellenismus* (1843) sagt er feierlich: »Wahrscheinlich hat die Geschichte nun den Leib gezeugt für den heiligen Geist der neuen Offenbarung und des neuen Bundes. Und um ihn her schart sich nun die Gemeinde der Gläubigen, die Kirche Christi.«[13]

Das eindrucksvollste Dokument dieser religiösen Haltung ist die sogenannte *Theologie der Geschichte*, ein offener Brief an seinen Freund J. Olshausen. Er war ursprünglich gedacht als Einleitung zu dem Band von 1843 der *Geschichte des Hellenismus* (II). Droysen muß jedoch gefühlt haben, daß dies eher ein Glaubensbekenntnis als ein historischer Essay war, und er veröffentlichte ihn separat in wenigen Exemplaren für den privaten Gebrauch. Der Text wurde erst nach Droysens Tod allgemein zugänglich, als er in den *Kleinen Schriften zur Alten Geschichte* 1893 erschien. Der Titel *Theologie der Geschichte* findet sich in dem von E. Rothacker besorgten Nachdruck (1925), nicht in den *Kleinen Schriften*. Droysen bekundete hier seinen Glauben, wie die Vorsehung in den dunklen und verachteten Jahrhunderten wirkte, die er Hellenismus nannte.

Es ist daher bemerkenswert, daß Droysen in demselben Jahrzehnt 1833–43 ein weit größeres Interesse an der klassischen als an der nachklassischen Literatur und Religion der Griechen zeigte. Obwohl die Bedeutung von Droysens Beschäftigung mit Aischylos und Aristophanes anerkannt ist, wurden deren Implikationen für seine Haltung zum Hellenismus noch nicht ausreichend erörtert. 1832 veröffentlichte Droysen seine Übersetzung des Aischylos, die viel zur literarischen und historischen Deutung des Dichters beitrug. Epochemachend war jedoch die Übersetzung des Aristophanes in drei Bänden, die 1835, 1837 und 1838 erschienen. Niemand hatte vorher Aristophanes so gut in seinem Verhältnis zum sozialen und politischen Leben Athens verstanden. Die Sorgfalt, die Droysen dieser Arbeit widmete, beweist seine Abhandlung »Des Aristophanes Vögel und die Hermokopiden«, die im *Rheinischen Museum* 1835–36 erschien[14] und seither das Standardwerk über den Skandal des Hermenfrevels im Jahre 415 v. Chr. geblieben ist. In späteren Jahren kehrte Droysen zu Problemen des Aischylos zurück unter dem Einfluß von F. G. Welcker, dessen Bewunderer er war und mit dem er in Briefwechsel stand. Er schrieb 1841 und 1844 Abhandlungen über die Fragen der Trilogie, mit weiteren Beiträgen zur politischen Deutung von Aischylos' *Persern.*[15] 1842 veröffentlichte er eine revidierte Ausgabe seiner Übersetzung des Aischylos.

Wie aus vielen seiner Bemerkungen zu Aischylos und Aristophanes hervorgeht, beabsichtigte Droysen, einen Beitrag zum zeitgenössischen künstlerischen Leben zu leisten. Ihm war es wichtig, die klassische Dichtung Athens für das deutsche Publikum zugänglich zu machen. Der erste Band seiner Übersetzung war dem Komponisten Felix Mendelssohn-Bartholdy und dem Studienfreund Albert Gustav Heydemann gewidmet, der dritte Band dem Maler Eduard Bendemann. Seine Schätzung des Aristophanes wurde gesteigert durch seine persönliche Vertrautheit mit Heine. Die Aufführung der *Antigone* 1842 in Berlin mit Mendelssohns Musik war für Droysen der Anlaß zu einem literarischen Manifest über die Lage des zeitgenössischen Theaters.[16] Es ist hier unnötig, sich über die wohlbekannte Freundschaft und Zusammenarbeit zwischen Droysen und Mendelssohn zu verbreiten.[17] Es war Droysens Ehrgeiz und Stolz, seinem Freund Worte für seine Musik zu liefern. Die Wiederbelebung klassischer griechischer Kunst war das Ziel dieser Zusammenarbeit, zumindest in Droysens Augen.

Droysen war sich dessen bewußt, daß die Wurzeln der Kunst Athens in der Athener Gesellschaft lagen. Gerade als er 1847 die antike Welt zugunsten moderner Politik aufgab, schrieb er eine Abhandlung über »Die attische Communalverfassung«[18], die für nahezu dreißig Jahre sein letzter gehaltvoller Beitrag zum Studium der Antike blieb. Es war eine eindringliche und originelle Analyse des politischen Lebens der attischen Dörfer in archaischer und klassischer Zeit. Droysens Deutung gemäß gestatteten Solon und Kleisthenes den Dörfern in Attika Freiheit in religiösen, Erb- und Verwaltungsangelegenheiten. Sie schufen einen charakteristischen Ausgleich zwischen der athenischen Polis und ihren individuellen Bestandteilen, der jede Rivalität »zwischen Staat und Commune« beseitigte und viel zur Freiheit der Bürger Athens beitrug. Zweifellos dachte Droysen an zeitgenössische Probleme des preußischen Staates, wenn er vom Ausgleich »zwischen Staat und Commune« sprach, aber er fühlte auch, daß ein Zusammenhang zwischen dem vielfältigen und freien Leben in Attika und der vielfältigen und freien Poesie in Athen bestand. Seine Wahrnehmung einer solchen Verbindung war nie sehr deutlich, aber sie war gewiß genauer bestimmt als alles, was er je über die Beziehungen zwischen hellenistischen Institutionen und hellenistischer Kultur dachte.

Die überraschende Tatsache liegt darin, daß Droysen während seiner Arbeit an der hellenistischen politischen Geschichte nicht gleichzeitig hellenistische Poesie, Philosophie und Religion studierte, wie wir es erwarten würden. Er las, übersetzte und interpretierte attische Literatur, machte sie volkstümlich und sah sie deutlich als das Zentrum seines Gefühlslebens an. Während er intellektuell überzeugt war, daß die Vorsehung die Menschheit entlang dem Pfad des Hellenismus führte, um das Christentum hervorzubringen, hielt er die heidnische Literatur des vorhellenistischen Athen für sehr viel befriedigender. Er behauptete, daß der Hellenismus ihn als Christen interessiere, aber er empfahl seinen Zeitgenossen Aischylos und Aristophanes. Mit anderen Worten, der literarische Klassizismus hielt ihn der hellenistischen Kultur fern, obwohl Kultur einschließlich der Religion eigentlich der Hauptgegenstand seines Studiums des Hellenismus hätte sein sollen.

III

Der Klassizismus war aber nicht das einzige Hindernis bei Droysens Versuch, das Christentum historisch zu erklären. Er hatte sein Werk über den Hellenismus mit der Annahme begonnen, daß der

Aufstieg des Christentums durch die Lage der heidnischen Welt im Zeitalter des Hellenismus erklärt werden könne. Er war kein Theologe und wußte wenig über das Judentum. Was er wußte, hatte ihn anscheinend davon überzeugt, daß das Christentum dem griechischen Heidentum näherstand als dem Judentum. Eine der Thesen, die er beim mündlichen Doktorexamen 1831 verteidigen wollte, lautete: »*A doctrina Chistiana Graecorum quam Iudaeorum religio propius abest.*«[19] Natürlich mußten Thesen für die Diskussion beim Examen nicht unter Eid genommen werden. Spitzfindigkeit gehört zum Spiel. Aber Droysens Anschauung, zumindest in den ersten beiden Bänden des Hellenismus-Werkes (1833 und 1836), stimmt mit dieser Doktorthese überein. Wenn er vom Christentum spricht, liegt die Betonung unveränderlich auf dem Zusammentreffen von Griechen mit nichtjüdischen Orientalen: Juden sind ausgelassen.

Das Erscheinen des *Lebens Jesu* von David Friedrich Strauss 1835–36 empörte Droysen, wie es viele andere empörte. Aber es gab nichts in Strauss' Werk, das ihn veranlaßte, seine Auffassung von der Deutung des Hellenismus zu ändern. Was Droysen nach der Lektüre von Strauss (und später von Bruno Bauer) empfand, war ein gesteigertes Mißtrauen gegen Hegels Methoden, wenn sie zu derart blasphemischen Schlußfolgerungen führen konnten.[20] Es waren jedoch andere Forschungen im Gang, die Droysen sorgfältiger in Beziehung auf seine eigenen Studien untersuchen mußte. In den frühen 1830er Jahren war ein bemerkenswertes Erwachen des Interesses an Philo und allgemein am alexandrinischen Judentum in Deutschland zu verzeichnen. Das Ziel dieser Forschung lag darin, zu ermitteln, ob Philo den Apostel Paulus beeinflußt und insgesamt zur Entwicklung des Christentums beigetragen hatte. Es mag hier genügen, zwei Bücher zu erwähnen, die heute noch verdienen, studiert zu werden: A. Gfrörer, *Philo und die alexandrinische Theosophie* (1831), und A. F. Dähne, *Geschichtliche Darstellung der jüdisch-alexandrinischen Religionsphilosophie* (1834). Diese neue Forschung vermehrte noch die Bedeutung eines etwas älteren Buches von einem von Droysens Lehrern: die *Genetische Entwicklung der vornehmsten gnostischen Systeme* von A. Neander, das 1818 erschienen war. Neander hatte eine Unterscheidung zwischen jüdischen und antijüdischen Gnostikern vorgeschlagen und auf die Bedeutung der jüdischen Gnostiker (zu denen er Philo rechnete) für die Ursprünge des Christentums verwiesen. Dieses aktuelle Interesse von Neanders Buch erkannte F. Chr. Baur an, der dessen These in seinem Buch *Die christliche Gnosis* (1835) dahingehend entwickelte, daß er Schleiermacher mit der antijüdischen Gnosis und Hegel mit der jüdischen oder projüdischen Gnosis in Verbindung brachte.[21]

Baurs gesamte Forschung in diesen Jahren arbeitete die Bedeutung der jüdischen-griechischen Beziehungen für die Ursprünge des Christentums heraus. Baur war der Ansicht, daß die Essener von den Pythagoräern beeinflußt waren und ihrerseits das frühe Christentum beeinflußt hatten (*Apollonius von Tyana und Christus* [1832]). Die Deutung des Apostels Paulus, mit der Baurs Name für immer verbunden ist, ließ die paulinischen Lehren als innere Entwicklung des Judentums in Richtung auf die griechisch-römische Welt verstehen. Die Tatsache, daß Baur sich bei seiner Erforschung der Ursprünge des Christentums von Schleiermacher zu Hegel gewandt hatte, empfahl ihn einem enttäuschten Hegelianer wie Droysen nicht sonderlich. Aber Droysen war ein zu redlicher Gelehrter, als daß er gegenüber all der ernsthaften Forschung hätte gleichgültig bleiben können, die um ihn herum über die Beziehungen zwischen Judentum und Christentum im Gange war. Der Begriff Gnosis, den Neander und Baur eindringlich zu einer Angelegenheit der Gegenwart gemacht hatten, konkurrierte mit seinem eigenen Begriff von Hellenismus. Gnosis bezeichnete eine Verbindung jüdischer und griechischer Faktoren bei den Ursprüngen des Christentums, während Hellenismus einen rein heidnischen Zugang zum Christentum bedeutete.

Es gibt Anzeichen dafür, daß Droysen seine Position in den Jahren zwischen 1837 und 1843 überdachte, als er den dritten Band über den Hellenismus schrieb. 1838 veröffentlichte er eine sehr bedeutende Rezension von G. Bernhardys *Grundriß der griechischen Litteratur I*, worin er eine Unterscheidung zwischen der gelehrten und der volkstümlichen Literatur des Hellenismus formulierte.[22] In die »volksthümliche« Literatur schloß er Äußerungen von Nicht-Griechen ein, die griechisch schrieben – wie Philo und die Septuaginta-Übersetzung des Alten Testaments. Er erkannte es als einen Fehler der Altertumswissenschaftler an, solche Literatur in den

Händen der Theologen zu lassen. Es ist daher nicht überraschend, daß das Judentum im letzten Kapitel der *Geschichte des Hellenismus* II (1843) zum ersten Mal als wichtiger Faktor bei der Entstehung des Christentums genannt wird. Die Erwähnung ist flüchtig, aber Droysen ist sich bewußt, daß er etwas Neues sagt.[23] Einige Monate später finden wir Droysen in einem Brief an F. G. Welcker vom 12. September 1843 bei der Erörterung Sibyllinischer Orakel und der hellenistischen Bücher des Alten Testaments. Er erklärt seine Absicht, seine Lektüre auf den weiten Bereich der Apokryphen auszudehnen.[24]

Fassen wir zusammen: Spätestens seit 1838 begann Droysen sich stärker für das Judentum zu interessieren. Er rechnete jüdische Schriften zu der volkstümlichen Literatur, der er ein eigenes Studium widmen wollte. Er blieb gegenüber der zunehmenden Forschung über alexandrinisches Judentum, Essener und paulinisches Christentum nicht gleichgültig. Er schien sich auf den nächsten Band der *Geschichte des Hellenismus* vorzubereiten. Doch nichts geschah. Er muß seine Lektüre bald abgebrochen haben. Nie äußerte er sich deutlich über das, was er bereits gelesen hatte.

Noch einmal stehen wir vor der Frage: Warum verfolgte er diese offensichtlich fruchtbare Richtung nicht weiter? Und wiederum genügt keine einfache Antwort. Was Droysen bei seinem Studium orientalischer Texte ins Auge faßte, war in vieler Hinsicht zu früh. Ein Blick auf R. Reitzensteins *Poimandres*, der 1904 erschien und von dem man sagen kann, daß er in Droysens Sinn geschrieben wurde, zeigt zur Genüge, wie viel von dem Quellenmaterial 1843 noch unbekannt gewesen ist. Inschriften, Papyri, ägyptische Texte, sogar literarische Texte wie Hippolytos' *Philosophoumena* wurden erst später bekannt. Aber was 1843 zur Verfügung stand, war mehr als ausreichend für die Pionierarbeit. Droysen unterbrach sein Werk nicht aus Mangel an Quellenmaterial.

Der Klassizismus seines literarischen Geschmacks wird mitverantwortlich sein für den Aufschub seiner Erforschung jüdischer Texte, erklärt aber nicht die Unterbrechung seiner begonnenen Arbeit. 1838 hatte sich Droysen davon überzeugt, daß neue Forschung über die jüdischen Texte nötig – und möglich – war. Die Gründe für seine Abgeneigtheit, sie fortzusetzen, müssen, wenn sie überhaupt erklärt werden kann, anderswo gesucht werden. Die zunehmende Verwicklung in das nationale Problem Deutschlands ist gewiß ein Teil der Geschichte. Aber es stimmt auch, daß Droysen in seiner Erforschung des Hellenismus den Punkt erreicht hatte, an dem er sich entscheiden mußte, das Judentum einzuschließen oder auszuschließen. Es einzuschließen hätte bedeutet, die ursprüngliche Konzeption tiefgreifend zu revidieren; es hätte ihn in die von den Tübinger Theologen aufgeworfenen schwierigen exegetischen Probleme verwickelt; und es hätte vertrauliche Bereiche seines Privatlebens berührt. Der letzte Gesichtspunkt verdient besondere Aufmerksamkeit.

IV

Als Student und junger Lehrer in Berlin fand dieser Sohn eines lutherischen Pfarrers seine Freunde und seine erste Frau in einem Kreis hochgebildeter Juden, die zum Protestantismus übergetreten waren. Er widmete sein Buch über Alexander den Großen Gottlieb Friedlaender, der ein Enkel David Friedlaenders war, des Vorkämpfers der jüdischen Emanzipation. Er heiratete Marie Mendheim, die Schwester von Gottlieb Friedlaenders Frau. Marie Mendheim war die Tochter eines jüdischen Buchhändlers, der als Konvertit offensichtlich seinen Namen Mendel in Mendheim änderte. Ihre Mutter gehörte zu der Familie Friedlaender. Droysens andere beiden engsten Freunde, Felix Mendelssohn und E. Bendemann, waren beide jüdischer Herkunft. Heine und Gans gehörten demselben Kreis an. Es ist nicht unwichtig, daß G. Bernhardy, dessen Geschichte der griechischen Literatur Droysen aus dem Gesichtspunkt der Religionsgeschichte erörterte, selbst vom Judentum konvertiert war. Weniger nahestehend, aber einflußreich war ein weiterer Konvertit, der als David Mendel geborene August Neander – damals der vielleicht bedeutendste und geachtetste lutherische Theologe. Einige dieser Konvertiten beschäftigten sich vor und nach ihrer Konversion intensiv mit dem Judentum. Neander verfaßte eine eindringliche Studie über Philo. Sowohl Gans wie Heine hatten vor ihrer Konversion dem *Verein für Cultur und Wissenschaft der Juden* angehört. Gans hatte den Vorsitz. Der Verein war eine Gesellschaft zum Studium und zur Reform des Judentums, der unter starkem Einfluß Hegelscher Vorstellungen stand. Eine Zeitlang schienen Hegelianismus und Judentum miteinander vereinbar zu sein: eine Auffassung, die vielleicht erklärt, warum Baur die Hegelsche Philosophie als Gnosis der jüdischen Variante klassifiziert hatte.[25] Den Lesern Heines braucht man nicht zu sagen, daß dessen ganzes Werk auch nach der Konversion eine fortgesetzte *confessio iudaica* war – wie es auch wirklich genannt wurde. Die religiösen Vorstellungen von Felix Mendelssohn und von Gottlieb Friedlaender sind mir weniger deutlich, aber von beiden wird erzählt, daß sie einen tiefen christlichen Glauben mit der Anhänglichkeit an die Erinnerung ihres jeweiligen jüdischen Großvaters verbanden. Die Bekehrung wurde ernst genommen, bedeutete aber kein Vergessen der jüdischen Vorfahren und Überlieferung. Die sie umgebende Gesellschaft verlangte indessen von diesen Männern und Frauen, sich so zu verhalten, als ob sie keine jüdische Vergangenheit hätten, und im allgemeinen willfahrten sie dieser Forderung. Heine genoß größere Freiheit, da er als Emigrant in Paris lebte. Schweigen über das Judentum war die offizielle Richtlinie. Droysen scheint sich im Umgang mit seinen Freunden jüdischer Abstammung völlig an diese Regel gehalten zu haben. Seine Briefe an Gottlieb Friedlaender, an Mendelssohn und an Bendemann berühren, soweit ich mich erinnern kann, keine jüdischen Themen. Selbst die Ehe mit Marie Mendheim muß unter diesem ungeschriebenen Gesetz gestanden haben. Gustav Droysen, selbst ein Historiker, der eine gute, unvollendete Biographie seines Vaters Johann Gustav hinterließ, erwähnt nie den Umstand, daß seine Mutter Jüdin war. Das Tabu war tief verwurzelt, und ich frage mich, ob es nicht Droysen als Historiker berührte. Er hatte mit der Auffassung begonnen, daß das Christentum mit weniger Rücksicht auf das Judentum erklärt werden könne. Er war sich vielleicht der Schwäche eines solchen ausschließenden Zugangs bewußt geworden. Die Arbeit der Tübinger Schule hatte allerdings erwiesen, daß es schwierig war, ohne erweitertes Studium des jüdischen Hintergrundes ernsthaft über die Ursprünge des Christentums zu sprechen. Droysen beschäftigte sich mit den jüdischen Quellen, aber er hat sich nie mit dem gesamten Problem der Beziehung von Christentum und

Judentum auseinandergesetzt. Es war das Problem, das auf einer persönlichen Ebene seine besten Freunde, seine Frau und seine Verwandten tief betroffen hatte – und das seine eigenen Kinder berühren sollte. Er muß gewußt haben, daß seine Freunde darüber im stillen nachdachten. Auch er blieb still. Die *Geschichte des Hellenismus* wurde nie vollendet.

V

Kapitel der Geschichte der Historiographie mit Bezug auf soziale Tabus bei angeblich unerfreulichen Themen zu schreiben ist eine gefährliche Aufgabe – und ich behaupte nicht, mich auf sicherem Grund zu befinden. Aber einige Folgen für den Begriff des Hellenismus müssen nun erwogen werden.

Wie wir gesehen haben, behauptete Droysen, daß der Hellenismus ein (oder vielmehr *der*) Weg zum Christentum war, aber er selbst untersuchte ihn als politische Erscheinung. Seine beiden Zugänge – der programmatische und der tatsächliche – bestimmen die Forschung der folgenden Generationen. Der Hellenismus als religiöse Erscheinung erregte das Interesse vieler bedeutender Gelehrter am Ende des 19. Jahrhunderts: Usener, Cumont und Reitzenstein sind die hervorragendsten. Sie beschäftigten sich vor allem mit dem Wechselspiel orientalischen und griechischen Glaubens: Synkretismus war ihr Leitbegriff. Reitzenstein hegte zweifellos die Hoffnung, die Ursprünge des Christentums in hellenistischen Begriffen erklären zu können. Seine Hoffnung schien ihrer Erfüllung nahe zu kommen, als die mandäischen Schriften seine Aufmerksamkeit erregten. Seine These war, daß es sich um Dokumente eines vorchristlichen Glaubens handele, der mit Johannes dem Täufer in Beziehung stand. Bekanntlich erwies sich das Problem der Mandäer als schwieriger zu behandeln, als Reitzenstein angenommen hatte.[26] Aber andere Quellen, wie die ägyptischen gnostischen Texte, die zu spät entdeckt wurden, um von Reitzenstein noch benutzt zu werden, haben bei jüngeren Forschern entsprechende Hoffnungen erweckt.

Inzwischen war auch ein bedeutender Fortschritt im Studium des Hellenismus innerhalb des Judentums erzielt worden. E. Bickermans neue Arbeit *Four Strange Books of the Bible* (1968) ist vielleicht das eindrucksvollste dieser Forschungsrichtung, deren letzten Stand der Band *Judentum und Hellenismus* (1969) von Martin Hengel auf 692 Seiten zusammenfaßt.

Selbst die Proto-Mönche von Qumran blieben nicht unberührt vom Verdacht hellenistischer Einflüsse: ihr Regelbuch wurde mit den Regeln hellenistischer religiöser Vereinigungen verglichen. Mit dem Hellenismus bei der Deutung des Christentums zu beginnen heißt aber nicht notwendig, mit dem Hellenismus zu enden. A. D. Nock, ein bedeutender Kenner hellenistischer religiöser Bewegungen, bezeichnete die Punkte, worin ihm das Christentum eigenständig zu sein schien: einer davon ist die Konversion. Soviel zur religiösen Seite von Droysens Zugang zum Hellenismus.

Auf der anderen Seite regte Droysen Forschungen zur politischen Geschichte und den politischen Institutionen an. Die Entdeckung neuen epigraphischen und papyrologischen Materials unterstützte diese Forschung. Je mehr man über hellenistische Institutionen, vor allem in Ägypten, in Erfahrung brachte, desto stärker wurde die Versuchung, den Hellenismus als bürgerliche, kapitalistische Zivilisation darzustellen. Der bürokratische Apparat, das Wachstum städtischer Zentren, der Realismus in der Kunst, die Banken, der internationale Verkehr und die Entwicklung von Wissenschaft und Technologie erinnerten die Historiker an die Lebensbedingungen in Frankreich und Deutschland in der Mitte des 19. Jahrhunderts. U. Wilcken, K. J. Beloch, U. Wilamowitz, J. Kaerst und später natürlich M. Rostovtzeff beschrieben die modernen Züge der hellenistischen Welt. Die Papyrusfunde mit Texten von Menander und Herodas bestätigten diesen Eindruck einer bürgerlichen Kultur. Sogar die Verbindung von Aberglauben und technischem Fortschritt schien in diese bürgerliche Schablone zu passen. Die wichtigste Abwendung von Droysen lag in der neuen Betonung des rein griechischen Charakters der hellenistischen Zivilisation, zumindest in ihrer schöpferischen Phase. In der kraftvollen Zusammenfassung hellenistischer Geschichte, die der erste Band der *Hellenistischen Dichtung in der Zeit des Kallimachos* (1924) bietet, stellte Wilamowitz die hellenistische Kultur als imperialistische Leistung griechischer Eroberer dar. Die Kontinuität zwischen der griechischen und der hellenistischen Zivilisation bildete auch das Hauptthema von Kaersts schönem Buch. W. W. Tarn erblickte in seinen Graeco-Makedonen sogar frühe Engländer und Schotten, die auf kolonialem Boden siedelten. Er idealisierte die griechischen Königreiche von Baktrien und Indien zu Vorläufern des britischen Raj. Selbst die neueste *Kulturgeschichte des Hellenismus* von dem Theologen Carl Schneider (1967–69) ist imperialistisch und rassistisch.[27] Niemand erblickte einen Grundwiderspruch zwischen dem Bild des hellenistischen Menschen, der religiöses Heil benötigte, und dem Bild des hellenistischen Staates, der die Annehmlichkeiten des Lebens für eine kapitalistische Gesellschaft lieferte. Die beiden von Droysen angegebenen Richtungen schienen schließlich nicht unvereinbar miteinander zu sein, besonders nach einigen Berichtigungen durch seine Nachfolger.

Es ist jedoch zweifelhaft, ob diese Harmonie Lebensaussichten hat. Die Entkolonisierung und der Marxismus haben in jüngerer Zeit zu einem Wandel der Aufmerksamkeit auf die ärmeren Einheimischen und die Sklaven geführt, und eine Neueinschätzung der intellektuellen Leistung der hellenistischen Denker, Wissenschaftler und Gelehrten ist in Gang gekommen. Der Verdacht wächst, daß die Unterstützung der Wissenschaft durch staatlichen Schutz kurzlebig und mit üblen Konsequenzen belastet war.[28] Und gleichzeitig drängt sich das vorchristliche Judäa, das in einem Zeitraum von vielleicht siebzig oder achtzig Jahren den Skeptizismus des ›Prediger Salomo‹, den Makkabäeraufstand und das Mönchtum von Qumran hervorbrachte, wiederum der Aufmerksamkeit der Gelehrten auf als ein nicht eigentlich hellenisiertes Land. Aber es ist zu früh, um sicher zu sein, ob die doppelte Interpretation, die Droysen durch seine Schriften wie durch sein Schweigen förderte, jetzt auf dem Rückzug ist.

[Anmerkungen]

1 Zu Droysen, außer den in der Folge in Text und Anmerkungen zitierten Arbeiten, besonders: O. Hintze, in *Allgemeine deutsche Biographie*, Bd. 48 (1904), S. 82–114, nachgedruckt in *Gesammelte Abhandlungen*, Göttingen [2]1964, II, S. 453–499 (dort auch S. 500–518, die spätere Arbeit von 1930); und G. Droysen, *J. G. Droysen*, I, Leipzig und Berlin 1910. Hintze und G. Droysen sprechen über Droysens politische Tätigkeit (der letztere nur bis 1848); R. Hübner, »J. G. Droysens Vorlesungen über Politik«, in *Zeitschrift für Politik* 10 (1917), S. 325–376; H. Astholz, *Das Problem »Geschichte« untersucht bei J. G. Droysen*, Berlin 1933; J. Wach, *Das Verstehen*, III, Tübingen 1933; H. Diwald, *Das historische Erkennen*, Leiden 1955, S. 50–76; W. Hock, *Liberales Denken im Zeitalter der Paulskirche. Droysen und die Frankfurter Mitte*, Münster 1957; P. Hünermann, *Der Durchbruch geschichtlichen Denkens im 19. Jahrhundert*, Freiburg 1967, S. 49–132. In den allgemeinen Geschichten der Historiographie ist das beste über Droysen immer noch G. von Below, *Die deutsche Geschichtsschreibung*, München und Berlin, [2]1924, S. 48–50. Eine Kritik Droysens vom Standpunkt der Ideologie des Heiligen Römischen Reiches bietet H. von Srbik, *Geist und Geschichte vom deutschen Humanismus bis zur Gegenwart*, Salzburg 1950, I, S. 367–377. Vgl. auch G. G. Iggers, *The German Conception of History*, Middletown, Conn. 1968, S. 104–119.

2 Vgl. *Geschichte der Nachfolger Alexanders*, Hamburg 1936, Vorrede, S. XV–XVI, die, zumindest für die Literatur, auch die byzantinische Geschichte im Begriff des Hellenismus zu umfassen scheint.

3 Mein *Contributo alla storia degli studi classici*, Rom 1955, S. 165–193, S. 263–273, mit Bibliographie, enthält zwei 1933 und 1934 geschriebene Abhandlungen, die diesen Aspekten Droysens gewidmet sind.

4 Zu einer neuen Untersuchung des Begriffs des Hellenismus bei Droysen brachte mich ein bemerkenswertes Buch über ihn von Benedetto Bravo, einem in Polen lehrenden Italiener: *Philologie, histoire, philosophie de l'histoire. Étude sur J. G. Droysen, historien de l'antiquité*, Warschau 1968. Einige Beobachtungen, die ich in einer Besprechung von Bravos Buch in der *Rivista Storia Italiana* 1969 formulierte, waren der Ausgangspunkt für meinen Artikel »Hellenismus und Gnosis« im *Saeculum*, der 1970 in der »Festschrift für J. Vogt« erschien.

5 Jetzt in *Kleine Schriften zur Alten Geschichte*, Leipzig 1894, II, S. 351.

6 *Opuscula*, Göttingen 1785, I, S. 76–134.

7 Vgl. die Geschichte des Begriffs in dem zu Recht berühmten Aufsatz von R. Laqueur, *Hellenismus*, Gießen 1925. Der Heilige Johannes Chrysostomos gab in der Homilie XIV über die Apostelgeschichte eine Deutung des Begriffs, die Scaliger inspiriert haben muß; *Opera*, Paris 1837, IX, S. 129.

8 Vgl. D. Heinsius, *Aristarchus Sacer in Sacrarum Exercitationum ad Novum*

Testamentum libri XX (Lugduni Bat. 1639), S. 653, S. 668 u. a. Die Geschichte dieses Streits verdient es, näher erforscht zu werden.

9 R. Pfeiffer, *Philologische Wochenschrift* 46 (1926), S. 961–966; Momigliano, *Contributo*, 183 Anm. 58; R. Pfeiffer, *Ausgewählte Schriften*, München 1960, S. 151. In seinem Aufsatz von 1926 zeigte Pfeiffer, daß Herder in seinen Begriff des Hellenismus sogar weitere orientalische Nationen einschloß.

10 Vgl. J. G. Droysen, *Briefwechsel*, hrsg. v. R. Hübner, Berlin und Leipzig 1929, I, S. 119 (Brief an F. Perthes vom 8. Februar 1837), wo Droysen das Motto zitiert »Das wahre Faktum steht nicht in den Quellen«. Eine bezeichnende Episode bei O. Hintze, *Allg. deutsche Biographie*, Bd. 48, 98, und allgemein G. Birtsch, *Die Nation als sittliche Idee. Der Nationalstaatsbegriff in Geschichtsschreibung und politischer Gedankenwelt J. G. Droysens*, Köln 1964.

11 *Historik*, hrsg. v. R. Hübner, München und Berlin 1937, S. 425–428. Vgl. O. Hintze, *Allg. deutsche Biographie*, Bd. 48, 88; G. von Below, *Die deutsche Geschichtsschreibung*, 48; Th. Schieder, *Neue deutsche Biographie* 4 (1959), S. 135.

12 F. Meinecke, *Historische Zeitschrift* 141 (1930), S. 249–287, nachgedruckt in *Schaffender Spiegel*, Stuttgart 1948, S. 146–210, und *Zur Geschichte der Geschichtsschreibung* (1968), S. 125–167; F. Gilbert *J. G. Droysen und die preußisch-deutsche Frage*, München und Berlin, 1931. Vgl. auch K. Jordan, *Archiv für Kulturgeschichte* 49 (1967), S. 262–296, und J. Rüsen, *Begriffene Geschichte. Genesis und Begründung der Geschichtstheorie J. G. Droysens*, Paderborn 1969, S. 28–49.

13 *Geschichte der Bildung des hellenistischen Staatensystemes* (1843), S. 584.

14 *Kleine Schriften*, II, S. 1–61.

15 *Kleine Schriften*, II, S. 75–145.

16 *Kleine Schriften*, II, S. 146–181.

17 C. Wehmer, *Ein tief gegründet Herz. Der Briefwechsel Felix Mendelssohn-Bartholdys mit Johann Gustav Droysen*, Heidelberg 1959, enthält keine Briefe, die sich nicht auch im Briefwechsel, hrsg. v. Hübner, finden.

18 *Kleine Schriften*, I, S. 328–385.

19 *Kleine Schriften*, II, S. 431.

20 *Briefwechsel*, I, 103, S. 118.

21 Diese Frage verdient eine neuerliche Untersuchung. Vgl. H. Jonas, *Gnosis und spätantiker Geist*, I, 3. Aufl., Göttingen 1964; S. Wagner, *Die Essener in der wissenschaftlichen Diskussion*, Berlin 1960; F. Parente, *La Parola del Passato* 95 (1964), S. 81–124; P. C. Hodgson, *The Formation of Historical Theology: A Study of F. C. Baur*, New York 1966.

22 *Kleine Schriften*, II, S. 74.

23 *Geschichte der Bildung des hellenistischen Staatensystemes*, S. 581.

24 Briefwechsel, II, S. 253. Droysens Scheitern bei seinem Hellenismus-Projekt kann man entweder als Beitrag oder als Symptom der abnehmenden Bedeutung der Alten Geschichte auffassen, die an den deutschen Universi-

täten nach 1840 ersichtlich ist: vgl. J. Engel, *Historische Zeitschrift* 189 (1959) S. 346.

25 Hans Liebeschütz, *Das Judentum im deutschen Geschichtsbild von Hegel bis Max Weber*, Tübingen 1967, über Droysen S. 86–90; M. A. Meyer, *The Origins of the Modern Jew: Jewish Identity and European Culture in Germany, 1749–1824*, Detroit 1967. Über den politischen Aspekt H. Fischer, *Judentum, Staat und Heer in Preußen im frühen 19. Jahrhundert*, Tübingen 1968. Vgl. auch die Einleitung von K. Wilhelm zu dem Sammelband *Wissenschaft des Judentums im deutschen Sprachbereich*, 2 Bde., Tübingen 1967.

26 Vgl. K. Rudolph, *Die Mandäer*, Göttingen 1960, für eine Zusammenfassung der Frage.

27 Vgl. die wichtige Rezension von O. Murray, *Classical Review* 19 (1969), S. 69–72, mit weiterer Bibliographie über den Hellenismus.

28 Claire Préaux, »Réflexions sur l'entité hellénistique«, in *Chronique d'Égypte* 40 (1965), S. 129–139, und allgemein die gesamte historische Forschung dieser Autorin, beginnend mit *L'Économie royale des Lagides*, Brüssel 1939; S. K. Eddy, *The King is Dead*, Lincoln, Nebraska 1961. Vgl. zu neuen Gesichtspunkten R. Pfeiffer, *Ausgewählte Schriften*, S. 148–158; R. Lévèque, *Le monde hellénistique*, Paris 1969. Die gebräuchliche politische Geschichte der hellenistischen Zeit ist jetzt E. Will, *Histoire politique du monde hellénistique*, 2 Bde., Nancy 1966–67. Louis Robert behauptet eine eigene Stellung durch die unschätzbaren Bereicherungen unserer Kenntnis in allen Aspekten des Hellenismus, die sein Werk über die Inschriften liefern: im besonderen sein Reihenwerk *Hellenica*, Paris 1941 ff. Vgl. K. Christ, *Von Gibbon zu Rostovtzeff*, Darmstadt 1972, S. 50–67.

Der antike Staat des Fustel de Coulanges

Für E. J. Bickerman
»sodali fusteliali«

Wenn man von dem antiken Stadtstaat als einer Gesellschaft spricht, in der Institutionen wirken und Ideen zirkulieren, so ist der erste moderne Historiker, dessen Name einem in den Sinn kommt, Fustel de Coulanges. Wir denken vor allem an ihn, weil er schon im Titel *Cité antique* seine Abhängigkeit und seine Distanz zum bedeutendsten antiken Deuter der Stadt, zu Aristoteles, definiert. Wie Aristoteles und durch den Einfluß des Aristoteles stellt er die Stadt ins Zentrum seiner Interpretation; aber es ist die antike Stadt, nicht die Stadt an sich und nicht einmal spezifisch die griechische Stadt.

Darüber hinaus sehen wir bei Fustel heute die bezeichnenden Anfänge der französischen Historiographie der antiken Welt in den Elementen, die sie von der deutschen Historiographie der antiken Welt unterscheiden, an der sich meine Generation in Italien noch bildete. Als wir jung waren, war es uns natürlich bewußt, daß es französische und belgische Gelehrte wie H. Francotte und G. Glotz gab, welche die griechische Stadt beschrieben. Auf den ersten Seiten seiner bewundernswerten *Cité grecque* von 1928 verwies Glotz in der Tat auf Aristoteles und Fustel als seine beiden Vorgänger. Aber ich fürchte, daß wir nicht deutlich zwischen diesen Werken und der sogenannten Staatskunde der deutschen Gelehrten unterschieden, wie sie nach A. Boeckh die grundlegende *Griechische Staatskunde* von G. Busolt und H. Swoboda (1920–26) darstellte oder in kleinerem Formate die sukzessiven Beiträge von B. Keil und V. Ehrenberg zur zweiten bzw. dritten Auflage der *Einleitung in die Altertumswissenschaft* von Gercke und Norden. Wir haben die Ursprünge der psychologischen und ethnologischen Interessen, die *»perpetuelles contaminations d'idées et de coutumes«*, die für Glotz' Bücher charakteristisch waren, nicht klar begriffen. Während die deutschen

Abhandlungen zwischen öffentlichem Recht und Privatrecht unterschieden, hat Glotz sie verschmolzen: er sah in der Polis eine patriarchalische Gesellschaft. Glotz folgte Francotte (1856–1918), dessen Studien zur Polis von Arbeiten über die Industrie und die Finanzen der griechischen Städte begleitet waren, und kam zur *Cité grecque* nach seiner bekannten Dissertation über die *Solidarité de la famille dans le droit criminel en Grèce* (1904) und einem Band über *Le travail dans la Grèce ancienne* (1920). L. Gernet, der mehrere Jahre jünger war, verband eine ganze Reihe grundlegender Arbeiten und Textkommentare zu rein juristischen Problemen mit einer wirtschaftsgeschichtlichen Untersuchung, »L'approvisionnement d'Athènes en blé au Ve et au IVe siècle« (in *Mélanges d'histoire ancienne*, hg. v. G. Bloch, 1909, S. 269–391), mit einer Dissertation über ein ethisch-juristisches Thema, *Recherches sur le développement de la pensée juridique et morale en Grèce* (1917) und schließlich mit einer Religionsgeschichte Griechenlands, *Le génie grec dans la religion* (1932), in Zusammenarbeit mit André Boulanger.

Heute besteht kein Zweifel über die Ursprünge dieses vielfältigen Interesses an der griechischen Gesellschaft, die jeweils unterschiedlich in ihren ökonomischen, intellektuellen, juristischen und religiösen Aspekten betrachtet wird. Glotz wurde 1862 geboren und war Student an der École Normale Supérieure in den Jahren, als Fustel sie dominierte. Der Belgier Francotte ging vom Studium der Enzyklopädisten (1880) unter dem Einfluß der in Frankreich formulierten Probleme über zum Studium des Rechts und der Wirtschaft in Griechenland (um 1890). Gernet begann unter Paul Girard zu arbeiten, dem Verfasser eines Buches über *L'Éducation athénienne au Ve et IVe siècle av. J. V.* (²1891). Girard war ein Schüler Fustels und schrieb die Biographie von Fustels Biographen Paul Guiraud (1908). Bei Guiraud, der 1896 seine Biographie Fustels schrieb, ist der ökonomische Aspekt der Schule Fustels besonders ausgeprägt: *La propriété foncière en Grèce jusqu'à la conquête romaine* (1893) und *La main-d'œuvre industrielle dans l'ancienne Grèce* (1900).

Das andere Hauptkennzeichen, die vergleichende Methode, läßt sich ebenfalls klar auf Fustel zurückführen. Schon wenn man die ersten Seiten von Glotz' *Solidarité de la famille* liest, bemerkt man, daß er in eine Diskussion mit Juristen über die respektiven Vorzüge der vergleichenden und der historischen Methode verwickelt ist. Zu Glotz' Zeit wurde diese Debatte in ganz Europa geführt. Sie kam z. B. nach Italien mit der Übersetzung des *Grundriss der ethnologischen Jurisprudenz* von A. H. Post (1894–95) durch P. Bonfante und C. Longo (1906). Aber sie begann in England mit H. S. Maines *Ancient Law* (1861) und in Frankreich mit der *Cité antique* von Fustel (1864); und bekanntlich schrieb Fustel, ohne Maine zu kennen. In Frankreich war Fustel der erste, der die vergleichende Methode im Studium des antiken Rechts anwandte. Die Aufmerksamkeit der französischen Juristen für die Bedeutung der vergleichenden Methode wurde in der Folge verstärkt durch die besondere theoretische Vertiefung dieser Methode durch einen Schüler Fustels, der seinen eigenen Weg ging: Emile Durkheim.[1] Schon bei Glotz und noch deutlicher bei Gernet war der Einfluß Fustels nicht von dem Durkheims zu trennen, zumindest in dem Sinn, daß Durkheim Fustels System der Beobachtung sozialer Fakten deutete und verallgemeinerte. Wer die jüngere Entwicklung dieser französischen Schule beurteilen möchte, muß mindestens ebensoviel Aufmerksamkeit auf Durkheims Ausarbeitung und Verallgemeinerung verwenden wie auf Fustels ursprüngliche Inspiration. Bei Gernet, der 1961 starb und in den letzten Jahren seines Lebens Generalsekretär der *Année Sociologique* gewesen ist, war das unmittelbare Erbe Fustels, das in der École Normale und in der Sorbonne gehütet wird, möglicherweise weniger bedeutend als der neue Geist der Forschung, den er in der Gemeinschaft mit seinen Soziologen-Freunden Robert Hertz, der im Ersten Weltkrieg getötet wurde, Marcel Mauss und Marcel Granet fand (zu den *Études sociologiques sur la Chine* des letzteren schrieb er 1953 ein Vorwort).[2]

Ich denke besonders an die italienische Situation, wenn ich diese Verflechtung mit Durkheim betone, die Fustel eine neue – genauere und auch weitere – Bedeutung verlieh. In Italien wurde der Versuch gemacht, *La Cité antique* als ein Werk zu präsentieren, das Eingang in unsere Kultur finden sollte. Und es ist typisch für Giorgio Pasqualis Einsicht, daß er, der allem Anschein nach der französischen Bildung so fern stand, es gewesen ist, der Fustels Fehlen bei uns bemerkte und auf seine Bedeutung hinwies.[3] Aber Pasqualis Einleitung zur italienischen Übersetzung der *Cité antique* durch G. Perrotta (1924) litt unvermeidlich unter der Voreingenommenheit seines Verfassers, der überzeugt war, daß Fustel weder Niebuhr noch Mommsen gelesen und andererseits »Nachfolger nur in Deutschland in Rohde und in den skandinavischen Ländern in Wide und Nilsson gefunden« hätte (S. V–VI).

Über Fustels systematische Vernachlässigung moderner Historiker in der *Cité antique* werden wir mehr sagen müssen. Die Behauptung, Fustel habe seine Nachfolger außerhalb Frankreichs gefunden und sei sozusagen als Teil einer deutsch-skandinavischen Tradition der Religionsgeschichte anzusehen, ist gewiß irreführend. Wenn der Name Glotz nicht ausreicht, so genügt der Durkheims, mit all dem, wofür er steht, um diese Deutung zurückzuweisen. Auch darf Fustels Einfluß auf Rohde nicht übertrieben werden. Nichts könnte der Wahrheit ferner liegen, als die Behauptung der *Enciclopedia Italiana*, er sei »ein völlig bewußter« Nachfolger Fustels gewesen. In zwei Anmerkungen seiner *Psyche* (4. Aufl., 1907, Bd. I, S. 166, Anm. 2; S. 253, Anm. 2) erkannte Rohde das Postulat Fustels an, daß der Staat jünger sei als die Familie, und bezeugte Sympathie mit der Vorstellung, daß die Ahnenverehrung anderen Kulten vorhergegangen sei, aber er weigerte sich, Fustel in die Welt der Vorgeschichte zu folgen. *La Cité antique* war erst 1907 ins Deutsche übersetzt worden und, wie wir aus der Besprechung von L. Wenger in der *Deutschen Literaturzeitung*, 1907, Sp. 1733–7 und 1797–1801 und einer Bemerkung von B. Keil in der *Einleitung in die Altertumswissenschaft* III, ²1923, S. 429, sehen, war sie nicht viel gelesen worden und besaß noch weniger Autorität. V. Ehrenberg definierte sie wiederholt als »sachlich wie methodisch phantastisch, aber bedeutende Konzeption mit zum Teil tiefer Erkenntnis der religiösen und sippengebundenen Kräfte des Staates« (zuletzt in *Der Staat der Griechen*, 1965, S. 305), ein, beiläufig bemerkt, an sich widersprüchliches Urteil. Fustel gehört nicht nur zu Recht in die französische soziologische Tradition – wie es die Widmung von Durkheims lateinischer Dissertation über Montesquieu zum Ausdruck bringt –, sondern er baute diese Tradition durch die Verbindung zwischen ökonomischer Struktur und religiösem Glauben selbst mit auf. Insbesondere erblickte Fustel in der Totenverehrung die erste Rechtfertigung des Privateigentums.

Das vergleichsweise kurze Leben von Numa-Denis Fustel de Coulanges (1830–89) teilt sich, sofern es dessen wissenschaftliche Tätigkeit betrifft, in die beiden Jahrzehnte des Zweiten Kaiserreichs und in die beiden nächsten der noch ungefestigten Dritten Republik.[4] An der École Normale ausgebildet, wo er bei V. Duruy, A. Cheruel und J.-D. Guigniaut studierte, sich aber von Descartes, Guizot und Tocqueville nährte, promovierte Fustel 1858 mit einer französischen Dissertation über *Polybe ou la Grèce conquise* und einer lateinischen *Quid Vestae cultus in institutis veterum privatis publicisque valuerit*.

Die erste Dissertation enthielt bereits im wesentlichen die Schlußfolgerungen der *Cité antique*, während die zweite innerhalb der Grenzen, die wir sogleich bezeichnen werden, deren Anfang ahnen ließ. Nur sechs Jahre liegen zwischen der Dissertation und der Veröffentlichung der *Cité antique*, die er schon als Professor in Straßburg schrieb. Vor seiner Promotion hatte Fustel als Mitglied der École française in Athen zwischen 1853 und 1855 die Insel Chios erkundet und ein *Mémoire sur l'île de Chios* geschrieben, das 1856 erschien und von Camille Jullian, Fustels Schüler und Herausgeber, in den *Questions historiques* (1893) nachgedruckt wurde: es war eine Geschichte der Insel Chios von den Ursprüngen bis ins 19. Jahrhundert.

Eine im Grunde konservative und religiöse Interpretation des politischen Lebens, wie die *Cité antique* sie enthielt, machte Fustel natürlich zur *persona grata* am Hof Napoleons III. Auf Duruys Empfehlung wurde er mit historischen Vorlesungen an der Pariser École Normale im Februar 1870 betraut und sogleich eingeladen, Kaiserin Eugénie und ihrem Gefolge einen gesonderten Kurs zu halten. Offenbar erinnerte man sich daran, daß Ranke 1854 vor Maximilian II. von Bayern Vorlesungen gehalten hatte. Der Kurs wurde erst 1930 von P. Fabre unter dem Titel *Leçons à l'Impératrice sur les origines de la civilisation française* veröffentlicht.

Als das Zweite Kaiserreich fiel, war es Fustel, der den französischen Charakter des Elsaß gegen Theodor Mommsen behauptete und mit einer bemerkenswerten Klarheit seiner Vorstellungen vom Prinzip der Nationalität verteidigte (*Questions historiques*, 1893, S. 506–12). Diese und andere Schriften Fustels konnten noch während des Ersten Weltkriegs als wirklich aktuelle Texte nachgedruckt werden.[5]

1872 verfaßte er das Manifest der neuen französischen Historiographie, wie er sie sich nach der Niederlage von 1870 wünschte. Den deutschen Sieg hatte zum Teil auch die unterschiedliche Haltung der Historiker in beiden Ländern möglich gemacht. Deutsche Gelehrte waren sich einig darin, Deutschland zu verherrlichen, während die Franzosen sich zu Schmähungen der Vergangenheit Frankreichs, besonders der Zeit vor 1789, hinreißen ließen. »In Frankreich ist die Wissenschaft liberal, in Deutschland ist sie patriotisch.« »Wahrer Patriotismus ist nicht Liebe zum heimatlichen Boden, es ist Liebe zur Vergangenheit, Achtung vor den Generationen, die vor uns dahingegangen sind.« Fustel verlangte, mit anderen Worten, Achtung vor dem vorrevolutionären Frankreich, vor dem *Ancien régime*, als Zeichen französischer patriotischer Einheit nach der Niederlage. Er wollte keine Nachahmung der patriotischen deutschen Wissenschaft. Er sehnte sich nach der Wissenschaft *»si calme, si simple, si haute de nos Bénédictins, de notre Académie des Inscriptions, des Beaufort, Fréret«* – die ihrerseits Erzeugnisse des *Ancien régime* waren. Aber sollte es für Frankreich nötig sein, so war er bereit, eine kämpferische Historiographie über »die Grenzen unseres nationalen Bewußtseins und die Grundlagen unseres Patriotismus« zu ermutigen (*Questions historiques*, 1893, S. 3–16).

Diese antideutsche Ideologie fand ihr Echo in der allgemeinen Tendenz eines schon in den Straßburger Vorlesungen skizzierten, aber erst in Paris geschriebenen Werkes über die *Histoire des institutions politiques de l'ancienne France*, dessen erster Band 1875 erschien. Die überarbeitete endgültige Ausgabe erschien posthum in 6 Bänden, herausgegeben und ergänzt von C. Jullian, von 1891 bis 1893. Fustel zielte darauf ab, die Geschichte Frankreichs von ihren germanischen Wurzeln zu trennen. Wie er 1877 schrieb: »Ich habe weder vom Freiheitssinn der fränkischen Krieger noch vom Wahlkönigtum, von Volksversammlungen oder volkstümlichen Schwurgerichten, der Landnahme von den Erorberten oder den unter die Eroberer verteilten Allodia gesprochen. Ich habe nach all dem in den Quellen gesucht und habe es nicht gefunden. Andererseits sind einige feste Tatsachen dort zu finden: zum Beispiel das Bewahren des Rechts auf Landeigentum ohne irgendeine Modifikation; die Fortdauer des Verwaltungssystems, zumindest in seiner äußeren Form, besonders das Fortbestehen der gleichen sozialen Unterschiede, und das Vorhandensein einer Aristokratie, zu der gewiß viele Germanen gehörten, die aber nicht ausschließlich germanisch war.« (*Histoire des institutions politiques de l'ancienne France*, II, *L'invasion germanique*, 1891, S. XI–XII.) Fustel gab der Polemik zwischen J. B. Dubos und H. de Boulainvilliers im 18. Jahrhundert neue Bedeutung und verteidigte Dubos' Theorie, daß die Wurzeln des modernen Frankreich in der römischen Welt lägen und nicht in der germanischen. Wie er an anderer Stelle sagt: »Es ist unbestreitbar, daß die Verbindung zwischen Rom und Gallien nicht nach dem Willen der Gallier gebrochen wurde, sondern von den Germanen. Wir werden im Laufe unserer Studien wieder sehen, daß die gallische Bevölkerung alles Römische behielt, was sie behalten konnte, und die Absicht hatte, so weit wie möglich römisch zu bleiben.« (*Histoire des institutions politiques de l'ancienne France*, I, *La Gaule Romaine*, 1891, S. 96.)

Diese These verteidigte die Behauptung, daß das Privateigentum bei den Galliern alt sei, was einen grundlegenden Gedanken der *Cité antique* aufnahm und in der Abhandlung von 1889 über »Le problème des origines de la propriété foncière« (*Questions historique*, S. 19–117) weiter gestützt wurde.

Obwohl Fustel gelegentlich des Bonapartismus verdächtigt wurde, hatte er auch nach 1870 Erfolg. 1875 wurde er Dozent für Alte Geschichte an der Sorbonne; 1880 wurde er Direktor der École Normale und blieb es drei Jahre lang. Die ideale Stellung fand er auf dem 1878 eigens für ihn geschaffenen Lehrstuhl für Mittelalterliche Geschichte an der Sorbonne. Er entwarf auch (um 1872?) einen Plan zur Reform der Verfassung der Republik und lehnte eine Einladung von Thiers ab, die offizielle Geschichte der Niederlage zu schreiben. Man kann wohl zugeben, daß seine politische Stellung wirklich unbestimmt war. Seine Verteidigung des *Ancien Régime*, seine Feindseligkeit gegenüber den deutschen Intellektuellen und sein vager religiöser Sinn machten ihn bei der Rechten beliebt: später wurde er der Günstling von Maurras und Daudet.[6]

Aber es gelang der Rechten nie, selbst nach Fustels Tod, ihre Gegner davon zu überzeugen, daß er wirklich einer der ihren war. Der heftigste Angriff, von H. d'Arbois de Jubainville, in *Deux manières d'écrire l'histoire* (1896) war in erster Linie der Angriff eines Chartisten gegen einen Normalien – Urkundenlehre und Paläographie gegen literarische und juristische Quellen; Mabillon gegen Condorcet und Taine. Es lag eine gewisse Ironie darin, Mabillon Fustel entgegenzusetzen, der doch um 1870 in Mabillon einen der Ruhmestitel französischer Geschichtsschreibung erblickt hatte. Aber in Wahrheit gab es in Frankreich nie eine offene Revolte gegen Fustel. Nicht einmal die Neigung von Marc Bloch und Lucien Febvre für Michelet bedeutete wirklich Opposition gegen Fustel. Bloch, dessen Vater einer von Fustels bedeutendsten Schülern war, sah sich 1930 ohne Gewissensbisse in der Lage, an den Feiern zum 100. Geburtstag Fustels teilzunehmen.[7] Mit der Gründung der *Annales* 1929 und dem Erscheinen von *Les caractères originaux de l'histoire rurale française* 1931 fiel das 100. Jubiläum zeitlich in der Tat mit dem Beginn einer neuen Phase der französischen Geschichtsschreibung zusammen.

Lassen Sie uns nun zu den zwei Dissertationen von 1858 und zur *Cité antique*, die daraus hervorging, zurückkehren. Paul Guiraud erzählt, Fustel habe seine Theorien »mit ungewöhnlicher Schroffheit« verteidigt, »und bei verschiedenen Gelegenheiten behandelte er seine Examinatoren etwas grob«. Sie rühmten nichtsdestoweniger Fustels Dissertationen rückhaltlos, besonders deshalb, weil die beiden »Thèses« wirklich, wie sie sagten, Thesen wären (*Questions historiques*, S. VII, Anm. 2). Die kurze Schrift über Polybios zielte darauf ab, einen einzigen, aber wichtigen Punkt zu klären. Polybios gab, so Fustel, die Erklärung dafür, daß Griechenland sich willentlich Rom unterwarf: »Er ist offen auf Seiten der Eroberer, man fühlt, daß er glücklich ist, Griechenland gehorchen zu sehen« (*Questions historiques*, S. 121). Warum aber? An Polybios' Patriotismus war nicht zu zweifeln. In Griechenland hemmte indes der Bürgerkrieg das bürgerliche Leben: ein Krieg der Aristokratie gegen die Demokratie oder eher einer zwischen Reich und Arm. Die Umwälzungen waren nicht politischen, sondern sozialen Charakters. Die Neuverteilung des Reichtums auf eine gesetzmäßigere Art gehörte nicht zu den revolutionären Programmen. Die Sieger raubten die Besiegten aus, und Städtebündnisse entsprachen diesen gegnerischen Bewegungen. Der Bürger wurde somit seiner Stadt entfremdet, wurde Söldner, verkaufte sich und ließ sich korrumpieren. Polybios »erhob sich über die kleinlichen Interessen, die seine Mitbürger entzweiten« (S. 140). Er war, wie Philopoemen, ein beispielhafter Mensch und ein Gemäßigter. Wie alle Gemäßigten war er anfangs unparteiisch und wünschte am Ende die Fremdherrschaft. Als er nach Rom kam, ließ sich Polybios von den Römern und besonders von ihrer Aristokratie gewinnen. Er erkannte, daß die Römer das Reich deshalb erobert hatten, weil sie es verdienten (194). In Wirklichkeit, schloß Fustel, verdankte man der römischen Herrschaft mehr als die Erneuerung des Lebens der Stadt. Das politische System verschwand, jedenfalls im Sinn eines Systems unabhängiger und souveräner Städte. Die guten Eigenschaften der Stadtstaaten waren bedeutend: sie hatten den Sinn für Freiheit gelehrt und zum Fortschritt der Literatur und der Künste beigetragen. Aber jetzt konnten die Stadtstaaten den seelischen Bedürfnissen der Menschen nicht mehr Genüge tun. »Diese Grundsätze von Ausschließung und Haß gegen den Fremden und gegen den Bewohner der Nachbarstadt, der kurzsichtige Patriotismus, der so viele Kriege erzeugte und das Land mit Ruinen bedeckte, begann die Menschen abzustoßen. Die Beziehungen waren zu allgemein geworden, die Geister verstanden einander zu gut, Philosophie und Künste hatten zu viele Fortschritte gemacht, als daß die Gesellschaft nicht ihre Gestalt hätte ändern müssen« (S. 208). Die inneren Kämpfe der griechischen Städte, welche ausländische Intervention veranlaßten oder erleichterten, sind somit für Fustel ein geheimnisvolles Mittel, das die Völker einander anzunähern erlaubte. Man beachte den genauen Wortlaut: *»Ces mêmes luttes... ont été le moyen mystérieux par lequel les peuples ont réussi à s'unir«* (S. 209).

Fustel scheint nicht gläubig gewesen zu sein: er ließ sich als Katholik beerdigen als Zeichen der Achtung vor dem ererbten Glauben, nicht aus persönlicher Überzeugung. Als er von einem Kritiker der *Cité antique* beschuldigt wurde, ein reaktionärer Romantiker zu sein, widersprach er und erklärte sich als Rationalist. In seiner Antwort an C. Morel in der *Revue Critique* von 1866 (S. 373ff.) machte er es ganz deutlich, daß er mit seinem Kritiker über den menschlichen Ursprung der antiken Religion und über das Fehlen individueller Freiheit in der antiken Welt übereinstimme. Noch schärfer formulierte es Fustel in einem bedeutenden Brief vom 7. April 1868 an einen anderen seiner Kritiker, Louis Ménard: »Sie sind heidnischer, als ich es bin; nicht aber bin ich christlicher als Sie« (E. Champion, *Les idées politiques et religieuses de F. d. C.*, 1903, S. 18 ff.). Aber seine Antwort ist nicht völlig unzweideutig. Atheistischer Katholizismus hat in Frankreich eine lange Geschichte, die mit der Verurteilung der *Action Française* 1926 vielleicht ihr Ende gefunden hat.[8]

Für Fustel war es ein Werk der Vorsehung, daß Rom eingriff, um die Griechen vor sich selbst zu retten. Indem sie Griechenland retteten, setzten die Römer ein neues Prinzip an die Stelle der Stadtregierung – und schützten das Privateigentum vor den Gefahren häufig wechselnder Umstürze. Polybios »verzichtet auf Unabhängigkeit zunächst aus Furcht vor der Volksherrschaft und dann aus Bewunderung für Rom« (*Questions historiques*, S. 207). Er erkannte in Rom die Verteidigung des Privateigentums und das Ende des antiken Stadtstaates. Die römische Kosmopolis sollte später zur christlichen Kosmopolis werden. 1858, im Jahr von Orsinis Mordversuch und am Vorabend des italienischen Krieges, stellte das Zweite Kaiserreich sich selbst wohlgefällig als Macht der wiederauflebenden imperialen Idee, der Ordnung, der Vorherrschaft und der Verteidigung des Privateigentums dar.[9]

Polybios, der implizit mit Tacitus kontrastiert wurde (die Antithese hat eine lange Geschichte), wurde von Fustel mit Scharfsinn und einer grundsätzlichen Genauigkeit gegenüber den Bedingungen des 2. Jahrhunderts v. Chr. gedeutet, aber auch mit einigen ziemlich offenkundigen Interpolationen, die sich den Ideologien des 19. Jahrhunderts verdanken.

Fustel hatte deshalb im Werk des Polybios, des zuverlässigsten Historikers Roms, die Schlußphase des antiken und genauer des griechischen Stadtstaates isoliert. Sein Anfang wurde, wie angedeutet, in der anderen Dissertation skizziert. Vesta, die Herdgöttin, stellte den Kern der häuslichen und Familienreligion dar, die für Fustel die erste Phase der Kulturentwicklung bei allen arischen Völkern war. Die Vorstellung, daß sich das Prinzip des Privateigentums aus der häuslichen Religion herleite – was in der *Cité antique* wesentlich ist – fehlt jedoch in der Dissertation über Vesta.

»Die Religion des heiligen Feuers entstammt also der fernen und dunklen Zeit, als es noch keine Griechen, Italer, noch Hindus, sondern nur Arier gab« (dt. Übers.: Numa-Denis Fustel de Coulanges, *Der antike Staat*, München 1988, S. 47). Ohne das Auftreten der Arier auf dem Schauplatz der alten Geschichte wäre die *Cité antique* unvorstellbar gewesen. Die Kelten und die Slawen traten später in Fustels geistigen Horizont. Soweit ich weiß, beschäftigte er sich erst nach 1875 mit ihnen – hauptsächlich im Zusammenhang mit den Problemen des Eigentums. In der *Cité antique* stehen nur Inder neben Griechen und Römern. Seine Kenntnis der Inder gründet sich auf Lektüre der Veden und der Gesetze Manus in Übersetzung und wahrscheinlich auf E.-L. Burnouf, *Essai sur le Vêda* (1863).

Fustel glaubte somit, an die Ursprünge der menschlichen Gesellschaft gelangt zu sein und eine Erklärung der Institution des Privateigentums zu geben, die einerseits die Vorstellung eines anfänglichen Kommunismus abwies und andererseits jede oberflächliche Parallele des griechisch-römischen Stadtstaats zur modernen Gesellschaft ausschloß. Da Fustel die revolutionäre Vergiftung fürchtete, welche die antiken Helden mit den Protagonisten der *Terreur* identifiziert hatte, vertiefte er den Abgrund, der unsere Konflikte von den antiken trennt, und machte ihn praktisch unüberbrückbar: »Die Vorstellungen, die man sich von Griechenland und Rom machte, haben unsere Generation nur zu oft in Unruhe versetzt. Man hatte die Institutionen des antiken Staates schlecht studiert und glaubte, sie bei uns so wiederbeleben zu müssen. Nur weil man sich über die Freiheit der Alten Illusionen gemacht hatte, ist die Freiheit bei den Modernen gefährdet worden« (*Der antike Staat*, S. 21). Der Gegensatz zwischen antiker und moderner Freiheit, den schon B. Constant formulierte, wird hier aufgenommen, nicht um entwikkelt, sondern um auf die religiösen Prinzipien antiken Lebens zurückgeführt zu werden. Man wird bemerken, daß die Bibel und die jüdische Geschichte a priori außerhalb der Betrachtung bleiben. Aus Vorsicht? Jedenfalls wendet sich Fustel als Arier an Arier. Salomon Reinach bemerkte das natürlich sofort (*Manuel de Philologie*

Classique, [2]1883, S. 222, Anm. 1). Was die arische Gesellschaft für Fustel charakterisierte, war der Kult der Toten, die als göttlich angesehen wurden. Die Verehrung der Toten war jedoch eng verknüpft mit der Verehrung des Herdes, mit dem Kult von Agni, Vesta und anderen Herdgöttern. Die Ahnen lebten wie die Laren im Herd. Der Herd war deshalb das Symbol des Kultes der Verstorbenen, die nahe dem Herde ruhten. Dort wurde Feuer entzündet, um die Ahnen zu ehren, und das Feuer selbst hielt sie gewissermaßen am Leben oder stellte zumindest ihre noch wachsamen Seelen dar (*Der antike Staat*, S. 51).

Die Verehrung der Toten hatte ihre Wirkungen. Religion hatte ihr Zentrum nicht in einem Tempel, sondern im Haus und im Grab, das (wie Fustel ziemlich inkonsequent erklärt) nahe dem Hause, in einem angrenzenden Feld war. Jede Familie mußte sowohl den Herd und das Grab mit dem es enthaltenden Feld auf Dauer besitzen, weil die Verehrung der Toten ohne diesen dauerhaften Besitz nicht möglich war. Nicht die Gesetze schützten das Privateigentum, sondern die häusliche Religion. Die Grenzen des unverletzlichen Gebietes waren die Termini, die selbst als Götter behandelt wurden. Die Verehrung der Toten, die Familie und das Eigentum hatten einen einzigen Ursprung; es waren drei unauflöslich miteinander verbundene Begriffe. Aus diesem Grund war Eigentum ursprünglich unveräußerlich (*Der antike Staat*, S. 99). Man kann nicht seine eigenen Vorfahren verkaufen. »Man führe das Eigentum auf das Recht der Arbeit zurück, und der Mensch wird es aus der Hand geben können. Nicht so, wenn es auf der Religion beruht: Ein viel stärkeres Band als der Wille des Menschen vereint ihn dann mit dem Boden« (ebd. S. 98). Daraus folgt auch, daß Enteignung unmöglich und daß das Eigentum nicht individuell ist, sondern der Familie gehört. Der Sohn erbt es vom Vater, weil er für den Kult verantwortlich ist. Die Tochter erbt es nicht, weil sie nicht für den Kult qualifiziert ist. Der Sohn ist *heres necessarius*: da braucht man kein Testament. »Das Vermögen ist unbeweglich wie der Herd und das Grab, von denen es untrennbar ist« (ebd. S. 102). Damit die Einheit der Familie erhalten bleibt, muß der erstgeborene Sohn notwendig der Alleinerbe sein und sozusagen über die Unteilbarkeit des Erbes wachen (ebd. S. 115). Fustel verweist auf Spuren dieses Erstgeburtsrechtes in Indien und Griechenland: in Rom gesteht er selbst ein, sie nicht finden zu können, postuliert sie aber (ebd. S. 113).

Laut Fustel ist die wahre, die originäre Familie das, was die Griechen *genos* und die Römer *gens* nennen, d. h. alle, die in der männlichen Linie von einem gemeinsamen Ahnen abstammen. Die Familie nach lateinischer Terminologie (*pater familias* usw.) ist deshalb das Produkt einer späteren Entwicklung mit der Trennung der verschiedenen Zweige der *gens*. Aber die spätere Familie strebt danach, die wesentlichen Merkmale der Organisation der *gens* in der Autorität des *pater familias* und der Erbgesetze zu erhalten. In Rom wurde die Verbindung von *familia* und *gens* durch die Ordnung der Personennamen aufrechterhalten, und sie war ebenso die Grundlage des Erbrechts von *agnati* und *gentiles*. [10]

Eine typische Eigenschaft der ursprünglichen *gens* und folglich der Familie war es, daß sie nicht nur die leiblichen Nachkommen eines gemeinsamen Vorfahren umfaßte, sondern auch die Sklaven. Wurde ein Sklave später freigelassen, so wurde er als Klient Teil der *gens* oder Familie. Darüber hinaus hatte die *gens*, Fustel zufolge, nichts über sich: es war ein vom *pater* geleiteter Staat, worin die *liberi* die Aristokratie bildeten und die Klienten die unteren Stände, die von der *plebs* unterschieden werden müssen. Jede *gens* hatte ihren Kult, ihr Gebiet und ihre egoistische Ethik, die frei war von jeder Nächstenliebe zu Außenstehenden.

Durch eine religiöse Entwicklung, deren Ursache Fustel anscheinend nicht erörtert, konnten sich verschiedene *gentes* zu einem gemeinsamen Kult zusammenschließen; das ließ in Griechenland die *phratria*, in Rom die *curia* entstehen, mit einem Führer, *phylobasileus* in Griechenland, *curio* in Rom. Der neue Kult konnte kein Vorfahrenkult sein. Statt dessen wandte man sich an die Natur. Fustel hielt es offensichtlich für wahrscheinlich, daß bestimmte Naturgötter schon innerhalb der *gens* vor der Herausbildung der *curiae* und der entsprechenden griechischen Institutionen anerkannt wurden (ebd. S. 147/48). Aber gerade die Anerkennung eines neuen Typus von Gottheiten, die nicht mehr an die Familie und die Ahnen gebunden waren, beförderte die Verbindung der verschiedenen *gentes* zu *curiae* und in der Folge die der *curiae* zu Stämmen und der Stämme zu Städten.

Es besteht hier kein Anlaß, im einzelnen zu wiederholen, was leicht mit Vergnügen im Original gelesen werden kann. Es ist lediglich zu betonen, daß die Stadt nach dem Modell der *gens* aufgebaut war: sie gründete auf einer gemeinsamen Religion, sie war auf ein unverletzliches Gebiet begrenzt; sie ehrte ihren Gründer als Haupt, fast als Ahnen; sie enthielt insbesondere einen Altar der Vesta; sie bestärkte periodisch ihre Einheit durch heilige Festmähler für die Bürger; sie erteilte dem König absolute Macht, auf der religiösen Basis des *pater familias*, und sie schloß den Fremden aus, wie die *gens* jeden, der nicht zu ihr gehörte, ausschloß. Da die Stadt sich die *gens* einverleibt hatte und nach ihrem Modell strukturiert war, erkannte sie natürlich das Recht auf Familieneigentum an.

Aber nach und nach begünstigte die Stadt die Auflösung der *gens* in Familien, erleichterte das Verschwinden des Erstgeburtsrechts und unterminierte das Klientelprinzip. Diejenigen, die kein Bürgerrecht besaßen und in Rom Plebejer genannt wurden, erreichten es nach und nach, in die Stadtgemeinschaft aufgenommen zu werden und das Recht zu erhalten, sich zu religiösen Zeremonien zu versammeln.[11] In Rom, zur Zeit des Servius Tullius, wurden die Plebejer in lokale *tribus* aufgenommen und wurden, so Fustel, verantwortlich für Opfer und Feste (*compitalia, paganalia*), die zu ihrer Religion wurden: »Der Plebejer hatte nun seine Religion« (ebd. S. 384).

Fustel gibt eine schematische Darstellung dieses Auflösungsprozesses der ursprünglichen, auf der *gens* gründenden Stadt. Er spricht von einer ersten Revolution, bei der dem König die Macht entzogen wurde, und von einer zweiten Revolution, bei der die *gens* in Familien auseinanderbrach, das Erstgeburtsrecht verschwand oder geschwächt wurde und die Klienten befreit wurden. Die dritte Revolution war die des Zutritts der Plebejer zum Bürgerrecht. Mit der vierten Revolution wurde die Demokratie ebenso wie die Humanisierung des Rechts erreicht, das jetzt das Produkt der Volksversammlungen war. Fustel fährt fort: »Als eine Reihe von Revolutionen die Gleichheit gebracht hatte und man nicht mehr um Prinzipien und Rechte zu kämpfen brauchte, führten die Menschen Kriege um Interessen... In dem Maße, in dem man sich von der alten Herrschaftsform entfernt hatte, war eine besitzlose Klasse entstanden.

Früher, als jedermann noch einem γένος angehörte und seinen Herrn hatte, war das Elend beinahe unbekannt. Der Mensch erhielt seinen Lebensunterhalt von seinem Herrn... Die Ungleichheit, die der Reichtum hervorruft, ist in keiner Gesellschaft zu vermeiden, die sich von der patriarchalischen Verfassung oder der des Tribus entfernt hat. Die Demokratie beseitigt das Elend nicht; im Gegenteil, sie macht es um so fühlbarer. Die politische Gleichberechtigung ließ die Ungleichheit der Vermögensverhältnisse noch stärker hervortreten« (ebd. S. 444). Das Recht des Eigentums wurde nicht länger geachtet, weil die religiöse Sanktion fehlte: »Die Religion des Eigentums ist verschwunden... Man sieht nicht mehr das höhere Prinzip, das einst das Eigentumsrecht heiligte« (ebd. S. 447).

Damit sind wir wieder bei der in der Polybios-Dissertation beschriebenen Situation: der römischen Intervention. Aber was in der Polybios-Dissertation nur implizit enthalten war, wird auf den letzten Seiten der *Cité antique* ausgeführt. Mit dem Auftreten des Christentums wird die Reform der Organisation des Staates mit einem neuen Element verbunden. Fustel sagt: »Das Christentum ist die erste Religion, die nicht behauptet, daß das Recht von ihr abhängig sei. Es ging ihm um die Pflichten der Menschen, nicht um Beziehungen, die sie aus materiellem Interesse eingingen« (ebd. S. 511). Das Christentum ermöglichte deshalb, Fustel gemäß, den Wandel im Eigentumsrecht, das nicht mehr auf Religion, sondern auf Arbeit begründet war (ebd. S. 512).

Von Fustels Standpunkt aus ist das eine zweideutige Schlußfolgerung. Es ist nicht klar, ob diese neue Grundlage des Eigentumsrechts für Fustel Fortschritt oder Rückschritt bedeutet, wenn sie die gleichen Stabilitätsgarantien liefert, welche die religiöse Konzeption des Eigentums der antiken Stadt in ihrer goldenen Zeit gesichert hatte. In seiner Antwort auf C. Morel in der *Revue Critique* von 1866 verteidigte Fustel sein Recht, in einem der antiken Zivilisation gewidmeten Buch nicht zu zeitgenössischen Problemen Stellung zu nehmen.

Die Zweideutigkeit der Schlußfolgerung stimmt völlig mit Fustels eigener Situation überein; er fand sich damals und später zerrissen zwischen der Anhänglichkeit an eine Religion, an die er nicht glaubte, und der sehnsüchtigen Bewunderung für eine ursprüngliche Gesellschaft, die ihre eigenen Ahnen verehrte und sie zu Garanten des Privateigentums gemacht hatte.

Etwas über die Komposition der *Cité antique* enthüllen uns zwei Briefe Fustels, die L. Halkin in den *Mélanges Bidez*, Bd. I, 1934, S. 465–74, veröffentlicht hat. Ein deutscher Gelehrter, der lange Zeit in Lüttich Jura gelehrt hatte und nun in Stuttgart im Ruhestand lebte, L. A. Warnkoenig, erklärte seine Bereitschaft, die *Cité antique* in einer deutschen Zeitschrift zu rezensieren. Er veröffentlichte in der Tat eine ausführliche und bewundernde Besprechung in den *Jahrbüchern der deutschen Rechtswissenschaft* II, 1865, S. 81–94. Fustel hielt es für angezeigt, ihm die Methode zu erklären, die er beim Schreiben des Buches angewendet hatte. Er behauptete ohne falsche Bescheidenheit, daß »seine Sinnesart so sei, daß er nicht mit Einzelheiten zufrieden sein konnte«. Seine Methode war vergleichend. Durch den Vergleich des Rig-Veda mit Euripides, der Gesetze des Manu mit den Zwölf Tafeln oder Isaios und Lysias war er dazu gelangt, eine weit zurückliegende Gemeinschaft der Glaubensvorstellungen und der Institutionen zwischen Indern, Griechen und italienischen Völkern zu erschließen. Er hatte sich nicht darum gekümmert, die Schriften der Modernen zu lesen. Tatsächlich hatte er sich das Prinzip auferlegt, sie und besonders die Werke Mommsens nicht zu lesen, bis er sein Buch nahezu vollendet hatte. Er besteht auf dieser Unabhängigkeit von modernen Autoren auch in seiner Antwort auf Morel, wo die Schriften von Becker und Marquardt als nicht gelesen besonders angeführt werden. Nichtsdestoweniger ist klar, daß diese Behauptungen nur beweisen, daß Fustel über die zeitgenössische historische Forschung völlig unterrichtet war und z. B. zwischen Marquardt und Mommsen einen Unterschied machte. Wenn die *Cité antique* stolz auf Verweise auf moderne Autoren verzichtet, während sie eine beneidenswerte Vertrautheit mit den antiken Texten zeigt, darf man daraus nicht schlichte Unkenntnis folgern, sondern absichtsvolle Mißachtung: die gleiche Mißachtung, die Hegel dazu führte, Niebuhrs kritische Methode zu ignorieren, und die Bachofen (mit gewissen Ausnahmen) gegenüber Mommsens Methoden indifferent sein ließ. Die Haltung, die ihnen gemeinsam ist, verschmäht die moderne Quellenkritik, um die Aussagen der Quellen zu bewahren. In seiner Straßburger Antrittsvorlesung von 1862 erklärte Fustel: »Ich beschloß, für Griechenland keine anderen Meister zu haben als die Griechen selbst, noch für Rom andere als die Römer.« Noch deutlicher steht es in nach seinem Tode veröffentlichten Bruchstücken: »Ich möchte lieber mit Livius irren als mit Niebuhr; und lieber mit Gregor von Tours als mit Herrn Sohm.« Und allgemeiner fügte er über seine Gegner hinzu: »Sie treten als Kritiker auf, weil sie keinen kritischen Geist haben« (*Revue Synthèse Hist.* 2, 1901, S. 249–50, 257–58). Später, als er die *Histoire des Institutions politiques de l'ancienne France* schrieb oder vielmehr umschrieb, gestand Fustel bedauernd, daß er sich der neuen Mode unterwerfen mußte, alles gelehrte Material darzubieten (*Histoire*, I, *La Gaule Romaine*, 1891, S. IV Anm.).

Die Geschichte der *Cité antique*, die er der Aufmerksamkeit seiner Leser unterbreitete, war deshalb aus vier Hauptelementen zusammengesetzt: (1) die Entwicklung der Organisation des Staates von der *gens* zum Stadtstaat über *curia* und Stamm; (2) der vollkommene Parallelismus der indischen, griechischen und römischen Institutionen; (3) die Entwicklung der Religion von der Ahnenverehrung zu den Naturgöttern; (4) der vorgeschichtliche Ursprung des Privateigentums, den durch die gesamte Entwicklung der Alten Welt hindurch die Religion und genauer der Ahnenkult sicherte. An den Rändern des antiken Stadtstaates erschien das Christentum und bereitete der auf die Religion gegründeten Sicherheit des Privateigentums ein Ende. Eine neue Epoche begann, in der Arbeit zur Rechtfertigung des Privateigentums wurde.

Fustels Kritikern steht es natürlich frei, das eine oder andere der vier Hauptprinzipien seiner *Cité antique* als das wichtigste und bezeichnendste hervorzuheben. Bisher sahen die Kritiker, besonders in Deutschland, Fustel als den Theoretiker des Ahnenkults und der *gens* als Vorläufer des Staates. Mir scheint wenig Zweifel daran möglich zu sein, daß jeder, der die Entwicklung der Forschungen zur alten Geschichte im vergangenen Jahrhundert überblickt, die Verbindung zwischen der Geschichte des Privateigentums und der Geschichte der antiken Religion betonen wird. Diese Frage spielt nicht nur allgemein eine Rolle bei dem nachmarxistischen Interesse am Problem des Ursprungs des Privateigentums (in seiner Beziehung zur Religion); sie ist auch aus dem besonderen Grunde wichtig, weil die neue Sozialgeschichte der antiken Welt in Frankreich mit der Anerkennung Fustels entstand, indem man seine Theorien in soziologische Kategorien verwandelte (Durkheim), seine Analyse auf andere Zivilisationen wie Ägypten und China ausdehnte und vor allem die Religion im Zentrum des gesellschaftlichen und wirtschaftlichen Lebens behielt.[12]

Anhang 1
Fustel und Durkheim

Mir sind keine detaillierten Untersuchungen über die Beziehung zwischen dem Denken von Fustel de Coulanges und von Durkheim bekannt, aber ich bin mit der Literatur über Durkheim nur teilweise vertraut: ich folgte den Bibliographien in den Büchern von T. Parsons, *The Structure of Social Action*, 1937, H. Alpert, 1939, K.H. Wolff, Hg., 1960, R.A. Nisbet, 1965 über Durkheim und, ebenfalls von Nisbet, *The Sociological Tradition*, 1966; vgl. R. Aron, *Les étapes de la pensée sociologique*, 1967 (und S. Lukes, *Emile Durkheim: His Life and Works*, Allen Lane, 1973).

Über Fustels Einfluß auf Durkheim besteht kein Zweifel. Die Widmung »*Memoriae Fustel de Coulanges*« von Durkheims Dissertation über Montesquieu (*Quid Secundatus politicae scientiae instituendae contulerit*, Burdigalae, 1892) ist mehr als ein Akt formaler Huldigung. Die Verbindung zwischen Montesquieu und Fustel war in jenen Jahren jedermann vertraut (vgl. A. Sorel, *Mém. Ac. Sc. Mor.*, 18, 1894, S. 229). Durkheim verdankte Fustel vor allem sein soziologisches Interesse (vgl. *Année Sociologique*, I, 1896–7, S. I–VII): Fustel hatte gesagt, »Geschichte ist die Wissenschaft sozialer Fakten, das heißt, sie ist selbst Soziologie«. Es gab jedoch eine gewisse Distanz zwischen Durkheim und Fustel. In seiner Jugend sympathisierte Durkheim mit dem Sozialismus (vgl. z.B. M. Mauss, *Œuvres*, III, 1969, S. 505), beschäftigte sich mit dem Problem der Arbeitsteilung, das Fustel fern lag, und betonte die wechselseitige Abhängigkeit von Arbeitsteilung und Eigentumsentwicklung. Tatsächlich findet sich in *De la division du travail social*, 1893, Durkheims berühmte Kritik an Fustel: »Herr Fustel de Coulanges hat entdeckt, daß die ursprüngliche Organisation der Gesellschaften auf der Familie gründet und daß darüber hinaus die Bildung der ursprünglichen Familie die Religion zur Grundlage hatte. Dabei hat er jedoch die Ursache für die Wirkung genommen. Nachdem er die religiöse Vorstellung zum Vorschein gebracht hat, ohne sie irgendwoher abzuleiten, deduzierte er daraus die sozialen Ordnungen, die er beobachtete, während umgekehrt letztere die Macht und die Eigenart der religiösen Vorstellung erklären« (I, VI, i, 6. Aufl. 1932, S. 154). Durkheims sozialistische Sympathien verblaßten jedoch mit den Jahren, obwohl die Schüler, die ihn umgaben, zum großen Teil Sozialisten waren. Demgemäß änderte sich auch die Richtung seiner Forschungen. Georges Davy konnte um 1911 in seinem *E. Durkheim*, S. 44 schreiben: »Er begann religiöse Phänomene erst zu studieren, nachdem er die *Division* und die *Règles* geschrieben hatte, und dieses neue Studium enthüllte ihm die Bedeutung idealer Faktoren.«[13]

In den posthum 1950 veröffentlichten *Leçons de Sociologie*, die offensichtlich bis 1898–1900 zurückreichen, kehrt Durkheim zu Fustels Idee zurück, daß das Eigentum eine religiöse Grundlage hat, kritisiert aber die Verbindung mit dem Totenkult und ersetzt ihn durch den neuen Begriff kollektiver religiöser Vorstellung. Diese Stellung ist im wesentlichen die von M. Mauss 1906 (*Œuvres*, II, S. 139–42).

In den *Formes élémentaires de la religieuse*, 1912, schafft die Religion das soziale System. Obwohl der Totemismus als elementarste Form religiös-sozialen Bewußtseins gewiß nicht mit Ahnenverehrung identisch ist, die Fustel als die elementare Form ansieht, sind die individuellen Seelen für Durkheim ursprünglich die Wiederverkörperung der Seelen der Ahnen und in der Tat »von gleicher Substanz wie das totemistische Prinzip« (II, 8,2, 1912, S. 355).

Der für unsere Zwecke interessanteste Unterschied zwischen dem Durkheim der *Formes élémentaires* und seinem Meister in der *Cité antique* ist die Unsicherheit des ersteren über die Beziehung der Religion zum ökonomischen Leben. Während Fustel das Privateigentum entschieden aus der Religion ableitet, erklärte Durkheim in einer Anmerkung am Schluß der *Formes* (S. 598, Anm. 2), daß eine gewisse Verbindung zwischen der Vorstellung ökonomischen Wertes und der Vorstellung religiösen Wertes bestehe, daß sie aber noch nicht untersucht sei. Die Eigenart der australischen Gesellschaften, mit denen Durkheim in den *Formes* vor allem befaßt war, erschwerte das Studium des Eigentums in Beziehung zur Religion; aber aus dem Buch insgesamt wird ersichtlich, daß Durkheim das Interesse an den Problemen des Ursprungs des Eigentums verloren hatte, die für *De la division* zentral waren (das scheint mir aus G. Aimard, *Durkheim et la science économique*, 1962, nicht hervorzugehen).

Ein weiterer bedeutender Unterschied zwischen Fustel und Durkheim liegt in der impliziten religiösen Erfahrung, die ihren Konzeptionen zugrunde liegt. Fustel als geborenem Katholiken war die Vorstellung individueller Unsterblichkeit wesentlich: sie lag an der Wurzel seiner Ahnenverehrung. Für Durkheim, der aus rabbinischer Familie stammte und ursprünglich Rabbiner werden sollte, zählte die individuelle Unsterblichkeit viel weniger als der kollektive Sinn der Gemeinschaft, die sich durch die Jahrhunderte erhält und Gesetze erläßt. Es ist interessant, wie die australische totemistische Gesellschaft in Durkheims Sicht judaisiert wurde und einer jener kleinen, nicht mehr von mystischen oder messianischen Windstößen erregten Gemeinschaften ähnlich gemacht, die der 1858 geborene Durkheim in seiner frühreifen und ernsten Kindheit in Elsaß-Lothringen gekannt haben muß.

Anhang 2
Fustels arische Vorstellung

Der Begriff von der arischen Einheit ist schon in der Dissertation von 1858 *Quid Vestae cultus in institutis veterum privatis publicisque valurit* völlig deutlich, die J.-D. Guigniaut, dem Erklärer und Biographen Creuzers, gewidmet ist. Auf S. 2 lesen wir: *»Nempe Persarum, Scytharum, Graecorum ac Romanorum ut idem fuit genus, ita communis religio. In ultima antiquitate et in ultimis Asiae regionibus ortus est apud homines cultus Vestae.«* (Wie Perser, Skythen, Griechen und Römer gleicher Abstammung waren, so hatten sie auch eine gemeinsame Religion. Im entferntesten Altertum und in den äußersten Landschaften Asiens entstand der Kult der Vesta bei den Menschen.) Ein unveröffentlichter Beleg für diese Überzeugung Fustels findet sich in dem 1876–77 an der École Normale gelesenen *Cours d'histoire grecque*: die Vorlesungsmitschrift von E. Groussard liegt als Manuskript in der Bibliothek der École, und ich verdanke ihrem Bibliothekar (P. Petitmengin, siehe Anm. 12) die Erlaubnis der Lektüre. Fustel betonte die Bedeutung der arischen Herkunft der Griechen und behauptete: »Lassen Sie uns die soeben erläuterten Sitten, Institutionen und Glaubensformen mit den Sitten, Institutionen und Glaubensformen der semitischen Völker vergleichen. Das Ganze ist vollständig verschieden: wir finden keine Verwandtschaft von irgendeinem Gesichtspunkt aus; es ist eine von unserer eigenen absolut verschiedene Welt.« Noch bezeichnender ist die Tatsache, daß Fustel eine Ausnahme machen sollte: das Eigentumsrecht. Er findet bei den Semiten und insbesondere bei den Juden die »instinktive Vorstellung des Familieneigentums« (*Nouvelles Recherches*, S. 30). Wie A. Sorel beobachtete (*Mém. Ac. Sciences Morales*, 18, 1894, S. 215), wurde die Frage des Ursprungs des Eigentums »geradezu eine Obsession bei Herrn Fustel«.[14]

[Anmerkungen]

1 Siehe Anhang 1.

2 Vgl. *Hommage à Louis Gernet*, Paris 1966, mit Aufsätzen von G. Davy, J.-P. Vernant u. a. Eine ausgewählte Bibliographie von L. Gernet findet sich im Anhang zu *Anthropologie de la Grèce antique*, 1968. Über Gernet und

die Durkheim-Schule vgl. S. C. Humphreys, *History and Theory*, 10, 1971, S. 172–196.

3 Die *Cité antique* wurde in diesen Jahren ein zweites Mal ins Italienische übersetzt von G. E. Calapaj, Laterza, Bari 1925. Die interessanteste deutsche Rezension der Originalausgabe von 1864 ist wohl die von F. Liebrecht, *Götting. Gel. Anz.*, 1865, S. 841–880.

4 Eine ausgezeichnete Bibliographie zu Fustel gibt Jane Herrick, *The Historical Thought of Fustel de Coulanges*, Catholic University of America, Washington 1954 (eine Diss. unter F. Engel-Janosi). Neben der Biographie von P. Guiraud, 1896, genügt es zu erwähnen: J. Simon und A. Sorel, *Mém. Ac. Sciences Morales et Politiques*, 18, 1894, S. 33–72, S. 185–230. G. Monod, *Portraits et Souvernirs*, 1897, S. 135–154; E. Jenks, »Fustel de Coulanges as a Historian«, in *Engl. Hist. Rev.*, 12, 1897, S. 209–224; C. Jullian, »Le Cinquantenaire de la Cité antique«, in *Revue de Paris*, 23, 1916, S. 852–865; H. Leclercq, Cabrol, *Dict. d'archéol. chrét.*, V, 1923, S. 2717–2723; J. M. Tourneur-Aumont, *Fustel de Coulanges*, 1931; G. Dodu, *Rev. Ét. Hist.*, 100, 1933, S. 41–66; H. de Gérin-Ricard, *L'Histoire des institutions politiques de Fustel de Coulanges*, 1936 (Gérin-Ricard ist Mitverfasser mit L. Trux, *Histoire de l'Action Française*, 1949). Ein *Catalogue des livres composant la bibliothèque de feu M. Fustel de Coulanges* wurde 1890 in Paris veröffentlicht. Vgl. auch A. Grenier, *Camille Jullian*, 1944, S. 117–149; *Lettres de C. Jullian à H. d'Arbois de Jubainville*, Nancy 1951, S. 12–13.

5 *Questions contemporaines*, Paris 1916. Zu einem ähnlichen Wiedererwachen des Interesses an Fustel in Italien nach dem Zweiten Weltkrieg vgl. das Vorwort von F. Martinazzoli zu seiner Übersetzung von Fustels *Polybe*, Laterza, Bari 1947.

6 Vgl. C. Mauras, *La bagarre de Fustel*, Paris 1928 (»Cahiers d'Occident«, II, 1). Das Buch von H. de Gérin-Ricard (oben Anm. 4) vertritt auf höherem Niveau die gleiche Tendenz. Desgleichen A. Bellesort, *Les intellectuels et l'avènement de la Troisième République* (1871–1875), Paris 1931, S. 189 bis 217 (und inzwischen S. Wilson, »Fustel de Coulanges and L'Action Française«, im *Journ. Hist. Ideas*, 34, 1973, S. 123–134).

7 M. Bloch, *L'Alsace Française*, 19, 1930, S. 206–209 (konnte ich nicht einsehen). Vgl. *Mélanges Historiques*, I, 1963, S. 100–106.

8 H. Stuart Hughes, *The Obstructed Path*, New York 1966, S. 66–67, und die zitierte Literatur.

9 Vgl. meinen Aufsatz über Cäsarismus im *Secondo Contributo*, 1960, S. 273–282, und allgemeiner P. Stadler, *Geschichtsschreibung und historisches Denken in Frankreich 1789–1871*, Zürich 1958, S. 249 ff.

10 Ich habe noch nicht feststellen können, welchen Einfluß Fustels Vorstellungen von der *gens* auf die Römisch-Rechtler hatten (z. B. Bonfante). Der Eindruck, den ich beim Durchgehen des reichen, von L. Capogrossi Colognesi, *La struttura della proprietà e la formazione dei Iura Praediorum nell'età*

repubblicana, I, Mailand 1969, gesammelten und bearbeiteten Materials gewonnen habe, ist, daß H. S. Maine bekannter ist als Fustel (vgl. bes. S. 79 bis 80). Eine Ausnahme bildet V. Arangio-Ruiz, *Le genti e la città*, Messina 1914, nachgedruckt in *Scritti giuridici raccolti per il centenario della casa editrice Jovene*, Neapel 1954, S. 109–158. Man beachte, daß in seiner Vesta-Dissertation von 1858 Fustel noch akzeptiert, daß die Familie der *gens* voranging.

11 Vgl. auch *Questions historiques*, 1893, S. 411–452 (die Schrift stammt aus den Jahren 1867–1868 und wurde posthum von C. Jullian veröffentlicht). Fustels Artikel *Attica Respublica*, in Daremberg-Saglio, *Diction. des Antiquités*, I, 1877, betont für Athen die Entwicklung vom *genos* zur Stadt und bestätigt die dem Problem des Privateigentums zuerkannte zentrale Bedeutung. Fustel gemäß wurden die Nichtadeligen von Solon zur Klasse der Landbesitzer zugelassen – eine schon in demselben *Dict. des Antiquités*, Art. *Eupatrides* von C. Lécrivain zurückgewiesene Deutung. Zum Privateigentum in Sparta, Fustel, *Nouvelles recherches*, 1891, S. 54ff. Zum Eigentum bei den Germanen, *Recherches sur quelques problèmes d'histoire*, 1885, S. 319–356. Vgl. R. Schlatter, *Private Property, the History of an Idea*, London 1951, S. 266–267.

12 Eine Untersuchung von Fustels Änderungen in den verschiedenen Auflagen der *Cité antique* ist meines Wissens noch nicht unternommen worden. Die Verbesserungen zur 2. Aufl. 1866 und zur 6. Aufl. 1875 müßten besonders wichtig sein. Es war mir nicht möglich, die 1. Aufl. einzusehen. Ein Vergleich, den ich zwischen der 2. von 1866 (Hachette) und der 7. von 1878 anstellte, scheint nur eine wesentliche Ergänzung zum Text nach 1866 zu enthalten: Teil III hat ein neues Kapitel XVI »Les confédérations, les colonies« und demgemäß wird das ursprüngliche Kap. XVI zu Kap. XVII. Aber verschiedene andere Punkte im Text wurden verändert (z. B. der vorletzte Absatz von I,1), und es findet sich viel neues Quellenmaterial in den Anmerkungen. Die Änderung der Überschriften in II, 10, 4 und III, 7, 3 bedeutet keine Änderung im Text. Meine französischen Zitate sind aus der 18. Aufl., 1903 (dt. Übersetzung, vgl. S. 246, Anm. 16). Die Darstellung der *Cité antique* sollte ergänzt werden durch die Artikel im *Diction. des Antiquités: Attica Respublica* (schon zitiert); Epula (II, 1, S. 736–738), *Lacedaemoniorum Respublica* (III, 2, S. 886–900); *Regnum* (IV, 2, S. 821–7); *Romanorum Respublica* (IV, 2, S. 878–891). Ich schulde P. Petitmengin, dem Bibliothekar der École Normale Supérieure in Paris, Dank für Hilfeleistungen und Auskünfte aller Art, deren wichtigste in meinem Anhang 2 vorliegt.

Der obige Text ist eine im April 1969 an der Scuola Normale Superiore in Pisa gehaltene Vorlesung.

13 Vgl. auch G. Davy, *Sociologues d'hier et d'aujourd'hui*, Paris ^{2}1950, S. 79–122. Natürlich steht auch die Entdeckung der klassifikatorischen Systeme der Verwandtschaft zwischen Fustel und Durkheim. Vgl. z. B. U. Bianchi, *Storia della Etnologia*, Rom 1965, S. 78, 112.

14 Vgl. T. C. Barker, *Aryan Civilization … based on the work of De Coulanges*, 1871. Zu den bemerkenswerten Übereinstimmungen bei E.-L. Burnouf, *Essai sur le Vèda*, 1863, mit Fustel, vgl. S. 183: »In den Augen der vedischen Arier verschmilzt die Rolle der Ahnen, zumindest in einem gewissen Maße, mit der der Götter.« Auf S. 441–469 betont Burnouf den Gegensatz zwischen Semiten (Juden) und Ariern (Indern).

Drucknachweis

Tradition und der klassische Historiker
»Tradition and the Classical Historian«, als Loeb Lecture an der Harvard Universität am 24. April 1972 vorgetragen, veröffentlicht in History and Theory 11, 1972, S. 279–293, nachgedruckt in den Essays in Ancient and Modern Historiography, Oxford 1977, S. 161–177.

Zeit in der antiken Geschichtsschreibung
»Time in Ancient Historiography«, History and Theory, Beiheft 6, 1966, S. 1–23, danach im Quarto Contributo alla Storia degli Studi Classici, Rom 1969, S. 13–41 und in den Essays... S. 179–204.

Die Stellung der antiken Geschichtsschreibung in der modernen Geschichtsschreibung
»The Place of Ancient Historiography in Modern Historiography« in Settimo Contributo..., Rom 1984, S. 13–36.

Alte Geschichte und antiquarische Forschung
»Ancient History and the Antiquarian«, Journal of the Warburg and Courtauld Institutes 13, 1950, S. 285–315, nachgedruckt in den Studies in Historiography, London 1966, S. 1–39 in Contributo..., Rom 1955, S. 67–106.

Neue Wege der Altertumsforschung im 19. Jahrhundert
»New Paths of Classicism in the Nineteenth Century«, History and Theory, Beiheft 21, 1982.

Droysen zwischen Griechen und Juden
»J. G. Droysen between Greeks and Jews«, History and Theory 9, 1970, S. 139–153, und in Quinto Contributo..., Rom 1975, S. 109–126.

Der antike Staat des Fustel de Coulanges
Zunächst italienisch erschienen: »La Città Antica di Fustel de Coulanges«, Rivista Storia Italiana 82, 1970, S. 81–98, und Quinto Contributo..., Rom 1975, S. 159–178; englische Fassung in Essays..., Oxford 1977, S. 325–343.